• 高等政法院校系列教材 •

# 中国政治制度史纲要

（第三版）

主　编　杨　阳

撰稿人　杨　阳　屈超立　王引淑

　　　　谭兰英　吕　芳　金　霞

中国政法大学出版社

2016 · 北京

图书在版编目（ＣＩＰ）数据

中国政治制度史纲要/杨阳主编. —3版. —北京：中国政法大学出版社，2016.12（2025.4重印）
ISBN 978-7-5620-7032-0

Ⅰ. ①中… Ⅱ. ①杨… Ⅲ. ①政治制度史—中国 Ⅳ. ①D69

中国版本图书馆CIP数据核字(2016)第231978号

出 版 者　中国政法大学出版社
地　　址　北京市海淀区西土城路 25 号
邮寄地址　北京 100088 信箱 8034 分箱　邮编 100088
网　　址　http://www.cuplpress.com (网络实名：中国政法大学出版社)
电　　话　010-58908435(第一编辑部) 58908334(邮购部)
承　　印　北京鑫海金澳胶印有限公司
开　　本　720mm×960mm　1/16
印　　张　20.25
字　　数　375 千字
版　　次　2016 年 12 月第 3 版
印　　次　2025 年 4 月第 7 次印刷
印　　数　29001～32000 册
定　　价　45.00 元

出版说明

　　本系列教材是中国政法大学教材编审委员会根据普通高等政法院校教学实际需要组织编写的。其特点在于：一是突出教学的实用性。既重视法学教材的理论性，又重视其操作法，使学生在学习过程中始终处于理论结合实际的氛围中。二是具有较高的信誉。本系列教材的主编皆经教材编审委员会反复筛选。他们均既有较强的教学、科研能力，又具有丰富的司法实践工作经验——他们都有律师、检察审判、立法等工作之经历。由他们主编教材就使教材的质量建立在一个较高的起点上。三是本系列教材注重知识性，注重学生思想方法和分析能力的培养，注意将现代分析方法、思维方式渗透于教材之中，使教材更具方法论特色。总之，我们努力使本系列教材尽可能符合当今社会对法学教育的需求。

　　我们组织编写本系列教材过程中，也存在着不足，望各位同仁多提出批评意见。我们将努力继续为学生组织编写更多更好的教材。

中国政法大学教材编审委员会

第三版说明

大约在 2010 年前后，教育部政治学与行政学本科教学指导委员会曾将"中国政治制度史"列为"十二五"规划教材，委托我主持编写。主持编写国家级规划教材，是一种很难拒绝的"荣誉"，但领受任务之后，我却又陷入长久的矛盾和犹豫之中。

矛盾和犹豫主要来自于当时已经再版的本教材。本教材初版于 2001 年，再版于 2007 年，其间与中国政法大学出版社的合作是非常愉快的。2010 年，本书再版只有 3 年时间，若另起炉灶，再编写新的教材转交给高等教育出版社出版，无论如何，个人内心都会感到不安。于是，尽管高等教育出版社的编辑朋友不断催促，"十二五"规划教材的任务，最终还是没有完成。

这种犹豫，反过来也影响了本教材的再版过程。大约是在三年多以前，中国政法大学出版社的阚明旗先生主动联系我，希望能够对第二版做一次修订，推出第三版。虽然我当时爽快地答应了，但一直拖了下来没有完工。直到今年方才正式启动了修订工作。

本次修订工作，重点放在了现代部分。原来初版和再版教材的现代部分，仅仅安排了两章篇幅。因为篇幅较少，叙事难免简略，对制度出台的历史背景和主要线索，大多没有给予必要的介绍。考虑到民国初年的制度创新和政治发展，实是中国政治制度由传统走向现代的一次重要实践，其中的变化演进和成败得失，对中国现代化进程有重大影响，对今天中国的政治发展亦有重要的借鉴意义。故而，此次修订特将原来的第十一章拆分为十一、十二两章，基本是拿掉了原稿，重新编写的。至于书中的其他章节，也有不同程度的修改。

　　时过境迁，当年参与本书编写的王引淑教授早已退休，十一、十二两章的重写是由中国政法大学政治与公共管理学院的谭兰英副教授完成的。其他的编写者，屈超立教授仍任教于中国政法大学政治与公共管理学院，是中外政治制度专业的博士生导师；吕芳也早已完成了学业，成为教授和博士生导师，现在也任教于中国政法大学政治与公共管理学院。看到十几年前参与编写的教材能够在今天再版，我相信他们也会感到高兴。

　　当然，本书能够再版，应该感谢中国政法大学出版社的编辑们，从阚明旗先生开始，在三年多的时间里，跟我联系的编辑已经换了三位，可以毫不夸张地说，是他们的耐心成就了本书的再版。

杨　阳

2016 年 7 月

第二版说明

1998 年初，我受中国政法大学教材编审委员会的委托，受命组织编写一部"中国政治制度史"教材，适用对象为政治学与行政学本科专业。不久，我即组织几位同事，几经研究，确定了编撰体例，并作出了具体的编写分工。1999 年 9 月，稿子收齐之后，为保持结构的完整、文风的统一，我又对全部稿件作出了较大的修改，最终交付中国政法大学出版社出版。

从 2001 年 7 月到今天，本书正式出版已有七个年头，一直作为中国政法大学政治学与行政学专业的本科教材使用，学生的反映自然听到不少。但是多少有些出乎我们意料的是，这部教材在出版之后，竟先后被许多高校选为本科教材或教学参考书，在一些考研辅导网站开列的政治学专业的参考书目中，本教材也基本都列在其中。

这种情形的出现，虽有些始料未及，但仔细想来，也并不奇怪。早在接受任务之后讨论本教材的编写体例时，我们就曾对当时公开发行的中国政治制度史教材进行过认真的研究。当时得出的结论是：这些已发行的教材基本都是针对史学专业或有较多史学背景的学生编写的，基本上不适合缺乏史学背景的政治学与行政学本科专业学生教学使用。有鉴于此，我们当时就决定了三个编写基本原则：一是一定要简约，避免过多的史料征引；二是为了做到简约，就必须改变编写体例；三是全书字数一定要控制在 25 万 ~ 30 万字以内。现在看来，坚持这三个原则正是本书受到欢迎的原因之一。因此，在此次修订中，我们仍坚持这些原则，除了在每章前面加上"学习目的和要求"，后面列出了"思考题"外，并没有补充更多的内容，只是对原书中个别错误进行了改正。

这次修订工作，也是由原作者完成的。原作者在编写中的分工情况，我在首版曾做过介绍。但因本书从首次发行到现在已有 7 年，作者的情况也有了一些变化，个别已退休，离开了教学岗位，有些也转到其他领域从事教学和研究工作。他们现在的简况如下：

杨阳（本书主编，承担导论、第一章、第二章、第三章写作及修订）：男，1964 年 12 月生，1989 年南开大学历史系硕士毕业。现为中国政法大学教授、博士生导师，中国政治学会理事、北京市政治学会常务理事。主要研究领域为中国政治思想史与政治文化，兼及中国政治制度史和当代中国政治。主要著作有《王权的图腾化——政教合一与中国社会》《文化秩序与政治秩序——儒教中国的政治文化解读》等，另发表学术论文近三十篇。

屈超立（承担本书第四章、第五章、第六章编写及修订）：男，1953 年 10 月生，法学博士。现为中国政法大学政治与公共管理学院教授、博士生导师。主要研究领域为中国政治制度史、中国法律史等。主要著作有《宋代地方政府民事审判职能研究》等，另发表学术论文近二十篇。

王引淑（承担本书第十一章、第十二章编写及修订）：女，1943 年生。原为中国政法大学政治与公共管理学院教授，现已退休。主要研究领域为中国政治思想史、中国政治制度史。主要著作有《中国传统政治哲学》，另发表学术论文十余篇。

谭兰英（承担本书第七章、第十章编写及修订）：女，1964 年 12 月生。现为中国政法大学政治与公共管理学院副教授。主要研究领域为人力资源管理、政府公共关系等，发表学术论文多篇。

吕芳（与谭兰英合作完成第九章编写及修订）：女，1974 年 3 月生，法学博士，清华大学博士后。现为中国政法大学政治与公共管理学院副教授。主要研究领域为比较政治学。主要著作有《制度选择与国家的衰落》等，另发表学术论文十余篇。

金霞（与谭兰英合作完成第八章编写及修订）：女，1973年生，法学硕士。现为昆明理工大学副教授，另发表论文近十篇。

限于作者的水平，也因时间较紧，我们在修订时难免存在各种不足，希望读者朋友指正。

杨　阳
2007年3月25日

编写说明

《中国政治制度史纲要》是在中国政法大学本科教材编审委员会的关怀和指导下，为适应政治学及行政学专业本科教学需要而编写的。限于课时等要求，本书在编写时没有采用制度史通常的体例（主要指秦以后），在字数上也尽量压缩，力图与"纲要"的书名相符。本书是中国政法大学政治学研究所及行政管理研究所的几位同志集体合作的结果，集腋成裘，在许多方面难免有风格、写法上的差异，虽然在成书的最后阶段，我们曾多方努力，但其结果如何只能让有关读者评说了。

本书编写的具体分工如下：

杨　阳　导论、第一章、第二章、第三章。

屈超立　第四章、第五章、第六章。

王引淑　第十一章、第十二章。

谭兰英　第七章、第十章。

谭兰英、金　霞　第八章。

吕　芳、谭兰英　第九章。

在本书编写过程中，曾得到中国政法大学教务处李玺文先生的诸多关爱和指导，能够完成出版，当然也有李先生的功劳，我和所有的作者都不会忘记这一点。限于我们的学识水平，本书可能存在诸多不足，希望读者朋友指正。

杨　阳
2001 年春

内容简介

本书以别开生面的体例形式、简约流畅的语言风格，讲述了中国政治制度在四千余年间纷繁而复杂的演变历程，其间涉及夏商周三代制度、皇帝制度、宰相制度、职官制度、言谏制度、监察制度、军事制度、司法制度和地方建制等中国古代政治制度的方方面面，也涉及从 19 世纪中期到 20 世纪初期中国政治制度的艰难变迁历程。在具体制度的描述和勾画中，作者还不时将读者带入对中国政治制度史中一些重大理论问题的思考：中国国家起源的方式与国家形态之间的关系、西周选择封建制的原因、封建制与宗法制的关系、秦以后多数王朝选择中央集权体制形式的原因、皇权的性质、相权的性质、皇权与相权的关系、发达的监察制度与皇权极端化的关系、中央与地方的关系、后妃干政、宦官乱政等。所有这些学界争论不休的问题，本书皆有严肃讨论，且多有独到的见解。历史的白描和制度的叙述，伴随着理论问题的陈说、知识的讲述，夹带着智慧的启迪，这是本书能够带给读者的最大收获。

目　　录

第三篇　近代以后到新中国成立前的政治制度

导　论

学习目的和要求：

通过导论的学习，学生应对本学科的研究对象、研究方法、研究现状及基本史料等问题形成较为系统的认知，从而为后续各章节具体内容的学习提供清晰而完整的学科背景信息。

一、政治制度的概念和政治制度史在政治学中的地位

（一）政治制度、政治制度史概念分析

在行为主义政治学中，"政治"被理解为一种带有控制或影响倾向的活动，往往与"权威""权力"等概念相联系。[1] 这种定义的优势是从时间和空间上拓展了"政治"概念涵盖的范围，使"政治"对"国家"等传统政治学的核心概念的依赖大大降低，从而使政治学研究的视野较以前极大地开阔起来。

但是这一做法在拓展"政治"概念的涵盖范围的同时，也使其在时间和空间的边界都变得含混不清，由此可能会带来一些值得探讨的问题。扩大"政治"概念的时间边界对政治的制度研究当然会产生较大的影响，这可能引发史前制度是否应该纳入政治制度的研究视野的问题。[2] 拓展"政治"概念的空间边界，对中国政治制度史的研究而言，则可能带来另外一些争论，如中国历史上某些社会组织（如宗族组织及其派生形态）是否应该成为政治制度史的研究对象？

"政治"概念的复杂性，在当今的政治学研究中是一个无法回避的事实。

---

〔1〕〔英〕戴维·米勒、韦农·波格丹诺编：《布莱克维尔政治学百科全书》，中国问题研究所、南亚发展研究中心、中国农村发展信托投资公司组织翻译，中国政法大学出版社1992年版。书中在政治（Politics）一目分别列出了两个词目，但显然都与"活动"有关。

〔2〕目前我国学界对政治制度的定义基本还是遵循传统的说法，比如，张晋藩和王超两位先生合著的《中国政治制度史》（中国政法大学出版社1987年版）、李明晨先生编著的《中国古代政治制度纲要》（中国政法大学出版社1990年版）、韦庆远先生主编的《中国政治制度史》（中国人民大学出版社1989年版）、浦兴祖先生主编的《当代中国政治制度》（上海人民出版社1990年版）和白钢先生主编的《中国政治制度史》（天津人民出版社1991年版）以及他所主编十卷本《中国政治制度通史》（人民出版社1996年版），基本都是将中国国家制度作为研究对象和内容的。

有鉴于此，我们不想对"政治制度史"作出明确的定义，只想为其划出一个大致的边界，以此来明确其研究的主要内容。

1. 政治制度史应将国家体制作为最主要的研究对象。这包括三个方面的内容：①对国家体制结构形态的静态和动态描述，即对决策体制、行政体制、司法体制等不同体制之间的横向结构关系和中央与地方各级机构之间的纵向结构关系的描述；②对国家各种机构设置和沿革状况作出静态和动态描述；③对国家如何从社会吸纳人员以保证各项制度运转的制度作出静态和动态描述。

2. 应将对国家行为发生持续或重大影响的国家体制之外的制度现象作为研究对象之一，比如政党制度、工会制度、商会制度以及其他社团组织等。

3. 政治制度史应对前国家时期的制度形态给予足够的关注，研究这些制度对其国家制度形态的影响。

本书是政治学与行政学专业的本科教材，因为受各方面——特别是学时的限制，不可能兼顾上述诸方面内容。今天国内致力于研究中国政治制度史的专家大多是历史学家，我们希望通过介绍现代政治学的研究成果以引起他们的注意，使我国政治制度史的研究在理论上能够有所突破，创新分析框架。

（二）政治系统概念的局限

政治制度史是西方传统政治学研究的重要内容之一，但在行为主义政治学中，业已被"政治系统""政治体系"等概念替代。[1] 传统政治学大致可以分成两个流派：一个是由政治哲学家所组成的群体，其研究用行为主义政治学的语言来表述，就是"规范的研究"，研究的目的是营造一种属于其个人的政治价值系统，因此，他们的研究被认为是"政治哲学"，而不是"政治科学"。[2] 另一流派则是一些历史学家和采用历史学方法的政治学家所组成的群体，他们的研究一般是进行事实描述，在行为主义政治学看来，他们在收集资料和描述现象方面虽然贡献不小，但在解释这些现象或事实方面很少有所建树。[3]

行为主义政治学由于强调引进"科学方法"，不可避免地将许多重要的政治问题排除在研究视野之外。这一点在政治史领域表现得尤为明显。由于政治

---

〔1〕 例如，《布莱克维尔政治学百科全书》，虽其所收词条甚多，但未立"政治制度"这一条目。再如，〔美〕杰克·普拉诺等：《政治学分析辞典》，胡杰译，中国社会科学出版社1986年版，该书也没有收录这一条目。

〔2〕 〔美〕艾伦·C. 艾萨克：《政治学：范围与方法》，郑永年、胡谞、唐亮译，浙江人民出版社1987年版，第一章。

〔3〕 行为主义政治学与传统政治学的分歧，集中体现在研究的目的和方法上，行为主义政治学家认为政治学研究应该具有"解释和预测"的功能，而要做到这一点，就必须使政治研究成为"科学"，必须用自然科学的方法来研究政治问题。

史与当代政治明显不同，其资料大多来自于文献，在当代政治研究中行之有效的方法（如随机抽样方法）在这一领域很少有用武之地，这便使得政治史，包括政治制度史的研究实际上很少受到行为主义政治学家的重视。

传统政治制度的研究内容，在行为主义政治学的研究中往往被包容在"政治系统"等问题的研究之中。"政治系统"等概念实际上是系统论和功能分析理论的产物。它关注的是政治系统"输出"与"输入"的动态关系，重视系统的"维持"和"平衡"等问题，它在系统结构的功能方面研究很多，但不重视系统本身的特征，特别是缺少对制度细节的研究。如果想了解某一国家的政治制度、政治架构及其演变的历史过程，"政治系统"的相关研究成果所能提供的帮助是非常有限的，它们通常只能提供素材的处理办法或分析框架，却不能代替"素材"本身。这些"素材"的获得，或者说政治学一般知识的获取，仍必须通过诸如"政治制度"或"政治制度史"这类课程的学习才能被学生掌握。因此，行为主义政治学的学习，并不意味着传统政治学的核心概念和它们所涵盖的知识内容就此会淡出政治学的知识谱系。从这个意义上说，"政治制度"或"政治制度史"在政治学学科中永远会占有重要的地位。

（三）中国政治制度史研究的现实和学科意义

对中国政治学来说，政治制度史在学科中应占有较重要的地位。

1. 中国有四千多年的文明史，仅就承袭中华民族自身的传统，了解自身历史而言，"政治制度史"这样的概念和它所指代的领域也是不能被轻易忽略的。

2. 当代中国政治的许多问题都不同程度地与传统相联系，像近年来颇受中国政治学界关注的"市民社会"问题、中央与地方关系问题、地方政府基层政权问题、行政体制改革问题等，都与中国固有历史传统——特别是政治制度传统有所联系，不对这些传统进行较为深入的研究和了解，对当代政治问题的研究就很难变得厚重起来，不久便会缺乏历史的纵深感，而且也很难建立有说服力的理论模式。

3. 中国政治制度演变和调整的历史很长，虽然最终没有演变成为现代政治制度，但在一些方面还是体现了我们祖先特有的政治智慧，对我们今天的政府体制改革、今后的政治发展仍有积极的借鉴意义。

4. 从中国政治学自身的建设和发展来看，在接受西方当代政治学的概念、模型和方法的同时，也必须更多地从中国政治传统中开发有用的学科建设资源，只有这样我们才能建立起属于中国自己的政治学学科体系。

中国固有的政治传统对今天我国政治学学科的发展可能在两大方面产生重要影响：中国历史上已经形成的政治哲学、治国方略和与之对应的政治制度体系，是中国政治学学科在当下发展中必须严肃面对的本土资源，我们引进的行为主义政治学概念、模型、理论，都有着一个与这些客观存在的自身资源的碰撞和融合的问题。不重视这一问题，政治学的研究就永远难以"本土化"，其研究结论也会总是与中国的传统资源和现实环境存在隔膜。另一方面则是中国"国学"的方法本身对中国政治学学科建设也可能具有积极作用。"国学"源远流长，形成了比较完备的方法论体系，至今仍影响着我国历史学、哲学、文学艺术的研究与创作。政治毕竟是人的活动，不是单纯的物理或化学现象，将自然科学的研究方法引进政治学的研究，只能是坚持一些科学哲学所公认的原则，而不能简单地机械地生搬硬套。从这个意义上说，"国学"方法，特别是强调实证的经学和史学方法，仍有着特殊的意义。

二、中国政治制度史研究状况和方法

（一）中国古代政治制度史的研究状况和方法

政治制度史的研究在中国起源很早，有人认为至少可以追溯到三代时期，[1] 但由于对《尚书·洪范》和《周礼》等典籍成书的年代，学界一直存在着争论，大多数学者认为这些典籍是后人根据传说记述的古代制度，因而恐难作为研究中国政治制度史最初起源的证据。

春秋时期，孔子用以教授弟子的《礼》《仪》《乐》等教材很可能是古代有关制度的汇编，应该将其看作中国制度史研究的开山之作。至于诸子之学，情况则相对复杂。诸子记述古代传说或礼制基本都是为建构自己的思想体系服务的，其中虽然有对一些制度的叙述或考辨，但也很难将其看作制度史研究的专门著作。《周礼》是一部较完备的制度史著作，多数学者认为其成书不晚于战国晚期，因此至少在战国时期，中国政治制度史的研究业已进展到了较为成熟的阶段。

到了汉代，除了《礼记》等著作出现之外，司马迁著《史记》专辟《礼书》《乐书》等，首次在正史中为制度史的资料整理和研究建立了专题形式。东汉班固著《汉书》，列《礼乐志》《刑法志》等篇目，上承《史记》，下启以后历代正史之写作体例。制度史在正史中的地位其后大抵如此。

中国专门的制度史研究在唐代出现了扛鼎巨著——杜佑所著的《通典》，此后宋郑樵著《通志》、元马端临著《文献通考》，均是中国古代政治制度史研究的里程碑著作，与《通典》一起并称"三通"。

中国古代时期的政治制度史研究是国学的一个重要组成部分，当然也带有传统国学的一些特点，但在总体上，它属于国学研究中注重实证的一系。它的

---

〔1〕 张晋藩、王超：《中国政治制度史》，中国政法大学出版社 1987 年版，第 4 页。

特点，在笔者看来主要有如下几个：

1. 从现代学科归属看，中国古代制度史的研究基本属于史学的范畴，研究者都是历史学家，采取的方法也大抵是传统的史学方法，这主要与中国古代不重视学科划分的治学传统有关。

2. 从研究的目的看，其研究带有明显的"学以致用"的特点，是为了在总结历代制度得失的过程中，为当时的政治制度建设、皇帝和大臣们施政提供经验参考。正如杜佑所言："至于往昔是非，可为来今龟镜"。[1]

3. 从研究的方法看，偏重于事实描述和考订，非常重视实证。但在重视事实准确性的同时，并不忽视对所记述事实的因果解释。

4. 从研究中价值问题的处理上看，作者都坚持中国传统的正统价值观念，以此为标准评论制度建设和运行之得失。但这些价值倾向并不一定影响他们对某些制度的事实描述，他们在叙述某项事实时虽然未必能做到"价值祛除"，但大体还是比较客观的。

从上面这些特点概括中可以看出，中国古代时期政治制度史的研究，有历史的局限性，但也有不少长处，关键是我们如何从中汲取营养。

（二）近代以来中国政治制度史研究的状况和方法

20世纪30年代至40年代，出现了几部中国政治制度史的专著，其中以曾资生所著《中国政治制度史》和杨熙时所著《中国政治制度史》最为著名。但在1949年以后，由于众所周知的原因，政治制度史研究曾一度沉寂了30余年，直到20世纪80年代以后才陆续出现了一些研究成果，其中白钢先生主编的十卷本《中国政治制度史》综合了近年来中外有关研究成果，代表了当时我国学界在这一领域研究的最高水平。

这些成果都是将国家体制作为研究的基本内容，虽然在具体问题上可能有不同的理解，但在总体框架上没有实质区别，对建构我国政治制度史研究的基本框架起到了不可替代的奠基作用，也确实填补了新中国成立以来这一学科领域研究上的空白，但总的说来，仍有一些不尽如人意之处。这主要表现在如下几点：

1. 理论框架高度雷同，或者说只存在一种理论框架，这本身就说明这一研究还远没有达到"百家争鸣"的繁荣程度。

2. 著者基本都是历史学家，所采用的概念、分析框架和研究方法也基本都是历史学的，虽然与古代时期的政治制度研究已经有了很多不同，但这两者之

---

〔1〕《旧唐书·列传·第九十七·杜佑》。

间仍表现出强烈的连续性。如果从政治学的角度来看，这些成果的史学味道则显得过重。作为一个跨学科的领域，中国政治制度史的研究应注意如何将政治学视角与方法和史学视角与方法有机地结合起来。

3. 这些研究在事实认识和价值认识上都还存在着一些问题：将一些假说当作定律使用、在一些地方以价值判断代替事实分析等。这主要是由理论过于陈旧、视野不够开阔所造成的。

上述各点是我们对目前中国政治制度史研究状况的几点粗浅的认识，在提出这些认识的时候，我们深知中国政治制度史学科建设的困难和艰巨，对那些曾在这一领域大胆拓荒的前辈，我们内心充满敬意，今后的任何进展无疑都将站在他们肩上才能取得。

（三）中国政治制度史研习中的事实与价值认识

仅就目前中国政治制度史的研究来说，如果想取得进一步的进展，在我们看来，应该注意两个方面的倾向：

一方面，要尽量避免陷于琐碎的考据而无法自拔。史料的考订当然重要，但单纯的考据无助于建立系统的知识体系，也不会形成必要的概念、通则和定律，不会使中国政治制度史的研究对中国历史上的政治和其他相关现象具有解释力。

另一方面，也要对传统的分析理论作出适当的反思，从一些教条化的思维模式和分析框架中走出来，寻求更符合中国社会和制度现实的分析框架，不能在传统的分析框架明显与事实不符的时候，仍让事实去屈从于理论的需要。

目前最急迫的任务是要区分事实认识与价值认识。尊重事实，让材料说话，是使研究具有科学性的前提。但是任何认识毕竟是来自于人的，完全排除认识主体的主观因素显然不现实。这就决定了我们的研究不仅需要所有的研究者对自己的结论保持必要的"谦卑"，还需要不同学者间的争鸣和印证。

当然，事实认识在中国政治制度史研究中可能还会遇到另外一些问题。由于材料的抵牾或缺乏，有时也不得不作出适当的联想，借用一定逻辑推理，有时更可能借用某种理论框架加以演绎。但大凡有这种情况，我们就不应该否认它的假说性质，这才是真正的科学态度。

价值认识似乎更为复杂。一般来讲，价值认识可被划分成两种类型：一种是"规范性价值"，另一种则是"工具性价值"，它们之间的差异是显而易见的。在当今国外社会科学研究中，持价值中立说的学者并不排斥"工具性价值认识"，因为这种价值认识可以与事实认识非常自然地联系在一起。但这种价值认识仅仅是相对于一个特定的目标来说的，离开了这一目标，其优劣判断就无法成立。至于"规范性价值认识"，由于其预设的目的更具有超越性，更可能诱使我们坠入历史目的论的泥潭，混淆两种认识，将事实判断等同于价值判断。[1]

虽然我国政治制度史研究与其他研究领域一样都存在着滥用价值判断、将其与事实判断混淆起来的现象，但是我们仍不能同意在研究中完全采取"价值祛除"的态度。价值认识的产生虽然大多基于主观预设，但有些价值观念可能是一些民族或人类历史体验所得出的共同信念。在全球逐渐走向一体化的今天，原来一些被个别民族文化肯定的价值观念已经逐渐为现代社会所特有的价值准则所替代，尊重人权、重视个体价值、维护个人自由、维护自由而充满活力的市场经济与政治民主，已成为得到大多数人认可的个体生活和社会生活的准则，这些无疑为我们在研究中作出价值认识提供了基本的尺度。

总之，在中国政治制度史的研究中，首先要重视事实研究，在梳理事实的过程中，切忌随意作出价值判断，而且即便是在应作出价值判断的时候，也要充分考虑到这些价值到底是从何而来的，是出于研究者自己的主观臆断？是出于某位（些）大思想家的偏见？还是出于在人类历史文化锤炼中形成的带有普遍性的认识？

当然，对研究者来说，切实改善自己的知识结构，提高自身的理论素养和逻辑思辨能力，拓展研究的视野，尽早形成对中国政治制度史的多样性的研究框架和分析模式，对中国政治制度史学科建设来说，更是必要的。

三、中国古代和近现代政治制度的基本性质、特点与史料

（一）中国古代和近现代政治制度的基本性质与特点

清王朝灭亡以前的中国政治制度属于一种极其发达且富有中国特色的君主专制主义制度体系，而辛亥革命以来中国政治制度的演变乃是这一传统专制制度体系向现代民主政治的转型。

君主专制主义制度体系源于中国独特的国家生成路径，是由国家权力获得和运行过程主要依靠暴力所造成的。在这一制度体系中，王权（或皇权）是集政治、经济和文化权威于一体的绝对垄断权力，它对社会的支配力和覆盖广度在古代世界中几乎是独一无二的。其特点主要表现在以下几个方面：

1. 它以政治暴力所造成的超经济强制权力覆盖并支配社会经济领域，对资

---

〔1〕　在我国历史学研究中，对于"必然性"和"发展"这一类概念的使用都存在上述问题，结果是造成对历史的合目的解说，且造成认识上的混乱。比如，在描述中国明清之际宰相制度变化时，如果使用"发展"概念，意义就非常含混。如果从宰相制度在国家体制中的地位和作用来看只有退化，根本无所谓"发展"。使用"发展"这样的概念，其目标的预设应该是明确的，从君主专制主义的立场来看，当然可以说是在不断地"发展"；从中央集权本身来讲，说"发展"也未尝不可；但如果从地方自治的角度来看，那么只有一步步的退缩。

源和利益分配具有明显的垄断特征，在这种情况下，无法形成真正的财产私有制度，也无法形成以市场规律为基础的经济运作机制和分配规则。

2. 它凭借政权垄断形成对意识形态话语权力的独占，以政治权威身份兼取了宗教领袖和文化象征的地位，它通过对意识形态话语权力的垄断和强有力的整塑，为自身的垄断权力不断营造合法性资源，以文化权力实现政治统治。

3. 它在秦以后开始以中央集权的体制架构为主要和常态的存在形式，在中央政府中通过不断分割以相权为代表的贵族官僚权力来实现君主个人权力的不断扩张，而在中央与地方的关系上，又通过压缩以封君为代表的地方势力、缩小地方行政单元、分散地方事权等方式，来实现对地方各种资源的直接控制与随意操作。

4. 它凭借对主要经济资源和意识形态的全面垄断，努力造就一元化的社会体制。它将科举制作为制度化的驱动与吸纳机制，持续造就自觉服膺和服务于现行体制的社会精英群体，形成了皇权——士大夫（官僚）——士绅三位一体的政治统治阶层，将整个社会纳入王权主义的控制网络之中。

5. 在长期的历史演变中，中国的君主专制主义制度体系已经演进到了十分成熟的程度，这一制度不仅有与之相适应并一直为其提供合法性资源的意识形态系统，而且它还能十分纯熟地驾驭和整塑意识形态使之更自觉地为自身服务。此外，它还形成了一整套完备的自我调节机制，比如，为提高皇帝执政能力而发展的教育制度，为防止皇帝决策失误而出现的"封驳"和"谏议"制度，为防止宰相专权而实行的"合议"制度，为防止官员不忠和腐败而形成的过度发达的"监察"制度，以及为了克服技术手段的限制，刻意在乡村基层鼓励和培育乡绅和宗族势力等。

6. 中国古代政治制度虽然经历了许多变化，却一直保持着自身的历史连续性，这一点在世界其他文明圈中是绝无仅有的。

理解和把握中国政治制度上述专制主义性质及其特点，是正确理解中国古代政治制度现象的前提，对理解近代以来我国政治制度的变迁和我们今天的政治制度建设也是十分必要的。不彻底批判和改变传统政治制度的性质，对其任何部分的继承就只具有复制传统的意义，是不可能使中国政治现代化的。

（二）研习中国政治制度史的基本史料

对初学者来说，应首先研读近代以来学者所撰写的有关书籍，这些书籍，我们在前面已经提到了一些，此外还有一些断代史也是了解一段时期内政治制度沿革变化的必备读物。在这里我们只简单地介绍一些古代有关中国政治制度史的书籍，这些书籍被今天的研究者们认为是研习中国政治制度史的基本史料。

研习中国政治制度起源时期（黄帝尧舜禹时期）和夏商周时期的政治制

度，由于其时代久远，文献资料匮乏，需要大量借助考古资料，其史料分为文献、出土的金文和甲骨文、其他考古学资料三部分，这里我们只介绍主要文献资料。

主要文献资料有：《尚书》《逸周书》《诗经》《山海经》《春秋》《左传》《国语》《周礼》《礼记》《史记》（特别是《五帝本纪》和夏商周《本纪》）以及诸子的著述等。

研习战国以后的政治制度，当然也需要借助考古发现，这些发现中最主要的有"睡虎地秦简""汉简""敦煌帛书"以及在长沙走马楼出土的记载三国东吴制度状况的竹简，这些考古发现与金文甲骨文一样，较之文献资料更具有原始性，其史料价值极高。

至于文献资料则比先秦远为丰富，主要有"二十四史"，特别是其中的《书》《志》《表》等。专门的制度史文献在清朝乾隆以前有著名的"三通"。到乾隆时，又有官修的《续通典》《清朝通典》《续通志》《清朝通志》《续文献通考》《清朝文献通考》6 部大型文献汇编，再加上清人刘锦藻所编《续清朝文献通考》，合计 10 部，史称"十通"。

"十通"卷帙浩繁，内容过多，且多有重复，阅读颇为不便。实际上，《文献通考》是在《通典》和《通志》的基础上完成的，而清朝对"三通"分别做的续编，内容亦相重复，所以，对一般的研习者来说，只研读《文献通考》《续文献通考》《清朝文献通考》和《续清朝文献通考》即可。

各朝"会要"也颇有参考价值，特别是对断代制度史的研习，"会要"的史料意义就更为重要。这些"会要"主要有：《春秋会要》（清姚彦渠编）、《七国考》（明董说撰，相当于"战国会要"）、《秦会要补订》（近人据清人孙楷《秦会要》重新修订而成）、《西汉会要》（南宋徐天麟编）、《东汉会要》（亦为徐天麟编）、《三国会要》（清杨晨编）、《唐会要》（宋王溥编）、《五代会要》（亦为王溥编）、《宋会要辑稿》（清徐松编）、《明会要》（清龙文彬编）。此外，还有元朝官修的《大元圣政国朝典章》、明代官修《明会典》、清朝官修《清会典》等。

中国政治制度史的史料，堪称汗牛充栋，加之都是文言文写成，今人读之颇得下一番功夫，至于先秦之时，不借助考古发现更是寸步难行。虽然如此，如果想真正研习中国古代政治制度，却非得在这些史料的基础上才能有所进益。至于民国以来政治制度的变迁，则已经有了相关的法规和其他档案资料，掌握起来并不十分吃力，且亦是真正了解近代政治制度必由之路。

思考题：

1. 中国政治制度史研究的对象是什么？

2. 怎样理解中国政治制度史研究的现实意义？

3. 国内中国政治制度史研究现状有哪些特点？

4. 在中国政治制度史学习和研究中，如何处理事实认识与价值认识的关系？

5. 如何理解中国政治制度史的性质和特点？

6. 中国政治制度史学习和研究的基本史料有哪些？

第一篇　先秦政治制度

先秦政治制度是指秦王朝建立以前的政治制度。如果我们将黄帝时代定位在4500年前，那么，这一段历史在中国整个文明史中大约占3/5的时间。中国文化的基因都是在这一时期形成的，以后历史面貌的变迁不过是这些基因的进一步演变，而这种演变始终没有能够突破基因所赋予中国文化的独特生命特征。

对这一段历史和政治制度的研究，因年代久远，史料严重不足，即便只是勾勒出一个大概的历史面貌也需要理论所赋予的联想能力。这样，理论的严肃性和准确性就显得格外突出。因此，与中国历史的其他断代史研究相比，秦以前历史的研究对研究者理论水平的要求要更高一些。

基于上述情况，本书在本篇的叙述中，将首先辨析相关的理论问题，提出并简要论述关于中国早期国家起源问题的基本分析框架；其次，具体考察中国国家的起源动力与特点；最后，在第三章中将集中叙述中国早期国家的基本政治制度形态以及春秋战国时期政治转型所带来的制度变化。

第一章　国家起源的相关理论问题

> **学习目的和要求：**
>
> 　　通过本章的学习，学生应厘清以下四个问题：其一，了解假说在历史学研究中的作用，并对国家起源这一问题的假说性质有较深入的理解；其二，了解"国家"的概念，并掌握判定国家产生的主要标准；其三，了解摩尔根分析模式的特点，理解摩尔根分析模式在解释中国国家起源这一问题上存在的局限性；其四，掌握酋邦模式、氏族模式、征服模式和说服模式等不同形式的国家起源模式，并深入理解不同的国家起源模式对早期国家形态造成的影响。

第一节　假说与国家起源问题的研究

一、假说与历史学研究

　　在数学演算中，由于已知的条件不足以完成求证的目的，人们经常使用"假设"，即假定存在某种或某些条件，在此基础上完成求证工作。实际上，任何研究和思考都离不开假定，即便是自然科学也是如此。在自然科学中，定律的发现都是以假说为基础的，没有假说，就不会有以后的求证，当然也就不会有定律的发现。

　　对历史学来讲，是否能够形成类似于自然科学中的"定律"式的认识，长期以来一直存在着激烈的争论，尽管在西方的史学界一直存在着对历史学出现的日益"科学化"倾向的批评，但是一些在科学研究中较通行的方法还是逐渐进入了史学研究。

　　史学以过去发生的人和社会的活动为基本研究对象，它的任务有：①描述这些活动本身；②解释这些活动之所以发生的个别原因；③试图对人类历史得出具有普遍意义的规律性认识。这三个方面是缺一不可的。史学当然要以再现历史为主要任务，但任何对历史的再现都必须以现代的话语来表述，而且必须以史学家特有的理论去统合，否则史学就会面对汗牛充栋的历史资料而茫然不知所措。当然，在再现历史的过程中，还必须试图对一些现象作出适当的因果解释。

显然，后两个任务的完成都是离不开假说的。这是由历史学自身所具有的局限性所决定的。由于已有的历史资料往往不足以支持形成带有普遍意义的定律，对形成更小范围的定律，甚至针对某些个别因果律所提供的支持也往往不足，因此历史学家描述历史时所运用的理论往往只具有假说的性质。也正因为如此，假说在历史学研究中的地位几乎如同实验在物理学中的地位，离开了它历史学是寸步难行的。

这里之所以强调假说的作用，是因为我国的历史学界长期以来一直存在着误将某些假说当作定律来使用的现象，这在极大程度上助长了我国史学以武断的结论代替事实研究的陋习，阻碍了我国史学研究的深入与发展。

二、国家起源问题研究的假说性质

中国国家和政治制度起源的研究，资料严重不足是所有研究者的共同感受：①文献记载大多语焉不详，而且矛盾之处甚多，以至于凭借这些资料哪怕是勾勒出一个大致的线索也是相当困难的；②考古发现虽然不少，但要判定这些发现的性质，特别是要把它们与文献资料结合起来十分困难。因此，研究这一问题所取得的成果，在论证上还无法避免以下几个缺陷：

1. 借助某种假说对所掌握的文献和考古资料进行解读，并赋予其以理论意义，因而对资料的解释往往因服从理论需要，无法达到依据资料本身来支持理论的境界。

2. 在对资料的解释和破译上，还无法对反面的材料作出圆满的处理。

3. 由于直接资料不足，在研究这一问题时，甚至在对某些资料进行解释和破译时，往往借助其他民俗学和人类学的资料来间接说明，由于这种论证必须要以两个民族（或多个民族）存在共同性这一假设为前提（这一假设本身没有得到证明），所以，这样的证明方式所得出的结论其局限性是显而易见的。

综上所述，关于国家起源的种种研究成果，还都仅具有假说性质。指出这一点，目的有两个：①不论是研究者还是读者，都应充分意识到这些成果的局限性，认识到其他解释模式存在的合理性；②要认识到对这一问题的研究，由于先天存在的资料限制，人们一时还不能得出真正意义上的科学认识，创造一些在逻辑上和经验上相对合理的假说也许就是现阶段最可行、最合理的选择。

长期以来，在国家起源这一问题的研究上，我国学者所接受的主要是摩尔根所建构的分析模型。这一分析模型是在对美洲印第安人社会形态的大量观察的基础上形成的。因其对人类原始社会形态和由原始社会到国家形态的转变过程有一定的解释能力，从而成为马克思和恩格斯建构其历史唯物主义理论的重要基石之一，恩格斯的名著《家庭、私有制和国家的起源》便是在摩尔根研究的基础上完成的，它在分析模式相对匮乏的情况下，对新中国史学在国家起源问题的研究中曾经发挥过重要的指导作用。

但摩尔根的理论毕竟还存在着相当的局限性：①摩尔根所观察和收集的资料主要是北美印第安人的，对其他地区的大量尚处在原始时代的民族资料则很少注意；②在观察和分析资料时，摩尔根还存在着理解错误的地方。正因为如此，摩尔根对原始社会的观察在100多年后的今天，已经被证明有许多需要重新审视和认识的地方。比如，摩尔根所描述的原始群婚制就已经被证明是根本不存在的，他所认为的以平等为基础的"原始的政治方式"[1] 也被证明有相当的偏差，他将"部落联盟"作为人类早期政治组织发展过程中的一个必经阶段也与实际情况相去甚远。

摩尔根理论对中国学术界的影响是双重的：一方面它为上古时代的历史研究提供了一个可以借用的分析模型，使我国国家起源前后的历史叙事第一次取得了现代学术话语的诠释形式；但另一方面也使国内对这一问题的研究长期陷于既定的分析模式，甚至有意无意地按照模式的需要去曲解史实。[2] 事实上，摩尔根分析模型作为一百多年前所产生的人类学研究成果，发展至今天已经确有重新认识的必要，这是我国有关国家起源问题的研究走向深化的前提之一。

第二节 国家定义与前国家时期的政治组织

一、国家定义问题

在国家起源这一问题的研究中，即便我们暂时仅满足于形成假说，也必须处理好以下几个理论问题：①国家的定义问题；②国家形成过程中的阶段性演进模式问题；③构成这种演进的动力基础问题；④早期国家的类型问题。

首先处理国家定义问题，这是决定着我们是否能够将"国家"形态与"非国家"形态区分开来的关键所在。

对于国家的定义，历来众说纷纭，以至于一些研究国家起源问题的西方学者不得不悲观地指出："根本不存在为整个学术界所公认的国家定义。"[3] 但仔

---

[1] 〔美〕路易斯·亨利·摩尔根：《古代社会》（上），杨东莼、马雍、马巨译，中央编译出版社2007年版，第178页。

[2] 童恩正指出："有的研究者在开展民族调查之前，就预先确定了'母系''父系''部落联盟''家长奴隶制'等最终结论，调查的目的不过是用一些新的资料再一次证明这种模式的正确，而不是从实际出发提出新问题"（童恩正：《文化人类学》，上海人民出版社1989年版，第315~354页）。谢维扬先生在1987年也曾著文对摩尔根的"部落联盟"理论提出质疑，认为这一理论并不具有"普遍意义"（谢维扬："中国国家形成过程中的酋邦"，载《华东师范大学学报（哲学社会科学版）》1987年第5期）。

[3] H. J. M. Claessen, P. Skalnik, ed., *The Early Sate*, The Hague：Mouton，1978，p. 3.

细梳理后还是可以将各种意见分为"冲突论"和"融合论"两大类。[1] 冲突论主要强调国家维护统治集团利益的暴力特征，而融合论则主要强调"政府的基本职能就是作为社会协调的保障，在其权力范围内维持和平和秩序"。[2]

马克思和恩格斯关于国家的定义主要是从两个方面讲的：①从发生学的角度讲；②从国家功能上讲。无论如何，马克思和恩格斯还是注意到了国家在协调社会、组织生产中所发挥的积极作用。恩格斯指出："政治统治到处都是以执行某种社会职能为基础的，而且政治统治只有在它执行了它的这些社会职能时才能持续下去。"[3] 恩格斯这种论述隐含着对国家职能二重性的承认，这种认识后来主要为普列汉诺夫所继承，普氏在评论意大利马克思主义者安·拉布里奥拉的《关于历史唯物主义》一书时指出："国家的兴起，在极大程度上是可以用社会生产过程的需要的直接影响来说明的。"[4]

对国家功能二重性的认识，已为我国大部分学者所接受。但仅仅从功能意义上来界定国家定义，对深入研究国家问题是远远不够的，为了能够更加准确地描述国家的阶段性演进过程，区分不同类型的国家，国家的定义就必须包含对其形式的界定。

对国家产生的特征，马克思主义经典作家曾提到的大体包括以下几个：

1. 出现了私有制和建立在财产私有基础上的阶级分化与阶级斗争。

2. 社会组织形式发生变化，农村公社代替了原有的氏族组织，人们开始按地域而不是氏族血缘关系来组成社会。

3. 有了法律、官吏、监狱、军队等公共权力，并有了为支持这一权力而存在的税收制度。

现代许多西方学者对国家形式特征的描述大体继承了上述的说法，只是有所增加。其主要包括以下几个特征：

1. 出现一个中央政治权力中心。这是国家产生的首要标志。

2. 出现保证这一最高权力中心存在的行政、司法、军事组织，包括诸如官吏、监狱、法庭、军队等。

3. 出现为维持这一权力中心及其各种机构存在和运行的税收制度。

4. 发生一定程度上的阶级分化。

5. 形成有一定针对性的固定领土区域的观念。

〔1〕〔美〕乔纳森·哈斯：《史前国家的演进》，罗林平等译，求实出版社1988年版，第1~60页。

〔2〕〔美〕乔纳森·哈斯：《史前国家的演进》，罗林平等译，求实出版社1988年版，第51页。

〔3〕《马克思恩格斯选集》第3卷，人民出版社1972年版，第219页。

〔4〕《普列汉诺夫哲学著作选集》第2卷，人民出版社1964年版，第274页。

6. 已经形成支持最高权力中心存在和运行的国家意识形态。

上述六项特征侧重于对国家的外部特征描述，显然对把握国家与非国家社会形态的界限有至关重要的意义。

二、群队与部落：两个初级的政治组织

人类从蒙昧时代走向文明社会，经历了一个漫长的史前阶段。仅就中国已经发现的猿人活动，距今也已经有 170 万年。在这一漫长的时期，人类社会组织的形态很难搞清楚。摩尔根曾经推测在这个阶段，人们的婚姻状况曾经经历了一个由"无限制的群婚"到"血缘群婚"的转变。但是这一说法至今也没有被证实，相反，"族内血缘群婚"制度即便是在国内也引起了诸多的怀疑，在国外基本已经被学界否认。[1]

对这一阶段的社会状况，目前国际上大多数学者所接受的是塞尔维斯所提出的群队和部落这两个类型和阶段。"群队"是一种分散的政治组织，其首领通常是由一些在狩猎中勇敢的、让其他成员羡慕的老年男人担当，但他"丝毫不具有强制权力"。群队的规模一般在 150～200 人，个别的可以达到 400～500 人。至于组成群队的原则，并非基于血缘，亦即还没有氏族组织，它是一种"基于地域的社会群体"，是"人类最古老的政治组织形式"。[2]

部落相对于群队来讲规模要大得多，甚至可以达到 20 万人（如东非努埃尔部落），其基本的社会组织是氏族。换言之，部落是由一些氏族组成的，但这种联合通常是依据血缘，而不是依靠强制力量，其政治组织也是非正规的、暂时性的，部落的领导人也是不正规的。

三、酋邦——前国家时期最后一种政治组织

部落中政治组织虽然与摩尔根所描述的大体相似，但摩尔根所强调的部落的进一步演进形式——部落联盟，受到了普遍怀疑。[3] 现代人类学家所列举的

---

〔1〕 美国著名文化人类学家基辛根据对灵长目黑猩猩的研究，指出即便是在黑猩猩的家族中，乱伦也是被禁止的，"乱伦禁忌禁止家族内部交配"是人类社会的基础（〔美〕基辛：《当代文化人类学概要》，北晨编译，浙江人民出版社 1986 年版，第 15～19 页）。我国也有一些学者对此持怀疑态度，金克木认为"'杂交''乱婚'至今没有被证实"，并推断人类的婚姻一开始就可能存在对乱伦的禁忌（金克木编著：《比较文化论集》，生活·读书·新知三联书店 1984 年版，第 101 页）。赵国华在研究生殖崇拜文化时，也曾指出"人类未必有过血缘婚姻制度"（赵国华：《生殖崇拜文化论》，中国社会科学出版社 1990 年版，第 243 页）。

〔2〕 〔美〕威廉·A. 哈维兰：《当代人类学》，王铭铭等译，上海人民出版社 1987 年版，第 468 页。这一认识说明氏族组织并不是人类最早的社会组织，它也是人类社会演变到一定阶段的产物。

〔3〕 在他所提到的 6 个部落联盟的个案中，只有他描述得最为详尽的（也是他最了解的）易洛魁人联盟得到了今天人类学家的认同，而其他 5 个联盟则遭到了普遍的怀疑。比如，阿兹特克人的社会组织，摩尔根以为是"联盟"，但现代人类学家几乎一致认为它是"早期国家的一个阶段"。

人类早期政治组织，除了已经提到的"群队""部落"外，还有比部落更进一步的"酋邦"。我国的一些学者也曾经指出：酋邦"在亚洲、非洲和南美"，"似乎有很大的普遍意义"，[1] 特别强调酋邦是中国古代前国家时期和一些少数民族政治组织最普遍的形式。[2]

酋邦与部落明显的不同之处在于，它已经产生了"集中的政治制度"。这种政治权力"在一切事务中，在任何时候都足以把他的共同体团结在一起"。在这个共同体之内，酋长的权力支配着一切最主要的领域，其权力在各个方面都表现得更像一位君主，他对臣民有生杀之权，他可以抢走他们的财物，甚至能够作出死刑判决。酋长为行使权力已经建立起了一个服从他个人的官员系统，他和这些官员都享有特权。酋长和官员们住在由他们的臣民建造的宏大的住宅中。他们还拥有大片田地，由臣民耕作，供他们享用。他们还得到村民收获的最上等的产品，并且分享每次渔猎的所得。

与这种经济上的特权相对应，已经形成了支持这一等级制度的各种"文化"。塞尔维斯曾描述说："最高等级阿里依（Ari'i）是如此神圣，以至他用过的任何东西都成为禁忌的对象，而他触摸过的任何食物对低等级的人来说是有致命的毒性的。……最高酋长几乎完全保持不动。他出行坐轿，沐浴和进食由一个侍从服侍，而在西玻利尼亚他甚至不许当众说话——由一个酋长发言人（通常是他的弟弟）来代表他发言。还有一个常见的习俗是最高酋长使用一套对平民禁用的古典语汇来发言。"[3]

酋长的这些特权已经具有了家族性质，这与摩尔根所描述的以氏族为单位的部落很不相同。在特罗布里恩德群岛的酋邦社会中，酋长的职位只有在打了败仗时才有可能失去，一般则是终身制，并且可能是世袭的。伦斯基指出："在此情况下，个人的才能无足轻重，而出身决定一切。"[4]

塞尔维斯将上述的酋邦社会归结为介于以血缘关系为基础的社会性社会和以地域经济关系为基础的政治性社会之间的一种社会形态，从而勾画出了群

〔1〕 童恩正：《文化人类学》，上海人民出版社 1989 年版，第 223 页。
〔2〕 谢维扬："中国国家形成过程中的酋邦"，载《华东师范大学学报（哲学社会科学版）》1987 年第 5 期；叶文宪："略论良渚酋邦"，载《历史教学问题》1990 年第 4 期；杜正胜："夏代考古及其国家发展的探索"，载《考古》1991 年第 1 期；江应梁主编：《中国民族史》，民族出版社 1990 年版；谢维扬：《中国早期国家》，浙江人民出版社 1995 年版。以上著述都是运用这一理论解释中国有关现象的例证。
〔3〕 E. S. Service, *Profiles in Ethnology*, Harper & Row, p. 262.
〔4〕 〔美〕格尔哈斯·伦斯基：《权力与特权：社会分层的理论》，关信平、陈宗显、谢晋宇译，浙江人民出版社 1988 年版，第 157 页。

队——部落——酋邦——国家——帝国这一人类社会的阶段性演变图式。

塞氏的这一结论还是建立在摩尔根等人对社会类型的两分法基础上的，而这种两分法又是以酋邦形态并不发达的西方人所特有的"家庭""政府""经济阶级"等概念为基础的。对普遍存在酋邦社会形态的非西方地区来说，这些概念未必适用。实际上，在作出这种划分的时候，塞氏并不能肯定："酋邦是家庭式的，却不平等；它们具有中央管理和权威，却没有政府；它们有对物资和生产的不平等控制，却没有私有财产、企业家或市场；它们标志出社会分层和等级，却没有真正的社会经济阶级。它们是不是部分属于原始社会和部分地不属于原始社会呢？它们是否在一定意义上介于社会性的社会与政治性的社会之间的过渡呢？"[1]

上面这段引文已经鲜明地昭示了塞氏这一区分的西方"话语"色彩。家庭式的、但不平等，是中国也是非西方地区文明时代的政治权力的特征之一，依据法律而产生的"政府"在非西方国家，至少在古代一直就没有存在过，类似于古罗马的私有财产概念不论是在理论上，还是在法律上，在非西方国家（如中国）都十分罕见，至于社会分层，在像中国这样的政治权力绝对支配经济的社会中，政治暴力所起的作用远比纯经济手段要大得多。

当然，将酋邦作为一种由社会性社会向政治性社会过渡的中间形态，另一个可能的麻烦是对雅典和罗马国家起源的解释，即便是假定在这两个城邦国家起源之前曾经有一个酋邦时代，也仍然会面临着另一个更加困难的问题，即酋邦为什么在这两个地区演化成为城邦国家？而在其他的地方其演化出的国家形态都是君主专制式的？

凡此种种，都表明将酋邦作为原始社会与政治社会之间的过渡形态，事实上还需要更多的理论论证，将其引入对中国国家起源问题的研究也会带来一些麻烦。一个最明显的问题就是很难将酋邦与早期国家区分开来。

谢维扬先生根据一些西方人类学家的研究，为判定是否属于早期国家设定了六项变量，[2] 但这些变量在实际运用中，可操作性并不是很强。谢先生在用这一理论解释为什么夏可以被认为是早期国家形态，而夏禹以前包括黄帝尧舜禹时期只能是酋邦社会时，所列举的证据大多明显缺乏说服力。[3] 比如，在国

---

〔1〕　E. S. Service, *Profiles in Ethnology*, Harper & Row, p. 498.

〔2〕　本书前面陈述的早期国家的六项特征主要就是依据谢先生所划定的这六项变量，谢先生的详细阐述，参见谢维扬：《中国早期国家》，浙江人民出版社1995年版，第44~51页。

〔3〕　这两个方面，一个是王权的世袭制确立，另一个是固定的国家名称（夏）的出现，谢先生是将它们集中在意识形态方面来说明的（谢维扬：《中国早期国家》，浙江人民出版社1995年版，第376~378页）。

土结构上，谢先生一方面承认它"基本保持了酋邦形态下的这种以部落为基础组成社会的状况"，而另一方面又强调它"在部落的外部关系上"和"部落本身的结构"方面发生了与尧舜禹时期不同的变化。但是这两个变化是否存在、（即便存在）是否足以将夏与其前代区分开来，其本身也成问题。

过去我国学界用"部落联盟"来描述中国前国家时期的社会组织状况，其与资料所反映的事实之间存在着明显不相符合的地方，引入酋邦理论应该是一个大胆而积极的尝试。但是酋邦理论作为一种内化着西方各种习惯性认知模式的概念，与西方历史上的早期国家形态的区别自然一目了然，但与中国和其他民族的早期国家形态的区别则不是很明显。

第三节　走向国家形态的动力与早期国家类型

一、走向国家形态动力的种种理论

中国学界在解释国家起源动力时较正统的观点主要是围绕生产力发展这一主线展开的。其基本的描述是：

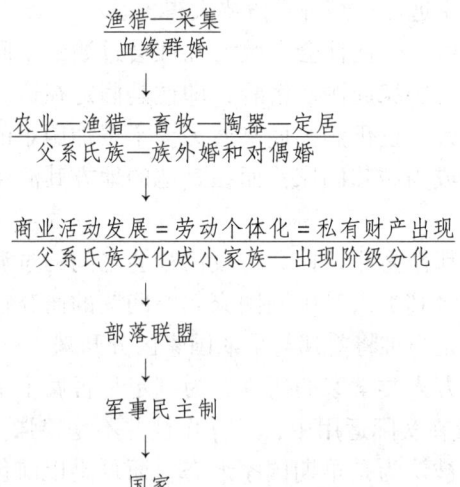

渔猎—采集
血缘群婚

↓

农业—渔猎—畜牧—陶器—定居
父系氏族—族外婚和对偶婚

↓

商业活动发展 = 劳动个体化 = 私有财产出现
父系氏族分化成小家族—出现阶级分化

↓

部落联盟

↓

军事民主制

↓

国家

在上面的解释中，横线上面均是生产力状况的反映，下面则是与其相对应的社会组织状况，但从总体上来讲，上述的对应关系和阶段性描述并不是很清楚，考古发现并不足以构成对此系统的说明。

现代人类学对这一问题倾向于一种综合的看法，在《早期国家》一书中，柯恩说："国家结构的出现迄今在理论上被认为是由人口压力、长途贸易、地域、征服、防御、内部争端或由更稳固的中央控制形式所得到的利益所引起的。"但他又指出："无论是理论上还是资料上的进一步检验都表明，这些因素中的任何一项单独因素对于国家形式都不是充分的，甚至不是其构成的前提。"[1]

1. 人口增长和人口压力。考古学资料显示：不同于早期狩猎—采集经济社会，农业经济社会人口曾经急剧增长。哈里斯曾经断言这一人口增长的趋势一直持续到国家产生的前夕，他举例说："在公元前8000年至公元前4000年期间，中东的人口增加了40倍。卡尔·巴策尔估计，埃及人口在公元前4000年至公元前3000年期间翻了一番。威廉·桑德斯估计，在墨西哥早期形成国家的过程中，其高原区域的人口增长了3~4倍。他对秘鲁、中国和印度河谷也作出了类似的估计。"[2]

但是人口的增长这一事实到底在哪些方面、在何种程度上促进了国家的形成，总体来说还不是很清楚。谢维扬认为人口增长可能在打破血缘氏族组织、改变生产方式这两个方面对国家的形成起到了促进作用。[3]但我们认为，人口增长所造成的生存压力最直接的可能是导致对外寻求发展空间的需要，于是部落间的战争就不可避免，而战争正是导致国家形成的重要因素之一。

2. 地域因素。地域因素曾为波丹、孟德斯鸠和黑格尔等思想家所强调。自然环境带来的影响，现代历史学家和人类学家也都有所强调，汤因比曾经断言，过于便利的自然条件不利于国家的出现，他创造了所谓挑战—应战的文明生成模式，强调相对恶劣的自然环境对人类社会组织进化的重要性。[4]

近年来，对自然环境与国家起源的关系的研究，有了更加强烈的实证色彩。比如，伦斯基指出，在前殖民地非洲的38个早期国家的个案中，有92%不是在热带雨林地区，他认为这是因为热带雨林环境限制了中央政府在其统治范围内调动人民和物资的能力。[5]但是一些人类学家鉴于对历史上某些地区在环境上的优劣作出精确估计十分困难，开始倾向于从"纯地域"的视角来考察，但是这一方式在某些学者看来，对说明国家起源问题的意义不是很大。[6]

3. 生产的进步。大多数学者都承认早期国家时期的生产水平比前国家时期有了一定的进步。但是在造成生产进步的原因上，不像我国传统的观点所认为

〔1〕 H. J. M. Claessen, P. Sklnik, ed., *The Early State*, The Hague：Mouton, 1978, pp. 69~70.

〔2〕 〔美〕马文·哈里斯：《文化的起源》，黄晴译，华夏出版社1988年版，第74页。

〔3〕 谢维扬：《中国早期国家》，浙江人民出版社1995年版，第54页。

〔4〕 〔英〕汤因比：《历史研究》（上册），曹未风等译，上海人民出版社1986年版，第2部"文明的起源"的有关论述。

〔5〕 H. J. M. Claessen, P. Sklnik, ed., *The Early State*, The Hague：Mouton, 1978, p. 38.

〔6〕 谢维扬：《中国早期国家》，浙江人民出版社1995年版，第55~56页。

的那样主要是生产工具的改进，或社会分工的发展。将生产力提高归结为生产工具的改进或社会分工的发展，在中国历史上很难找到切实的实证支持。将生产力的提高归结为工具的改进，在理论上也是说不通的，因为任何工具都必须与其他劳动资料相结合才能创造出一定的生产力，其中土地、气候等都是重要的变量。

现代人类学已经不再主张在生产力发展与国家形成之间建立单向的因果联系，而是强调它们之间的相互作用。一般的描述是，组织的改进促进了生产水平的提高，生产水平的提高决定着剩余产品的增多，这一方面加大了分配环节上的不平等，促进了阶级分化，另一方面也为维持公共权力的存在提供了物质的基础。[1]

4. 战争动力。对于战争对国家起源的作用，谢维扬先生综合现代人类学家的研究成果，将其归结为三个方面：①战争技术的发展对人类政治组织的复杂化起了催化作用；②战争组织对人类政治组织的复杂化有示范作用；③战争的后果在促使国家形式转变上也有重要作用（如征服所确立的征服者与被征服者之间的权利与义务关系和征服者控制区域的扩大等）。[2]

5. 社会分层和阶级分化。过去谈到阶级的分化，我国学者总是强调生产的发展与剩余产品的出现，没有注意到所谓"剩余产品"只是一个相对的概念。在早期国家，生产力并没有革命性的提高，剩余产品的出现与阶级的分化也必然是一种互动的关系，它的大量积累必须以对社会上绝大多数人生活必需品的挤占和剥夺为前提。

因此，阶级分化在相当程度上是由对原来的社会资源占有方式和产品的再分配方式的改变所引起的，酋长等首领因为控制着土地等资源，并且掌握着农业和其他各种生产活动所得产品的管理和分配之权，所以他们有可能或者利用这一优势侵吞公共财产，或者将整个公共权力转变成为自己家族及其追随者服务的工具。在这两种情况下，都有可能形成凌驾于社会之上的统治阶级。而这种阶级的分化，自然会产生控制社会下层的需要，这种需要也就会有力地促使一些暴力机关的产生。

6. 政治发明。不论是酋邦式的，还是部落联盟式的，其中都只有少数最终发展成了国家形态，这便留下了难解的谜，即为什么许多民族部落在长期的演变过程中没有能够形成国家？将文明和国家的起源简单地归结为伟大人物的个人贡献当然失之偏颇，但是历史毕竟是由人的活动所构成的，将历史运动的动

〔1〕 谢维扬：《中国早期国家》，浙江人民出版社 1995 年版，第 56~58 页。
〔2〕 谢维扬：《中国早期国家》，浙江人民出版社 1995 年版，第 59~61 页。

力仅仅归结为某种物质运动的结果同样是片面的。国家作为一种复杂的社会组织形式，是离不开杰出人物的发明与创造的。在国家起源过程中，政治发明应该是不可缺少的重要一环。[1]

二、早期国家类型与两种国家起源模式

在《中国早期国家》一书中，谢维扬先生指出："从早期国家发生和发展的角度来看，可以认为有两种模式是客观存在的。第一种模式是指早期国家直接从氏族社会中演化来的那些个案，这可以称为'氏族模式'。第二种模式则是指早期国家从氏族社会解体后出现的酋邦社会中演化出来的那些个案，这可以称为'酋邦模式'。"[2]

谢氏分类的目的在于为早期国家的体制形态寻找到"原始"的基础，如雅典的城邦民主制继承了部落联盟时（氏族制度）的某些民主因素，而酋邦模式则继承了酋邦社会的一系列专制主义因素等。但是我们认为这一分类不足以说明民主与专制这两种主要国家体制形态的生成原因。因此，我们将从说服和征服这两种部落合并方式入手来进行分类。

这种分类的基础是认为国家的产生来自于部落的合并。将合并作为国家产生的前提是大多数学者的一致看法。摩尔根曾强调："在氏族社会中，合并过程的产生晚于联盟；但这是一个必须经历的、极为紧要的进步阶段，通过这个阶段才可能最后形成民族、国家和政治社会。"[3] 他认为正是这种合并，才导致了雅典、斯巴达、罗马等"民族兴起"。[4] 卡内罗也曾指出国家形成的一个前提就是社区（部落）的合并，对他的观点，哈斯概括说："当一个有限地区里所有的社区逐步从属于单一的政体时，国家就出现了。"[5]

从合并的方式上看，最常见的有两种：①说服——利益均衡——达成平等契约——合并——形成国家；②征服——利益独占——达成不平等契约关系——合并——形成国家。

以下我们主要就这两种模式作出一些分析，至于这两者之间可能存在的混合模式，由于与中国早期国家起源可能联系不大，这里暂时不予分析。

---

〔1〕　关于政治发明，谢维扬先生给予了特别的重视，参见谢维扬：《中国早期国家》，浙江人民出版社1995年版，第64~65页。

〔2〕　谢维扬：《中国早期国家》，浙江人民出版社1995年版，第69页。

〔3〕　〔美〕路易斯·亨利·摩尔根：《古代社会》（上），杨东莼、马雍、马巨译，中央编译出版社2007年版，第96页。

〔4〕　〔美〕路易斯·亨利·摩尔根：《古代社会》（上），杨东莼、马雍、马巨译，中央编译出版社2007年版，第73~74页。

〔5〕　〔美〕乔纳森·哈斯：《史前国家的演进》，罗林平等译，求实出版社1988年版，第118页。

雅典城邦国家的形成，其引人注目之处是：这一过程基本没有受到外来因素的影响。这就决定了它在生成过程中的两个主要特点：①基本没有对其他国家形态或制度的模仿和移植；②这一演进基本是由其内部的矛盾运动所引起和促成的。在这一模式的国家形成过程中，最重要的就是必须突破原有部落以氏族血缘为基础的社会纽带，代之以地域为基础的利益组合。但这自然引发了另一个问题：是什么原因打破了原有的氏族血缘关系而导致了部落的合并？

摩尔根认为有两个主要因素：①"个人土地所有制"的确立，它不仅"使一个氏族的人继续聚居在一起当然越来越不可能了"，[1] 而且由此而来的土地自由交换也促使"人民不可避免地迁徙流动"。[2] ②外来人口的增加，外来人口由于不能加入原有的希腊和罗马的氏族组织，从而形成了具有"危及社会安全的不满情绪"的"阶级"，[3] 这直接导致了对原有氏族制度的调整。

在这种情况下，对氏族制度调整的根本重点就是改变其原有的血缘性质，使一切管理机构和行为变成"凌驾于各个部落和氏族的法权习惯之上的一般的雅典民族法"，将原来的以血缘氏族为单位组成社会的原则变成以"公民"为单位的原则，用利益原则代替原有的亲情原则。这一过程的因果链条表示如下：

生产力（分工和交换等）发展→土地私有制和人口压力→农村公社代替氏族（血缘纽带瓦解）→渐进式的政治改革→国家产生

在这一因果链条上，可以看出这样两个特点：

1. 推动政治变革的主要是经济因素，虽然其中也有处理本族和外族关系的问题，但征服等暴力手段在其中几乎没有发挥什么作用。

2. 变革是以渐进与和平的方式完成的，从提秀斯到克里斯提尼，再到梭伦，他们进行的一系列改革不仅采取了渐进的方式，而且都试图保持各种利益的平衡和协调，因此，被纳入雅典政治共同体的人大体都维持了法律上（形式上）的平等关系。

必须强调指出的是，这个向着国家渐进的和平演进过程，也是一个逐渐解构原有"王政"或曰"酋邦"的过程。这一过程可概括如下：

王政（带有专制倾向的酋长制）——终身执政官（稍弱的专制）——轮流执政官（较低民主）——民主——更高形式的民主

---

[1] 〔美〕乔纳森·哈斯：《史前国家的演进》，罗林平等译，求实出版社1988年版，第267页。

[2] 〔德〕恩格斯：《家庭、私有制和国家的起源》，中共中央马恩列斯著作编译局译，人民出版社1972年版，第110~111页。

[3] 〔美〕路易斯·亨利·摩尔根：《古代社会》（上），杨东莼、马雍、马巨译，中央编译出版社2007年版，第191页。

这一演变的逻辑线索足以证明我国学界流行的城邦民主来源于原始部落民主的说法是很难成立的。实际上，原始社会中是否存在过类似"平等的民主制"之类的概念，其本身就是一个问题。[1] 如果酋邦社会是人类迈进文明门槛前普遍存在的社会形态，那么，其合乎逻辑的进一步演变应是专制王权，这也许就是为什么在世界各地除了雅典等少数国家之外，早期的国家形态几乎无一例外地都是君主制的原因所在。

雅典政治向民主方向发展的原因，似乎一直与各部落和阶层利益的冲突以及用和平对话协调冲突的方式有关。故而，在这一过程中，各个部落的权力始终能够维持一定的平衡关系，除了以相对平等的契约（立法）来彼此约束之外，很难造成一个或几个部落单独享有特权、奴役其他部落的情况。这就使得合并以后的体制向民主而不是个人或家族集权方向迈进。

在谈到早期国家阶段性演进的动力时，我们曾经将战争作为其中的一个重要变量提出来，并且提到了谢维扬先生对现代西方人类学研究成果的总结性概括。在此我们将结合有关个案资料，对征服这一部落合并模式对早期国家形态的影响作出进一步的说明。

大量的人类学资料显示，一些部落因为经常性的征服活动，急剧扩大了其所控制的领土范围，引起了更明显的阶级分化，也使其政治组织日益趋向复杂化。这一点哈斯曾引述卡内罗的话说："……最后，整个有限的谷地就统一在单一的旗帜下，政治单位比以前的小部落酋长制更为强大，组织机构更为庞大，组织形式更为高级，这样的政治单位就是国家。"[2]

除了个别情况，在征服的过程中所建立起来的部落间的关系，大体都是不平等的，甚至是奴役与被奴役的关系，这就使得类似于雅典社会中的平等的法律关系根本无法建立，法律成为维持等级制和征服者特权的工具，而原本存在于部落内的酋长制进一步演化成为君主专制制度。

部落中普遍存在的"酋长制"，是"君主的神圣之权"的真正来源。祖鲁部落一直是许多人类学家说明酋长制中"酋长专制权力"的典型例证，里弗斯曾认为其"酋长的权力几乎是没有限制的"。[3] 在征服战争过程中，一般要发生酋长权力与贵族权力的逆向运动过程，一些人类学家曾正确地观察到祖鲁国

---

[1] 谢维扬说道："等级、特权、物资资料占有的不均、不同集团乃至个人之间政治影响力和权力的不平等，在前国家社会的许多事例中都明显地存在"（谢维扬：《中国早期国家》，浙江人民出版社1995年版，第35页）。

[2] 〔美〕乔纳森·哈斯：《史前国家的演进》，罗林平等译，求实出版社1988年版，第118页。

[3] 〔英〕W. H. R. 里弗斯：《社会的组织》，胡贻穀译，商务印书馆1990年版，第140~141页。

家形成过程中的这一权力的变化经历，卡尔特说："在谢卡（祖鲁国家的创始人又译为恰卡——引者）开创的专制制度中作为具有中等权力的人——父亲、长者、头人、首领——均失去了他们的自治权，尽管他们仍受到尊敬，但谢卡则成为更令人畏惧的中心人物。"[1]

　　显然，以征服手段完成部落合并的直接后果是酋长权力的急剧扩张，以及以此确定的酋长及其子孙的专制权力。另外，以战争形式完成部落合并往往表现为一个部落在短时期内迅速完成对广大地域和众多部落的征服，但不论是其内部人力资源的增长，还是政治技术的进化，都要落后于其征服进程。因此，除非有特别的原因，征服者对被征服的部落大多都乐意于在其承诺相应义务的前提下，保持其原有的社会状况和宗教信仰，其原有的部落机构也被保留下来作为国家的地方和基层组织形式。

　　综上所述，征服这一部落合并形式在促进国家形成上有着特别重要的意义。专制君主制是这一国家形成方式的直接结果，在国家体制和意识形态等方面，部落特征的大量存留是这一国家类型的主要特征，其生产力、商品经济、法律契约制度、私有财产制度、奴隶制度和相应的官僚制度都显得不很发达。因为上述特征，某些中国学者认为这些国家都是"早熟"的，这显然是立足于西方话语（即基于与希腊和罗马的比较）而得出的结论。实际上，这种国家形态才是早期国家主要的，或许也是正常的形态，因为在世界范围内，它们比希腊和罗马更具有普遍性。

思考题：

1. 为什么说中国国家起源问题的研究结论都带有明显的假说性质？
2. 如何理解摩尔根分析模式的意义和局限性？
3. 国家的形式特征有哪些？你怎样理解早期国家与酋邦之间的区别？
4. 如何理解谢维扬的氏族与酋邦两种模式演进理论？
5. 征服和说服两种模式对早期国家形态会造成哪些不同的影响？

---

[1]　〔英〕W. H. R. 里弗斯：《社会的组织》，胡贻穀译，商务印书馆1990年版，第102页。

第二章　中国国家的起源

学习目的和要求：

　　通过本章的学习，学生应厘清以下两个问题：其一，结合文献记载的三皇五帝传说及相关考古成果，对我国史前时期的族群分布有初步了解；其二，掌握华夏集团和东夷集团的政治组织情况，认识到战争在中国早期国家形成中的重要作用，进而把握中国早期国家形态的独特性。

第一节　传说时代的中国先民

一、三皇五帝的传说与中国远古人群

　　今天人们之所以对远古时期的历史有大概的了解，主要应该归功于一些久远的传说。这些口述历史大多带有神话色彩。由于这种神话糅合着原始思维方式，又经历了早期文明记述者的理解和整塑，在今天看来往往是很难理解的；又由于许多地区可能曾经存在过许多部落，而后来却只有少数几个部落幸运地率先进入了文明时代，其他的部落或者最终被并入乃至同化了，或者在竞争中被淘汰了，原来存在的众多传说也因此而经历了一个缓慢的整合过程，最终留下来的只是以那些构成当时文明主体的少数部落自己经历为主的传说了。

　　春秋时期，对祖先的历史一般只追溯到黄帝和炎帝，这与中原各国多为夏商周（特别是周）后裔有关，但到战国时期，人们对祖先的追溯已经超越了本族的局限，一些与中原各国的祖先可能没有直接联系的传说开始为人们所重视，燧人氏、有巢氏、伏羲氏、神农氏等黄帝以前的传说出现在战国诸子的著作中。这些人物经过战国晚期和西汉时的整合，最后形成了"三皇五帝"的传说谱系。

　　关于"三皇"，历来有不同的说法：一说不指涉具体的人物，而是指"天皇、地皇、泰皇"，[1] 或"天皇、地皇、人皇"；[2] 另一说则指涉具体的传说

----

〔1〕《史记·秦始皇本纪》。
〔2〕《史记·补三皇本纪》引《河图》《三五历》。

人物，如燧人、伏羲、神农、女娲、祝融，甚至黄帝在不同的典籍中也曾被作为三皇中的人物，但从总体来说，燧人、伏羲、神农出现的频率更高一些，大概也是当时最流行的看法。

记载三皇的典籍因为出现较晚，唐人刘知几、宋人刘恕、清人崔述等均对此提出过质疑。[1] 但自现代文化人类学知识和马克思主义传入中国后，这些传说开始与原始社会的分期结合起来。[2] 按现代人类学的分期理论，三皇五帝大概都已经是进入部落阶段的传说人物。只有进入以血缘为纽带的部落时期后，记述祖先的经历才成为神圣而严格的工作。从这些传说来看，有巢氏似乎与定居和建造房屋有关，燧人和庖羲（即伏羲）都与火的进一步利用（如熟食）有关，神农则与农业生产在经济生活中占有更重要的地位有关。以上大体是古人对中华先民进入部落阶段之后的那一段历史的朦胧记忆。

至于三皇与周人自己的祖先黄帝、炎帝之间的关系到底如何，恐怕是很难考证清楚的。伏羲据称是八卦的发明者，[3] 而今人赵国华考证认为，八卦，不论是伏羲八卦还是文王八卦，实际上都与半坡氏族鱼祭有着直接的渊源。[4] 如果赵说能够成立，那么，夏和周人的祖先黄帝与伏羲之间就很可能有一定的亲缘关系。

与三皇传说不同，"五帝"的系统传说出现较晚，其说法有三种：第一种说法认为是黄帝、颛顼、帝喾、唐尧、虞舜；[5] 第二种说法是太皞（伏羲）、神农（炎帝）、黄帝、少皞、颛顼；[6] 第三种说法出现较晚（晋朝），认为是少皞、颛顼、高辛（帝喾）、唐尧、虞舜。[7] 但一般认为后面两种说法起源较晚，不如第一种说法可信。[8]

---

[1] 刘恕在《资治通鉴外记》中指出："六经……皆不称三皇、五帝、三王，……或以包牺至舜为五帝，然孔子未尝道，学者不可附会臆说也。"

[2] 比如，刘起釪先生曾经这样概括道："有巢氏、燧人氏、庖羲氏、神农氏实际是指我们祖先处于史前四个不同文化阶段，有巢氏是蒙昧时代低级阶段……燧人氏是蒙昧时代中级阶段，已发明用火，周口店北京猿人洞穴里留有很厚的灰烬，就相当于这时期。庖羲氏是蒙昧时代高级阶段，猎物成了日常的食物，需要烧好来吃，所以叫作庖羲。神农氏是进入野蛮时代低级阶段，已经种植作物，仰韶文化的氏族公社里原始农业已经成为主要的经济部门……"（刘起釪：《古史续辨》，中国社会科学出版社 1991 年版，第 51 页）。

[3] 《易传·系辞下》云："古者包牺氏之王天下也，仰则观象于天，俯则观法于地，观鸟兽之文与地之宜，近取诸身，远取诸物，于是始做八卦。"

[4] 赵国华：《生殖崇拜文化论》，中国社会科学出版社 1990 年版，第一章至第三章。

[5] 《史记·五帝本纪》《世本》《大戴礼记》均坚持此说。

[6] 《礼记·月令》。

[7] （西晋）皇甫谧：《帝王世纪》。

[8] 〔日〕泷川资言：《史记会注考证·五帝本纪》，上海古籍出版社 1986 年版，第 78 页。

有些学者认为黄帝与尧舜之间大约间隔了 10 代左右，以每一代 30 年计算，则大约在 300 年之间，如果再考虑到文献可能失载的代数，黄帝与尧舜时期大约要间隔 500 ~ 1000 年。这样，如果认为夏王朝建立在公元前 2100 年左右，那么，黄帝距今大约 5000 年，至少也应该在 4500 年左右。[1]

不论是从古代的传说，还是从考古发现来看，这一时期我国的中原以及江南和西北、东北等地的确存在着众多的部落，虽然有些部落之间可能有血缘关系，但不可能完全属于黄帝和炎帝集团。学者对这一时期中国境内存在的部落集团作出过一些有意义的区分。蒙文通将其区分成为海岱民族（傣族）、河洛民族（黄族）、江汉民族（炎族）三大集团。[2] 徐旭生则将其划分为华夏集团、东夷集团和苗蛮集团。[3] 刘起釪虽然于这三个集团外又列出了几个小集团，[4] 但因为这几个小集团在中国国家起源的问题上不占有主要的地位，这里暂时不予考虑。

华夏集团包括黄帝系和炎帝系：黄帝活动于姬水畔，故姬姓；炎帝活动于姜水畔，故姜姓。他们最初活动的区域很可能在今天陕西和甘肃一带，特别是渭水和湟水之间。这一地区发现的距今 5000 年的渭水以北、陕西中部和青海东部的齐家文化都有可能是他们活动的遗迹。[5] 东夷集团的主要代表是太昊、少昊等。太昊的活动区域在今河南睢阳，少昊遗迹在山东曲阜，有人认为大汶口文化即少昊族的活动遗迹。[6] 苗蛮集团首领为蚩尤、九黎、祝融等，其活动区域原来在河北、山东以及河南交界处，后受华夏族的压迫而逐渐南移。

在"五帝"中，黄帝、炎帝、颛顼属于华夏集团，尧舜的归属存在一定争议，有人认为其属于华夏集团，有人则认为其属于东夷集团。似乎舜为东夷集团首领的可能性较大，尧属于华夏集团的可能性较大。

这里所说的三大集团，主要依据来自于古史传说，其划分不可能不深受后来在竞争中取得优势的民族（华夏族）特有的祖先意识的影响。对此能够作出的基本估计是：在 5000 年前左右，在中国，北到辽宁，西到陕甘，东到山东，南到江淮流域、浙江、两广等地，分布着众多的远古人群，黄帝部落与炎帝部落联合体在竞争中取得了明显的优势，东夷集团中的某些分支可能与黄炎联合

---

〔1〕 谢维扬：《中国早期国家》，浙江人民出版社 1995 年版，第 91 ~ 92 页。
〔2〕 蒙文通：《古史甄微》，商务印书馆 1933 年版，第 18 页。
〔3〕 徐旭生：《中国古史的传说时代》，广西师范大学出版社 2003 年版，第 42 页。
〔4〕 刘起釪：《古史续辨》，中国社会科学出版社 1991 年版，第 51 ~ 73 页。
〔5〕 刘起釪：《古史续辨》，中国社会科学出版社 1991 年版，第 53 页。
〔6〕 刘起釪认为，大汶口文化晚期所发现的原始文字中的"旲"字，"很可能讹演少昊之昊字"（刘起釪：《古史续辨》，中国社会科学出版社 1991 年版，第 59 页）。

体形成了复杂的联合关系，并逐渐成长出了夏王朝、商王朝和周王朝。

在这一过程中，各个集团都演化出了大量分支，在夏商周时期这些分支一直与中原地区的中心文明并存，它们或者在与这一中心文明的斗争中衰亡了，或者被整合到了这一中心文明中来，但仍有些部落直到春秋时期还在相当程度上保持着自己的独立性，其中有些还发展成为当时的大国，如楚国、吴国、越国等。

二、华夏集团与东夷集团的联合体

黄帝部落和炎帝部落一直是互相通婚的两个氏族。齐家文化的墓葬随葬品十分丰富，其中尊贵者有玉璧、玉斧、玉铲、玉琮等礼器随葬，说明社会分层已经达到了一定的程度。据此，有学者认为黄帝部落正处于父系家长制军事民主制时期，但也有学者认为黄炎及以后的尧舜禹时期是典型的酋邦时代。[1]

黄炎联合体逐渐向东方迁移发展的原因，或许与人口增加有关。相传黄帝有子"二十五人"，其中的 14 人共分成了 12 个氏族。氏族分化逐渐增多，向四周扩散是自然结果，个别氏族可能向西或向北发展，而其主体则逐渐东移。其路线大概是首先进入了山西南部，并进一步分化，一部分继续在晋南繁衍，[2]其主体部分则可能沿黄河两岸继续东进，一直到今天的河北中南部，并推进到河南北部和山东东部一带。

黄帝族大举东移不可能不与所经过地区的部落发生冲突，这些冲突在山西时可能规模比较小，但进入河北之后陡然加剧，中国古代神话记述的两次大规模战争都在此时发生。先是黄帝与炎帝之间发生剧烈冲突，在东移过程中，黄炎联合体已经相继征服或兼并了一些部落，其原来的亲密关系因各种利益的纠葛而破裂。司马迁说这次战争的起因是炎帝"欲侵凌诸侯"，大概是炎帝部落对自己东移后所取得的地位不十分满意。在这次战争中，黄帝和炎帝双方都有附属部落助战，最后以炎帝失败而告终。[3]

不过，炎帝与黄帝部落的关系源远流长，炎帝的失败并没有带来其部落地位的完全沦丧，其后代四岳在尧舜禹时代仍有一定的地位，这表明黄炎之战与黄帝对蚩尤的战争结果很不相同。蚩尤属于苗蛮集团的首领，此时可能已经迫使东夷集团的太昊部和少昊部臣服。随着黄炎集团的东进，其与蚩尤集团的冲

---

〔1〕 谢维扬：《中国早期国家》，浙江人民出版社 1995 年版，第 256～275 页。

〔2〕 刘起釪认为，现在发现的陶寺文化和二里头文化的东下冯类型都是这支留在晋南的黄炎后裔活动的遗迹，他们后来创建了夏王朝（刘起釪：《古史续辨》，中国社会科学出版社 1991 年版，第 56 页）。

〔3〕 关于这次战争，参见《左传·僖公二十五年》《大戴礼记·五帝德》《史记·五帝本纪》。

突加剧。从《逸周书·卷六·尝麦解》记载的情况来看，黄帝曾经试图使蚩尤部落听从自己的号令，但为蚩尤所拒绝。

双方于涿鹿展开激战，据《山海经》等有关史料综合反映的情况来看，这应该是传说时代规模最大的一次战争。结果是蚩尤部落彻底失败，苗蛮集团被迫南移，其与东夷集团的联合也随之瓦解，太昊部可能遭受了较大损失，少昊部则可能在战争中脱离了蚩尤的控制，在承认黄帝权威的前提下，与黄炎集团形成了新的联合关系，这从《逸周书·卷六·尝麦解》所说的黄帝在战胜后，"乃命少昊清司马、鸟师，以正五帝之官"中可隐约看出。

这次战争使黄炎集团在河北、河南、山东交界一带形成了规模更大的部落联合体，这个集团包括黄炎原有的各个子氏族及其分化出的部落，也包括东进以来兼并的部落，以及在涿鹿战役后新接纳的少昊部落。总之，黄帝以他个人的权威和强大武力震慑了周围的大多数部落，以至于"诸侯咸来宾从"[1]

从《尚书·虞书·尧典》来看，黄帝之后的尧显然是一个大部落联合体的首领，这个联合体包括欢兜、共工、鲧、舜、四岳等，其中共工、鲧为黄帝后裔，四岳为炎帝后裔，舜则属于东夷集团，欢兜可能是从苗蛮集团分离出来的一支。在这个联合体内，华夏集团与东夷集团的关系到底如何至今还不是很清楚。大抵尧、禹为华夏集团代表，而舜为东夷集团代表[2]

尧舜禹联合体大体分布在渭水、汾河和黄河谷地沿线。从考古发现来看，中华先民的分布是十分广泛的，只是在最后的竞争中，上述华夏集团和东夷集团在政治组织层次上进化得更快一些，并确定了他们在中国历史上的主流地位。

第二节　传说时代的政治组织

一、部落联合体组织的一般特征

尧舜禹时代，中原地表面貌与今天的观感有很大的差异，那时没有喧嚣的都市，没有一望无际的农田，也没有鸡犬相闻、绵延相连的村庄。丛林、杂草、

---

[1] 参见《史记·五帝本纪》的有关记述。

[2] 孟子曾说："舜生于诸冯，迁于负夏，卒于鸣条，东夷之人也"（《孟子·离娄下》）。由于诸冯、诸夏均在山东或山东附近，而鸣条则可能在山西，王国维认为，舜"一时或有迁都之事，非定居于西土也"（王国维："殷周制度论"，载王国维：《观堂集林（外二种）》，河北教育出版社2003年版，第231页）；其著《殷卜辞所见先公先王考》和《续考》，认为舜就是传说中的帝喾或帝俊，也就是甲骨文中所出现的商人的高祖"夔"。郭沫若沿袭了这一说法（郭沫若：《卜辞通纂》，中华书局1954年版，第362页）。刘起釪也支持这一说法（刘起釪：《古史续辨》，中国社会科学出版社1991年版，第19~20页）。这一说法与《天问》所说商人世系相合，或许比较可信。

荆棘布满了河谷两岸的原野，那里是各种野兽栖息繁衍的天堂。总之，那还是一个混沌初开、洪荒未隐的时代。

在晋南的汾河谷地、豫西到山东的黄河两岸的丛林杂草之间，零星分布着一些挥舞着打磨精致的石斧、石刀、石镰从事农业生产的中华先民。他们选择地势较高处作为定居点，出于安全的考虑，也会在聚居点四周夯土成墙。定居点内较大的房屋属于宗主或头人，围绕着他们的住宅还散布着几十间到百余间不等的半地穴式住宅，一般都深入地下 3 米左右，室内只有 4 平方米，有炕、一些简陋的陶器和石制的工具、武器。他们生活很简陋，在与大自然抗争的同时，他们还要准备追随头人出征。他们以父亲的世系组成一个个相对独立的部落群体，在这个群体内服从家长的权威，在家长的带领下服从着在血缘上居于宗主地位的氏族的权威，并以此上推至这一族系的最高宗主。

在黄帝一系中，这样的大宗主大概不止一个，像尧、共工、鲧都是这样的宗主。炎帝一系则主要是"四岳"4 位大宗主，他们与黄帝一系一样大多分布在晋南、黄河沿线的河南境内。少昊则主要有舜、皋陶等，大体分布在河南东部和山东西部一带。这些大宗主带领着自己的族系参与中原这个主流联合体的活动。

大小部落之间的交往联系并不像后来一样频繁。同一族系的聚居点距离也许要近一些，但连接它们的道路非常简陋，两侧是绵延不绝的杂草和丛林，经常有野兽或野蛮人出没。不同族系或同一族系中血缘关系较远的聚居点可能距离更远一些，要走上一天或几天的路，交流当然更加困难。

在这些有规则地聚集于黄河沿线的联合体四周还分布着其他部落或部落联合体，特别是南部的三苗集团，其社会进化的程度也很高，但在更强大的尧舜禹集团的压力下，不得不逐渐南移。东部的山东和江苏北部一带有一些可能相对分散（没有整合到一起的）的东夷部落，他们是这个共同体潜在的威胁。

当时政治组织的基本特色是：人群仍以氏族和部落为单位，构成了孙氏族——子氏族——宗主氏族——联合体的金字塔式的政治组织结构形式；它们虽分布在广阔的地域范围内，但已经实现了有效的联合；血缘氏族组织构成了政治性组织的基础，而政治组织又肯定了血缘关系和血统优势。血统优势不仅使某些氏族在其所统辖的族群中成为当然首领，而且还使他们有可能成为联合体的最高领导者。

《史记·五帝本纪》称黄帝时，"官名皆以云命，为云师。置左右大监，监于万国"，又说曾"举风后、力牧、常先、大鸿以治民"。结合《逸周书·卷六·尝麦解》的有关记述，司马迁此说有一定的史实背景。

综合各种史料来看，中央政府的官职可能被较大的部落分享，比如，黄帝时，炎帝和少昊可能地位更加特殊，左右大监很可能就是由他们的部落来继承，而风后等也可能是较大的部落参加联合体管理的高层人员。这些较大的部落首领与联合体的最高首领一起组成了中央政府，向联合体的各个地方发号施令。

不过这时官职的名称大多体现着原始思维的痕迹，相传黄帝以云名，炎帝以火名，共工以水名，太暤以龙名，少暤以鸟名，[1] 而且似乎还与他们在祭祀活动中形成的原始五行观念相联系，相传有"五行之官"，具是"上公"，即所谓"木正""火正""金正""水正"和"土正"，[2]《周礼》所列周代职官以春夏秋冬四时为序，大概也是这一传统的反映。

据《尚书·虞书·尧典》记载，舜时中央政府中大约有 22 位主要官员，有专门负责农业生产的"后稷"，有专门负责管理民众生活的"司徒"，有专门负责联合体各种工程的"司空"，有专门负责司法工作的"士"，有专门负责手工业的"共工"，有专门负责山林管理的"虞"，有专门负责礼仪工作的"秩宗"，有专门负责祭祀等宗教活动的"典乐"，有专门负责了解下情的"纳言"等。虽然上述的说法并不完全可靠，但这一时期的官制相对黄帝时要复杂应该是没有问题的。

地方的主要官职肯定是由较大的部落首领来担任的，他们向上服从中央政府的号令，并在中央政府的支持下，向一些较小的部落行使管辖权，从而成为联结中央与地方的主要中介。地方的基层显然是一些更小的部落，他们一般无法参与到中央政府中去，但在地方拥有一定的自治权。

除了贵族化的官员已经出现之外，其他相关的制度也已经产生。

1. 习惯法和专门执法官员的出现。《尚书·虞书·尧典》记载舜曾命令将五刑刻画在器物上，以便让人有所警戒，并谈到了扑刑、流放等刑罚。《尚书·周书·吕刑》也曾言："苗民弗用灵，制以刑，惟作五虐之刑曰法。"又言："伯夷降典，折民惟刑。"虽然五刑在这一时期未必都会出现，但一些习惯性的惩罚手段已经出现应该是没有问题的。由于各种不服从命令、触犯贵族利益的行为间或有所出现，在各大邦中大概已经出现了专职的执掌刑罚的官职。

2. 巡狩和朝觐制度。《尚书·虞书·尧典》曾记载舜即位以后，"五年一巡狩"，而每一次巡狩都要在一些名山举行盛大的祭祀活动，并召见附近地区的诸侯。在一些典籍中，关于舜和禹巡狩的记载也有很多，后来西周时实行的国王巡狩制度大概这时已经出现了。与巡狩相对应的是各地诸侯（各邦）在一些规定的时间里，还要到最高权力所在地觐见最高首领，汇报自己属地的各方面情

〔1〕《左传·昭公十七年》。
〔2〕《左传·昭公二十九年》。《国语·楚语》亦记载有"火正""南正"等官名。

况，并带来一些地方的特产和珍稀物品。在联合体中央与地方比较松散的政治联系中，巡狩和朝觐是强化中央对地方控制的有力手段。

3. 军事制度。相传黄帝时"迁徙往来无常处，以师兵为营卫"，[1] 大概当时尚未产生职业军队，一些部落首领就是天然的军官，率领部众追随联合体首领出征。《尚书·虞书·尧典》等文献没有关于军队的记载，其军制大概仍然采用传统方式。

二、最高政治权力的特点及其继承

仅仅指出黄帝以来政治组织的"部落联合体"特征还远远不够，这一时期的政治组织还有一个显著的特点，那就是已经具有凌驾于各个部落之上的专制权力。

对于最高政治权力的称谓，夏代称"后"；商代称"王"，王死后则称"后"；周代称"王"，也称"天子"或"元子"；秦以后则称"皇帝"，也称"天子"。这种称谓上的变化反映了政治权力合法性观念的演变与成熟。但是夏以前对最高统治者的称呼，学界还没有认真梳理，《尚书·虞书·尧典》有"元首"一词，还不能肯定其是否就是这时对联合体首领的称呼。

黄帝以来的最高政治权力有几个基本特点：

1. 它为联合体内少数几个具有血统优势的氏族所把持。黄帝之后能够掌握权力的大多是黄帝的后裔，舜以东夷集团首领的身份执掌权柄只是一个特例，大概是黄帝集团内讧而导致的结果。[2] 炎帝后裔一直都只能处于配角的地位，至于纳入联合体内的部分三苗部落，其地位肯定还低于炎帝后裔。这说明联合体内各个部落的权力分配并不是平等的，最高政治权力的继承是在具有血统优势的氏族中完成的。商代和西周时的宗法制这时虽然不太可能发展得很完备，但很可能已经有了雏形。[3]

2. 最高政治权力呈现出个人化的专制倾向。担任这种职位的人掌握着官员任免权、战争权、立法和司法权，虽然他有时在这些方面也征询显要贵族的意见，但这些意见对他的最后决策并没有形成制度化的制约机制，所以，完全不像有些论者所认为的有所谓"原始民主制"存在。[4] 但由于此时中央集权的政

---

〔1〕《史记·五帝本纪》。

〔2〕 关于这一点，请参见下面的论述。

〔3〕 关于宗法制产生的时间，国内学术界一直争论不休，但对仰韶文化元君庙墓地布局的研究，使许多学者相信仰韶文化时期宗族制度已经出现了；而属于龙山文化的陶寺墓地和诸城呈子墓地，发掘者都认为其"清楚"反映了宗族制的存在。

〔4〕 谢维扬先生曾以此说明这一时期是典型的酋邦制时代，可存疑，但其对这时最高权力的描述还是十分准确的（谢维扬：《中国早期国家》，浙江人民出版社1995年版，第271~273页）。

治体制构架还没有形成，也因为最高权力还缺乏比较稳定的合法性观念的支撑，其专制程度的确远不及秦以后，但仅就权力类型来看，此时的最高政治权力属于专制王权是没有疑问的。

3. 在最高政治权力上已经显露出"政教一体化"的端倪。"政教一体化"一个最重要的表现是政治权力与宗教权力两者合二为一。

然而，虽然此时的最高权力已经具备了与夏王朝大体相同的特征，但由于联合体扩大，几个主要部落之间的主从地位还没有被固定下来，围绕最高政治权力的继承，一个冲突和整合的过程仍然无法避免。

关于尧舜禹之间的权力更迭，战国时流传着两种截然相反的说法。墨家和儒家力倡禅让说。法家等学派对此则一直持怀疑态度，《韩非子·说疑》云："舜逼尧，禹逼舜，汤放桀，武王伐纣。此四王者，人臣弑其君者也。"法家的说法还得到了《竹书纪年》的支持。

对这两种说法，近代以来学者多有分歧。一些学者将尧舜禹时的政治组织看作是部落联盟，因而倾向于禅让说，但包括少数接受部落联盟理论的学者在内，仍有不同的意见。[1] 实际上，对禅让说，应将其与尧舜禹所代表的不同集团之间的权力关系结合起来考察。虽然禅让不太可能像儒家或墨家所描述的那样单纯，但禅让的事实还是可能存在的。

可能的情况是：黄帝之后，其部落大联合体内的力量又经历了一个微妙的变化过程。据说黄帝之后，曾经又发生了两次大规模的战争，一次是"共工与颛顼争为帝"，另一次是"共工……与高辛争为帝"。[2] 谢维扬认为这两次战争都是华夏集团内部为争夺最高权力而引起的。[3] 由于华夏集团内部争斗不止，与黄帝血缘关系较远的有虞氏部落首领尧逐渐控制了大局，黄帝的直系鲧则失去了显赫的位置，之所以形成这一局面可能与东夷集团和四岳的支持有关。[4] 因此，尧之后，舜以东夷集团的首领取得了最高的权力。华夏集团的鲧联合共工、欢兜等原联合体内的华夏和苗蛮部落，并接结联合体外的凤敌三苗部落集

〔1〕　刘泽华等虽然用部落联盟理论来解释这时的政治组织，但仍认为由于这时已经到了国家产生的前夜，世袭观念已经产生，到尧舜禹时仍行禅让之说不可信（刘泽华等编著：《中国古代史》（上），人民出版社 1979 年版，第 29 页）。谢维扬出于酋邦理论也对禅让说有所保留（谢维扬：《中国早期国家》，浙江人民出版社 1995 年版，第 268～269 页）。

〔2〕　关于这两次战争的记载都见于《淮南子》，前者在《天文训》和《兵略训》，后者在《原道训》。

〔3〕　谢维扬：《中国早期国家》，浙江人民出版社 1995 年版，第 257 页。

〔4〕　相传尧主动将两个女儿嫁给了舜，这样尧与舜就有了联姻关系。

团，企图恢复华夏族传统的领导地位，但被舜击败。[1]《尚书·虞书·尧典》记述舜曾经对共工、欢兜、三苗、鲧予以不同的处罚，大概就是这次战争之后的结果。

然而，舜凭借个人能力所建立起来的东夷人统治并不稳定。也许是因为传统的力量，也许是因为力所不及，他处死了鲧，但仍让鲧的继承人禹保持了相当的实力。禹比鲧更懂得因顺时势。鲧曾联合黄炎联合体的凤敌（三苗）去反抗舜，这显然不会得到联合体内大多数部落的支持。而禹反其道而行之，不仅在指挥对三苗的战争中取得了决定性的胜利，同时又在治水过程中建立了极高的个人威望，因而其取代东夷人、恢复华夏族的正统统治便水到渠成了。

禹在恢复华夏族的正统统治之后，曾经继续打击东夷集团，相传"禹朝诸侯之君会稽之上，防风之君后至而禹斩之"。[2] 禹还试图压制和打击原黄帝集团中的显赫氏族和部落，确立他自己族系的优势地位，相传禹曾有"伐共工"的经历，[3] 大概就是这一过程的反映。到了晚年，其族系优势可能已经形成，子启继承最高权力的道路已经铺平了。

第三节　中国国家的起源及类型

一、战争与国家的起源

我国学界的传统看法是将国家起源过程概括为以下因果链条：生产进步——社会分工——社会分化——私有制——阶级产生——阶级冲突——国家。这一观点最明显的问题是与中国当时的实际情况不相符合，考古发现业已证实：夏商周主要的农业生产工具是石器、骨器和蚌器，农业工具较之龙山文化时期并没有革命性的发展。为此，张光直断言："生产工具，技术这个领域中本质上的改变，不是中国文明出现的主要因素。"[4] 他认为文明的产生的确需要绝对的财富增长，从这个意义上看生产的进步是必不可少的，但对早期文明来说，财富的相对集中更为重要，进而他提出中国的早期财富集中"是借政治程序（即人与人之间的关系）而不是借技术和商业程序（即人与自然的关系）造成的"，这一集中过程之所以可能，关键在于"现有的宇宙观及社会体系为政治

---

〔1〕《韩非子·外储说右上》《吕氏春秋·恃君览》都记载鲧和共工（《吕览》中没有共工）反对舜即位而被击败的经历，而且按《吕览》的说法，是舜亲自主持击杀了鲧，这与《尧典》相合。

〔2〕《韩非子·饰邪》，又见于《国语·鲁语》等典籍。

〔3〕《荀子·议兵》。

〔4〕张光直：《中国青铜时代》，生活·读书·新知三联书店 2013 年版，第 121 页。

提供了操纵的工具"。[1]

这一结论正确揭示了造成中国国家起源的直接原因来自于政治系统这一基本事实，但忽略了国家形成过程中至关重要的一环——部落的合并。合并之所以重要，是因为合并会直接促使在一个相对广阔范围内的"中央权力"（政治中心）的出现，合并过程本身也迫使政治组织走向复杂化。另外，在生产水平相对不变的情况下，政治组织控制的范围越大则集中财富的量也就会越大。宗族分支虽然可能会形成更大规模的部落组合，并构成一定的聚落等级体系，但不足以促成更大规模的部落合并，如果没有部落的合并，巫师阶层对法器的独占也只能局限在一个狭小的范围之内。所以，对国家起源而言，部落合并乃是关键的一步，而合并的方式对早期国家类型有着决定性的影响。

从各种资料来看，中国早期的部落合并显然是采取了前面我们阐述过的征服模式。

从黄帝时代开始，中国文献开始频繁地出现对战争的记载，主要有：

1. 黄帝与炎帝的战争。这次战争确立了黄帝族在联合体内的优势地位和黄帝个人的权威。

2. 黄帝与蚩尤的战争。这是决定中原霸权谁属的决定性战争，其规模和影响远远超出黄炎之间的阪泉之战，结果促使了更大规模联合体的形成。

3. 黄帝与荤粥[2]的战争。这次战争使北部土著对联合体的威胁暂时消除了。

4. 颛顼与共工的战争。颛顼因此而确立了领导权。

5. 共工与高辛氏的战争。高辛氏借此确立了领导权。

6. 尧与三苗的战争。这次战争保持了联合体对苗蛮集团的优势。

7. 舜与"四凶"的战争。舜以此确立了自己的地位。

8. 舜对三苗的战争。这次战争继续巩固了联合体对苗蛮集团的优势。

9. 禹对三苗的战争。三苗此后已经失去了反抗的能力，只得再次更大幅度地南移。禹因此而获得了更大的威望。

在我国国家起源阶段出现如此之多的战争记载并不是偶然的，这表明战争与国家起源之间具有一定的因果联系。是什么引起中国先民部落间的战争呢？这是一个很难考证的问题。我们认为很可能与人口增长所造成的压力有关（参见本书前文论述）。

由于年代的久远，我们已经很难对5000年前中国的人口状况作出准确的估

---

〔1〕　张光直：《中国青铜时代》，生活·读书·新知三联书店2013年版，第128页。

〔2〕　读作 xūnyù，即后世的"匈奴"。

计，但不可否认的是，迄今为止，我国的史前考古发现大多集中在这一时期前后，这是否印证了在 6000 年至 4000 年前中国先民出现了一个人口急剧增长的高峰呢？现有的文献资料也反映黄帝族和炎帝族在这一时期分化出了许多部落氏族，如黄帝便分化出十二姓二十五宗。[1]

在生产没有取得革命性进步的情况下，人口增长的压力带来的最直接后果是向外部拓展生存空间。如果在它们周围并不存在其他部落的话，移民当然可以顺利进行，否则引起部落冲突乃至大规模的战争就是无法避免的，而战争则直接导致国家的出现。部落战争不仅导致更大范围内部落的合并，而且还在各个方面促成国家的产生。

在黄帝至尧舜禹时期的中国，经过长期的战争，原来聚集在河北、山东、河南和山西几省交界处的其他几个集团，要么在黄炎联合体的压力下被迫迁移，要么被纳入了联合体的有效控制之内，到禹的时候，这一地区显然已经形成了有众多部落集团参与的强大联合体，这样中国早期文明的中心地带就被整合在一个统一的权威之下了。

联合体的急剧扩大，政治组织便不可避免地趋向复杂化，这一点在本书上一节介绍尧舜时的政治制度中可以清楚地看出。相传禹又在此基础上做出了进一步的努力，《虞人之箴》说"茫茫（芒芒）禹迹，画为九州"，大概禹已经对其所控制的区域管辖权作出了初步的划分。与此相联系，禹还对联合体的边界和各个地方管辖区域的疆界作出了明确的划分，[2] 并在此基础上"任土作贡"，[3] 规定了各地的贡赋份额。

从黄帝时开始，黄帝族几乎就一直在联合体内占有优势地位，掌握最高领导权，其间虽然有舜以东夷集团而执掌大权的插曲，但黄帝族的优势地位到禹时已恢复并得到了显著的强化，其划分九州、任土作贡、铸造九鼎，都是其优势地位的显示。

战争也会带来社会分化的加剧。《墨子·非攻下》说"禹既已克有三苗，焉磨为山川，别物上下"，《尚书·虞书·尧典》也曾说舜"修五礼、五玉、三帛、二生、一死贽"，虽然未必都可信，但也反映了当时社会分化的情况。这种社会分化在我国考古发现中一再得到了验证。

---

〔1〕《国语·晋语·重耳婚媾怀嬴》。

〔2〕《诗·商颂·长发》："洪水茫茫，禹敷下土方，外大国是疆，幅陨既长。"《荀子·成相》："禹傅土。"金景芳先生认为，"'傅下土方'就是疆理土地的意思"（金景芳：《中国奴隶社会史》，上海人民出版社 1983 年版，第 19 页）。

〔3〕《尚书·夏书·禹贡》。

综上所述，战争在中国国家起源上的确曾经发挥了至关重要的作用，这是一个无法否认的事实。战争开辟了中国文明独特的起源之路，也决定了中国早期和后来国家权威的基本类型。

二、战争模式与王权起源

正如前文所言，早期国家的君主制最初来源于史前酋邦的"酋长制"。从考古发现来看，在被认为可能是黄帝族生活遗迹的齐家文化中，个别尊贵者的墓葬中已经有玉璧、玉斧、玉铲、玉琮等随葬品，还有殉葬者。被认为可能是少昊族活动遗迹的山东大汶口文化晚期，也有少数随葬品特别丰厚的大墓。在浙江的良渚文化中，考古学家也发现了有"一批凌驾于部落一般成员之上的特殊阶层或集团成员"，[1] 而被认为可能是夏王朝前身的陶寺文化，也清楚地反映了存在着"执掌祭祀和军事大权的部落显要"。[2]

中国上古时王权的直接来源是部落酋长制，这从"王"的语义中也可以隐约地看出。在中国早期的典籍中，黄帝、炎帝等皆被称为"帝"。王国维指出："古诸侯于境内称王，与称君称公无异。"[3] 这一习惯在西周时还普遍存在，其已为大量金文和文献资料所证实。[4] 三代时诸侯之所以能与"王"一样称王，正说明了三代以前"王"不过是王国酋长的通称罢了。夏商周虽然已取得了公认的与一般王国不同的地位，但要找到更准确的话语来描述其权力的特殊性还需要一个过程。所以，在商周时期，王一面与一般的诸侯一样沿袭"王"这一传统的称谓，另一面努力创造一些用来描述自己权力独特性的话语，如商代的"余一人"、周代的"天子"等。"天子"这一称谓完全可以恰当地描述周王权力与诸侯权力相比所具有的特殊性——其权力完全来自于天命，而诸侯的权力来自于周王的命令。

部落酋长制直接升格成为王权也会遇到一些困难。原来的部落已经习惯于自己的酋长统治，将原来一个部落的酋长转变成联合体的王，使其他部落的酋长服从他的号令，这需要一个部落在众多的部落中取得公认的优势地位，没有战争胜利的支持是很难做到的。另外，在取得公认优势的部落中，也可能存在着几个较有权势的家族，王个人及其家族特殊地位的确立也必须相应地削弱权

〔1〕　王明达："反山良渚文化墓地初论"，载《文物》1989 年第 12 期。

〔2〕　高炜："试论陶寺遗址和陶寺类型龙山文化"，载田昌五主编：《华夏文明》（第一集），北京大学出版社 1987 年版。

〔3〕　王国维："古诸侯称王说"，载王国维：《观堂集林（外二种）》，河北教育出版社 2003 年版，第 623 页。

〔4〕　对这一问题，郭沫若、丁山、顾颉刚等诸先生均已论及，并列举了大量金文和文献资料，其详细情况可参见刘起釪：《古史续辨》，中国社会科学出版社 1991 年版，第 352～353 页。

势家族。战争胜利固然可以给领导者带来巨大的声望，而战争过程——对战利品的分配、对军队领导权的重新调整，都可以强化王个人及其家族的优势，并且培养起一个只对其家族效忠的贵族集团。因此，与征服相应，往往同时存在着一个酋长权力与贵族权力的逆向运动过程。

在中国的部落合并过程中，上述两种情况都同步地发生过。黄帝与炎帝原是两个互相通婚的部落，在携手东进的过程中，两个酋长的权力大概并没有多大的差别，但阪泉之战以后，黄帝部落取得了明显的优势地位，炎帝的后裔"四岳"就只能处于配角地位了。从现有文献，我们很难估计战争胜利是怎样提升尧舜禹个人及其家族地位的，但通过这些文献，可以感觉到禹的权力较之舜有了明显的强化，他不仅可以划分九州、任土作贡、铸造九鼎，而且大会诸侯（部落）时，还可以处死迟到的防风氏首领。其子启随后可以世袭父亲的权力并不是偶然的。

在这一演变过程中，战争显然起到了巨大的作用。黄帝与炎帝的优势正是阪泉之战确立的，舜的地位也与其"流四凶"有直接的关系，禹的地位的确立除了治水的成绩外，对三苗战争的决定性胜利也是至关重要的。

由于王权来源与战争刑杀有关，因而"王"字的语义最初也偏重表达军事和刑杀等世俗性的权威，其宗教性权威意义不重。"王"字，甲骨文中写作"天一"，有人认为是像一个人正面坐形，写作"天一"是在祖甲以后，原因是祖甲认为王既然代表一国之主，地位尊贵，自然要加冕，遂在"大一"上加了一横。[1] 但这一说法并不准确。王加冕的习俗很可能早已产生。[2] 在"王"（大一）上加一横不是加冕之意，而是表示"王"垄断神人沟通之意，这与不久后周王自称"天子"正相契合。

也有部分学者认为"王"字原为斧钺象形，[3] 这更说明"王"本义侧重于表示世俗性权威。石斧最初用来象征父亲的权威，两位研究我国纳西族社会组织的学者指出："在氏族社会，……男子必佩戴一把斧子，所以用斧子称呼男子。父权制以后，男子娶妻生子，'男'字又演变成'父'，这样'斧'、'男'、

---

〔1〕董作宾："殷代的革命政治家"，载张其昀等：《中国政治思想与制度史论集》（第三集），中华文化出版事业社1961年版，第4～5页。

〔2〕在反山和瑶山每一座大墓都出土了一件玉冠状饰物，发掘者认为"器形与神人所戴羽冠形状相似"，但是由于这些冠状饰"出土位置均在头骨一侧"，而且每一座墓中都只出土了一个，所以也很可能与其他物件组成了墓主人的玉冠。谢维扬：《中国早期国家》，浙江人民出版社1995年版，第290页。

〔3〕林沄："说'王'"，载《考古》1965年第6期。

'父'通称。"[1] 王权来源于父权，因而斧子由父亲权威的象征转变成为王权的象征是顺理成章的。在良渚文化反山大墓的玉钺长约 70 厘米～80 厘米，发掘者推测应该被握在墓主人的左手，是"代表权力的'权杖'之类的东西"[2]。斧钺是战争的主要武器之一，王在战争中，每每左手持钺，指挥军队。钺实际上是王者掌握军事和刑杀大权的象征。周武王伐商举行战前誓师，便"左杖黄钺，右秉白旄以麾"[3]。这一习惯在古代反映战争的巫术化舞蹈中也有明确的反映。君主要参与这种舞蹈并进行指挥，而他的主要道具就是钺。《礼记·祭统》："君执干戚就舞位。"《礼记·明堂位》："朱干玉戚，冕而舞《大武》。"郑（郑玄）注说："朱干，赤盾。戚，斧也。此武象之舞所执也。"据刘起釪考察，"'戚''钺'二字都是由'戉'而来，同释为'斧'"[4]。

以斧钺象征王权也从侧面反映了王权起源与部落战争的关系。斧钺与弓箭、盾牌一样都是新石器时代以来最主要的战争武器，胜利一方酋长的权力随着战争每每得到强化，以斧钺这一战争中的杀敌利器作为王权的象征是很自然的。

一些国外学者认为人类社会中权力现象最初起源于巫术，当"个体巫术"上升为"群体巫术"之后，也就产生了专门为本部落谋取福利的"巫"。由于原始人认为部落的福利完全依赖于巫术，那么掌握巫术的巫师就成为部落活动的中心，并成为能够左右部落行为的有权势者。这种观点有助于说明酋长制的起源，却无法说明酋长权力是怎样转变成王权的。正像宗教带有民族和地域性一样，巫术也带有部落性质，巫师对巫术的独占可以使其掌握本部落的权力，却无法使其掌握对其他部落的控制权。因此，巫术或巫教为王权服务应该是在以战争手段完成部落合并之后，而且还需要借助在战争中积累起来的政治性权威才能达成。

《国语·楚语》说颛顼时，"乃命南正重司天以属神，命火正黎司地以属民，……是谓绝地天通"。这恰好反映了黄帝之后，联合体首领的权威已足以将原来的部落巫术整合为统一的联合体巫教，并有意识地利用巫术来为自己的权力服务了。颛顼改革的直接后果，就是他以政治权力拥有者的身份，垄断了沟通神、人的巫术权力。

颛顼以后，巫术已被纳入了联合体的统一控制，联合体的最高权力也就具有了巫王合体的特征。尧舜禹都是掌握着最高政治权力的大巫师或巫教大教主。

---

〔1〕 严汝娴、宋兆麟：《永宁纳西族的母系制》，云南人民出版社 1983 年版，第 204 页。

〔2〕 王明达："反山良渚文化墓地初论"，载《文物》1989 年第 12 期。

〔3〕 《尚书·周书·牧誓》。

〔4〕 刘起釪：《古史续辨》，中国社会科学出版社 1991 年版，第 297 页。

山对巫术或巫教意义重大，尧舜禹等人的活动又大多与山关系密切，这为王巫合体提供了有力的旁证。尧舜的统治中心就是在山麓上，选择山麓的目的正像杨向奎先生所说，在于将山作为与神沟通的媒介。[1] 有许多资料也直接反映禹就是大巫师。古代巫师中通行的步法一般被称为"禹步"。扬雄《法言·重黎》说："巫步多禹。"晋李轨注云："而俗巫多效禹步。"禹步起源很早，云梦睡虎地秦简《日书》已有记载。另外，还有许多巫术的法术相传也与禹有关，如"禹须臾""禹符"等。[2] 这都说明禹在巫术上很有造诣，并且常常行巫。

国王以大巫师的身份行巫作法，在商周时代仍然存在，陈梦家先生曾断言："王者自己虽为政治领袖，同时仍为群巫之长。"[3] 商王虽然是最高的巫师（巫教教主），但一般不称之为巫，正如秦以后皇帝虽然实际上是儒学领袖，但从不称儒一样。这一情况恰好可以说明尧舜禹的大巫师身份在后代记载中被湮灭的原因。

实际上，王权虽然主要是借助战争发展起来的，但它在形成过程中会自然而然地从传统文化中为自身寻找合理的支撑点，酋长借助巫术来统治部落的方式被继承下来，巫术或巫教也就成为王权所发现的第一个"合作伙伴"。王权以政治整合达成了对巫术的整合，又以整合起来的巫术帮助其实现更稳固的政治整合，于是，政教合一的权力结构形态随着中国文明的起源而形成了。

这一权力结构模式不仅表现在最高权力上，而且还直接表现在各级权力中，巫术与政治的结合遂成为中国早期政治的最主要特征。由于巫术并没有在春秋战国的理性革命中被彻底淘汰，而是有力地影响和左右了这次革命的方向和程度，并以一种新的形式（如天人合一）塑造了秦以后中国的思维方式和政治文化，因而秦以后中国的政治仍然带有强烈的巫术色彩。而政教一体化的权力和社会结构模式也以新的形式被保存下来，只是皇权代替了王权，儒学代替了巫教。

思考题：

1. 文献记载的"三皇"和"五帝"有几种说法？

---

〔1〕 杨向奎：《绛史斋学术文集》，上海人民出版社 1983 年版，第 6 页。

〔2〕 睡虎地秦简《日书》都有记载，观其内容显然是巫术一类；另有《禹》，可能也是一部关于方术的书。《后汉书·方术列传》对禹须臾有一些说明。

〔3〕 陈梦家："商代的神话与巫术"，载马昌仪编选：《中国神话学百年文论选（下册）》，陕西师范大学出版总社有限公司 2013 年版，第 177~178 页。

2. 华夏集团和东夷集团的活动区域及代表性首领有哪些？
3. 尧舜禹时期社会风貌和政治组织的情况大致是怎样的？
4. 尧舜禹时期最高权力的称谓是什么？其主要特点有哪些？
5. 国家起源战争，对中国早期国家的政体形式有怎样的影响？
6. 颛顼"绝地天通"意味着什么？

第三章　夏商周的政治制度

学习目的和要求：

　　通过本章的学习，学生应厘清以下三个问题：其一，了解夏商周王室的族系、姓氏及王朝的历史沿革，认识当时的一般社会生产状况、社会分化程度和主要文明成就；其二，了解三个早期王朝政治制度的特点，重点掌握井田制、封建制和宗法制的主要内容及实施情况；其三，掌握西周封建制在春秋时期解体的原因，并理解战国时期政治制度创新的基本走向。

第一节　夏代的政治制度

一、夏王朝与世袭制的确立

　　许多学者将夏的建立作为中国国家形成的标志，这一结论基本都是根据某种分析模式作出的，还缺乏足够的资料证明。虽然在分析模式上存在着部落联盟论者和酋邦论者的差异，但在证明夏与先夏时代社会性质或政治组织的不同时，双方所列举的两个有根据的证据完全相同，即世袭制的确立和"夏"这一王朝的专有名称。[1] 事实上，这两条证据本来就是一种因果关系，夏之所以拥有自己的国名，正因为其权力是在家族内部传承的。

　　世袭制作为一种特定的政治权力继承方式，并不是衡量国家是否产生的标准。[2] 世袭制也未必是从夏启时才产生的，此前很可能普遍存在着酋长世袭制，联合体的最高权力之所以以禅让的方式继承，是联合体内各族系相互牵制

---

〔1〕 "部落联盟"论者如范文澜、金景芳等，酋邦论者如谢维扬都强调这两点。参见范文澜：《中国通史简编》（修订本第一卷），人民出版社1953年版，第28页；金景芳：《中国奴隶社会史》，上海人民出版社1983年版，第20~32页；谢维扬：《中国早期国家》，浙江人民出版社1995年版，第321、324、376页等。

〔2〕 实际上，谢维扬也承认"早期国家拥有比较正式的国名，并不是普遍的"，拥有自己的国名仅仅是表明其"国家的形式化程度更高一些"（谢维扬：《中国早期国家》，浙江人民出版社1995年版，第376页），这实际上已经承认世袭制并不是确认一个社会已经进入国家形态的标准。

的结果。将夏的建立作为中国国家形成的标志至少从现有的分析模式来看，理由并不特别充分。但世袭制在联合体内的确立对以后政权的继承形式有着重要的示范作用，夏以后，世袭制遂成为王权固定的继承模式，并得到了传统合法性观念的有力支持，从而构成了中国政治制度和政治文化的核心内容，从这种意义上说，夏王朝的建立的确有着划时代的意义。

国家的起源是一个长期的过程，从黄帝时代起，激烈的部落战争直接推动着这一过程，部落合并又迫使政治组织走向复杂化，至尧舜禹时期，除最高权力的继承之外，其他制度已经草创并被固定了下来。突如其来的水灾进一步加速了这一过程，并最终以世袭制使最高权力的继承走向了规范化。夏和先夏的社会和政治组织有着一以贯之的连续性。世袭制代替禅让制虽然意义重大，但毕竟只是政治组织的规范化方面的进展。将夏王朝的建立作为中国国家起源的标志有削足适履之嫌，将中国国家起源看作一个长期的过程是比较可取的办法。

世袭制代替禅让制有一个基本的前提，即一个族系在联合体内必须取得压倒性优势。禹的活动最初是从治水开始的。[1] 强调治水对世袭制建立的作用，与将战争作为国家形成的主要途径的观点并不矛盾。联合体的形成和黄帝族系的优势地位本来就是战争的结果，而治水的需要则构成了新的战争动力。治水必须在广阔地域内实施，疏浚河道必须有土著部落的合作，对不肯合作的部落，就必须以武力征服之。"征有苗"是禹所进行的最大规模的战争，战争的起因是"苗顽弗即工"，[2] 即妨碍了治水工程的实施。禹大举进击，击溃有苗（即三苗）。其显赫的战功慑服了联合体内的其他族系，《战国策·魏二·五国伐秦》说："禹攻三苗，而东夷之民不起。"

治水也会对强化联合体的政治组织提出新的需要。禹把握住了征战三苗胜利后个人威望空前提高的有利时机，迅速着手将这种需要转变成了现实的制度。《墨子·非攻下》说："禹既已克有三苗，焉磨为山川，别物上下，卿制大极，而神民不违。"所谓"磨为山川，别物上下，卿制大极"，就是指其他典籍所记载的"划分九州""任土作贡"等措施。这些措施都是在"即已克有三苗"之后实施的，而实施之后，"神民不违"，正说明了战争胜利对禹个人权威积累的

---

[1] 在世界各文化圈中，古代神话多有洪水泛滥的记载，这些洪水记载的真实性，科学家特别是地质学家有过激烈的争论，至今没有形成一致的意见。参见陈建宪：《神祇与英雄：中国古代神话的母题》，生活·读书·新知三联书店 1994 年版，第 108～111 页。一些人类学家倾向于认为这些洪水可能是对早期某次大水灾的夸大性的记载，而在神话话语中变成了英雄治水救世的传说。〔美〕弗雷泽："洪水故事的起源"，载徐旭生：《中国古史的传说时代》，广西师范大学出版社 2003 年版，第 306 页。

[2] 《尚书·虞书·益稷》。

重要性。

战争的胜利为禹奠定了治水所需要的权力基础，而治水的成功又使禹树立起无与伦比的巨大威望，从而将禹推到了前所未有的权力高峰，这为其顺利地将权力移交给自己的后代——草定王权世袭制提供了前提条件。

虽然禹族系优势已经十分明显，但要想保持对政权的独占，还会遇到其他族系的反对和抵制。《孟子·万章上》说：禹晚年时曾主动将权力移交给益，而启之所以最终即位完全是得到各部落共同拥戴的结果。但综合各方面的资料来看，可能是禹虽然表面上指定益为继承人，实际上却鼓励启培植自己的力量，当禹去世的时候，启已经有足够的力量控制局势，并迅速除掉了益而顺利即位。[1]

夏启与禹不同，没有机会以各种事功树立起无可争议的威望，他杀掉益继承父亲的权位是纯粹的暴力行为，对树立个人威望并没有真正的帮助。所以，他比禹更急于寻求巫术或巫教的帮助。相传禹曾"铸九鼎"，《墨子·耕柱》则说夏启铸鼎。不论铸鼎的是禹还是启，铸鼎的目的只有一个，即显示自己具有最高的巫术权力，从而以巫术来支撑其王权政治。鼎是当时巫觋作法所用法器中最具有权威性的神物，[2] 在社会普遍对巫术感到敬畏的时代，掌握了这样的法器就意味着享有了与众不同的巫术效力，也向社会宣示了王权的合法性来自于神灵的授予和庇护。

相传"夏启有钩台之享"，[3] 这是夏启主持的有各诸侯参加的盛大巫术活动，显然夏启是要借此获得诸侯对其特殊权力的承认。《山海经·大荒西经》说："名曰夏后开，开上三嫔于天，得《九辩》与《九歌》以下。"《楚辞·离骚》也说："启《九辩》与《九歌》兮，夏康娱以自纵。"这些都是夏启曾利用巫术证明其权力合法性的证据。至于九歌、九辩，可能是某种巫术仪式，功能与九鼎一样，都是夏启具有最高的巫术神通和权力的象征。

但由于东夷集团作为联合体内主要成员，在舜时曾一度取得优势地位，形成了与华夏集团轮流坐庄的局面，很难接受最高权力被华夏集团一族把持的事实。夏启政权受到了他们的抵制，其中以生活在郑州以北原阳县或五原县一带的有扈氏态度最为坚决。夏启当机立断，征调忠于自己的诸侯大举进击，双方

---

〔1〕《竹书记年》说："益干启位，启杀之。"《韩非子·外储说右下》《战国策·燕一·燕王哙既立》《史通·疑古》引《汲冢书》都言益为启所杀，其中《战国策·燕一·燕王哙既立》记载颇详，并已指出"禹名传天下于益，其实令启自取之"。

〔2〕青铜器和鼎对巫术的作用，参见张光直：《中国青铜时代》（二集），生活·读书·新知三联书店1990年版，第30~33页。

〔3〕《左传·昭公四年》。

大战于甘（今郑州以西的古荥甘之泽和甘水一带）。夏启向前来参战的诸侯宣称有扈氏藐视神灵意志，不服中央政府命令。战争使有扈氏遭到了灭顶之灾，幸存者沦为"牧竖"[1]。

二、夏王朝的一般状况

沿用从前居住地区的地名作王朝的名称，这是夏商周三个王朝命名的通例。[2]"夏"这一国名的来源当然也不例外。但夏人发迹之前所居地在何处？有学者总结古代文献所提到的夏虚或大夏一共有 7 处居地，但都"紧紧围绕分布在汾水下游拐弯流入黄河处的晋西南区域内"，进而认为"晋南这块大地，原是夏人之故虚"。[3] 在尧舜时期，夏人的根据地在晋南，但已经介入了联合体的活动，鲧以后其主体部分可能向南进入了河南西部，并逐渐向东扩展。夏启征服有扈氏后，其中心地带东扩，延伸到河北南部和山东西部。

相传夏后来曾多次迁都，但大抵不出伊、洛一带。后来商人灭夏，夏族一部分可能向西、北和南三个方向迁徙。西迁者分布于陕甘直到今天的中亚，后来的周人就是夏族中的一支，据传大月氏、小月氏也是夏族近亲有虞氏的后裔；北迁者后来可能与荤粥等族融合而为匈奴；南迁者后来成为春秋后期越国的祖先。[4]

夏王朝的社会状况与尧舜禹时期相比并没有太大的变化。生产工具仍然以石器、骨器和蚌器为主，铜主要用来制造宗教—巫术法器和兵器，只有王等少数显贵才拥有用于生活的青铜器皿。普通的民众仍然像从前一样，居住在散布于河谷平原上的一些聚落里，住着狭小的半地穴式的房屋。聚落周围的土地被 2 米~3 米宽、深达 1 米的沟渠分割成一些小块，[5] 远远看去像一个个"井"字。聚落的饮水主要是井水，主要的作物是谷、麦、菽、稻和瓜等。[6] 聚落中可能有少量家庭主要从事陶器的烧制劳动，供应其他家庭的用度，并交换自己所需要的食物。

聚落的土地是聚落共有的，平均分给聚落中每一个家庭耕作，这些领到土地的家庭要向聚落首领缴出名义上的公共基金，份额大概是其收获的1/10。[7]

---

〔1〕　即牧奴、牧童。

〔2〕　根据张光直概括所得。参见张光直：《中国青铜时代》，生活·读书·新知三联书店 2013 年版，第 15 页。

〔3〕　刘起钎：《古史续辨》，中国社会科学出版社 1991 年版，第 142~145 页。

〔4〕　徐中舒："夏史初曙"，载《中国史研究》1979 年第 3 期。

〔5〕　在龙山文化洛阳矬李遗址中发现的水渠就是深 1 米，宽 2 米~3 米。

〔6〕　据《大戴礼记·夏小正》《史记·夏本纪》等记载。

〔7〕　《孟子·滕文公上》："夏后氏五十而贡，殷人七十而助，周人百亩而彻，其实皆什一也。"

此外，他们必须分担一些临时物资贡献和劳役任务。如有战争，聚落中的男子要自备武器和粮食跟随首领出征。同一聚落中的居民大多有血亲关系，担任首领的主要条件是血统优势，他们是聚落族人的宗主。

多个相对集中的聚落组合成一个聚落联合体，成为夏王朝的地方一级政权，联合体的首领居住在这些聚落中心地带的较大聚落里，这样的聚落可能会夯土围墙作防卫之用，人口也相对多一些，有比较豪华的建筑，即最高首领生活和办公的场所。这种当时被认为是宫殿的房屋通常是木骨架构的夯土建筑，分有正堂、寝室和祭祀场所等，与一般平民的住房不同，它们建筑于地面之上。[1] 首领一部分可能与夏王族有血缘上的关系，而另一部分可能是土著的豪族，他们有自己的祭司和文武贵族，还有专门为自己家族服务的近侍和奴隶。他们有一定的独立性，但要向夏王室承担贡税、朝觐和兵役等义务。首领一般在其统辖聚落中最具有血统优势的家族里世袭。

夏建国后从公元前 21 世纪起，经禹、启、太康、中康、相、少康之后又传11 王，至夏桀而亡，大约存在了 471 年。[2] 其活动的范围大抵包括晋南、豫北、豫西、豫东，全盛时势力所及可能达到了河北南部、陕西东部、山东东部及相邻的江苏、安徽等地。

三、夏的政治制度

相传夏代先后在阳城、斟鄩、帝丘、原、西河等地建都，这些地方基本都在河南境内的黄河两岸。自 20 世纪 50 年代末以来，在豫中偏北和晋南等地陆续发现了许多古代文化遗址，特别是豫西和晋南的龙山文化和二里头文化遗址的发现，为探索夏文化和夏代王都提供了有力的考古学依据。学界对二里头文化与夏的关系还存在一定的分歧，这主要表现在对二里头文化的三期、四期归属的认识上，一些学者认为其属于商文化，但也有一些学者认为是夏文化。[3] 河南禹县吴湾发现的大范围二里头文化遗址，有学者认为其可能与夏启的钧台有关。斟鄩曾是太康、后羿和夏桀的都城，有学者认为巩县稍柴分布密集、堆积丰富的二里头文化遗址可能就是斟鄩的遗迹。昆吾是夏王朝的显贵之一，有学者认为河南新郑孟家沟二里头晚期文化可能与昆吾有密切关系。胤甲定都西河，可能在晋南永济、虞乡和安邑一带，而东下冯二里头文化距安邑不远，有

---

[1] 上述描述大抵是据考古发现的一些龙山文化遗址，特别是二里头文化遗址所做的推测。关于二里头文化与夏文化的关系目前学界还有分歧，有人认为其一期至四期都属于夏文化；有人认为一期至三期是夏文化，四期为商文化；有人认为一期至二期为夏文化，三期至四期为商文化。

[2] 取《史记·夏本纪》集解引《竹书纪年》说。

[3] 还有一些学者认为三期属于夏文化，四期属于商文化，如孙华、田昌五等。孙华："关于二里头文化"，载《考古》1980 年第 6 期；田昌五："夏文化探索"，载《文物》1981 年第 5 期。

学者认为可能与胤甲之都有关系。

在目前众多的二里头文化遗址中，一共发现了两处宫殿遗址：

一号宫殿遗址是在偃师发现的，位于遗址的中心地带，属于二里头文化的三期。整个遗址东西长 108 米，南北宽 100 米，基本是正方形。整个台基夯土筑成，高出地面 0.8 米。台基北部中央有一块高起的部分，东西长 36 米，南北宽约 25 米，是殿堂的基座。殿堂东西长 30.4 米，南北宽 11.4 米，外不仅有 26 根直径为 0.4 米的大柱支撑，还有小柱支撑的屋檐。这是一座面阔 8 间、进深 3 间、双开间建筑。这座殿堂南面（正门外），有一个南北长 70 米、东西宽 30 米的广场。殿堂四周有附设建筑，与外面的围墙成平行状。据研究者分析这是一座结构复杂、规模宏大、有明显的公共生活功能的建筑，其建筑的格局同后代宫室建筑基本是一致的。[1]

二号宫殿遗址位于一号宫殿遗址东北 150 米处，规模较一号宫殿略小，遗址呈长方形，东西长约 57.5 米~58 米，南北宽 72.8 米。殿堂遗址东西长 30 米，南北宽 12 米，也有许多附设建筑。其年代据测定与一号宫殿属于同一时期。[2] 在一号宫殿遗址南面还发现了 3 片小型的夯土遗址，可能是与这两个主要宫殿相配套的辅助建筑设施。

据推测，仅一号宫殿的夯土台基所使用的土方就在 2 万立方米以上，[3] 而建筑一号宫殿所需要的劳动日将达到数十万乃至上百万个。[4] 如此浩大的工程反映了当时的王朝具有强大的社会动员能力和组织能力。关于这两处宫殿的性质，有人认为可能是宗庙性建筑，[5] 也有人认为其中一处可能是宗庙建筑，而另一处则是王宫，都属于夏代文化遗迹。[6]

王宫属于二里头建筑中的大型房址，此外还有中型和小型房址。正如我们看到的，仅一号宫殿建筑面积就在 1 万平方米以上，中型房址为 50 平方米~85 平方米，且与宫殿一样建筑在地面上。小型房址一般为 4 平方米，半地穴式的为 6 平方米~7 平方米。据推测，中型房址为贵族和官员住宅，而小型的为一般平民（或奴隶）住宅。在夏代这样一个农业社会中，财富的差异不是由交换

---

〔1〕　北京大学历史系考古教研室商周组编著：《商周考古》，文物出版社 1979 年版，第 27 页。

〔2〕　关于二号宫殿遗址的详细情况，参见赵芝荃、郑光："河南偃师二里头二号宫殿遗址"，载《考古》1983 年第 3 期。

〔3〕　中国科学院考古研究所二里头工作队："河南偃师二里头早商宫殿遗址发掘简报"，载《考古》1974 年第 4 期。

〔4〕　北京大学历史系考古教研室商周组编著：《商周考古》，文物出版社 1979 年版，第 28 页。

〔5〕　北京大学历史系考古教研室商周组编著：《商周考古》，文物出版社 1979 年版，第 27 页。

〔6〕　谢维扬：《中国早期国家》，浙江人民出版社 1995 年版，第 353~354 页。

等经济因素引起的，而是由政治权力的超经济强制所造成的，因此，财富的占有状况最能反映政治权力的分配状况。二里头反映的夏代王、贵族、平民的居住状况有力地说明，在夏代社会，王权至少在王畿内对社会其他一切阶层都具有压倒性优势，对社会财富有着绝对的垄断地位。

在处于社会顶峰的王权之下，夏代还存在着一个为王室服务的官僚机构。《礼记·明堂位》说："夏后氏官百。"夏代的官制未必像商周那样完备，但可能已经比较复杂了。由于年代久远，其详细情况已难以了解，只能根据零星资料作出一些推测。

夏代在王之下有由少量高级贵族组成的执行机构，权力类似于后来的宰相，这些人可能被称为"正"。《尚书·夏书·甘誓》说有扈氏"怠弃三正"，刘起釪认为"三"是多数之意，"正"是指"重臣"。[1]但"三"未必是多数之意。《尚书·周书·吕刑》说："……乃命三后，恤功于民。伯夷降典，折民惟刑；禹平水土，主名山川；稷降播种，家殖嘉谷。"这里说的是舜时的情况，与启时代相去不远，或许"三正"即是"三后"。从《尚书·周书·吕刑》来看，"三正"中一是负责刑法等政治性事务；二是负责工程和税收等事务；三是负责农业生产。西周的"三公"制度可能是因袭"三正"发展起来的，但职能上已有了一些变化。[2]除了"三正"之外，还有"左右六人"，[3]其地位可能低于三正，但也属重臣，可能是负责各方面政务的主官（如后代的六部尚书）。

"三正""左右六人"之下，夏代还有许多负责具体事务的职官，如车正（负责王室车马的官员）、庖正（负责王室膳食的官员）、牧正（负责为王或诸侯畜牧的官员）等。

王畿之内可能被划分成"九州"，[4]由夏王的亲信部族负责管理，其称呼可能是"牧"。王畿之外，分布着一些以部落为单位的地方建制，它们被称为"诸侯""某某氏"或"方伯"。这些诸侯在境内也称"王"，有属于自己的文武官员，他们尊重夏王室的"共主"地位，对王室承担朝觐、纳贡、劳役和兵役等义务。像有仍氏、有虞氏、斟氏、斟灌氏、有鬲氏、豢龙氏、御龙氏、昆

---

〔1〕 刘起釪：《古史续辨》，中国社会科学出版社1991年版，第212页。

〔2〕 《吕刑》所言"三后"职掌显然带有原始特征，随着时间推移，事务趋于复杂，其职掌自然要发生变化。西周时三公显然不会凭空出现，大概正是"三后"这一古老制度沿袭下来的。

〔3〕 《墨子·明鬼下》引《禹誓》（即《甘誓》）做"左右六人"，《史记·夏本纪》引《甘誓》做"六卿"，学者一般认为夏代未必有"卿"这一称呼，将"左右六人"写作"六卿"是周代习惯的影响。

〔4〕 九州历来有不同的说法，《左传·宣公三年》："昔夏之方有德也，远方图物，贡金九牧。"杜预注："使九州之牧贡金。"

吾氏等可能都是这样的诸侯。

夏王朝是靠武力建立起来的，军队是支撑王权的最根本的支柱，有穷氏一度夺取了夏王室的权力，也是依靠武力（后羿为有穷氏酋长，是中国古代传说中最善射者）。夏王朝的军队大概有以下几个特点：

1. 战车是当时最主要的军事装备。夏启进攻有扈氏，发布的命令主要针对战车战术，由此可以看出战车在战争中起着决定性的作用。一辆战车的人员配备与西周时相同，车上共有 3 人，中间为驾车的御者，左右两侧为攻击和防守武士，武器大概是戈、钺和弓箭。夏代军队中到底有多少战车配备，还不是很清楚，但从王宫规模来看，有数百辆战车是完全有可能的。步兵可能附属于每一辆战车，当时骑兵还不是主要的军种。

2. 夏代的军队分为王室直属军队和诸侯军队两部分。王室直属军队由王及其亲信直接指挥，人数在正常情况下要超过每一个诸侯所拥有的军队；诸侯军队由他们自己指挥，但有大规模战争时要服从王室的调遣。

3. 军队的主官通常就是各级政府的首脑，但也可能有平时专门负责军事训练和管理的专职军官。地方的行政区划及贡赋与军制可能有直接的关系，军队的编制以行政区划为单位，诸侯一级为最高编制单位，具体称呼还不太清楚，诸侯一级以下还有"旅"等单位。

4. 军队中普通的步兵就是聚落中一般的平民，战车一般是由贵族自己配备的，战车甲士一般都是贵族子弟，他们既是军官也是军队的中坚力量。王室和各诸侯可能都有一定数量的由贵族武士组成的近卫军，他们才是真正的职业武士。

夏代肯定已经有了赋税制度，《史记·夏本纪》说"自虞、夏时，贡赋备焉"，《孟子·滕文公上》说"夏后氏五十而贡"，有些人解释是每户农民分到 50 亩地，其中 45 亩收获为自己支配，另外 5 亩则作为税收上缴给政府。但这恐怕只是常设税种，还没有将兵役、劳役和其他支出算在内。但总的说来，限于材料，还不可能对夏代税制有清楚的了解。

夏代可能已经有了成文法，《左传·昭公四年》载叔向给子产的信中曾言："夏有乱政而作《禹刑》。"此刑法恐怕出现在夏代的中后期，但从文献中找不到有关条款的记录，其情况还很不清楚。

上述夏代的社会和政治制度状况只是根据零星资料所作的简单介绍，更详细的描述在现有的资料下是不可能做到的。有些学者想以《通志》《通典》的记述来解决材料的不足，但治先秦史的学者大多认为这些资料不能作信史看待。对包括政治制度在内的夏代历史更详细的了解，还有待于新的考古发现。

第二节　商代的政治制度

一、商王朝的一般概况

商族原是东夷部落中的一支，其祖先可追溯到舜，但直接的祖先是契。传说帝喾（有人认为就是舜）娶了有戎氏之女简狄，而简狄吞食玄鸟（即燕子）蛋后怀孕，并生下了契，所以，《诗·商颂·玄鸟》说："天命玄鸟，降而生商。"

《荀子·成相》："契玄王，生昭明，居于砥石迁于商，十有四世，乃有天乙是成汤。""商"为后来商王朝名称来源，在商人心目中有重要的地位，其地点有人认为在今商丘，[1] 但有人认为应在漳水流域，即今天的邯郸、磁县一带。[2] 除了砥石和商之外，成汤以前商人还有6个主要活动地点，但文献记载并不明确，且学界对此也存在极大的争论。考古学界根据一些考古发现对商早期文化作出了一些推测，其中有人认为商早期文化以漳水中游的邯郸和磁县为代表。[3]

商人有可能接受过夏王的册封，与夏王朝有松散的臣属关系。由于夏王朝实力强大，商人早期大概一直向北或东北方向寻求发展，相土（契孙）据说曾活动到了海岸一带，王亥曾与河北东部易水流域的有易发生冲突，并因此而身亡。王亥子上甲微为父复仇，率商人攻灭了有易。经过13代的经营，商族的实力已经有了很大的增强，到第14代商汤时已对夏王朝构成了极大的威胁，并引起了夏桀王的重视，据说夏桀曾将商汤囚禁起来，但不久又将其释放。

商进入国家形态肯定在灭夏以前，但其内部情况因缺乏史料还不很清楚，当时商汤已迁都亳，亳大概就在今天的山东曹县和河南商丘一带。[4] 当时商人的控制区域，据说只有百里左右，与夏王朝相比当然还属于小国。但这时的夏王桀是一个暴君，在其统治下，诸侯和国人都出现了离心离德的情况。《左传·

〔1〕 王国维："说商"，载王国维：《观堂集林（外二种）》，河北教育出版社2003年版，第263页。

〔2〕 丁山：《商周史料考证》，中华书局1988年版，第13页。

〔3〕 邹衡：《夏商周考古学论文集》，文物出版社1980年版，第118页。

〔4〕 关于亳的确切地点，学界一直存在着较大争论。一般认为亳有两个：一个是商汤灭夏前所居，另一个则是灭夏后所建新都。对旧都的地址有四种不同的说法：一说以为在山东曹县（王国维："说亳"，载王国维：《观堂集林（外二种）》，河北教育出版社2003年版，第264～266页）；二说在河南商丘（杨伯峻编著：《春秋左传注》，中华书局1981年版，第1250页）；三说在郑州（邹衡：《夏商周考古学论文集》，文物出版社1980年版，第192～203页）；四说在河南濮阳（孙淼：《夏商史稿》，文物出版社1987年版，第291页）。对此笔者认为还是曹县或商丘说较为合理。

昭公四年》说："夏桀为仍之会，有缗叛之。"有缗在山东金乡县，是夏王朝统治中心外围的一个附属的诸侯国，其反叛招致夏桀的讨伐，而讨伐活动消耗了夏王室的力量，并使商人乘机崛起，所以，《左传·昭公十一年》说："桀克有缗，以丧其国。"

商汤乘夏王朝军力被吸引在有缗之机，向忠于夏王室的葛国发动了进攻。葛国在河南宁陵县，与商人居住区相邻，控制葛国能直接威胁商人的安全，所以它成为商汤攻击的首选目标。[1] 剪除葛国之后，商汤继续扫清夏王室的外围诸侯据点，据说先后经过11次重大战役。其中最重要的战役除灭葛国之外，就是对韦国、顾国和昆吾的讨伐。这三个诸侯国都是夏王室的主要支持者，拱卫着王室的外围地带。[2] 如果昆吾在许昌的话，商汤采取的战略就是扫清两翼，对夏王室的中心地带实行钳形攻势。

当夏桀对有缗的战争最终取得胜利之后，商汤已经对王室的中心区域形成了攻击态势。最后，商汤发布了声讨夏桀的檄文，历数桀的罪状，表示自己是奉神灵之命去"致天之罚"，动员已反叛的诸侯向夏王都斟发动了总攻。双方在鸣条（今开封附近）决战，夏桀战败，带着象征其权力的青铜和玉器逃到了河南南部和湖北北部一带，企图立足复国，但在商汤的穷追之下，再次战败，宝器尽失。夏桀带一部分族人南逃到今安徽的庐江附近，力尽而亡。夏人四散，最终失去了反击能力。

商王朝建立之后，社会生产的状况与夏代相比可能有一些进步，但农业工具并没有得到系统的改进。商国土范围肯定已经远超夏代。河南、山东、河北交界一带，是商王朝势力完全控制的中心地区。在这些地区之外，商王朝或者通过殖民，或者通过对一些土著方国的册封，建立了众多的据点，最远可能已经达到了江南地区。

商代最引人注目之处是大量青铜器的制作和使用，迄今为止，已经发现的商代青铜器达到了数千件，包括各种酒具、武器和礼器，其制作之精美已经达到了相当高的水平。据估计当时矿石和成铜的比例为5∶1，而仅妇好墓（商代著名王妃）就出土了青铜器1625公斤，大约需要8吨以上的矿石。[3] 因此，

---

〔1〕　葛国的地点是根据《汉书·地理志》陈留郡宁陵县下注推知的，正好距离商丘和曹县都很近，《孟子·滕文公下》说葛国与商相邻，这也更支持了亳在商丘或曹县的说法。

〔2〕　韦在今天河南滑县（《后汉书·志第二十一·郡国》"东郡"白马县条），顾在河南原阳（王国维："殷墟卜辞中所见地名考"，载王国维：《观堂集林（外二种）》，河北教育出版社2003年版，第624页），昆吾可能在河南新郑（邹衡：《夏商周考古学论文集》，文物出版社1980年版，第227页）或许昌（孙淼：《夏商史稿》，文物出版社1987年版，第302页）。

〔3〕　张光直：《中国青铜时代》（二集），生活·读书·新知三联书店1990年版，第10页。

许多学者称商代是中国典型的青铜时代。

商代的青铜器除用作武器和部分器皿之外，绝大多数是用于巫术活动的。《礼记·表记》说："殷人尊神，率民以事神，先鬼而后礼，先罚而后赏。"准确地勾勒出了商代政治的两个基本特点。商人巫术活动盛行不仅在卜辞中有明显的反映，而且在殷墟所发现的人殉和人祭中也可以看出，至于刑罚之残酷在文献上有明显的反映。

在商王朝建立的最初几年，一度陷于危机之中，商汤的孙子太甲即位之后，曾试图变更商汤所确立的一些统治原则，以伊尹为首的功臣显贵采取果断的措施，将其囚禁，代为执政，待太甲完全屈服之后，才让他恢复了王位。[1] 太甲之后四传至雍己，商国势稍衰，但雍己弟太戊即位之后，商又复兴。太戊之后，两传至河甲，商出现了第二次危机，但祖乙即位之后，商又获得了第二次复兴。其后五传到阳甲时，国势第三次中衰，但盘庚迁殷后，再度中兴，直到商纣王统治时，才在崛起于西方的周族的挑战下，走向了灭亡。从成汤到商纣先后共传了 31 王，立国时间共 496 年。[2]

二、商代的王权制度

商代是一个王权处于绝对支配地位的社会，其制度有两个基本特点：一是以巫术化的合法性观念为主要支撑；二是有比较系统的宗法制度确保其王位继承的规范化。

商代是一个典型的以神权支撑政权的社会。商汤灭夏后，曾返回亳大会诸侯，史称"景亳之命"，[3]《史记·殷本纪》说："既绌夏命，还亳，作《汤诰》。"这是在以巫术方式向诸侯宣示其王朝权力的合法地位。当时人们认为商王从上帝那里接受了对臣民进行生杀予夺的全权。虽然在接受上帝授命的同时，王也要承担一些政治责任，[4] 但商代对神灵是十分迷信的，商王几乎任何事情都要卜问。商纣王说"我生不有命在天"，[5] 形象地反映了商代的迷信程度。商代社会普遍信仰的是巫教，商代王权合法性观念完全是巫术思维的产物。

1. 从都城的选择上来看，商人灭夏不久就在夏人控制中心建都，其主要理由之一就是夏王朝的活动中心地处河南中部偏西一带，在古人眼中正是"天下之中"，先天就具有神圣的意味。作为"天下共主"在"天下之中"发号施令

---

〔1〕 此事古史记载颇多，上述概括是根据《尚书·君奭》《左传·襄公二十一年》《国语·晋语》等记载作出的。

〔2〕 《史记·殷本纪》。

〔3〕 《左传·昭公四年》。

〔4〕 商王认为自己应承担的责任就是"奉畜汝众"，参见《尚书·盘庚中》。

〔5〕 《尚书·西伯戡黎》。

具有更加正统的意义。这是当时"王权神授"的合法性观念不可或缺的组成部分。[1]

2. 商王通过对青铜器的独占实现对巫术的垄断，并以此为王权赢得普遍认可的合法效力。在商人的意识中，神灵具有无限的权威，任何政治权力的行使都必须得到其认可和佑护才能具有普遍而持久的效力，巫术是了解神灵意志的唯一有效的手段，巫师"陟"（登天与神相会）或"降"（请神降临）——了解神灵意志必须有某些凭借（工具）才能做到。青铜器正是这样一种最灵验的巫术作法工具。因此，商王对青铜器的独占实际上就是对沟通神灵和人世途径的独占，也是对解释神灵意志权力的独占。[2]

3. 以对巫术的独占实现对政治权力的垄断这一传统，在商代时得到了重要的发展和完善。围绕王权对神意的独占已形成了相当完备的理论，"余一人"作为商王的自我称谓，清楚地反映了王对神意的垄断地位。"王"字的演化也很说明问题。据董作宾考察，"王"在祖甲以前写作"大一"，而祖甲以后则在其上加了一横，写作"天一"，这一变化董氏认为是加冕之意，但实际上"大一"上加一横，正是贯通神（天）人之意，昭示着王对神权的独占。[3]

商王以最高政治领袖身份兼领巫教"大教主"，这一集政治与宗教权力于一体的特征使商代社会呈现出"政教一体化"的结构特征。它一方面使王神合体，王成为神在人间的唯一代表。以神威行王权使王权取得了异常坚固的合法性基础，但也使神本身世俗化和政治化了，人们对神的信仰完全有赖于对王的迷信，一旦王本身出了问题，神灵整合社会的威力就要大打折扣。

商代是否存在宗法制度，学术界对此一直存在较大的争论。王国维认为宗法制是由嫡庶之分演化出来的，而商代王位继承制度中不存在嫡庶之分，所以，商代不可能存在宗法制。[4] 但这一说法现在已经受到越来越多的质疑，裘锡圭

〔1〕《吕氏春秋·慎势》说："古之王者，择天下之中而立国，择国之中而立宫，择宫之中而立庙。"三代这一做法有深厚的政治文化基础。赵国华在对半坡鱼祭祭场布局的研究中指出："五"作为极数总是被布置在祭场的中央，"另一方面说明他们有崇尚'中'的观念，另一方面又说明他们崇尚'五'，将'五'这个数字视为神圣"（赵国华：《生殖崇拜文化论》，中国社会科学出版社1990年版，第109页）。"中"具有神圣之义，作为天下最尊贵者自然应选择"天下之中"作为都城和王畿，这正反映传统巫术观念对政权合法性观念的强力渗透。夏本来就是"中国"的意思，夏王朝所居地域和九鼎一样都成为王权合法地位的有力象征。

〔2〕张光直：《中国青铜时代》（二集），生活·读书·新知三联书店1990年版，第126～127页。

〔3〕《春秋繁露·王道通三》："古之造文者，三画而连其中，谓之王；三画者，天地与人也，而连其中者，通其道也。"今天学者多以为是荒谬之论，实际上董说正反映了王字造字的本意。

〔4〕王国维："殷周制度论"，载王国维：《观堂集林（外二种）》，河北教育出版社2003年版，第231～244页。

认为卜辞中的"帝""介",与周代的"嫡""庶"是非常相近的。[1] 杨升南对王国维所提出的所谓"兄终弟及"的商代王位继承制度提出了系统的批评,提出"商代继承制是以子继为主的",不存在王氏所说的"无弟然后传子"的情况。[2] 在各级职位均在一些特定的家族内世袭的社会中,必须有能够在家族内形成尊卑分明的制度,这是保证社会稳定的基本条件。正是宗法制的普遍存在,确保了商代各级贵族对国家大小职位的家族式的垄断,为商代社会的稳定提供了重要的合法性资源。

作为政治和社会中枢的王权,形成较规范的继承制度是保证整个政治系统正常运行和社会稳定的关键所在。商代王位继承中有两个原则:① "子以母贵"原则,即商王正式配偶所生的儿子作为"嫡子"才具有即位的资格,而庶妃所生的儿子是没有即位资格的;②长子原则。在众多有资格继承王位的"嫡子"中,长子处于特殊的地位,有优先的继承权。[3] 不知是出于何种原因,商王中丁曾一度试图改变这两个原则,《史记·殷本纪》说:"自中丁以来,废适而更立诸弟子,弟子或争相代立,比九世乱,于是诸侯莫朝。"杨升南根据对卜辞的考察,也发现中丁确实变更了传统的嫡庶制度,但在经历了九代动乱之后,商代又恢复了原有的王位继承制度。[4] 这一王位继承传统,后来被西周进一步发展,并在秦以后一直成为王权(皇权)最基本的继承制度规范。

从商汤时起,商代王都见于历史记载的一共有7处,其中在河南境内的有6处,山东有1处,基本都是建在原夏人控制区域内,这也是商人居"天下之中"而为"天下共主"的意图的体现。目前已发现的商代王都共有3处:

第一座商城是在河南偃师西南发现的(1983年),学者多认为是汤灭夏之后所建的西亳。这座商城有城墙环绕,平面略呈南北长方形,东城墙南段内收,南北长1700米,北墙最宽处1215米,目前已找到7座城门。城内有若干条南北向和东西向的大路,宫殿建筑在其南部。由于此城建在商刚灭夏不久,因此其规模不及其他两处。

---

〔1〕　裘锡圭:"关于商代的宗族组织与贵族和平民两个阶级的初步研究",载《复印报刊资料(中国古代史)》1983年第12期。

〔2〕　杨升南:"从殷墟卜辞中的'示'、'宗'说到商代的宗法制度",载《中国史研究》1985年第3期。

〔3〕　杨升南:"从殷墟卜辞中的'示'、'宗'说到商代的宗法制度",载《中国史研究》1985年第3期。赵锡元曾提出商代实行"幼子继承制"(赵锡元:"论商代的继承制度",载《中国史研究》1980年第4期),但证据似不充分。

〔4〕　杨升南:"从殷墟卜辞中的'示'、'宗'说到商代的宗法制度",载《中国史研究》1985年第3期。

第二座商城是在郑州东南二里岗发现的（1952 年），一般认为就是《史记·殷本纪》所说的中丁所建的隞。现已探明，这座商城城墙周长 7 公里，大体呈正方形，共有 11 座城门，墙基宽 20 米，顶端宽约 5 米，高约 10 米，其规模远大于偃师商城。整个遗址面积在 25 万平方米左右，并有大量铜器、玉器和其他文物出土。

第三座商城是在安阳小屯一带发现的（1928 年），整个遗址夹洹水布局，洹水南岸小屯村是宫殿、宗庙和贵族的居住区，北岸是商王墓葬区。围绕宫殿和贵族居住区还分布着大片制铜等手工作坊遗址。这座商城最引人注目之处是在此发现了大量刻有卜辞的龟甲和兽骨残片，使商代历史的研究从此获得了更丰富可信的资料。它作为商代王都达 273 年，[1] 是商朝中后期最主要的活动中心。

上述三座已发现的商代王都，其建筑规模之大在当时世界上也是罕见的，而在王都内，宫殿和商王的墓地都是投入人力和物力最大的建筑，整个城市建筑都围绕着其分布配置，这充分展示了商代王权凌驾于社会之上的中心地位。

三、商代国家政治体制状况概览

《尚书·周书·酒诰》说："越在外服，侯、甸、男、卫、邦伯；越在内服，百僚、庶尹、惟亚、惟服、宗工，越百姓里居。"明显将商代官员分成内外两部分。"服"的含义据郑玄说是"服侍天子"的意思，而"内""外"则是其所处位置不同。内服指王畿，在卜辞中称"商"；外服则相当于卜辞中所说的"四土"，是王畿外由各类地方势力所管辖的区域。王畿的具体范围，有学者认为可能包括安阳到河南淇县一线，向南可延伸到沁阳一带，最远可能延伸到河北南部和山东西部。[2] 但这一说法因为没有将商丘包含在内，似乎还是过小，大概应再向南延伸一些。

商代内服与外服将国家分成了中央（王畿）和地方（方国）两个部分，在这两个部分里，商王控制的力度是很不相同的。王畿内属于商王直接行使管辖权的区域，而王畿之外，则是由商王授权的诸侯自治区域，商王对此拥有主权和部分管辖权，但一般不直接掌握行政和司法等权力。

王畿内的城邑和居民点的分布自然要密集得多，但城镇和聚落的密集程度还远不能与后来（如春秋战国时）相比，在每个城邑和附属于它的一些聚落的外围还有大片的未开垦的土地。《尔雅·释地》说："邑外谓之郊，郊外谓之牧，牧外谓之野，野外谓之林，林外谓之坰。"商代社会大概也是这种情况。

---

〔1〕《竹书记年》："自盘庚迁殷至纣之灭，二百七十三年更不徙都。"
〔2〕 李学勤：《殷代地理简论》，科学出版社 1959 年版，第 95～96 页。

邑在商代有大小之分，最小的指聚落，与村庄没有什么区别。[1] 但如果有贵族居住，或是商王朝重要的设防据点，其规模可能会大一些。王畿之内最大的邑是王都，规模正如偃师商城所展现的那样，周围有长达十几里的高大夯土城墙拱卫，里面耸立着华丽的王宫、庄严的宗庙，围绕王宫则分布着大小官署和贵族们的住宅，还分布着专门为王室服务的各种手工业作坊。

城墙外面50里之内，古人称之为"近郊"，这里密集地分布着大小聚落（邑）以及大片的被沟渠分割成"井"字状的农田。贵族及其子弟居住在较大的"邑"中，普通生产者大多是商王和贵族家族的旁支以及一些同族人，被称为"众人"，是王朝军队的主要来源。郊外当时被称为"牧"，《周礼·地官司徒》说："以官田、牛田、赏田、牧田任远郊之地。"金景芳据此认为远郊为"众人"，即各邑居民共有之牧场。[2]

远郊之外称为"野"，居住者大多是被征服的下层民众，也可能有远来归附的下层客民，他们在西周时被称为"野人"，商代时的称谓则不很清楚，但其地位肯定低于居住在郊外的"众人"。他们大概都从属于商王室或高级贵族，所耕种的土地在理论上也为领主所有，收获的一部分要上缴给自己的领主，他们还要向领主服劳役并承担其他义务。

上述这种行政区划显然是以都城（政治中心据点）为中心，依据与王室关系的远近由近及远。这样的布局与恩格斯所描述的古代部落情况十分相近，反映了我国早期国家大量保留着原始部落制度这一事实。商代虽已进入了早期国家阶段，但由于其特殊的国家形成途径，部落制度不仅没有解体，而且还构成了国家形成过程中制度创新所利用的主要传统资源。

在"商"所指代的王畿之外，就是文献所谓的"外服"、卜辞所谓的"四土"，其所涉及的范围是很广的。从考古学对商文化分布的研究来看，商王朝势力所及可能西到陕西西部，北到山西中部并延伸至辽宁境内，东抵海滨，南及四川和江南的湖南、江西一带。[3] 在如此广阔的地域内，商王朝势力的分布和配置当然不会很均匀。可能的情况是，商王朝在王畿外建立了众多的据点，由近及远呈点状分布。

这些据点的最高首领在《尚书·周书·酒诰》中被称为侯、甸、男、卫、

[1] 《甲骨文合集》7030正："取□卅邑。"《甲骨文合集》707正："册三十邑。"（中国社会科学院历史研究所编，中华书局出版。）
[2] 金景芳：《中国奴隶社会史》，上海人民出版社1983年版，第61~63页。
[3] 杨升南："卜辞中所见诸侯对商王室的臣属关系"，载胡厚宣主编：《甲骨文与殷商史》，上海古籍出版社1983年版，第141页。

邦伯等，在卜辞中则被称为侯、伯，偶尔也称男或子，[1] 他们与商王室关系密切。然而，他们不可能控制王畿以外所有的地区。他们的四周往往是无人居住的荒野和尚未臣服的方国。在商王室的眼中，这些未臣服的方国并不是对等的国家，商王室把它们称为"邦方""多方"，这与王室对己方诸侯的称呼没有什么区别。卜辞中侯、伯、子、男等，有人认为含有爵位等级的意义。研究甲骨文的学者大多还不能肯定这一点，但大都承认这些称呼是有区别的，[2] 并认为外服中"等级制是存在的"。[3]

对外服的控制，商王室是通过分封来实现的。商代的分封有诸妇之封、诸子之封、功臣之封、方国之封四类，[4] 实际可归结为两类：一是对商王室成员和功臣的分封；二是对方国的分封。对王室成员和功臣的分封在卜辞中有一些反映，如武丁之子奠被封为"侯"（称"侯奠"），高级将领虎被封为侯（称"虎侯"）。不过这一类分封可能大多在王畿之内，但也可能有一部分在靠近王畿外服地带作为殖民据点。第二类分封肯定是在王畿之外，是外服中的主要成分。这些土著方国往往是经过或大或小的战争之后，才被迫屈服于商王朝的，像卜辞中所提到的"祉方""周方"都是这样。这类分封不必伴随大规模的移民活动，分封的对象都是原已存在的异姓土著部落首领，属于对诸侯领有土地和民众的权力合法性的承认或确认，而商王室也就是通过"册封"这种"法律手续"将众多的方国纳入了自己的国家共同体。

四、商代官制等主要政治制度概述

大盂鼎曾说"殷正百辟"，《尚书·周书·酒诰》提到的商代内服官僚有"百僚、庶尹、惟亚、惟服、宗工，越百姓里君"等，在这里"百""庶"等都是多数之意，足见商代的官僚机构已经十分庞大。从各方面资料综合分析来看，商代中央官制具有明显的过渡性质，这主要表现在以下两个方面：

---

[1] 据日本人岛邦男统计，卜辞中所见的侯有35个，伯有39个（［日］岛邦男："殷墟卜辞研究"，转引自《甲骨文与殷商史》，上海古籍出版社1983年版，第129页），足见侯、伯是当时最通行的爵位；董作宾根据卜辞中"雀男"等条，认为"男"也是爵位名称［董作宾："五等爵在殷商"，载国立中央研究院历史语言研究所集刊编辑委员会：《历史语言研究所集刊》（第六本第二分册），商务印书馆1936年版］；"子"只在极少数的情况下才指一种地方势力（杨升南："卜辞中所见诸侯对商王室的臣属关系"，载胡厚宣主编：《甲骨文与殷商史》，上海古籍出版社1983年版，第131页）。

[2] 陈梦家就认为侯、伯等称号"是由于殷王国和他们的关系和距离之差别而产生的"（陈梦家：《殷墟卜辞综述》，中华书局1988年版，第332页）。

[3] 金景芳：《中国奴隶社会史》，上海人民出版社1983年版，第58～59页。

[4] 胡厚宣：《民国丛书·第一编·82·甲骨学商史论丛初集：殷代封建制度考》，上海书店出版社1989年版。

1. 官员职掌分化还不像后来那样明确，机构大抵是围绕为王室服务而设置的，官员都具有家臣特征。卜辞中最常见的官员称呼是"小臣"。小臣的职掌十分广泛，包括管理农业生产、王室车马、跟随商王出征、参与商王主持的占卜等。[1] 这里的"小"字，并不意味着地位很低，因为像伊尹这样的高级官员也称小臣。因此，对小臣称谓合理的解释应该是：首先小臣不是指特定的官员，而是对有各种职掌的官员的泛称；其次小臣可能有近臣的意思，亦即有商王室家臣的意思。商代官员都有商王室家奴性质，因此，许多事务都需要商王或王室成员亲自主持，官员独当一面处理各种事务的情况并不普遍，比如对外作战，除商王或王室成员亲自统领之外，大多由诸侯作统帅。

由于商代官僚系统的主要功能是为王室服务，因此，卜、史、祝一类的内廷官十分发达，在卜辞中反映的也最多，且职能划分较细。卜又称"贞人"，其职掌主要是管理占卜所用的龟甲和兽骨，协助商王占卜。卜辞中有"多卜"的称谓，说明这类官员不少，地位和职掌也可能有一定的区别。祝主要负责代表王室向祖先鬼神致辞。史官是从巫师阶层中演化出来的，在商代仍分掌巫术（祭祀）活动的一些事务。[2] 见于卜辞的史官有"大史""小史""御史""卿史""东史""西史""北史""朕御史""我御史"等，这说明商代有一个人数众多的史官机构或群体。与史官相近的还有"作册"，可能是负责记录王室祖谱、祭祀活动以及档案管理的人员。

2. 商代已出现了总揽政务的百官之长，但可能还没有职掌分明的政务部门。周公在《尚书·周书·君奭》中提到的伊尹、伊陟、臣扈、巫咸、巫贤等，都可能是协助商王总揽政务的官员。"尹"在商代地位十分尊显，商王的重要决定都要通知"尹"，当"尹"与王的意见不能一致时，王还要通过占卜解决分歧。[3] "尹"的职掌与农垦、营造、征伐有关，显然有总理政务的性质。"尹"往往由两个以上人员组成，所以又有"多尹"的称呼。[4] "尹"类似于后代的宰相，但还有内廷大臣的性质，其下未必有职掌分明的各类机构。[5]

---

[1] 陈梦家：《殷墟卜辞综述》，中华书局1988年版，第43页。

[2] 陈梦家：《殷墟卜辞综述》，中华书局1988年版，第520页。

[3] 李学勤："释多君多子"，载胡厚宣主编：《甲骨文与殷商史》，上海古籍出版社1983年版，第14页。

[4] 卜辞中常"多尹"连用，但这并不意味着有分别掌管征伐、营造、农垦等事务的"尹"。《殷墟书契续编》（卷六）第17页载"其令多尹作王寝"。将这里的"多尹"解释成不同职掌的官员就不通了。显然这里的"多尹"是负责组织"作王寝"这一工作的，类似于后来的宰相机构。至于此处的"多"仅仅表示复数，说明总揽政务的不是一个人，而有合议的性质。

[5] 卜辞反映，各类政务许多都由小臣具体操作，这也反映了政务方面的专门机构可能还不很多。

商代官员不论文武大概都是由一些贵族家族来世袭的，多数官员可能兼有巫的本领。但"尹"似乎并不是由特定家族充任，而是在一些显要家族中选择巫术本领最高的人来担任。我国台湾地区学者李宗侗称商代"君及官吏皆出自巫"。[1] 当文化整合于巫术体系内的时候，对巫术的垄断也是对文化的独占，所以，商代贵族家族多习巫术是很自然的，巫术本领的高低也就成为文化和才能水平高低的反映。商代官员虽然大多习有巫术，其价值系统和思维方式也可能是巫术式的，但他们毕竟与一般的巫师不同，他们的政治身份也不再是"巫"，而是政治性的贵族和国家职官。因此，他们在卜辞中，从不被称为"巫"。

商代军事组织相对发达。见于卜辞的军官名称有"马""亚""射""卫""犬""戍"等。"马""射""犬"等称呼可能起源于不同的兵种，但此时可能已经抽象化地表示军事职掌，至于"卫""戍"等称呼，可能与职能有关。[2]"亚""射"等仅是武官的通称，其内部可能还分成若干级别，所以，卜辞中还有"大亚"等称谓，肯定是高级军官的名称。

商代军队分成商王直属和诸侯分属两部分。商王直属军队最高一级编制是"师"，共有右、中、左3个师。师的最高长官可能是"师长"。[3] 师是战车和步卒组成的混合编制，"千夫长""百夫长"和"三百射"可能是师以下步卒和战车甲士的编制。大体上，每个师包含若干个千夫长统领的以1000名左右步卒所组成的步兵团队，也包括一个或几个以"三百射"为单位组成的战车军团，但这两者的具体数目还不清楚。不过，商代军队的规模肯定不小，卜辞记载，武丁时曾在3个月之内，先后"登人"2.3万人作战，而这还只是步卒的数目。

商代作战方式大概与夏相差不多。虽然战车的数量不会太多，但射手、御者和武士都是贵族子弟，无疑是军队的核心和骨干。步卒的数量肯定远远超过战车武士，但是由地位稍低的"众人"组成，所以，在军队中处于附属地位。有时为特别的需要，可能还临时组成其他兵种，据说商代曾经训练大象用于对东夷的作战。

商与中国历史上其他王朝一样，都是以军事胜利起家，军队是维护其王权和由此而带来的家族利益的主要保障，没有强大的军队就不会有王权对社会财

---

〔1〕　李宗侗：《中国古代社会史》，华冈出版有限公司1954年印行，第118～119页。
〔2〕　陈梦家以为卫是小诸侯（陈梦家：《殷墟卜辞综述》，中华书局1988年版，第512页），但由于卫在卜辞中经常与射、亚并提，恐怕还是武职官员名称。
〔3〕　《尚书·盘庚下》中有"师长"，顾颉刚、刘起釪以为是"武官之长"（顾颉刚、刘起釪："'盘庚'三篇校释译论"，载《历史学》1979年第1期），此师长或许即为3个师的长官。

富的垄断。

商代王室作为中央政府所真正控制的区域主要还是其王畿和附近的诸侯地区。对于较远的封国只能建立一种比较松散的臣属关系。这样的国家形态真实反映了商王朝综合国力所能产生的控制能力，而并非出于限制中央集权的需要。

卜辞中反映诸侯方国对商王室承担的义务主要有以下三个方面：

1. 军事义务。这主要有三种情况：①为王室戍边，警戒其他敌对方国，如有警报及时通报王室；②参与商王所举行的军事行动，协同王室军队作战，这在卜辞中一般用"比"，写作"王比某伐某方"；[1] ③接受商王的命令征讨某些敌对方国，这在卜辞中一律使用"呼""令"。[2]

2. 向王室纳贡的义务。结合文献和卜辞资料，大体可以看出，诸侯对王室的贡献可能因为各种因素（如距离远近）不同而有所差别。接近王畿的诸侯国里，可能有一部分土地直接划归王室以作为诸侯的贡赋，卜辞中有商王命"众人"到某封国垦荒和施肥的记载，有商王在诸侯国内"受年"的记载，有命令某诸侯"藉"的记载，有在诸侯国内田猎的记载等。较远的诸侯国对商王室的义务可能主要是通过贡献各种实物的方式来履行的，提供的物品包括"奴隶、人牲、牛马及卜龟"。[3]

3. 要定期朝觐和参与或独自举行对商王祖先的祭祀活动，以此来表示他们与商王之间臣属关系的存在。卜辞中有朝觐的记载，也有独自在方国内祭奠商王祖先如成汤、武丁等的记载。[4]

诸侯国在对商王承担上述义务的同时，在自己的方国内也有较大的自治权，这包括对非商王控制范围的扩大领土的权力，与邻近方国达成某种性质联合的权力，在自己国内征收赋税、兵役、制定法律、进行独立的审判等权力，也可以在自己控制的领域内称"王"，等等。这些独立性权力的存在是由于商王控制能力较弱所造成的。

〔1〕 对卜辞中"王比某伐某方"中"比"的解释，有人以为表示的是王与某是平等关系，但谢维扬认为"比"是使动用法，应释为"辅佐"之义，"王比某"，即"王使某辅佐自己"的意思（谢维扬：《中国早期国家》，浙江人民出版社1995年版，第411～412页）。

〔2〕 杨升南："卜辞中所见诸侯对商王室的臣属关系"，载胡厚宣主编：《甲骨文与殷商史》，上海古籍出版社1983年版，第150页。

〔3〕 杨升南："卜辞中所见诸侯对商王室的臣属关系"，载胡厚宣主编：《甲骨文与殷商史》，上海古籍出版社1983年版，第154页。

〔4〕 胡厚宣：《民国丛书·第一编·82·甲骨学商史论丛初集：殷代封建制度考》，上海书店出版社1989年版。

第三节　西周的政治制度

一、西周社会和政治一般状况

周人可能是从黄帝族中分离出来的，与夏人有密切的亲缘关系，所以，周人也常以"夏"自谓，认为自己是夏人的后继者。周人祖先在尧舜禹时曾参加了中原联合体，并担任"后稷"，即负责管理农业的官员，夏王朝建立之后，周族首领也一直在王国中担任这一职务，并持续到夏王朝灭亡前后[1]。

在夏王朝时期，周族可能居住在山西南部一带，以农业为主要经济形式，夏灭亡前后，周族被迫向西部山区迁徙，接受了当地土著的游牧生活习惯。数百年之后，至公刘的时候，周族才重新从土著的游牧民族中独立出来。《诗·大雅·公刘》描述了周族在公刘的率领下，准备了充足的粮食，全副武装大举移民的情景，他们离开了有"百泉"的原住地，登陟高岗，前往胥和豳（大概由晋南西迁进入了陕西东部），在那里过上了定居的生活。这时，周族的政治出现了一些重要的发展，修筑了豳城作为政治活动的中心，建立了"三军"等军事组织，重新划定了内部的土地，制定了税赋。

公刘的后代庆节再度西迁到泾水流域的长武一带，并用豳这座旧都的名字来命名新的居住地[2]。然而，到古公时代，因受犬戎所逼，周族不得不再次西迁到陕西岐山南麓的周原一带。古公在周族发展史上是一个关键人物，史称他"复脩后稷、公刘之业"，"营筑城郭室屋"，"作五官有司"[3]。在他的经营之下，周族迅速发展起来了。目前在岐山一带发现了东西宽约3公里，南北长约5公里的周代文化遗址，其中大部分属于灭商以前的遗迹，特别是岐山凤雏村的先周宫殿遗址，其规模宏大，已初步具备了王都的规模。

卜辞中有一些商出兵伐周的记录，大多在武丁时期，有人认为这些卜辞中的"周"可能是周族迁往岐山前周原的原住民。但这一判断是基于周人由西向东迁徙的旧说才作出的，如果周人原本居于晋南和陕西东部，而这一地区又一直是商王朝的劲敌土方、鬼方的活动区域，则周人在商与鬼方的主战场上生活必然多有不便。公刘的西迁或是出于这一原因。但武丁时，商的势力所及已达

---

[1]《国语·周语·祭公谏征犬戎》说：周祖先之一不窋"失其官"，自窜于戎狄之间，是在"夏之衰"的时候，周族自窜于戎狄之间在周族历史上是大倒退，没重大变故决不会如此，这个重大变故很可能是夏灭亡。

[2] 泾水流域先周文化第一期以长武最多，许倬云以为即是庆节所建的豳（许倬云：《西周史：增补二版》，生活·读书·新知三联书店2012年版，第68页）。

[3]《史记·周本纪》。《诗·鲁颂·閟宫》："后稷之孙，实维太王。居歧之阳，实始翦商。"

到了渭河下游一带，逃到陕西东部的周人也在商王朝的多次征服下暂时臣服，但庆节再度向西北方向迁徙之后，可能暂时脱离了商人的控制。因此，在武丁之后，周人在商人卜辞中消失了100多年。

周人再度与商王朝发生联系当在古公迁到周原之后。《诗·大雅·绵》："至于歧下。爰及姜女。"大概是古公初到周原一带时，马上就以联姻的形式与渭水流域的姜姓部族建立了良好的关系。但此时渭水流域已被纳入了商王田猎区，在这里生活的方国不对强大的商人低头是不可能的。可能就在这一时期，古公接受了商王朝的封号。殷墟第四期（武乙、文丁时）卜辞中有"周侯"的辞例，而周原卜辞中也有一些祭祀商王（商汤、太甲、帝乙）的辞例。

从古公时起，周已与商建立了比较密切的关系，这包括接受商的册命、与商豪族或王族联姻等。武乙末年，王季到东方朝觐商王；文丁四年，封王季为商牧师，进入山西对商夙敌戎狄各部作战[1]。《诗·大雅·皇矣》记载，"维此王季"，"受禄无丧、奄有四方"。由于周人的势力急剧壮大，可能引起了商王的猜忌，王季最终被文丁所杀[2]。但周并未因此而与商决裂，而是转移了经营战略、向西、北方向发展，并逐渐积累了灭商的力量。

虽然周人认为自己的复兴是从古公太王时开始的，但直到王季被杀，周人仍只是商王朝西部一个附属的方国，即便在文王时也没有改变这一事实。据说文王曾在位50年，西周灭商的事业就是从文王时期开始经营的。

不过，在文王统治的前43年，他大概还是偏重于内部以及商王朝视野以外方国的经营。武王灭商时参与的主要方国有庸、蜀、羌、微、卢、彭、濮等，周原卜辞中，微、蜀等国均出现过，这些方国大概多是文王这一时期收服的。在长期向西、北、南等边缘地带扩张之后，文王大概已经掌握了足够的方国，遂开始正式称王。

这以后，周继续扩大在晋南一带的影响，原与周有一定关系的虞、芮等国被周人收服。之后，文王大举进击密须国（今甘肃灵台一带），扫清了后方。此后，文王又继续在晋南进攻黎国（今山西长治一带）。灭黎之后，周人乘胜进军于、崇两国。于在今天的沁阳一带，崇在登封、嵩县一带，都是商王畿西南部的重要屏障，周人灭掉这两个小国之后，使崇"以南和其西南的庸、蜀、

[1]　《后汉书·西羌传》注引《竹书纪年》等。
[2]　《晋书·束皙传》引《竹书纪年》。

蜚、卢、彭、濮等族都有可能纳入周王的势力范围之内"。〔1〕

早在周人进攻黎国时，祖伊就向纣王提出了警告。《尚书·商书·西伯戡黎》说这时"殷始咎周"，《左传·昭公四年》也说："商纣为黎之蒐，东夷叛之。"由此看来是纣王接受了祖伊的警告，亲自率军救黎。迫于商王朝大军的压力，文王也不得不表示臣服，甚至为取信商王，文王还一度作了人质。商纣为平息东夷叛乱，对周人暂时实行安抚政策，不仅将文王释放，还封其为"西伯"。由于商人在东方并没有迅速取得胜利，就给周人乘机进占于和崇创造了有利时机。伐崇的第二年，文王去世，武王即位，大会诸侯于孟津（今河南孟县境内），诸侯不期而来者"八百"。

孟津之会后2年，武王率倾国之军战车300乘、虎贲3000名，步卒4.5万人，〔2〕并联合庸、蜀等主要盟国，由孟津渡过黄河，进军到商郊牧野（今淇县西南）。商纣王的军队虽然在与东夷的作战中已被严重削弱了，但人数众多，《诗·大雅·大明》说："殷商之旅，其会如林。矢于牧野。"然而在周军的迅猛突击下，商军前军动摇败退，与后军自相践踏，以至于"流血漂杵"。纣王绝望地逃回了商都朝歌，自焚而死。

周原本是西方小国，击败商王朝并不意味着周人统治的正统性已为东方各方国所承认，武王意识到了这一点：①他"不革服格于庙"，不脱战袍就将太王和文王等周人先王的灵位迎入了商人的宗庙，"以列升，维告殷罪"，即把商灭亡的罪过都算在纣王的身上。这不仅是给周人及盟友看的，主要还是给已归附的商王族和贵族看的。为显示周灭商完全是听从上帝命令，决非自私之举，武王还采取了商人习惯的祭祀仪式，"衣祀于王丕显考"，〔3〕而且特意选择了商王室宗庙作为祭祀周先王的场所。〔4〕②周武王还作出了迁都豫西的决定。《逸周书·卷五·度邑解》描述了武王作出这一决定的原因，豫西（今洛阳附近）一带曾是夏的都城，"无远天室"，"'天室'就是天所依止，天命之所集"。商汤灭夏之后，曾迁都西亳，也是居天下之中行使统治权之意，以后虽然商人屡次迁都，但大抵不出河南境内，而且商人称他们的宗庙所在的都城为"天邑商"，意思是天命所集，可见商人也有天命与居中国相联系的意识。武王迁都豫

---

〔1〕 刘起釪：《古史续辨》，中国社会科学出版社1991年版，第511页。徐中舒以为周此时的势力已经深入到江汉之间（徐中舒："殷周之际史迹之检讨"，载《中央研究院历史语言研究所集刊》1936年第2期），此说得到日本人白川静所收集金文的支持。

〔2〕 《史记·周本纪》。

〔3〕 《大丰》铭文。

〔4〕 武王祭祀的宗庙，李学勤认为是在商人的神庙（李学勤：《殷代地理简论》，科学出版社1959年版，第9页）。

西，正是这一传统合法性观念影响的结果。③从夏代以来，王权一直依靠巫术的支持，掌握巫术的重要法器和本领高超的巫师一直是王受命的主要象征，因此，武王一到商都就马上将商王所有的青铜器和王室巫师收归己有，以象征天命已由商人转移到了周人之手。

尽管采取了上述措施，但武王对是否能够巩固周人的统治仍感担心，所以，他在对商人采取安抚政策——封纣王之子武庚于殷统治一部分商人的同时，还封自己的弟弟管叔、蔡叔、霍叔于殷两侧，加以监视。然而武王去世使一切潜在的矛盾公开化了：成王年龄尚小，周公暂时称王，这引起了管叔、蔡叔的不满，以武庚为首的商人与不满的周人实现了联合。反叛波及了洛邑以东的大部分地区。果断东征的周公虽迅速击溃了殷墟一带反叛的武庚和三监（即管叔、蔡叔、霍叔）主力，但商王畿以东地区各种叛乱势力仍很强大。战争在北起河北南部、南到淮水流域的广阔战线上持续了 3 年之久，以周人的最后胜利而告终。

在平叛过程中，周公除继续实行武王安抚商人的政策之外，更加注意对商人实施分而治之的方法，商人各族被分成若干个部分。对原周控制较弱的商王畿及其周围地区，他通过对周王室和功臣贵族子弟的大量分封，建立了众多的诸侯国，从而逐渐奠定了西周王朝的疆域和政治体制的基本格局。

由于东征较彻底地摧毁了商及东夷等地方势力，而"亲亲"分封建立诸侯国的形式又巩固了周对这些地区的控制，因此，周代的疆域较商代有明显的扩大，除周本土渭水流域之外，还将河北北部、山东中部、以及淮水流域和汉水流域的大片土地包容在周的控制之内。但必须注意的是，周人的这种控制除从渭水到黄河中游一线之外，其他绝大部分还是呈点状分布的。西周的本土人口估计只有 7 万或 8 万人，所征服的商人及其附属人口也不到 100 万，[1] 要想完全实施控制是不可能的。

周代的生产力水平与商代相比并无显著提高，但由于分封制度的广泛实施，对土地的开发面积较商代显然有大幅度的增长，各部族的融合也加速进行，人口的增长较快，所以，周代肯定比商代社会更加繁荣。

二、西周的分封制及其后果

周代之所以实施分封制，是由当时社会的基本状况和周人的统治能力所决定的。当时的各种客观条件都不允许建立中央集权的统治形式。这主要表现在

---

[1]　许倬云：《西周史·增订二版》，生活·读书·新知 三联书店 2012 年版、第 128～129 页。许对周人口的估计因为没有较可靠的依据，可能偏少，对商人及附属地区人数的估计主要是依据《逸周书·世俘解》作出的，显然比较可信。

以下几个方面：

1. 周族人口与其想控制的区域是不成比例的。周族的人口到武王灭商时大抵不足 8 万，相对于北到河北北部，南到江汉的广大区域来说，根本不足以实现有效开发。

2. 这个区域虽然很早就已由各部族人民开发，但这种开发大体还是呈点状分布的，在各个聚居点的周围都有更多的尚未开发的原始丛林地带，各个聚居点之间的联系也十分困难，特别是在原商王畿以外的区域更是如此。因此，交通和通讯等技术条件使得中央集权式的政体形式不太可能建立。

3. 从当时人口组成情况来看，也不具备建立中央集权的条件。这样广大的区域内，一直生存着众多的以族系为纽带的古老方国，这些方国有着传统的属于它们自己的活动地域，有着自身的文化传统，它们或许可以接受商或周的封号，但不可能任由别人完全剥夺自己的传统自治权力。以周人的实力而言，要一下子完全摧毁这些方国实际上是不可能的，最简便的方式当然是以传统的册封方式将其纳入自己的统治共同体中。[1]

当然，有西周特色的分封制之所以能够实施也有一些偶然的因素。没有资料表明武王灭商初期就已准备实施像后来那样的分封制，他还无意改变在东方广大地域早已存在的政治格局，因为这样肯定将引发大规模的战争。然而，东方的整体性叛乱和由此而来的周公东征已摧毁了这一地区最有实力的商人及其他方国，使这一地区出现了前所未有的权力真空，这不仅为周人大举移民建国扫除了障碍，而且也使诸侯国的建立显得十分紧迫。

然而，必须注意的是，周公所开创的分封诸侯以强化周王室对各地控制的政策，在周公以后已经成为西周最根本的各级政权营建形式。除了成王和康王继续在一些地区分封建立新的诸侯国之外，诸侯国也纷纷仿照王室分封的方法在自己的国内实施低一层级的分封，并以此作为强化自己对封国各地控制的有效手段。于是，分封在西周便呈现出多极化的特征，成为由中央到地方，直至基层的各级政权的基本体制形式。

西周的分封要在王室举行一定的仪式，其基本要素有赐姓、胙土和命氏。[2] 赐姓是指由周王宣布将一些民人分配给受封的诸侯，作为他的附庸。这部分人有可能是商遗民、当地土著，也有部分是周王所赐予的周人。胙土是指赐予一个大致的疆域。命氏包括赐予国号、告诫文诰和相应的礼器等。

任何诸侯的册封大抵都要包含上述内容。《左传·定公四年》记录鲁国、

---

〔1〕　关于这一问题，柳宗元《封建论》曾有过精彩的论述。

〔2〕　许倬云：《西周史：增订二版》，生活·读书·新知三联书店 2012 年版，第 167 页。

卫国、晋国等诸侯分封的情况。其中，鲁国伯禽受封时，赐姓包括徐氏、萧氏等六个商人宗族及其附属分支，包括"土田陪敦"——当地土著民人，[1] 还包括周王所赐予的西周巫师（"祝、宗、卜、史"）、文武官员（"官司"）。胙土——赐予鲁国的大致疆域是少昊之虚。此外，周王还赐予其大路等礼器和青铜器等，以象征伯禽统治的合法性。

《诗·大雅·崧高》和《诗·大雅·韩奕》也记录了申伯、韩侯受封的情况，其记载与《左传》大同小异。周王除了赐予申伯和韩侯"介圭"等宝器之外，还赐予王室"傅御"和"私人"去辅佐他们，而当地土著的"谢人"和"百蛮"就是王赐给申伯、韩侯的附庸。但也可能是当地土著较多，立国颇不容易，周王还特意命召公率军队去协助他们。

封国胙土所赐予的疆界或许很大，典籍中多有百里之说，但以当时各国所具有的能力来看，或许其活动的区域都不到百里。鲁国也许是周初最大的诸侯，但国内周族人口"亦不过二千五六百人而已"。[2] 考之大盂鼎等金文，这一估计恐怕不会相差太远。以如此有限的人口所形成的武力来看，能够控制的范围当然不会太大，胙土划定的疆界在各国立国之初也只是理论上的。各国当时的活动区域大概只有"国"及其周围地带，其他地方必是为各种土著所占据。文献中所反映的春秋时诸侯国的情况，是经历了数百年开发经营之后的规模，当然不是周初立国时的情况。

据文献记载，西周分封建国，往往赐予相应的爵位。《春秋》将周的诸侯分成公、侯、伯、子、男五等，从金文来看，周诸侯常见的有公、侯、子几种，男极为罕见。目前学界大体承认各诸侯国是有等级区别的，但有人认为未必有五等爵位制度，如有人认为仅有侯、田、男三个等级。[3] 但无论如何，周代封国之间肯定有一定的等级差异存在，虽然这种差异并不意味着它们之间有横向的从属关系，但显示了它们之间的不同地位，这在它们与王室的交往中可能会有一定的意义。

各诸侯国国君的子弟和一部分盟友也从诸侯那里得到了相应的封地，并在国君所居住的"国"的周边地带建立自己的采邑，他们一般被称为卿大夫。卿

---

[1] "土田陪敦"：《诗·鲁颂·閟宫》做"土田附庸"，杨伯峻以为是地不满50里的小国（杨伯峻编著：《春秋左传注》，中华书局1981年版，第1536页）；杨宽以为是"附属于土田的被奴役、被剥削者"（杨宽：《古史新探》，中华书局1965年版，第81~82页），杨宽之说虽未必完全准确（附庸中肯定也有上层），但许倬云解释为"荒地的原住民"大体是不错的（许倬云：《西周史·增订二版》，生活·读书·新知三联书店2012年版，第163页）

[2] 李亚农：《李亚农史论集》（下），上海人民出版社1962年版，第724页

[3] 张亚初、刘雨撰：《西周金文官制研究》，中华书局1986年版，第104页

大夫也从自己的领地中拿出相应的份额分割成更小的采邑，分封给自己的子弟，他们被称为"士"，构成诸侯国中最低一级贵族。

西周的分封制度为周公所首创，成王之世大规模的分封一直持续着，以后则陆续进行，一直到西周末年也未能停止。当然，分封不是从西周才开始的，但西周分封规模之大，是商代所没有的。西周的封建从各方面来看，有以下几个显著的特点：

1. 从分封的布局结构上看，有明显的战略考虑。整个分封大体以黄河为中轴，以永定河与淮河为两翼，呈椭圆形分布，各诸侯国就是将这三条弧线串联起来的一个个"点"。北弧线东起于今山东淄博一带的齐国，位于永定河流域的燕国构成其突出部位，西止于位于晋南的晋国；南弧线的东端是位于曲阜的鲁国，中经位于商丘一带的宋国，一直向西延伸至汉水以东一带。中轴的腰部在黄河北岸殷墟一带的卫国，与南岸的洛邑一起遥相呼应，护卫着周族势力中心地带与东方的联系。

2. 从分封的对象来看，受封的主体是周王室贵族。姬姓多为文王后裔，其中主要诸侯鲁、晋、卫、管、蔡等均为文王直系。召公为首的召族和吕尚为首的姜姓贵族是周开国的主要伙伴。召族的来历向来不很清楚，或许是公刘西迁时留在晋南发展的一支姬姓部族。姜姓部族从古公时起就是周人开发渭水流域的伙伴，与周人是两个互通婚姻的族系。第三类受封者为商代归附的后裔，其代表为微子的宋。第四类是对一些古国的追封，如陈（舜之后）、杞（禹之后）等。虽然如此，这些异姓封国无论在所处的地理位置上，还是在数量上均无法与同姓国相比。

3. 从分封的人口结构形式上来看，大多数的封国都采取了周族连同其盟友、被征服的商人和土著三者结合的人口组合方式，因而分封造成了有史以来最大的一次移民活动，从而带来了中国历史上绝无仅有的民族重组与融合。

这种移民活动主要表现在两个方面：①周族的由西向东的大迁徙。由于被封为诸侯的王室成员或功臣，都被要求率领自己的支系和周王所赐予的周族分支前往封国，所以，在西周初年一段时间里，整批的周族支系从渭水流域源源不断地迁徙到黄河下游、汾水下游、汉水流域、淮水流域等广大的东方地带。②原居住于中部的商人向周边地区的大扩散。周王室对商人实施了分割治之的政策，具有先进文化的商人经常以宗族为单位被分配到王畿和各诸侯国内。这样，再加上土著，三个具有不同文化的族系组合在一起，自然有一个冲突与交融的过程，最终的结果则是促使新的地方性文化的形成——封建制以政治强力迅速打破当时各民族间的壁垒，使其在长江以北的广阔地域内逐渐融合，终于在数百年后形成了不同于周边野蛮民族的华夏民族。

三、宗法制与礼乐身份制度的发展

周人以少量人力统治众多族群，保持宗族的凝聚力是至关重要的，否则就会淹没在其他族群之中。当然，向周边迅速扩散的周族支系与周王室之间也必须保持持久的联系，这是保证周族的整体族系优势的需要。在西周初年的制度创新中，传统的宗法制开始被引入并完善，遂与分封制一起成为西周政治制度的基本支柱。

宗法制在商代就已存在，从逻辑上说，夏代也很可能存在过。[1] 但夏商两代的宗法制恐怕远不及西周发达。周人灭商之时，传统的父系氏族制度并没有解体，此后的大举移民也都是以族系分支构成移民单元，因此，在寻求移民所建立的诸侯国与宗主国之间的政治关系线索时，自然会联想到他们与王室之间的族系关系，并以此为基础去构筑政治关系。在当时交通、通讯等条件极端落后的情况下，王室与诸侯国之间建立的任何纯政治性联系都不可能是稳定而持久的，换言之，任何政治性的关系都必须取得一种超越政治本身的表达形式才具有真正的约束力。宗法制正是这样一种制度。

西周宗法制以在同一宗族内"大宗"和"小宗"的划分为基本特征，而大宗与小宗的划分是以嫡庶之分为基础的[2]。嫡庶划分的核心是从宗主众多的儿子中确立嫡长子的特殊地位，使其在各种宗族权力的继承上取得无可争议的合法性。嫡长子是当然的大宗；其他儿子称为庶子，其支系也就是原宗族分化出的旁支，构成这一宗族的小宗。但从原宗族中分离出的小宗内部随着人丁的增长也会作出相同的划分，原小宗的权力也被其嫡长子继承，成为他这一旁支族系中的大宗，而他的庶子会再度分离出若干旁支，这些旁支相对于他的嫡长子来说又都是小宗。

这种嫡庶划分而导致的大宗与小宗的分野，从周天子一直延续到庶民，遂

[1] 宗法制起源于何时，在中国史学界争议较大。王国维、周谷城等皆以为商代不存在宗法制，而田昌五（田昌五：《古代社会断代新论》，人民出版社 1982 年版，第 89 页）、裘锡圭（裘锡圭："关于商代的宗族组织与贵族和平民两个阶级的初步研究"，载《复印报刊资料（中国古代史）》1983 年第 12 期）、杨升南（杨升南："从殷墟卜辞中的'示'、'宗'说到商代的宗法制度"，载《中国史研究》1985 年第 3 期）等都认为宗法制在商代已存在。

[2] 赵光贤认为，"宗法的特点就在于严嫡庶之辨"（赵光贤：《周代社会辨析》，人民出版社 1980 年版，第 108 页），郭宝钧认为是嫡长子制的"横延"（郭宝钧：《中国青铜时代》，生活·读书·新知三联书店 1963 年版，第 202 页）。

成为周代人群辨识和社会分层的主要方式。[1] 根据这一分层方式，周天子作为嫡长子就成为天下各周族支系共有的大宗，各诸侯国君作为周王嫡长子之外的嫡子、庶子当然成为小宗，但相对于卿大夫这些诸侯旁支来说，他们又都是大宗。卿大夫对诸侯而言是小宗，但对其庶子所组成的士阶层来说，又都是大宗。士以下亦复如此。因此，在西周的宗法网络中，除了天子之外，其他宗族族长都同时兼有大宗和小宗的身份。

宗法制是从氏族父系家长制中演化出来的，其内在的基础是以父权为中心的血缘亲族纽带，它以肯定血统优势的形式维护"大宗"在族系中的统治权力，保护着嫡长子在政治和财产继承上的绝对优势地位。因此，有些学者认为"宗法制度本质上是土地私有财产的继承制度"[2]。"嫡长子的继承，不仅仅是为了宗族的祭祀，更重要的是为了防止发生争夺和内乱，从而巩固宗族组织及其统治力量"[3]。

宗法制以血亲纽带为基础构筑了政治等级关系，血亲认同所产生的亲和力黏合着因等级划分而带来的宗族离心现象，也使政治统治因血亲关系的介入而显得温情脉脉。由于大宗在继承上的优先权来自于他自然拥有的血统优势，展现这种血统优势就成为宗法制最突出的外在表现。祖先崇拜是西周宗教意识形态的核心内容，祭祖作为最重要的宗教活动，也因此变成了大宗的特权，嫡长子和大宗对这一权力的独占不仅可以恰当地展示其得天独厚的血统优势，而且还可以表明他在政治和财产方面的优先权来自于族人普遍敬畏的伟大祖先的授予。

西周的宗教与商代已有很大的不同，烦琐的仪式活动大有喧宾夺主、挤占信仰空间之势，宗教活动程式化的过度膨胀是为了增进人们在宗法网络中的角色意识。鬼神世界的等级结构也以一种超政治的力量支持着现实中的等级关系，西周的宗庙制度和墓葬制度都在提示着生活在现实社会的人们——他们自己及其家族在宗法关系所构成的等级网络中所处的位置。[4] 不过，祭祖、宗庙和墓

---

〔1〕　关于西周宗法制是否包括周天子和庶民，学界一直存在争论。金景芳曾认为天子、诸侯和庶民都无宗法（金景芳：《古史论集》，齐鲁书社1981年版，第114、139页）。赵光贤认为西周庶民无宗法（赵光贤：《周代社会辨析》，人民出版社1980年版，第110页）。但天子与诸侯似都应被涵盖于宗法体制内，否则周代大宗就无法从天子算起。关于庶民有宗法的论述，参见栗劲、王占通："略论奴隶社会的礼与法"，载《中国社会科学》1985年第5期。

〔2〕　赵光贤：《周代社会辨析》，人民出版社1980年版，第104页。

〔3〕　智贻："对《宗法今解》一文的商讨"，载《学术月刊》1983年第1期。

〔4〕　西周宗法等级制度反映在各个方面，这一点在《周礼》中有较全面的反映，目前考古发现的西周墓葬也反映了宗法制盛行的情况，参见许倬云：《西周史》，生活·读书·新知三联书店1994年版，第158～161页。

葬等制度还都只是西周礼乐制度一些重要的侧面，它们的功能准确地反映了西周礼乐制度全面维护宗法身份制度的本质。

中国古代文献中有许多关于周公制礼作乐的记录，这反映了周公在周初所进行的制度创新中除了推行封建制和宗法制之外，还努力创造出了与这两个制度相适应的一整套关于各等级行为的制度规范。从各种文献来看，周礼大体包含两个方面的内容：①有关国家的基本典章制度，包括官制、行政、司法、军事、税收、经济等各个方面的法律规定；②有关贵族社会生活和政治生活的各个层面的制度规范。在这里我们主要阐述与宗法等级制度相联系的第二个方面。

虽然还缺少实证资料，但夏商时期已经存在王室和贵族的社会生活和政治生活的行为规范应该是没有问题的。周初的制度不会是凭空创造的，夏商时期的制度和周人原本存在的传统应该是它的基础。从这种意义上说，西周礼乐制度是夏商周三代政治发展的一个阶段性的总结。

西周时期，礼仪分为吉、凶、军、宾、嘉五大类，使贵族社会生活和政治生活的制度规范由完备而至精致，发展到了极其烦琐的程度。当时最重要的政治事务是祭祀和战争。对祭祀活动，周礼有严格的规定，只有大宗才有权力祭祖，而且在祭祀中从供品、礼器、仪式、日期、向祖先的致辞，到祭祀者的服饰、神态、步伐、仪容，再到参与协助祭祀的人员组成及其一切活动细节都有明确的规定。至于衣食车舆、婚丧嫁娶活动，其规定之细更是上自毫发，下到鞋袜，细针密缕，无所不至。除非受过专门训练的礼官，其他人根本无法掌握如此琐碎的细节。

西周的乐制是与上述各种礼仪活动相配套而实行的制度，不同的音乐舞蹈只能在相应的场合运用，而且还必须与运用者的政治身份相符合。乐与礼一样都是与等级身份社会相适应的制度规范，但在具体的功能上有着细微的差别。礼侧重于对等级身份的提示，而乐则更注重在不同的等级之间制造亲和意识，增添血缘亲情的气氛，所谓"乐者为同，礼者为异"是也。[1]

西周的礼乐制度与宗法制、分封制是协调一致、相辅相成的。宗法制以血统辨识作为人群划分和政治分层的基础，分封制依据宗法关系确定不同血统身份在社会资源和政治权力的分配中所占的份额，礼乐制度将上述血统差异和由此带来的权力等级转变成一种日常生活的理念和行为模式。这三者虽然表现层面不同，却都体现了西周政治制度最核心的内容，即将社会和政治分层建立在凝固不变的血统辨识的基础之上。这是一种带有强烈种姓色彩的等级制度。

---

[1] 《礼记·乐记》。

在这种制度下，荣誉和财富都来自于固定的等级身份，而身份仅仅是血统的外在符号，人们的一言一行都是在展示他自己在血缘宗法网络中的角色。在这一由血缘辨识织就的政治等级网络中，周天子以其得天独厚的血统优势所确立的大宗地位雄踞于各个等级之上，各诸侯和卿大夫皆是其家族的旁支，他理所当然地可以将天下作为"王家"或"我家"，[1] 以"家法"来执行"国法"。然而，在"天下一家"的温情与祥和背后，却隐藏着严格的政治等级关系和不同利益之间的紧张冲突，而这一切在历经了数百年的演变之后，最终不得不尴尬地面临各种地方利益集团的严峻挑战。

四、西周中央外朝机构

王权是西周王朝的政治活动中枢，虽然周王在国家一切事务的决策和执行中都拥有全权，但它需要一个为自己及家族服务的官僚贵族群体。随着国家疆域的扩大，需要处理的各种事务急剧增多，政治技术经历了商代数百年的积累也逐渐走向精致，这一切都使得西周时期的政治制度比商代呈现出更多的专门化倾向。由于封建制和宗法制的实施，西周任官制度仍然是"世卿世禄"制，几乎所有的官职都在特定贵族家族的宗主中世袭。根据金文和有关文献资料，周代的政治机构大体可分为执政及其僚属所组成的决策机构、外廷的执行机构、内廷宗教与文职机构和宫廷机构。

西周的决策机构除周王之外，主要由执政大臣来主持。执政大臣通常由两人担任，西周初期可能称"太师"或"太保"，后来可能改称"左右卿士"。[2] 金文反映有时也有一人担任执政的情况，但这或许只是例外。与其他官属不同，卿士由于地位尊显，并不一定在某一豪族内世袭，而都是由当时最有权势或最受周王宠幸的贵族担任。

从金文资料来看，执政的职责是"尹三事四方"，"三事"指政府的主要部门，即司土、司马和司工等几个机构，[3] "四方"则指诸侯国。显然，执政大

---

〔1〕 在《尚书》和《诗》等周代文献中，周王室曾一再称其国家为"王家"或"我家"，参见刘泽华主编：《中国传统政治思维》，吉林教育出版社1991年版，第十二章中的论述。

〔2〕 王室执政大臣称卿士在文献中有许多例证，如《左传·隐公三年》："郑武公、庄公为平王卿士。"《左传·襄公十年》："单靖公为卿士，以相王室。"《国语·郑语·史伯为桓公论兴衰》："夫虢石父谄谀巧从之人也，而立以为卿士。"《诗·商颂·长发》："降予卿士，实维阿衡。"反映卿士是分左右的，如《左传·鲁隐公九年》："郑伯为王左卿士"。

〔3〕 关于"三事"所指内容，在学界颇有分歧：杨宽（杨宽：《先秦史十讲》，复旦大学出版社2006年版，第29～30页）、李学勤（李学勤："释多君多子"，载郑厚宣主编：《甲骨文与殷商史》，上海古籍出版社1983年版，第15页）均认为是泛指朝臣卿大夫；但张亚初、刘雨以为是指金文中的司土、司马、司工等"三有司"（张亚初、刘雨撰：《西周金文官制研究》，中华书局1986年版，第102页）。

臣不仅负责管理王畿内政务，还要负责管理各封国的事务，颇类似于后来的宰相。因执政大臣要处理的政务繁多，故从周王的秘书班底中逐渐分离出了一些机构作为它的幕僚和文书部门。这样的机构，最初可能只有卿士寮，但西周后期除卿士寮外，属于内廷的太史寮也开始被纳入执政大臣的管辖范围。

卿士寮和太史寮的分野也许是西周官制与商代最大的不同。在王权处于绝对支配地位的社会中，国家本身就带有国王及其家族私有产业的性质，官员在理论上也都是王室家奴。虽然在这一根本特征上，西周与商代并没有什么区别，但西周后期确已出现了将王室与国家区分开来的政治观念，相应地，在制度上也出现了内廷与外朝的划分。卿士寮作为王室政务方面的秘书班底逐渐被分离出来作为执政大臣的僚属来协助其处理政治性事务，成为执政大臣的重要参谋和秘书机构。[1]

卿士寮到底是政务决策的参谋机构，还是西周中央各个机构之上带有总理政务性质的官署？对此学界看法不一。分歧的关键是执政大臣与卿士寮的关系，如果执政大臣同时是卿士寮首脑，则卿士寮当然就是决策机构。但从令尊、番生簋等铭所反映的情况来看，执政大臣是超越于各个机构之上的，包括卿士寮在内的所有国家和王室宫廷机构都要向其负责，归其管辖，所以，执政大臣不可能是卿士寮的首脑。[2]也就是说卿士寮应该是为执政大臣服务的秘书机构，而不是权力机构，其内部的寮友正如许倬云所指出的，"就是今日的'公务员'"。[3]

西周国家的执行机构主要是"三有司"，即司土（徒）、司马和司工（空）。司土，文献作"司徒"，主要是管理农业方面的经济事务，同时管理一般性的民政事务。其下属的部门或职位主要有：司员，职责是掌管户籍；职方，掌全国地图及列国疆界等情况；农正，也称农大夫或田竣，是管理农业的官员；廪人，掌管仓库；虞人，又称兽臣，掌管王家山泽；牧人，也称牧师，负责王室的畜牧工作；封人，《尚书·周书·立政》作"表臣"，掌管社坛及籍田疆界。

司马在金文中也称"司戎"，是西周掌管军队和军事行政的最高长官。据《左传·襄公二十五年》所述楚司马职权来看，大体包括军赋、兵器、指挥军

〔1〕 许倬云：《西周史：增订二版》，生活·读书·新知三联书店 2012 年版，第 239~244 页。

〔2〕 杨宽认为卿士寮的首脑就是太师或太保，而太史寮的长官则是太史（杨宽：《先秦史十讲》，复旦大学出版社 2006 年版，第 29~30 页）；张亚初、刘雨认为卿士寮在周初由周公统领，而太史寮由召公统领（张亚初、刘雨撰：《西周金文官制研究》，中华书局 1986 年版，第 102、109 页），但周公或在武王灭商之后为太师（此前可能是吕尚），而在武王死后曾称王摄政，不可能担任卿士寮的首脑，说召公为太史寮首脑证据就更不充分了。

〔3〕 许倬云：《西周史：增订二版》，生活·读书·新知三联书店 2012 年版，第 227 页。

队、保护国家宗器等职责。不过这可能是春秋时司马职掌进一步扩大后的情况。从金文来看，司马作为常设的军事职官，其主要职能是率军保卫国家疆界，在战争时执行军法，纠察军队纪律，等等。

司工，文献中作"司空"，据郑玄注《周礼·冬官考工记》所载，其职责是"掌营城郭，建邦邑，立社稷宗庙，造宫室车服器械，监百工"，大体是负责国家工程的建设工作。其僚属见于记载的有工师、陶正等。工师，主要负责管理工匠；陶正则主要负责各种陶器的制造和烧制砖瓦等。

除"三有司"之外，在西周后期司寇的地位也有所上升。司寇大概是在商末出现的职官，[1] 西周时也称"司士"，最初的职能主要是监督被迫迁到周王畿的商朝贵族后裔，[2] 其地位或许不是很高。但在西周晚期，司士的职能发生了变化，其职责是监察百官，颇类似于后代的御史大夫，地位也可能随之抬升。

对于西周时王畿之内的地方建制，目前还不很清楚。金文对某一地方的官员往往直接称之为"某地有司"，因此王畿内存在着地方层级单位应该是没有问题的。在一些主要的都邑中，每一邑又均有"祝""甸人"和"走马"，可能是分管不同事务的官员。

综合各种文献资料来看，西周的王畿建制大概与商代有类似之处，以国都为中心，大约100里左右的区域划为近郊，系人口密集的地区，分成6个乡。每个乡有众多叫作"邑"的聚落，较大的邑是一个乡的政治与经济中心，人口相对集中，多筑有城墙。乡内所居住的人一般称"国人"，多系失去贵族身份的旁支族系，他们有一定的政治地位，并为王室军队服役。

乡的层级划分，据《周礼·地官司徒》等资料记载是"五家为比，使之相保。五比为闾，使之相爱。四闾为族，使之相葬。五族为党，使之相救。五党为州，使之相赒。五州为乡，使之相宾。"照此，则1闾为25家，100家为族，500家为1党，2500家为1州，12 500家为1乡。6乡共有75 000家。

乡的首席长官称"乡大夫"，州有"州长"，党有"党正"，族有"族师"，闾有"闾胥"，比有"比长"。

乡以外据说共分成6个遂，属于人口较稀疏的地区。其层级划分是："五家为邻，五邻为里，四里为乡，五乡为鄙，五鄙为县，五县为遂。"则1遂也有12 500家，6遂共75 000家。遂的最高长官称"遂大夫"，以下也各有职守。

遂和乡一样，都是王的直辖范围。遂以外的王畿则由贵族采邑构成。

总的来看，西周时期不会有如此严密的乡遂制度，其所述及的情况大体是

〔1〕　刘起釪："《洪范》成书时代考"，载《中国社会科学》1980 年第 3 期。
〔2〕　顾颉刚："'周公制礼'的传说和《周官》一书的出现"，载《文史》1979 年第 6 辑。

春秋或春秋中后期列国制度。但春秋各诸侯国制度无疑是西周各种制度的延续和发展，因此，从它们的制度中也可以推想出西周时的制度概貌。郭沫若说《周官》所记"也必然保存了古代的一部分制度"，[1] 应是公允之论。虽然西周不会有如此完备的乡遂制度，但"国""鄙""野"的划分是存在的，金文中也有派官员到"百鄙"作地方长官的记录。

五、西周内廷职官系统

西周中央政府文职系统因职事不同可分为政务性和宗教性两类。政务性工作因要同时为周王和执政大臣服务，逐渐有了内廷和外朝的区分。卿士寮逐渐转向外朝，变成执政大臣的办公机构；太史寮在工作中也相应地需要为执政大臣提供必要的服务，但它内廷的性质还是十分明显的。宗教性事务在商周时期一直为王所垄断，组成这些活动的机构仍然属于内廷。

太史寮的组成大体包括太史、内史、内史尹、作册内史、作命内史、大内史等，其主要职掌是祭祀、记录王室活动、参与王室册命，向周王提供各种意见作为决策参考等。大抵西周王室的文书和重要礼仪活动都由史官系统承担。太史寮的负责人是太史，其地位尊显，属于德望较高的职位。太史除协调史官系统、管理好僚属的具体工作之外，还要充当王的顾问和参谋，《礼记·王制》说："大史典礼，执简记，奉讳恶。天子齐戒受谏。"

从金文等资料来看，周代有专门为王服务的作册，有专门为卿士服务的作册，还有为王后和诸侯服务的作册。由于重要的政令在周代皆需要以特定的文书为依据，作册在各个部门中就是不能缺少的职位。内史从名称中也可以看出是身居内廷、为王及宫廷服务的文职官员。大概在成康前后，为卿士外廷服务的作册可能已归属卿士寮系统，为王和王室服务的作册由于仍为内廷服务，归入了内史系统。到这一时期，内史的职责划分已相对复杂，出现了若干专职部门，如作命内史（主要负责王命之起草）、作册内史（负责记录王室和国家主要活动）、此外还有其他一些史官部门。由于史官组织分工已经趋于复杂，从而出现了总理王室内史的内史尹。[2]

据文献记载，西周内廷的文职官员还有太宗、太祝、太卜、太士等，但在令彝、毛公鼎等记录的西周官僚机构中，没有提到这些官僚机构。或者它们的宗教色彩过于明显，不能由外廷执政直接领导，必须直接为周王服务。这些官

---

[1] 此处"《周官》"乃指"《周礼》"，但因郭老原文如此，故保留其用法。参见郭沫若：《金文丛考·周官质疑》，人民出版社 1954 年版。

[2] 关于史官的衍化，参见许倬云：《西周史：增订二版》，生活·读书·新知三联书店 2012 年版，第 231～234 页。

僚在上古时都是从史官中分化出来的，其职能与史官也有相近之处，都带有神职官僚系统的特色，只是这时的史官神职性质已经淡化，文职性质更为明显罢了。

太宗又称宗伯，掌管宗庙祭祀礼仪。太祝掌管国家的"社""稷"神庙，遇到灾害时，还要负责向神灵祈祷，在祭祀时，负责宣读祈祷文辞。太卜负责占卜。太士负责管理直接为祭祀活动服务的人员。这些官员与内史一样都直接为周王和王室服务，不同于卿士寮等外廷系统。

太史寮及太宗等文职和宗教性职官虽然分属内廷，但与国家政务活动密切相关。除了他们之外，还有一个庞大的管理王室事务、为王室提供各种服务的宫廷组织。

宫廷机构首脑称"宰"，但有太宰和内宰的区别。从金文反映的情况来看，太宰主要是负责出纳王命，负责周王与执政大臣及"三有司"的联络；内宰向王后负责，管理宫廷内部的事务。对于内宰与外宰的地位，郭沫若认为两者大体相当，[1] 在《周礼》中宰的地位很高，甚至为"六太"之首，但所开列的下属都是庖人等杂役官员，这正反映了西周制度尚未能达到国家与王室的进一步分野。宰虽以宫廷总管的身份为家奴之首，却因直接与王接触，故保持尊显地位。

宰以下有膳夫，负责掌管周王及宫廷人员的膳食。缀衣，掌管王的服饰，后世的"尚衣"当由此发展而来。虎贲，负责王和宫廷的警卫。趣马，金文作"走马"，可能是武职人员，但主要负责王和宫廷的车马管理。师氏，善射之近侍。门尹，又称阍人，掌管王宫和诸侯宫门启闭。小臣，王的随身近侍。左右携仆，负责为王驾车，并管理其他器物。除上述各种主要职司外，宫廷中还有其他杂役人员，包括乐师等。[2]

六、诸侯国的官制及其与中央的关系

周初，受封者及其宗族、盟友以及周王所赐民人的数量有限，相对于受封地的土著来说是绝对少数，故每到一地，即先筑城自守，"国"最初的含义就是指受封者居住的城池。此后，随着人口的增长，它们不断向四周扩张，控制的地域逐渐扩大。在这一过程中，一些诸侯国君的族系分支被分封到新开辟的区域内，建立了许多大小都邑，其附属的原野也被开垦为成片的井田，于是，"国"也就有了新的内涵，开始指由一个相对独立的政治中心所控制的政治共同体。

---

〔1〕 郭沫若：《金文丛考·周官质疑》，人民出版社1954年版。

〔2〕 许倬云：《西周史：增订二版》，生活·读书·新知三联书店2012年版，第234～236页。

诸侯国除以分封的方式完成对新开辟地区的控制外，其政治组织也逐渐发展成较为复杂的机构和层级设置。多数封国都仿照周王室的制度，除由史官和宗伯等所组成的内廷文职和宗教官属外，外朝一般设有司徒、司马和司空，处理国家主要的政治事务。在春秋时期，由于各国事务日益繁杂，又出现了执政，如鲁国长期由担任司徒的季氏执政，晋国由六卿中的中军帅执政，中军帅则由几个主要家族轮流担任。

在较低一级的政府组织中，职位也大体模仿西周王室设置，而诸侯国的地方层级与王畿也大同小异。

西周封国大多为姬姓国，它们与周王室之间有一条宗法制下十分坚韧的血缘纽带，而且其建国之业大多是在王室的支持下完成的。封国册封的仪式除划定受封者的疆域和民人之外，还要求受封者对王室承担相应的义务。这些都以法律文书加以确认，这种法律文书的节录在金文中随处可见。诸侯权力既来自天子授予，他们也就都是周王室的守土之臣，《礼记·玉藻》说"诸侯之于天子曰某土之守臣某"，在《左传》中已得到验证。[1]

周王与诸侯之间有臣属关系，王室与诸侯国之间的关系也就是中央与地方的关系。尽管各诸侯国都有相应的自治权，但周王仍保留着适度的控制权。这表现在：一些诸侯国的最高级官员要受到周王的任命才具有合法性；[2]天子有巡狩检查各诸侯国国政的权力，还有派出使者监督诸侯国行为的权力；[3]当诸侯国内部发生权力之争或暴乱时，周王有调解或命令就近诸侯征讨的权力等。

诸侯国对周王承担的义务主要表现在：承认周天子的共主地位，服从周王的命令；接受周王监督，在周王巡狩经过自己的国境时，要尽迎接和款待的义务；有战争需要时，诸侯必须率军随王出征，如果王室需要，诸侯有为王室提供军队驻守战略要地的义务；[4]诸侯要按照一定的规定进京朝觐，向王汇报政情并缴纳一定的贡品。这些义务基本都是政治性和军事性的，除非有应急的需要，诸侯在经济方面的义务只是象征性的——王室的经济大体是自给自足的。

西周灭商时的军事主力据《史记》记载有战车300辆，虎贲3000名，步卒4.5万人，这里步卒的数量可能有所夸大，但当时西周军力的准确数字已无法

[1] 《左传·襄公二十一年》中晋大夫栾盈说："天子陪臣盈，得罪于王之守臣，将逃罪。"栾盈为晋国之卿，对王自称陪臣，而所言"王之守臣"就是指晋侯。

[2] 《礼记·王制》："大国三卿，皆命于天子。"这一情况得到《国语·晋语·武公伐翼止栾共子无死》及《国语·齐语》等资料支持。如《国语·晋语·武公伐翼止栾共子无死》中晋武公对栾共子说："苟无死，吾以子见天子，令子为上卿，制晋国之政。"

[3] 谢维扬：《中国早期国家》，浙江人民出版社1995年版，第429页。

[4] 《左传·昭公二十五年》："赵简子令诸侯之大夫输王粟，具戍人。"

知晓。灭商以后，西周王室的军队又有所扩大，大体分有"西六师""成周八师"。

西六师是周王室的基干部队，可能全部由周族人组成，常驻守于王畿一带，平日拱卫京师，战时则出发远征。《诗·大雅·常武》："赫赫明明，王命卿士，南仲大祖，大师皇父：整我六师，以修我戎。既敬既戒，惠此南国。"成周八师驻防于成周洛邑，其任务是监视东方各诸侯国，随时准备应付来自于东方地区的叛乱。它的前身可能是"殷八师"，大体是由归附的殷人组成的，但高级军官可能是周人。《禹鼎》[1] 有西六师和殷八师一同讨伐东夷和南夷的记录。

除了上述常备军之外，周还有王室近卫军，大概是由周初的虎贲演化而来，但人数不会太多，不是作战主力。周代军队的最高统帅是周王，但执政大臣也有指挥和训练之权。司马则专职负责军事行政、军队训练以及作战指挥。除司马之外，周代的高级将领有师氏、虎臣、虎贲等。师氏是独立指挥一个作战单元的最高军官，或者就是指挥一个师的长官，而虎臣和虎贲则相当于近卫队长。[2]

诸侯国的军制大体仿效王室，其规模大小，视其封国大小而定，大国被允许保留更多的军队，但大体以不超过王室常备军的半数为限。[3] 从实际来看，西周诸侯国大国的军队一般只有两军（如鲁国、齐国），而晋国只有一军。

西周或诸侯的师（军）人数编制目前还不很清楚，但有些文献认为是12 500人，如照此计算，西周王室军队就达到了175 000人，以当时的情况来看，常备军队大概不会达到这样的规模，师的人数可能要小得多。

西周已经开始了征兵制度，对象是乡遂中务农的民众，商人和手工业者一般不服兵役，野人虽然务农，但由于地位低下，只充军中杂役。这种征兵制度除由王和国君直接控制的地区之外，均由受封的贵族在自己领地内主持，而军队所需要的装备和粮食、马匹等其他物资也大多由贵族自己筹措。

第四节　春秋战国时期中国政治制度的转型与发展

一、春秋战国时期政治发展的含义

春秋时期最引人注目之处就是王室的衰落和列国的崛起。随着时间的推移，

---

〔1〕 此处指西周晚期的青铜器，参见徐中舒："禹鼎的年代及其相关问题"，载《考古学报》1959 年第3 期。

〔2〕 郭沫若：《金文丛考·周官质疑》，人民出版社 1954 年版。

〔3〕 《左传·襄公十四年》："成国不过半天子之军，周为六军，诸侯之大者，三军可也。"

王室为安置日益增多的子孙不得不在王畿内实行越来越广泛的分封，其直接控制的领地逐渐减少，致使王室的财政来源越来越匮乏。

从周厉王开始，王室一直试图开辟新财源，主要措施是"专山泽之利"，即对从前一直由国人无偿使用的山林和湖泊征收新税种，这引起了国人的不满，周厉王试图以政治高压来解决问题，反而激起了大规模的国人暴动。其后周宣王时王室虽然一度中兴，但财政的压力仍未减缓。幽王之后，周王畿在戎狄的蹂躏下已破败不堪，王室也衰落到了难以自保的程度，平王不得不率周族的一些成员辗转东迁，托庇于东方诸侯。此时王室的力量已严重衰落了。[1]

与此同时，诸侯国已经度过了草创和巩固阶段，逐渐强盛起来。人口与生产的持续增长使各国逐渐由点而连成了片，华夏文化圈的共同意识也在酝酿成长，争霸战争的需要和竞争的压力迫使许多国家相继作出了适当的革新。[2] 农村中的土地关系和经营方式悄然发生着质变。王室的衰落所出现的权力真空开始为一些雄心勃勃的大国所利用，中原地区开始出现了空前未有的争霸局面。

然而，西周传统在各方面仍发挥着持久的影响力，王室的共主地位仍被小心翼翼地维护着，意识形态的变动也一直试图从周礼中寻求合法性基础，在整个社会中呈现出新旧思想制度交错结合、既相冲突又相融合的情况。经历了近300年的兼并战争，随着中原列国公认的霸主晋国的解体，在中原地区出现了7个引人注目的大国，历史进入了史家习惯称之为"战国"的新时代。

战国时期的社会与春秋时期相比呈现出许多不同特点。西周传统的影响力已不复存在，信仰的真空状态加剧了政治行为的失范，冷酷无情的理性主义占据了主导地位，政治失去了价值的指引与督导而逐渐呈现出纯粹的利己主义特征。战争的目的不再是争霸，而是转向了对土地和民众的掠夺和占有，大国对小国不再满足于发号施令，而是赤裸裸的武力兼并。[3] 少数大国的国力逐渐膨胀，并产生了定鼎海内的雄心，到战国中期以后，已经出现了一强（秦）逐渐鲸吞众弱的态势。

---

〔1〕 关于西周王室衰落的原因，参见杨阳：《王权的图腾化——政教合一与中国社会》，浙江人民出版社 2000 年版，第 144～155 页。

〔2〕 这些变革如齐国的管仲改革、郑国子产的改革、鲁国的"三分公室"和"初税亩"、晋国的"做爰田"等，其内容今天的史家争论不休，但大抵与对井田制和分封制的改革有关。

〔3〕 关于春秋与战国的不同，顾炎武曾这样论述："然春秋时犹尊礼重信，而七国则绝不言礼与信矣；春秋时犹宗周王，而七国绝不言王矣；春秋时犹严祭祀、重聘享，而七国则无其事矣；春秋时犹论宗姓氏族，而七国则无一言及之矣；春秋时犹宴会赋诗，而七国则不闻矣；春秋时犹有赴告策书，而七国则无有矣。邦无定交，士无定主，此皆变于一百三十三年之间，史之阙文，而后人可以意推者也。不待始皇之并天下，而文武之道尽矣"（《日知录》卷十三之《周末风俗》）。

　　这一时期，人口和经济都始终保持了较快的增长，商品经济的辐射力已经穿透了传统体制的壁垒，这应归功于战国初期列国纷纷展开的制度创新。春秋后期，从天子失权，到诸侯的统治权为卿大夫所把持，最后到卿大夫为其家奴所操纵，分封制的弊端已为眼光独具的政治家和思想家所认识，一种新的体制形式开始诞生并逐渐被世人接受，这一变化带动了政治制度从内容到形式的多方面调整。

　　春秋战国时期的社会发展和制度变动在中国历史上的意义是重大的，中国传统社会的基本制度和文化样式就是由这次剧烈的变动所奠定的。但由于这次变动是由西周社会的内部矛盾运动造成的，制度创新和价值重建所凭借的资源具有完全的内部性特征，所以尽管发生的变动确实呈现出整体性和结构性特征，但总体来看，仍属于中华文明自身的一次重要的升级换代，或者说是中华文明在自我演变过程中的一次进一步展开和升级，也正因为如此，春秋战国之后的中国社会，仍保留着与西周时期一以贯之的连续性。

　　仅就政治层面来说，变动主要表现在以层层分封为主要特征的分权体制逐渐为中央集权所替代，传统的分封制退居到次要的地位，郡县制成为主流的制度形态，凝固不变的"世卿世禄"制让位于流动性很强的选官制度，政治制度的许多细节也都出现了相应的调整和变化。但是上述变化并没有使中国的国体发生根本改变，君主制仍然被保留下来并被赋予了更大的权力，专制权力仍然是国家权力的基本特征。

　　中央集权代替了分封制下的分权体制，为君主个人权力在全国范围内的实施提供了制度基础。中央集权下的君主专制主义使君主个人意志不仅可以凌驾于社会之上，而且还能够凌驾于君主家族和贵族集团的整体意志之上。因此，上述政制变化如果以民主成分为基本的评价尺度，很难称得上"发展"，但从中央对地方的有效控制、文官制度的成熟等技术角度来看，则都存在着显著的发展，因此，有学者认为这一时期是"由早期国家形态向成熟国家转型"[1]。

　　综上所述，春秋战国时期的政制变动是在中国文明既定传统所能容纳的范围内的一次重要转变，它没有改变中国传统社会的基本结构形态，但这些结构形态的各个方面在战国之后的确又都具有了新的表现形式，作为中国传统政治和政治制度灵魂的王权专制主义在各个层面均有了重要的变化。

二、中央集权政治制度的出现

　　中央集权的体制构架之所以产生，其原因是多方面的。西周初期，周族作

[1]　谢维扬：《中国早期国家》，浙江人民出版社1995年版，第460页。

为落后的征服者，其人口资源和技术能力尚不足以对其所控制的区域实现有效的统治，除了以宗族殖民的形式逐渐开发和控制所征服的区域外，没有更好的办法，因此，分封制度作为宗族殖民的产物便在全国范围内实施，并成为主要的制度形式。在分封制下，天子与诸侯之间、诸侯与卿大夫之间采取按政治等级层层分权的形式分享所有权和统治权，而联结他们并使其履行对上级的义务的，除对惩罚的恐惧外，主要是宗法制所极力肯定的血缘纽带。

分封制对西周政权在其统治力量严重不足的情况下，实现对几乎半个中国的有效控制和开发曾发挥了积极的作用，但分封制的弱点也很明显。分封制下极少数贵族成员对资源的永久性占有固然可以增强贵族们的责任心和进取精神，但同时也使贵族依据宗法而形成了封闭性极强的特权团体。从诸侯国到卿大夫的采邑等各个社会单元都呈现出明显的自给自足的封闭性。不论是贵族还是平民，其人口都不可能永久处于静态，贵族人口的增长会对采邑产生新的需求，平民的增长也会对井田产生新的需要，如果空地供应枯竭，分封制的基础就会受到致命的打击。

一些新贵族有理由表达他们的不满，因为他们发现自己已很难获得与身份相称的采邑了，一个自然的选择就是抢占原来属于公室或根本无主的荒地。下层民众的处境更加不妙，原来曾经养活他们父祖的百亩耕地，现在已远不能满足人口激增的家族的生活需要了，边远的公用土地遂成为他们开垦的对象。于是，不论是贵族还是平民，都掌握了一定数量的游离于国家控制之外的"私田"。当然，并不是所有的贵族和平民都能够幸运地开辟私田，他们中间的一部分最终会从土地上"溢出"，不得不选择从事其他行业来借以谋生。

"私田"的开垦，人口从土地上不断"溢出"，从事新行业人数的增多，都意味着一定数量的贵族和平民开始游离于原来的分封、井田等制度体系之外，原来建筑在分封制和井田制基础上的义务关系对他们来说已不再适用。国家和宗主若想将他们纳入自己的控制范围内，就需要建立一种新型的国家与个人关系制度。但从历史运动的实际情况来看，这一制度的调整进行得十分缓慢，春秋时期，各国可能都曾出现了几种不同制度并存的情况。

一些政治性的因素也逐渐导致分封制、井田制越来越难以维系。为满足贵族对采邑的需求，国君不得不在自己直接控制的领地中为他们建立采邑，这导致君主直接控制的土地和人力资源呈现日益下降的趋势。公室财政危机的加重，不断削弱着他们赖以实现管辖权的军事力量。对上层贵族（如卿大夫）来说，他们虽然在国君权力衰落之初皆风光一时，但他们很快便发现自己也会面临与国君同样的难题：他们的"陪臣"的增加，也耗尽了他们的人力和土地资源。卿大夫也很快随国君一道衰落下去。

郡县在春秋已经存在，但县作为各国基本的行政单位，其性质可能不同。秦国和楚国置县最初是在新征服的区域，《史记·秦本纪》说秦武公十年（公元前688年），"伐邽、冀戎，初县之"。楚国始置县大约也在这一年。[1] 秦楚二国于边境地区置县，令其直属于中央，因而县已不再是贵族的采邑。春秋时明显将县作为基本行政单元的是晋国。晋国的县大多是卿大夫的采邑，但由于晋国贵族之间的冲突频繁惨烈，灭亡的贵族采邑往往被其他贵族瓜分，到春秋末期，晋国的采邑基本都归并于赵、韩、魏和智氏，因此县后来便成为韩、赵、魏三国的基本行政单位。

郡在春秋后期也已出现，但当时还不是县以上的行政单元，主要设置在边远地带，其地位在人们心目中比县要差，所以，赵简子宣布赏赐规格时说："克敌者，上大夫受县，下大夫受郡。"[2]

战国初期，商鞅变法，其中一项重要的措施就是"集小乡邑聚为县，置令、丞，凡三十一县"。[3] 其他各国也可能实行了县级建制，但未必如秦国这样彻底。以后秦在新征服地区多建郡制，郡成为比县更高一级的行政区划建制。

战国时的郡县与春秋时已明显不同，这不仅是因为其实施的范围更广，更重要的是它们已不再是封君的采邑，而是中央政府直接管辖的地方行政单元，其地方的自治性已降低到了微不足道的程度。

封建制作为一种贵族层层分权治理的国家制度形态，其基本要素就是采邑和附属于采邑的政治权力，这种权力在少数贵族家族内部代代世袭，这就是所谓的"世卿世禄"制度。在这一制度下，采邑作为国家的行政单元分配给了贵族家族，贵族家族代理国家行使管辖权，是国家地方的"守土之臣"（地方官员）。贵族将采邑收入作为他们履行职责的补偿，而采邑便成为其俸禄的支付形式。

封建制为郡县制所替代，就意味着贵族将失去采邑和附属于采邑的一切权力。采邑变成单纯的国家行政单元，治理权收归国家，贵族附属于采邑的世袭权力便随之消亡。郡县制的出现也就意味着选官制将逐渐代替"世卿世禄"制。

从战国时起，列国由贵族垄断国家官职的制度逐渐被打破，职官的选任开

---

〔1〕《左传·哀公十七年》中楚文王任彭仲爽"实县申、息"，是楚国设县之始。
〔2〕《左传·哀公二年》。关于郡县的区别，今人或以为最初县高于郡，此说并不正确。姚鼐以为县多在人口密集的富庶地区，而郡多在边远区域。（明）顾炎武：《日知录集释》（卷二十二），"郡县"。
〔3〕《史记·商君列传》。

始趋向多元化，如臣下推荐、本人游说、国家根据军功举拔、由中央和地方长官在一定范围内任用下属官员等。各级官职上的世袭基本被废止，流动的职官选任制度初步形成。除少数显要文武官员外，一般的官员不再占有采邑，而由国家按一定的标准支付实物报酬。即便是显要官员的采邑，行政等权力也多收归政府，所有者只能在其赋税中提取一定的份额。

上述的任官制度与郡县制相互补充，成为可以代替封建制的较完备的制度形式。国家领土被划分成不同级别的行政单元，在每一个行政单元设置相应的职位，由中央政府根据一定的制度选拔人员来担任。任职人员向中央或上级负责，按照国家统一的法律制度和行政准则治理地方。他们由中央政府考核，以决定是否留用、升迁或罢免。在这一制度下，地方的自治权利基本被取消，这就是被史家习惯称之为"中央集权"的政治体制形式。

三、春秋战国时期各国官制状况

春秋时期，列国官制在名称、权限和任官方式等方面，大体还沿袭西周时的制度，但也有一些新的变化、新的内容逐渐渗透到旧的官职制度中去。

当时，各国普遍存在着总揽国家政务的执政大臣，但其名称和制度并不统一。像郑国、鲁国、宋国等原与周王室关系密切的诸侯国，原来的官制仍被保存。[1]鲁国仍有司徒、司马和司空"三有司"的设置，其中司徒是国家的执政大臣。郑国仍然保留着"三有司"的职位，但地位都低于执政，其执政称"当国"，[2]但有时"当国"并不直接处理国政，而另设"听政"处理具体国务。[3]宋国除司徒、司马、司空的设置外，还有了司寇，执政者也从这四者中产生，司空也称司城，也可担任执政，这一情况在列国中极为罕见。[4]

晋国立国于戎狄众多的汾河谷地，军政合一传统比其他各国更盛，故其执政从赵盾时开始，一直由中军帅担任，[5]中军帅则由国内几个最有实力的家族轮流担任。齐国的执政则称"相"。[6]楚国官制原本自成一系，春秋时出现了

---

[1] 鲁国为周公后裔，至春秋犹秉周礼；郑国立国较晚，且地近成周，平王东迁多有借助，郑侯多担任王室卿士，制度与周相近不难理解；宋国虽为商人后裔，但一直对西周王室十分恭顺，故制度也多从周制。

[2] 《左传·襄公十年》中"子驷当国，子国为司马，子耳为司空，子孔为司徒"，显然"当国"不在"三有司"之内，而地位是执政。

[3] 《左传·襄公十九年》："子展当国，子西听政。""听政"一职是设于执政下处理国政的官员。

[4] 杨伯峻编著：《春秋左传注》，中华书局2009年版，第1731页。

[5] 《左传·文公六年》。

[6] 齐国为姜太公之后，虽与周王室世代通婚，关系密切，但因当地土著较多，不得不组织混合统治力量，故《史记·鲁周公世家》称齐国"简其君臣礼，从其俗为也"，对周制变异较多。许倬云：《西周史：增订二版》，生活·读书·新知三联书店2012年版，第152~154页。

"令尹"一职，地位高于过去的司马、莫敖等官。[1] 秦国自秦宪公以后，执政称"大庶长"，统领全国政务，也是全国除国君外最高的军事长官。[2]

总的来看，各国执政都由最有权势的家族把持，但有时也可能由一般贵族家族中的有才干的子弟担任，如齐桓公立管仲为相，郑国以子产为听政等，都有选贤之意。但这种情况在中原各国中并不常见，子产、管仲毕竟都是高级贵族子弟，这表明选贤还局限于高级贵族内部。不受门第限制地选贤任官，春秋时在秦国最为普遍，如秦穆公就曾任用虞国流亡贵族百里奚为上卿，执掌国政。

除执政以外，春秋各国所设官职十分庞杂，但大多仍然沿用西周时的制度。太师和太傅也仍存在，但职掌已发生了变化。晋国的太傅最初权力很大，甚至可以选择中军帅，[3] 但从赵盾为中军帅并掌握执政权开始，太傅的职责被削弱，主要是"实赋禄"。[4] 司徒、司马、司空和司寇等官职仍存在，并演化成职能分工较明确的部门，如司徒主民政，其下已经分化出若干分工明细的部门。[5] 再如，司寇一职虽是西周后期才发展起来的，但春秋时已分大司寇（士师）、司寇、野司寇、少司寇、理、廷理等众多司法治安部门。

春秋时，文官系统仍以史官为主，史官的首脑一般称"太史"，唯楚国称"左史"。史官的职责大体有五项：①天文历法；②策命及聘；③记大事，书盟首；④祭祀占卜；⑤测世变，观兴亡。[6] 与史官相联系的文职官员大多带有宗教性质，如巫、祝、卜人、乐师等。

战国时，原来的执政正式演化为丞相制度。除楚国仍沿用春秋时"令尹"名称外，崤山以东各国的执政均称"相"，其职能为"百官之长"，多由王室显贵担任，但间或也任用有才干的士人，如苏秦、张仪、甘茂、范雎、蔡泽、蔺相如、吕不韦、李斯等，皆"以布衣而跻卿相"。秦国的执政称"丞相"，且分

〔1〕 （明）顾炎武：《日知录·卷二十四》，"相"。

〔2〕 关于大庶长的权力，参见林剑鸣：《秦史稿》，中国人民大学出版社 2009 年版，第 68~69 页。

〔3〕 《左传·文公六年》云太傅阳处父以赵盾为中军帅。

〔4〕 《国语·晋语·叔向向秦楚二公子之禄》："叔向为太傅，实赋禄。"

〔5〕 如齐国有"锐司徒"（《左传·成公二年》）、"辟司徒"（《左传·宣公四年》）。据杜预注"锐司徒"是管理兵器之官，"辟司徒"是主持修建国家关隘和城墙之官。如此专职部门的出现，说明职能划分之明细。

〔6〕 张晋藩、王超：《中国政治制度史》，中国政法大学出版社 1987 年版，第 93 页。

左右丞相。[1] 其选拔尤其不拘一格，多由他国平民充任。相的职责在于总理国政。[2] 但主要还是偏重于政务和外交等事务，不具体负责军事。

战国时战争频繁，武职官员地位甚高。七国中除楚国之外均设将军一职，为最高军事长官。楚国设有大将军、柱国、上柱国等。

西周时期，诸侯和卿大夫为地方政府首脑，同时也兼有当地最高军事首脑的身份，所以，在封建制下，实行的是军政合一制。到春秋时仍然延续这一制度，在某些国家如晋国还得到了进一步的强化。这一制度将军政大权集中于卿大夫手中，对君主集权显然不利。战国时各国的文武分置制度，不仅反映了职官制度专门化的进展，也反映出各国普遍存在的试图在职官系统中贯彻分权原则以抑制臣下权力膨胀的努力。

战国时各国官制分工日益明细，职能部门日益健全，在中央政府中，丞相以下，各国机构设置大体如下：

1. 顾问幕僚官。战国时，顾问幕僚有常设和非常设两种。常设的有师、保一类，如三晋（即赵、魏、韩三国）都有"师"或"左师"的职位，燕国仍有太傅之职。[3] 齐国仍沿用太史官名，但职能主要是管理典籍。还有掌书，从事文秘工作，当为后来"尚书"的前身。此外还有博士等。[4] 三晋有御史之职，其职能还带有传统史官的特色，主要是负责记事、典籍等文秘工作。非常设的幕僚当时称食客或舍人，大多是丞相有意招揽的士人。

2. 谏议官。谏议官是从师保官和史官演变而来的，其主要职能是对王或丞相的过失及时提出批评。齐国谏议官的地位很高，其首领称大谏，与大田、大司马等主要职官并称"五官"。三晋的谏议官首脑称左、右司过。

3. 政务机构。三晋仍然沿用周时三有司之名，但于司徒、司空和司马三大机构外又衍生出一些新机构。司徒负责土地管理和徭役征发等民政和经济事务，其下属有田部史（掌赋税）、廪史（掌仓库）、虞人（掌山泽）、封人、田大夫（均掌封疆）。司空负责国家工程营建。司马负责国家军事行政和装备等。此外，还设中尉一职，负责人才选拔，职能与后世吏部相近。三晋和秦国都设有内史和少府，内史负责财政审核和官员考核，是监察官的前身；少府除管理手

<hr />

[1] 《史记·秦本纪》："（武王）二年，初置丞相。"

[2] 目前国内许多学者以为"相"（包括后来的宰相）是"最高行政长官"，这一说法很不准确。在西方当代立法、司法和行政三权分立的体制下，总统或内阁所行使的当然主要是行政权，但在中国古代不存在三权分立的制度，王或皇帝总揽三权，而宰相其实是协助王或皇帝处理这三个方面事务的机构，所以，应如在《史记集解》中称："丞者，承也，相，助也。"

[3] 《战国策·燕三·燕太子丹质于秦亡归》有太傅鞠武。

[4] 此处及后面所述齐国官制主要依据《吕氏春秋·卷十七·览·勿躬》《战国策·齐策》等。

工业外，还负责国家财政。齐国则实行五官制，大田相当于司徒，大司马相当于司马，负责管理工程的官员不在五官之列。

4. 军事机构。战国时战争频繁，各国军事机构比较发达。楚国最先设柱国、上柱国等职。上柱国地位有时高于令尹，其下的军事长官中，大司马主持军政，大将军负责军事训练和作战指挥。三晋的最高军事长官称大将军，柱国为高级军官，将军主要负责作战指挥，国尉是高级作战参谋，都尉则为将军下一级的将领。秦国官制多从三晋，军事机构的设置与三晋也大同小异。

5. 司法机构。战国司法职官地位上升，成为国家主要机构之一。齐国的"大理"是主持刑狱之官，为五官之一。三晋的司法长官有司寇和廷尉等，秦国主要是廷尉。

6. 外交机构。战国群雄并立，外交工作十分重要，外交职官的发展也很快。齐国已于五官中设大行一职，主持外交事务，下属还有主持宾客接待的谒者、执掌外交礼仪的主客等。三晋设上、中、下大夫，作为国家较高的使节出访，设有行人作为专职的外交人员，设传舍吏负责驿传馆舍的接待工作。

7. 宫廷机构。战国职官发展的基本方向是外朝官日益壮大，反映了我国官制由王室家奴性质向国家职官转化的过程已接近完成。但由于我国传统政治的专制主义性质没有改变，所以，宫廷机构仍作为中国古代职官体系的一个重要组成部分而存在。但不能否认的是，战国时宫廷机构的确日益走向正规化了。

在这一时期，三晋的宫廷机构大体有太宰（王室事务总管）、犀首（掌宫室宿卫）、宦者令（宫廷近侍之长）、博士（古今百事侍问）、郎中官（近侍参谋）、典冠（掌王冠冕）、典衣（掌王衣服）。秦国的宫廷机构有郎中令（掌国君侍卫）、卫尉（掌宫廷警卫）、太仆（掌舆马侍从）等。

8. 地方官员。战国大多实行郡县制[1]郡的最高长官称"守"。郡守之下，设都尉负责军事，此外还设有主簿等吏员[2]春秋时，县的最高长官鲁、卫称宰，楚称尹或公，晋、齐称县大夫。战国时，秦及三晋习惯称县的最高长官为"令"，齐国则仍有称大夫或县长者。县令以下，则有县丞、县尉等。

四、战国其他职官制度的发展

韩、赵、魏、齐、燕等国的爵制大体分三等：①封君、侯，均有封地，其采邑的田租收入是其薪俸的主要来源；②上卿、亚卿和卿，未必有采邑，但领取最高的薪俸；③上大夫、中大夫、下大夫、五大夫、大夫，依次领取国家支

---

〔1〕 战国各国多实行郡县制，独齐国不设郡县，分国家为"五都"，其都也相当于郡。

〔2〕 郡的职官除"守"和都尉之外，其他史籍不见记载，唯《七国考》引《风俗通》说："蜀守李冰与江神斗，主簿刺杀江神。"据此，主簿当为郡守下属佐吏。

付的薪俸。

秦国的爵制在当时最为典型，对后世影响也最大。其爵分以下二十等：

第二十等：彻侯（列侯、通侯）。最高爵位，有采邑，大者食一县，小者不足一县。

第十九等：关内侯。虽有侯的称号，却无实际采邑，平日居朝廷，为虚号。

第十八等：大庶长。此即将军，或称大将军。

第十七等：驷车庶长。谓可乘驷车，言其地位尊崇。

第十六等：大上造（也称大良造）。

第十五等：少上造。

第十四等：右更。高级武职。

第十三等：中更。高级武职。

第十二等：左更。高级武职。

第十一等：右庶长。众官之长。

第十等：左庶长。众官之长。

第九等：五大夫。大夫爵中最尊贵者。

第八等：公乘。谓配有公车。

第七等：公大夫。武职，为领兵之中级军官。

第六等：官大夫。领车马。

第五等：大夫。

第四等：不更。下级军官。

第三等：簪袅。

第二等：上造。正式任命有官职者。

第一等：公士。初等爵位，不同于一般士卒。

秦国上述爵制主要是依据军功授予的。

战国上述爵制与西周的不同有三点：①有爵位者除少数之外，一般不再占有采邑，国家主要是以实物（粮食）来支付薪俸，而有采邑者也只食其租税，行政权等已归中央；②爵位设立除标示政治等级之外，主要是作为薪俸的标准；③爵位一般都只限于本人，不再世袭。

战国时因封建制的废止，俸禄开始采用实物支付的形式。在当时的社会中，货币尚不是十分通行，粮食仍是财富的主要象征，所以，选择粮食来作为官员薪俸发放。这种薪俸支付形式将国君家族所代表的国家与臣下之间的雇佣关系较明显地显露出来，韩非等法家曾尖锐地指出过君臣之间这种"主卖官爵，臣卖智力"的商品关系。[1]

但因各国的度量衡不统一，薪俸制度支付也不太一样。楚国以"担"为单位，齐国以"钟"为单位，韩、赵、魏、秦等国以"石"为单位。战国是一个竞争激烈的社会，薪俸的差异也特别大，最高的可达到万石、万担或万钟，少的还有"斗石小吏"。但由于缺乏详细的资料，战国时各级官员的薪俸的具体规定还不很清楚。

职官制度成熟的标志之一就是形成较完备的职务设计，并对官员履行职务的情况进行及时的了解和考察。随着职官制度的革新，一些思想家和政治家已意识到对职官职能作出严格划分的必要性，认识到只有建立相应的奖励和惩罚机制才能敦促官员认真履行职责，提高工作效率。法家思想家和荀子等大多提出了"循名责实""刑名参验"的考核方法，而在制度层面则发展出上计制度。

"上计"就是要求官员在年末时，将一年的政绩——包括户口统计、垦田与赋税数目、府库储积数目、刑狱治安状况、自然灾害情况等与国计民生相关的内容写在统计簿册上，向中央政府汇报。[2] 计书一般上缴给国君或相府。考核一般由国君和相府来主持，有些国家还成立考核领导小组。考核的结果要记录在案，与奖惩相联系。成绩优异的可得到升迁，合格者可继续留用，不合格者会被辞退，成绩特别差的会受到惩罚。

作为职官制度向正规化方向发展的另一个重要表现是一些国家已发展出了任官符信制度，有玺、印、符、节等，任命正式下达后，这些就作为官员代表国家行使某种权力的象征。玺、印主要是宰相等高级文官和地方主官的任官凭证，主要的公文或命令均须加盖玺、印才具有合法效力。官员卸任时，印信要归还有关部门保管，以便再交给新任官员。符、节主要作为武将征调军队的凭证。

思考题：

1. 夏王朝的主要活动区域在哪里？
2. 有哪些考古发现有可能是夏王朝的活动遗迹？
3. 商王朝的活动区域在哪里？考古发现了哪几座商城？
4. 商王朝王权有哪些特点？
5. 内服、外服，以及"邑""郊""野"的含义分别指什么？

---

[1] 《韩非子·外储说右下》。关于这一方面法家的有关论述，参见刘泽华：《中国政治思想史集》（第一卷·先秦政治思想史），人民出版社2008年版，第210~213页。
[2] 《商君书·禁使》："十二月而计书以定，事以一岁别计，而主以一听。"

6. 卜辞里反映的商朝官名有哪些?

7. 西周初年的封建制有哪些特点? 你认为西周初年为什么会实行封建制?

8. 西周宗法制的内容与实质是什么?

9. 什么是"世卿世禄"制?

10. 西周王室与诸侯国的关系有哪些特点?

11. 西周封建制在春秋时期为什么会迅速走向瓦解?

12. 春秋战国时期政治制度的创新表现在哪些方面?

第二篇　秦以后古代政治制度

秦以后中国政治制度在许多方面都发生了重要的变化，但与夏商周三代相比还存在着明显的连续性，最主要的表现就是君主制得以保存并演变为皇帝制度。君主或皇帝所代表的国家权力，就其结构和性质来说，具有集政治、经济、社会、文化权力于一体的总体性权力特征。在西方中世纪逐渐形成的政治权力自有其边界，以及与之相联系的限制国家权力的种种设想，在中国历史上从未出现过。在中国传统政治制度设计中，君主或皇帝所掌握的国家权力，就其类型来说，从来都不是现代意义上的"政治"权力。垄断和支配重要经济资源，垄断宗教和意识形态话语权，自由地进入并干预经济、社会，乃至一切臣民的私生活领域，都是君主或皇帝所掌握的国家权力存在与运行过程的应有或当然之意。

与西周的王一样，皇帝权力也是依靠暴力获取并维持的。如果说西周的君主制度更多表现为君主家族对国家权力的垄断，君主个人的意志和利益在很多时候不得不服从家族的意志和利益，那么，秦以后的皇帝制度更加突显了皇帝个人对政权的独占。秦以后，家国已然两分，封建制为郡县制所替代，"世卿世禄"制为流动性很强的选官制度所替代，中国特色的文官制度也逐渐走向完备。因为封建制度的废除、中央集权体制的建立，以皇帝为代表的国家权力，对地方的控制和支配能力极大地增强了，它可以畅通无阻地在全国范围内对人力资源和物力资源进行最大限度的动员，形成封建制下无法达成的"抟力"功效，这当然有利于大型公共工程的修建，有利于集中资源应对民族生存中可能遭遇的危机，也有利于开疆拓土，最大限度地拓展国家版图和中华文明的辐射空间。但是皇权无阻碍地进入社会的各个角落，也不可避免地要侵占社会和个人的自由空间，削弱社会自主发展的能力，皇权本质上的自利性和非理性，即便是间歇性地爆发，都可能给社会带来灾难性后果。

秦以后，中国政治制度的设置在两个向度上始终坚持着集权原则。在国家最高权力的配置上，它排斥任何分权的倾向，将行政、立法、司法等权力完全集中于皇帝，在皇帝之下，虽然设置宰相为国家决策和执行机构，但宰相的权力则完全来自于皇帝的授权。在中央与地方的权力分配上，它也始终排斥任何分权和自治的构想，始终坚持将国家权力集中于中央，不论是两宋之前的郡县或州县二级建制，还是元朝以后的省州县三级建制，都不影响地方政府在某种程度上作为中央派出机构而存在的事实。

两个向度上集权的制度设置原则，前者是为了加强皇帝的权力，后者则是为强化中央对地方的控制。在秦以后大多数时期，它们都被严格遵循着，使得中国古代的政治制度在长期的演变中呈现出两个带有规律性的趋势。

皇权持续扩张与相权的不断收缩贯穿于从秦到明清的整个政治制度演变过程。秦以后出现了几次针对宰相制度的重要调整，从两相制（秦），到集体宰相制（隋唐），到以差遣代行宰相职权（两宋），再到最终废除宰相制度（明清），这些调整基本都是以相权分散执掌、降低宰相品秩、甚至取消宰相制度为主要内容的，都反映了皇权不断扩张、文官系统不断退缩的历史现实。当然，内朝官署发展为宰相机构，明朝内阁制的出世，这种皇帝秘书机构变身宰相机构或执掌部分相权的制度演化线索，更能清楚地表明中国古代国家权力为皇帝私人占有的事实。国家权力既然为皇帝私人占有，则宰相机构在本质上就只能是皇帝的私家总管和皇帝意志的执行机关。

中央权力的持续扩张与地方权力的不断收缩同样贯穿于秦以后的中国整个政治制度演变过程。从秦到明清，我国地方政府体制表现出两个主要变化趋势，一是地方行政单元越来越小，一是地方政府的事权越来越被分散于不同的部门。压缩地方行政单元，分散地方政府事权，当然是为了加强中央对地方的控制，避免地方实力派的形成，但这种制度调整，是以增加中央政府管理任务，降低国家治理效率，削弱地方政府应对突发性事件的能力为代价的。因此，在许多王朝的中后期，又往往会出现合并地方事权，扩大治理单元，下放人、财、物等权力的制度调整尝试，由于这种制度创新和调整的结果，往往会带来国家权力下移，形成地方权力挑战中央集权体制，某些地方枭雄乘机崛起的危险局面。因此，在大多数朝代里，维护中央集权的体制稳定都会压倒对行政效率的追求。

上述两个规律性的大趋势，相互作用，构成合力，共同推进中国古代"制度集权设置原则"和君主专制主义走向极端化。

第四章　皇帝制度

学习目的和要求：

　　通过本章的学习，学生应厘清以下三个问题：其一，了解皇帝制度的确立及其在中国历史上的演变情况；其二，掌握皇帝制度的基本特点及其在中国古代政治制度中的地位，深刻领会皇权作为一种政治权力的性质；其三，了解皇位继承制度、后宫制度和宦官制度的一般情况，并掌握其在中国古代政治生活中的作用。

第一节　皇帝制度的特点

一、皇权的至高无上及专制性质

　　皇帝制度是秦始皇于公元前 221 年创建的，到 1911 年辛亥革命时被废除，这一制度作为中国传统政治制度的中枢，在中国历史上一直存续了 2200 多年。不了解皇帝制度，就不可能了解中国古代政治制度。因此，我们将首先考察皇帝制度。

　　皇权是典型的全能型权力。

　　1. 皇权可以干预国家的经济和社会事务，社会各个领域在皇权面前均没有自主性，用马克思的概念来说，皇帝一直保持着对社会的超经济强制权力。它可以任意没收臣民的土地和其他财产，任意制定税种满足国家的财政需要或皇族成员的个人消费，可以通过立法或其他法外手段，直接干预国内的社会经济活动，可以通过行政命令垄断与周边国家或地区的贸易关系。

　　2. 作为政治性权威，皇帝还被看作意识形态领袖，有权对思想文化活动进行干预。他可以通过暴力手段确定国家宗教，并以国家强制力消除异端活动。他可以对意识形态内部的分歧作出权威性裁决，以维护意识形态的一统性。

　　3. 从现代政治学理念上看，皇帝既是国家元首，又是国家一切最高权力的拥有者。他掌握着最高的立法权、司法权和行政权，也掌握着最高的决定权和监督权，同时也掌握着国家军事力量的最高指挥权。总之，皇权凌驾于整个政治机构之上，整个政治机构都可看作是皇权下的执行机关。

4. 皇权具有明显的个人性质，且不受法律和任何机构制约，属于专制性权力。从制度设置上看，中国古代发展出了十分庞大的官僚机器，但这个机器的操作者是皇帝，换言之，一切决定权不是掌握在这个机器手里，而是掌握在皇帝一人手中。中国古代较发达的谏议制度只是对皇帝的决策提供建议，仅有咨议性质。至于宰相制度，虽然在客观上分割了部分皇权，但从制度构架上说，它仍是皇帝之下的办事机构，而且其权力也一直处于被压缩限制的境地。

二、皇位的终身制与世袭制

个人化性质决定皇权必定采取终身制的形式。皇位及其权力与皇帝个人生命流程相始终，只要其肉体生命没有消失，权力亦不会转移。

从历史实际来看，皇权产生的基本路径是暴力，一旦取得政权之后，它便在特定的家族内传承，皇位继承的唯一合法依据便是血统。所谓世袭制所体现出的政治文化精神，就是皇帝家族对国家权力的独占。秦始皇曾言："朕为始皇帝，后世以计数，二世三世至于万世，传之无穷。"[1] 这代表了中国古代的政治文化认知模式。据《资治通鉴·卷一百八十三·隋纪七》记载，李世民劝其父李渊起兵反隋，李渊同意后说："今日破家亡躯亦由汝，化家为国亦由汝矣！"这里所讲的化家为国，实际上就反映了皇帝家族家国一体不分的历史实际。

在未寻找到更合理的政权传承方式的情况下，世袭制显得简单便捷。作为一种被社会普遍接受的国家权力转移形式，它的实施有助于避免因对皇权的激烈争夺而引发的政治动乱。但是世袭制对政治稳定的作用是十分有限的，尽管其已将皇位合法的继承人局限于皇帝家族内部，但仍无法避免皇族内部的争斗。在这一制度下，嫡长子被认为是合法的继承人，但如果无嫡、嫡长子无能或皇帝处理时出现失误，储位争夺往往会演化出父子相残、兄弟阋墙的悲剧。从胡亥矫诏、炀帝杀兄，到玄武门之变，再到靖难之役，皇族内部与异姓野心家合谋夺嫡争储的各种斗争一直没有停息过，而这正是由皇权的专制性质所决定的。

第二节 皇帝制度的确立与演变

一、秦汉魏晋南北朝——皇帝制度的确立与早期演变

公元前221年，秦灭六国，天下一统，秦王嬴政以自己"德高三皇，功过五帝"，命令群臣商议新名号。群臣认为"古有天皇、地皇、泰皇，泰皇最

---

[1]《史记·秦始皇本纪》。

贵"，因而建议以"泰皇"为号。嬴政决定兼采三皇之"皇"，及"五帝"之"帝"，合成"皇帝"作为自己的名号。此后，"皇帝"遂代替三代时的"王"，成为最高政治权力拥有者的称号。

秦始皇创立的皇帝制度规定，国家的一切行政、军事、立法、司法、财政等各项最高权力，皆由皇帝掌握。《史记·秦始皇本纪》云："天下之事无小大皆决于上，上至以衡石量书，日夜有呈，不中呈不得休息。"皇帝的意志成为判断一切是非的标准。皇帝实行独裁统治，总揽一切大权。

随着皇帝制度的确立，与皇帝有关的各种礼仪制度也逐渐被制定出来。皇帝的言行有法定的专称，自称"朕"，臣民对皇帝称"陛下"，臣下写给皇帝的文书称"奏"，自称"昧死"。臣民不得直呼皇帝名字，说话作文若遇与皇帝名字相同或同音字都要避讳。

汉承秦制，皇帝制度较秦健全。为突出皇帝的权威，叔孙通制定朝仪。汉高祖七年（公元前200年）十月，长乐宫建成，接受百官朝贺，一切程序都按照叔孙通所制定的仪式进行，并由御史执法，"举不如仪者辄引去"，"自诸侯王以下莫不震恐肃静"，在整个朝仪进行过程中，群臣"无敢欢哗失礼者"。刘邦十分高兴，说："吾乃今日知为皇帝之贵也！"[1]　其后，皇帝的名号制度也进一步完善，东汉蔡邕在《独断》中总结说："汉天子正号曰皇帝，自称朕，臣民称之曰陛下。其言曰制诏，史官记事曰上，车马、衣服、器械、百物曰乘舆，所在曰行在所，所居曰禁中，后曰省中，印曰玺，所至曰幸，所进曰御，其命令一曰策书，二曰制书，三曰诏书，四曰戒书。"[2]

皇帝的亲属在秦已有固定称号，汉代进一步补充完善，如皇帝的父母称"太上皇""皇太后"，妻妾称"皇后""妃嫔"，继承皇位的儿子称"皇太子"，其余的称"皇子"，女儿称"公主"，孙称"皇孙"，等等。

西汉皇帝掌握着国家最高权力。他用颁布诏令的形式，制定或废除法律。在司法方面，皇帝拥有对罪人的终审权和赦免权。在行政方面，皇帝掌握着从"三公"到地方县级官员的任免权，掌握着国家的最高决定权和财政权。在军事方面，皇帝掌握着调动、指挥军队的大权，掌握着军官的任免大权。

魏晋南北朝的360年间，少数民族政权在大部分时间里控制了黄河中原地区，汉族政权被迫迁徙至长江流域。晋武帝司马炎汲取曹魏严格限制宗室权力、致使皇权孤立无援的教训，于立国之初便大封宗室为王，且任命他们担任诸州的都督。当时全国共有10个都督区，其中有6个由宗室成员控制。这些宗室兼

---

〔1〕　《汉书·郦陆朱刘叔孙传》。
〔2〕　（东汉）蔡邕：《独断》卷上。

掌辖区的民政与军政大权，逐渐呈现出尾大不掉之势，遂酿成"八王之乱"。南朝宋、齐两代，宗室内部争夺皇权的斗争更加惨烈。宋嘉元三十年（公元453年），太子刘邵杀宋文帝，后又杀叔父刘义恭的12个儿子。宋明帝则杀害孝武帝的14个儿子和他的4个弟弟。南齐明帝萧鸾几乎杀光了高帝萧道成和武帝萧赜的子孙，而明帝的子孙最终也没有逃脱被屠杀的厄运。

这一时期围绕皇权所演出的一幕幕骨肉相残的悲剧，深刻地展现了古代政治文化在皇权获取路径设计上的缺陷。尽管自夏朝以来，国家最高权力的世袭制已然确立，但不论是皇权在异姓之间的传递，还是在其家族内部的传承，都还没有形成明晰合理的路径设计。在政治文化层面，关于皇权产生的权威性规则尚未真正确立，在这种情况下，一旦政治局势出现某种程度的动荡，无规则的暴力手段便成为竞逐皇权的主要方式。

二、隋唐宋元——皇权对相权的分割

公元581年，外戚杨坚夺取了政权，建立了隋朝，并在公元589年灭掉了南陈，结束了270多年的南北分裂局面。隋朝寿命虽短（共38年），但继之而起的唐朝是我国历史上的一个强盛王朝。

唐将相权分为三省，三省长官共为丞相，直接听命于皇帝。政府的一切重要政令均由中书省下达，通常是中书省制定诏书，皇帝同意画敕，然后由门下省进行审核，门下省如觉不妥，有权封还中书省。所以，唐朝政府政令都须有门下省副署才能正式生效。

唐朝皇帝的名号制度更加完备。除了名号之外，生前要加尊号，死后要加谥号。帝王之谥，由礼官议定；臣下之谥，由朝廷赐予。建立尊号与谥号的目的，是使皇帝更加神圣化。唐皇帝的尊号，多是歌功颂德，如李渊尊号为"神尧大圣大先孝皇帝"，谥号为"太武皇帝"；李世民的尊号是"文武大圣大广孝皇帝"，谥号是"文皇帝"；李治尊号为"天皇大圣大弘孝皇帝"，谥号为"天皇大帝"；就连有名的"以谀佞为爱己，谓忠谏为妖言"的唐懿宗，尊号也是"睿文英武明德至仁大圣广孝皇帝"[1] 这些尊号名不副实，只是维护君主专制制度的一种手段。

唐皇帝之言除称"诏"外，更多地称"制""敕"，命曰"制书""敕旨"。臣下对皇帝发表意见称"奏""表"，天子所居曰"衙"，行曰"驾"[2]

宋朝统治者鉴于唐末以来藩镇割据的弊端，将强化中央集权作为基本国策。根据宰相赵普的建议，太祖赵匡胤将地方军权、政权、财权、司法权全部收归

---

〔1〕《旧唐书·本纪·第十九上·懿宗》。
〔2〕《新唐书·志·第十三·仪卫上》。

中央，实行高度的中央集权，而中央之权又全部集中于皇帝手中。正如南宋叶适所言："国家因唐五代之极弊，收敛藩镇，权归于上，一兵之籍，一财之源，一地之守，皆人主自为之。"[1] 宋将各级文臣武将的事权加以分割，设立枢密院掌管军事，三司使掌管财政，考课院和审官院等负责对官员的考核与监督，而宰相权力则被分割限制。

三、明清——皇权的极端化发展

明朝政治制度最显著的特点有三个：①国家的权力高度集中于皇帝手中；②在皇帝与各具体执行部门之间，宰相这一中间机构被撤销，决策机构与职能部门之间直接联系；③皇帝以下，行政、军事、监察三个机关分别独立，互不统属，相互制约。

造成上述三个特点的主要原因是宰相制度的废除。朱元璋对罢相之举解释说："自秦始置丞相，不旋踵而亡。汉、唐、宋因之，虽有贤相，然其间所用者多有小人，专权乱政。我朝罢相，设五府、六部、都察院、通政司、大理寺等衙门，分理天下庶务，彼此颉颃不敢相压，事皆朝廷总之，所以稳当。"[2] 罢相之后，皇权与相权事实上合二为一，皇帝直接行使宰相的权力，指挥和协调各职能部门的工作，这一方面使得皇权进一步被强化到登峰造极的程度，另一方面也使皇帝以下的国家体制事权更加分散。

明代废除宰相的做法为清朝所继承。至雍正年间，设立军机处以取代传统的议政王大臣会议，作为承旨办理军国要务、任免官员、呈递章奏、起草谕旨的中枢机构。军机处一直不是正式的国家机构，且军机大臣也都由皇帝随意指定，其性质有如皇帝的私人秘书班子。明清时期宰相制度的废除，在一个侧面标志着皇权的极端化发展。

第三节 皇位继承制度

一、嫡长子继承制度的确立

皇位继承制度是延续专制皇统的重要保证，也是皇帝制度中极其重要的内容之一。中国古代的专制主义制度，其核心之一便是世袭制。这一制度建立于夏王朝，历经商周两代的完善，到西周已发展成完备的宗法制度体系，再经由春秋战国时期的调整与重构，又以新的形态存续下来。

这一宗法制度反映在皇位继承上，就是父死子继，父子相传。秦始皇统一

---

[1] （南宋）叶适：《水心集·卷四·始论二》。
[2] 《明太祖实录·卷二百三十九》；另见《明会要·卷二十九·宰辅》。

全国后，虽因政见不和，一度对长子扶苏不满，但还是按照传统做法立其为太子，然而因各种制度尚不完备，扶苏终为少子胡亥所杀。胡亥篡权，重用赵高等佞臣，成为秦帝国迅速败亡的重要原因之一。汉初，鉴于秦二世而亡的教训，汉高祖二年（公元前205年），即立刘盈为太子，以大儒叔孙通为太子太傅，负责其教育。其后汉高祖宠幸戚夫人，欲以赵王如意为太子，但大臣以为"太子天下本，本一摇天下震动"。[1] 迫于群臣的反对，刘邦只好作罢。从此，太子预立制度成为定制。选立皇太子的原则是立嫡以长不以贤。景帝未立太子之前，与弟梁孝王关系密切，即位后虽立太子，但不久废为临江王。在窦太后的怂恿下，梁王自请为嗣，景帝颇心动，遂召集大臣商议。大臣袁盎等反对说："方今汉家法周，周道不得立弟，当立子。"[2] 窦婴的言辞更为激烈，说："天下者，高祖天下，父子相传，汉之约也，上何以得传梁王！"[3] 于是，景帝乃立胶东王刘彻为太子。

太子是皇位的继承者，册立太子的典礼庄严隆重。《后汉书·礼仪中》说："百官会，位定，谒者引皇太子当御坐殿下，北面；司空当太子西北，东面立。读策书毕，中常侍持皇太子玺绶东向授太子。太子再拜，三稽首。谒者赞皇太子臣某，中谒者称制曰'可'。三公升阶上殿，贺寿万岁。因大赦天下。供赐礼毕，罢。"

由于太子是未来最高统治者，其基本素质关系国家政治的成败，故而汉朝十分注意对太子的教育。皇太子的师傅通常由朝廷中德高望重的饱学之士担任。汉初，叔孙通为太子太傅，张良为少傅。二傅秩[4]皆二千石。汉魏故事：太子于二傅执弟子礼，少傅称臣，而太傅不必称臣。至于太子所学内容，一般以经学为主。

二、皇位继承的动荡时期

在中国历史上，上述皇位继承制度是常态。当政局出现动荡，或国家体制出现某些问题时，皇位继承就会出现许多变异情况。接续两汉的魏晋南北朝时期，政局剧烈动荡，皇位继承也非常紊乱。两晋155年间，共历15帝，父子相传者6人，兄终弟及者5人，叔死侄继者1人，侄崩叔承者1人，甚至还有帝废而叔祖立者。南北朝时期，嫡庶、兄弟、叔侄争位，互相残杀的情形更为惨烈，父子相传的皇位继承制度遭受了更为严重的破坏。

[1]《汉书·郦陆朱刘叔孙传》。
[2]〔日〕泷川资言：《史记会注考证》卷五十八《梁孝王世家》。
[3]《汉书·窦田灌韩传》。
[4]秩，犹如职位。位秩、秩位、品秩大意相同。

　　唐在我国历史上号称"盛世"，但皇位继承非常混乱，大多伴随政变或其他形式的暴力[1]。这一方面是因为唐并未像汉或宋以后那样严格遵循立嫡以长不以贤的原则，特别是唐太宗时便开启了皇次子以政变夺取皇位的先例。另一方面也因为唐代后宫及宦官乱政现象严重，皇位继承受各种变数的影响。如太宗、玄宗时，都曾预立太子，但后宫宠妃与其他皇子联合，以各种手段觊觎太子之位，致使两朝皆出现了废弃太子之事。因皇帝于后妃争宠之间，往往为情所困，对立太子之事左右摇摆，不能严格遵循立长原则，故往往不能及早建储，即便是已预立太子，也不能充分信任，往往轻易行废立之事。

　　唐朝册封皇太子之前，有关部门要挑选吉日，告于天地宗庙。在册封仪式举行的前一天，要设御帷于太极殿，设太子位于东朝堂之北，并设文武百官、朝集、蕃客之位。册立太子之日，诸卫各勒所部提前二刻陈于庭。左庶子奏"请申严"，侍卫之官奉迎。赞誉奏"发引"，侍卫上马庶子承令。其余略如皇帝出宫之礼。皇太子远游冠，三师导，三少从，鸣铙而行，降路入次，亦如鸾驾[2]。皇太子册拜后，即诏告全国，同时颁布大赦令。

三、皇位继承的规范化

　　宋明时期，皇位继承制度走向稳定与规范。宋朝除太祖与太宗是兄终弟及，太宗以后基本都是父子相传。明太祖以布衣取天下，一心希望将江山交给子孙独享，故采取遍封诸子为王的做法。但在皇位的继承上，他完全遵循立嫡以长不以贤的原则，先立长子朱标为太子，太子死后，又立长孙为皇太孙。

　　朱元璋去世后，皇太孙年幼登基，感到诸王叔的威胁，遂在江南文臣的鼓动下，采取削藩之策。建文元年（公元1399年），封地位于北平一带的燕王朱棣发动"靖难之役"，3年后攻占南京，夺取了皇位。其后，明代皇位继承趋于稳定，基本都是父子相传，但嫡长子得传者并不多。在明代276年的17位皇帝中，只有仁宗、宣宗、武宗是以嫡长子而得皇位的。成祖虽为皇后之子，却非长子，惠帝、英宗、代宗、宪宗、孝宗、穆宗、神宗、光宗、思宗皆为皇妃所生，熹宗虽是光宗长子，但其母为王选侍，未入后妃。此外，成祖、景泰帝、世宗、思宗4帝，皆以藩王入继大统，成祖是通过暴力手段抢夺皇位的，景泰帝是因英宗被瓦剌俘获被于谦拥立的，世宗、思宗则分别是因武宗、熹宗无子而以侄入继皇位的。

---

[1] 比如高祖、太宗、玄宗、肃宗4位是因特殊事变登上帝位；武后为后宫干政并登上帝位；中宗、睿宗立而被废，废而后再立；代宗、宪宗、穆宗、文宗、武宗、宣宗、懿宗、僖宗、昭宗9位，为宦官拥立。

[2] 《旧唐书·志·第四·礼仪四》。

清朝预立太子的制度始于康熙时期。康熙十四年（公元1675年），册立未满二岁的二皇子为太子。但太子成人后，行为不检，遂于康熙四十七年（公元1708年）被废，次年三月复又得立，然终未能得到康熙的完全信任，于康熙五十一年（公元1711年）再度被废。因太子两度废立，皇储之位一度虚悬，诸皇子对此展开激烈争夺，兄弟之间互相倾轧，势同水火，特别是太子第二次被废后，其争夺已达到了白热化的程度。康熙虽是雄才大略的英主，但碍于亲情，于皇嗣选择上竟犹豫不决，以至于其在康熙六十一年（1722年）突然去世时，方才匆忙指定皇四子为继承人。雍正为防止皇子争储、兄弟阋墙而带来的政治动荡，决定建立秘密建储制度。由皇帝秘密写定皇位继承人，一式两份，一份带在身边，另一份藏在匣内，置于乾清宫的"正大光明"匾后，皇帝驾崩后，再由亲王与大臣共同拆封，宣布继承人选。

第四节 后宫制度

一、后妃制度概述

后宫制度是皇帝制度的一项重要内容。后宫通常指皇太后宫和皇后及妃嫔宫。秦始皇并吞六国，修阿房宫，纳六国后宫嫔妃于宫中，以至于后宫"列女万余人，气上冲于天"[1]。其时，秦后宫已有官属，如皇后詹事掌后宫事务，为后宫总管，下设中长秋、私府、礼巷、仓、厩、祠祀、食官令长丞，统属诸宦官。

秦后宫制度为汉所继承。《汉书·外戚传》载："汉兴，因秦之称号，帝母称皇太后、祖母称太皇太后，适称皇后，妾皆称夫人。又有美人、良人、八子、七子、长使、少使之号焉。"婕妤视上卿，爵比列侯；人位视二千石，爵比少上造；八子视千石，比中更；七子视八百石，爵比右庶长；长使爵比五大夫，少使爵比公乘[2]。其后又经武帝、元帝改动，共有十四等。

唐后宫制度在秦汉的基础上有了很大发展。皇后以下，有贵妃、淑妃、德妃、贤妃各1人，为夫人，正一品；昭仪、昭容、昭媛、修仪、修容、修媛、充仪、充容、充媛各1人，为九嫔，正二品；婕妤9人，正三品；美人9人，正四品；才人9人，正五品；宝林27人，正六品；御女27人，正七品；采女27人，正八品。夫人以下皆有专门的职掌：夫人佐皇后，"坐而论妇礼者也，

---

〔1〕《史记正义》引《三辅旧事》。
〔2〕《汉书·外戚传上》。

其于内，则无所不统"[1]，九嫔、婕好掌九御四德，赞导后之礼仪，美人掌率女官修祭祀宾客之事；才人掌序宴寝。[2]以后各朝大体相承，只是略有增损。

又据唐制规定，册立皇后有极隆重的典礼。按规定，皇帝立皇后，要命三公之一的太尉为使，主管皇族事务的宗正卿为副使，吏部也要参与其事。迎后的正日，文武九品以上官员，各少数民族首领，外邦蕃客，皆集于太极殿。宰相侍中主持典礼仪式，一切按国家大婚礼制进行。皇后至后宫之日，要行表谢，朝皇太后。皇后还要受群臣贺，群臣上礼，外命妇朝会，皇后庙见。至此，册立新皇后的典礼仪式才告完毕。[3]皇后为天下母仪，故有谥号，以彰善恶。如高祖窦皇后，谥号为"穆皇后"，贞观九年追尊为"太穆神皇后"，天宝八年追尊为"太穆顺圣皇后"。再如太宗长孙皇后，谥号为"文德皇后"，咸亨五年追尊为"文德圣皇后"，天宝八年加尊为"文德顺圣皇后"。

二、后宫职掌设置状况概述

为维护宫中的等级秩序，汉代已出现了女御长、宫长、宫中学事史等女官，以佐治内事，管理后宫诸色人等按一定礼仪法纪办事。魏晋以后，女官制度进一步发展，"拟外百官，备位内职"，[4]内宫职掌一律按照外朝设置。

到了唐代，女官制度更加完备，设有宫官六尚：尚宫2人，正五品，统司记、司言、司簿、司闱44人，掌导引中宫，凡六尚事务出纳文籍，皆印署之。尚仪2人，正五品，领司籍、司乐、司宾、司赞等48人，掌礼仪起居、书墨笔札、宾客朝见之事。尚服2人，正五品，统司宝、司衣、司饰、司杖等38人，掌供内服用、采章之数。尚食2人，正五品，领司膳、司酝、司药等44人，掌供膳馐品斋之数，凡进食，先尝之。尚寝2人，正五品，领司设、司舆、司苑、司灯等34人，掌宴寝进御之次序。尚功2人，正五品，统司制、司珍、司彩、司计等44人，掌女功之程课，凡衣服裁缝、珍掌宝货、珍贵丝织品、服食薪炭支度皆兑之。

上述宫官六尚，显然是仿照外朝六部二十四司设置的，以后历朝大体以此设置内宫女官。

三、女主与外戚干政

皇后、嫔妃争宠，经常相互倾轧，她们的家族为扩大或维护自身利益也往往卷入其中，通过种种阴谋，结党营私，把持朝政，打击政敌，从而形成外戚

---

〔1〕《旧唐书·志·第二十四·职官三》。
〔2〕《唐六典·卷十二·内官宫官内侍省》。
〔3〕《新唐书·志·第八·礼乐八》。
〔4〕《唐六典·卷十二·内官宫官内侍省》注。

干政的局面。外戚是指太后、皇后或嫔妃的父兄等娘家亲属。因中国古代政治颇重裙带关系，女儿一旦嫁给帝王，娘家也会得到相应的封赏，地位迅速攀升，成为显赫家族，进而有可能利用皇帝的信任和纵容把持朝政。

在中国历史上，外戚干政以两汉最为严重。汉高祖死后，吕后称制，大封诸吕，开外戚干政先河。文帝时，帝舅薄昭任车骑将军，骄横跋扈，乃至敢于杀害朝廷使者。景帝时，母后窦氏擅权，封其弟窦广国为章武侯，从兄子窦婴为魏其侯，窦氏一族势大权重。武帝死后，外戚霍光独秉朝政达20余年，以至于在宣帝即位后，霍氏子弟试图谋反。西汉外戚擅权最为严重的是成帝时太后王政君的亲属，王氏多人先后主持朝政，直至王莽篡汉。

东汉皇帝多年幼登基，共有6位太后临朝称制，故外戚干政尤甚于西汉。和帝时，窦太后临朝，其兄窦宪为大将军，父子兄弟皆为权贵，威震朝廷，倾动京师，后因谋反被诛。殇帝时，邓太后称制，其兄邓骘为车骑将军仪同三司。顺帝时，阎太后临朝，其兄阎显为车骑将军仪同三司。冲帝、质帝、桓帝三朝，梁太后称制，其兄梁冀为大将军，位列三公，专横暴虐，嫉害忠良，吏人贿赂求官者，道路相望，百官委任，皆先到梁冀家谢恩。灵帝时，窦太后临朝，其父窦武为大将军。废帝时，何太后临朝，其兄何进为大将军。

外戚之所以能把持朝政，关键是通过各种裙带关系，形成了以女主及其主要亲属为核心的外戚集团，利用皇帝的软弱或无能，控制各个要害部门。如章帝时，窦氏一门1公、2侯、3尚公主、4二千石，自祖及孙，官府邸第，相望于京师，朝臣亦多归附。冲帝、质帝、桓帝时，梁氏一门仅女性就出了3位皇后，6位贵人，夫人、女食邑称君者有7人；男性封侯者有7人，位大将军者2人，尚公主者3人，其余任卿、将、尹、校者有57人。至于梁氏集团的首领梁冀更是权倾朝野，自天子以至于百官，莫敢违命，把持朝政长达20余年。及其被诛，没收其家财合计30万万，遂减全国租税之半[1]。

唐朝外戚之祸也很严重。高宗时，武后常与高宗一同主持朝会，并称"二圣"。后高宗身体有恙，武后独掌大政。高宗去世后，武后已控制了朝廷，终于篡唐，改国号为"周"，自称"则天皇帝"。武氏一门封王者达20人。中宗宠信韦后及上官昭容，上官昭容的母亲郑氏，韦后妹妹及女儿安乐公主和长宁公主，依仗韦后的势力，皆朋比为奸，干预朝政。安乐公主因求立皇太女不成，与韦后合谋毒杀中宗。玄宗专宠杨贵妃，杨贵妃之从兄杨国忠得以进身朝廷，由御史至宰相，领40余使，专断朝政，终于激反安禄山。

---

[1]　《后汉书·梁统列传》。

唐以后，因制度调整，女主及其家族权力受到诸多限制，外戚干政之祸在一定程度上得到抑制，但并没有从根本上被制止。为保证皇位在男性子孙中世袭，就必须让皇帝有充足的性对象，以保证能够生育出足够的继承人，因而皇帝婚姻的一夫一妻多妾制，势难避免后宫妃嫔的争风吃醋，也难以避免各种宫廷阴谋。同时为维护皇帝权威，皇后娘家一族也必须取得相应的显赫地位，故而外戚家族即便从前地位不高，也会取得凌驾于其他家族之上的地位，其家族的主要成员也会跻身为朝廷要臣，进而出现外戚干政的情况。因此，外戚之祸，从根本上说是皇帝制度所带来的自然结果。

第五节　宦官制度

一、秦汉宦官制度及其乱政的第一个高峰

宦官在古籍中也称寺人、宦者、中官、内侍、内官、阉人、内监等，唐以后称太监。宦官是后宫制度的派生物。因皇帝后宫妃嫔成群，地位尊贵，必须有为其提供各种服务的仆役群。除宫女外，还需部分男性。但为保持皇家血统的纯洁性，又不能让男性随意在后宫活动，于是便出现了阉割男人，将其纳入后宫的宦官制度。

《诗》《礼记》中都有侍人的记载，当是早期的宦官。从有关典籍记载看，这些宦官多是"刑余之人"，主要承担内宫贱役。春秋战国时期，随着君主权力的个人化倾向增强，宦官在政治生活中的作用越来越重要，个别宦官开始担任较高的官职，如战国时秦国的景监、赵国的宦者令缪贤等，都已参与决策。

秦始皇统一中国后，置中常侍官，在少府下设车府令，由宦官赵高担任，称中车府令。赵高深受秦始皇宠信，他利用这一有利条件，在秦始皇死后，勾结丞相李斯，伪造诏书赐公子扶苏自杀，拥立胡亥为帝，继而又杀功臣及秦始皇子女，连丞相李斯亦被处死。其后，赵高自任丞相，专擅朝政。

汉初，鉴于赵高乱政的教训，刘邦置中常侍时不全用阉人，也杂用文人，在禁中传达诏令，掌管机要，使宦官与文人相互监督，彼此制约。刘邦死后，吕后临朝，开始专任宦官，至文帝、武帝时，"请奏机事，多以宦人主之"[1]。尽管如此，武帝以前，宦官势力尚小，对朝政尚不构成重大影响。汉元帝时，石显、弘恭犯法受宫刑后成为宦官，受到元帝宠信。由于元帝多病，不能时常亲理政事，故委政于石显，遂"事无大小，因显自决，贵幸倾朝"[2]前将军

---

〔1〕《后汉书·宦者列传》。
〔2〕《汉书·佞幸传》。

萧望之、光禄大夫周堪、宗正刘更生都因反对宦官干政，或被构陷致死，或被罢官不复叙用。尽管如此，与以后的朝代相比，西汉时宦官的地位较低，对朝政的影响力还十分有限。

东汉自章帝以后，多是幼主登基，母后临朝，以至于外戚干政现象严重。皇帝年长后，为制约或反对外戚，多与身边的宦官密谋，宦官逐渐成为皇帝对抗外戚集团的主要力量，其地位也随之上升。顺帝因宦官的支持而获得权力，遂在各方面倚重宦官，朝政从此开始为宦官所控制。

宦官为"刑余之人"，容易因自卑出现性格缺陷，一旦得志，往往行事乖张、悖逆常理，会把更多的非理性因素注入国家政治运行过程。加之宦官大多出身低微，突然发迹之后大多贪得无厌、寡廉鲜耻。如宦官侯览先后夺人宅院381所，田118顷，建宅第16区，皆有高楼池苑，制度宏深，破人宅屋，发人坟墓，劫夺良家子女，残害忠良之士。[1] 因此，宦官本来地位卑微，历来为士大夫所轻视，一旦主政，往往与心高气傲的士大夫发生剧烈冲突，而这种冲突的激化，又往往导致当权宦官集团对文官集团的政治迫害。东汉后期，把持朝政的宦官集团就先后两次罗织罪名，大面积迫害士大夫集团。桓帝延熹年间，宦官下令收捕了李膺等200余文臣及太学生，诬为朋党，于狱中百般拷掠，虽于1年后予以释放，但禁锢终身不得为官，史称第一次"党锢之祸"。灵帝建宁年中，文臣集团与外戚窦武联合欲铲除宦官集团，宦官集团再兴大狱，杀窦武、陈蕃及李膺等100余人，禁锢不得为官者达600～700人，太学生被捕者达1000余人，凡被诬为党人者，其五服之内亲属及其门生故吏任官者皆罢官禁锢。

二、隋唐的宦官制度及其乱政的第二个高峰

隋唐时宦官机构称内侍省。唐内侍省置内侍4人，从四品下，内常侍6人，正五品下。内侍职掌宫内侍奉，出入宫掖传宣之事，总领掖廷、宫闱、奚官、内仆、内府五局。内给事8人，从五品下；主事2人，令史2人，书令史16人。内给事掌判省事，凡元正、冬至群臣朝贺中宫，则出入宣传，要宫人注意出入礼仪。宫人衣服费用，则据其品秩，计其多少，春秋二时，宣送中书。置监6人，正六品下；谒者12人，从八品下；内典引18人，内寺伯2人，寺人、亭长各6人，掌固8人。内谒者监掌内传宣，凡诸亲命妇朝会，所司籍其人数，送内侍省。内谒者掌诸亲命妇朝集班位。内寺伯掌纠察诸不法事。[2]

唐初，太宗规定"权未假于内官，但在阁门守御，黄衣廪食而已"，[3] 且

---

[1]《后汉书·宦者列传》。

[2]《唐六典·卷十二·内官宫官内侍省》，另见《旧唐书·志·第二十四·职官三·内侍省》。

[3]《旧唐书·列传·第一百三十四·宦官》。

定制内侍省不置三品官，其长官内侍，官阶也只在四品。武后时，宦官人数渐增，至中宗达 2000 人，七品以上员外置 1000 员，但四五品以上衣朱紫者仍然不多。唐代宦官地位急剧上升是在玄宗时期，当时"黄衣以上三千员，衣朱紫者千余人，其称旨者辄拜三品将军，列戟于门。其在殿头供奉，委任华重"。[1] 宦官高力士、杨思勖、黎敬仁等皆宠信一时。当时高力士主持内侍省，协助玄宗处理政务，以至于"每四方进奏文表，必先呈力士，然后进御，小事便决之"。[2] 玄宗还设置正三品的内侍监为内侍省长官，与外朝正三品宰相同级，宦官地位大为提高，渐可与外朝官相抗衡。

　　安史之乱后，肃宗、代宗以下，宦官开始掌握禁军军权。李辅国尊为尚父，程元振专制禁军，而鱼贯恩则内领神策军，外观军容，尤为专横。代宗为鱼贯恩所制，不得不依靠郭子仪的支持，方能缢杀鱼贯恩，重新夺回权柄，但未能改变宦官专权局面。德宗时的窦文扬、霍仙鸣，宪宗时的刘贞亮、吐突承璀，穆宗、敬宗时的王守澄，文宗、武宗时的仇士良，宣宗时的马元赘，懿宗时的王宗实，僖宗时的刘行深、韩文约、田令孜，昭宗时的杨复恭、刘季述、韩全海，皆得任左右神策护军中尉，内则控制京师，外有重大军事行动，则任统帅或监军，负责征伐。

　　此外，宦官还担任实权极大的机密要职，任总枢衡，获得在政事上直接发号施令的权力。唐后期设枢密使，执掌机要，传宣诏令，即由宦官担任。由宦官传达皇帝命令，宦官自然可以将自己的意志转换成皇帝的命令，随心所欲地控制朝政，进而把持皇帝的废立。宪宗、敬宗就是被宦官王守澄、刘克明毒害致死，穆宗、文宗、武宗、宣宗、懿宗、僖宗、昭宗又都是因宦官拥戴才登上皇位的。其间虽然有一些皇帝和大臣想清除宦官的势力，但终因宦官牢牢地掌握禁军兵权而失败。从中国历史上看，宦官乱政，以东汉、唐、明为最，其中又以唐为甚。

三、明代的宦官制度及其乱政的第三个高峰

　　明初，朱元璋鉴于历代宦官乱政的教训，曾严禁宦官干政，规定太监"不得御外臣冠服，官无过四品，月米一石，衣食于内庭"，后又铸铁牌立于宫门，上刻"内臣不得干预政事，预者斩"，甚至规定宦官不得读书识字。[3] 但这些措施最终没有能够阻止宦官干政的故事在明代重演。

　　明重用宦官始于成祖。成祖在北平时曾收买宫中太监窥视朝中动静，靖难

[1]《新唐书·列传·第一百三十二·宦者上》。
[2]《旧唐书·列传·第一百三十四·宦官》。
[3]《明史·列传·第一百九十二·宦官一》。

之役期间，宦官曾为其收集情报，当燕王进逼南京时，宦官多去投奔，并打开城门，使燕王顺利占领南京。成祖即位后，为打击支持建文帝的江南文臣，开始重用宦官，使其拥有了"出使、专政、监军、分镇、刺臣民隐事诸大权"[1]。后又置东厂，交由宦官统领。

英宗正统初年，内阁大学士杨荣、杨溥、杨士奇执政，宦官受到抑制。不久，司礼监太监王振利用英宗信任，采取种种手段排挤三杨，掌握了军政大权，开启了明代宦官干政先河。宪宗成化年间，宦官汪直专权，以至于当时人"只知有汪太监，不知有天子"。武宗正德年间，太监刘瑾权重势大，被人称为"立皇帝"和"刘皇帝"，内阁大学士焦芳为其党羽[2]。熹宗天启年间，司礼监太监魏忠贤大权独揽，更是将明代宦官干政推进到了前所未有的高度。

随着宦官势力的增强，明内宫建立起了完善严密的组织系统，计有 12 监、4 司、8 局，所谓"二十四衙门"，各设提督太监、掌印太监统辖，人数在 10 万以上。从形式上看，二十四衙门都是为皇帝及嫔妃生活服务的，但实际上宦官已成了明朝极其重要的势力集团。其中司礼监是二十四衙门中的首席衙门，其掌印太监和秉笔太监便成为整个宦官集团的首脑。掌印太监"掌理内外章奏及御前勘合。秉笔、随堂掌奏文书，照阁票批朱"[3]。"阁票"是内阁对内外奏章草拟的处理意见，用小票写就，再送呈皇帝朱笔批出，名为"票拟"，亦称"阁票"或"条旨"。明中期以后，因内外奏章众多，皇帝往往应接不暇，每日亲自批答不过寥寥数本，其余多令太监分批[4]。司礼监既有批阅奏本、传宣旨意的双重重任，自然成为皇帝的代表和内阁的领导。

除上述太监衙门外，明代在各地方还设有镇守太监、守备太监、监军太监，还有监视和参与"听讼""会审"的各种太监。神宗万历年间，还设有派驻各地的矿、税监。这些太监作为皇帝的耳目和宦官集团的代表，独立于国家正式体制之外，直接向皇帝和司礼监负责，经常干扰和左右国家事务的正常进行。

唐宦官专政的基础是禁军军权，而明代太监的干政和专擅则是体制缺陷所造成的恶果。因废除宰相，体制中缺少协调和组织各职能部门工作的机构，国家各种政事无论大小直接归皇帝处理，皇帝又不可能负担如此繁重的政务，于是不得不设置内阁和司礼监，帮助皇帝处理各种政事。但内阁原本不过是皇帝的秘书机关，虽被赋予代行部分宰相权力的职能，其权力也主要是"票

---

[1]《明史·列传·第一百九十二·宦官一》。
[2]《明史·列传·第一百九十二·宦官一》。
[3]《明史·志·第五十·职官三》。
[4]（明）刘若愚：《酌中志·卷十六·内府衙门职掌》。

拟"——对政事提出处理意见，因皇帝不可避免的怠政，往往将审查和批准的权力交由司礼监代行，故司礼监得以"批红"的权力掌握了更多的宰相职权，甚至是部分皇权。

明代宦官还领导一个全国性特务机构。明特务系统有两个：一是锦衣卫；二是东厂，合称"厂卫"。锦衣卫设于太祖洪武年间，是承担特务职能的禁军组织，由军官统领，最初与宦官并无关系。东厂设于成祖永乐年间，由宦官统领，负责侦视包括锦衣卫在内的国家各个机构及臣民，地位在锦衣卫之上。厂卫机构在明中期以后发展迅速，宪宗成化年间，宦官汪直于东厂之外复设西厂，专门在南北两京侦视异己活动。武宗正德年间，太监刘瑾又设内行厂，其权力又在东、西厂之上。后刘瑾败亡，内行厂及西厂被撤销，东厂却作为常设的太监控制的特务机关被保留下来。后来魏忠贤乱政，打击政敌、构陷忠良所凭借的主要工具就是东厂。

四、宦官制度的衰落及评价

清入关后，设置管理宦官的机构"敬事房"，设总管、副总管等职。康熙六十一年（公元1722年）十二月，确定敬事房设五品总管1名，五品太监3名，六品太监2名。自此清太监始有正式的品级。

鉴于明代宦官乱政的教训，清采取了一系列预防措施，主要有：①严禁宦官干政，效法朱元璋铸铁牌禁宦官干政，永为定制，规定宦官但有犯法干政，窃权纳贿，嘱托内外衙门，交接满汉官员，越份擅自奏事，上言官吏贤否者，即凌迟处死。另如遇朝贺大典，内监不得入班行礼。②压低宦官的品级，康熙时规定宦官品级最高为五品，且六品以上宦官仅6名，人数很少。雍正、乾隆年间，宦官品级略有提高，从四品到八品共分五级，但仍规定最高不得超过四品。③宦官数量大大削减。清初宦官的数额仅3000人。通过上述措施，清基本没有像明那样出现严重的宦官干政，但宦官乱政仍在不同程度上存在，特别是晚清时期，安德海、李莲英等都依靠慈禧太后的宠信而飞扬跋扈。

作为皇帝制度和后宫制度的派生物，宦官制度与中国古代专制主义制度相始终。专制皇权的本质是国家权力的个人及家族占有，而皇帝又不可能单独完成治理国家的工作，他不仅需要一个庞大的外朝职官系统，还需要为其繁育继承人的后宫及为其生活提供服务的宦官系统。尽管历朝政府对宦官参与朝政可能带来的危害都有明确的意识，也在制度上做了种种努力，但仍无法避免宦官乱政的现象，其原因是多方面的：①外朝官一般有家族和师友背景，一些势大权重的朝臣也确实有可能侵占皇权，甚至觊觎皇帝的权位，因而他们很难赢得皇帝的衷心信任。宦官作为服侍皇帝私人生活的奴才，一般没有家族背景，在皇帝的眼里，对皇权并不构成真正威胁，故往往得到皇帝的信任和纵容。②宦官与皇帝朝夕相处，比外朝官更有机会摸透皇帝的禀性，投其所好，易讨得皇帝欢心，也极易与皇帝产生情感上的联系。③从制度设置上看，随着历史的演变，外朝官的权力逐渐趋向于分散，直到废除宰相，这就失去了能够与宦官相抗衡的体制力量。

宦官乱政是中国历史上常见的现象。因宦官大多不学无术，对时局难以作出清醒的判断，更由于宦官干政本不具有合法性，对所运用权力的后果也缺乏必要的责任意识，各种决策往往根据一时喜好做出，故其擅权当政的行为总会带来朝政的混乱，给国家造成程度不等的损害。因宦官是"刑余之人"，为社会所不齿，向来为儒生士大夫官僚集团所轻视，其擅权秉政，也往往遇到文官集团各种形式的轻蔑和抵制，所以他们往往会利用权力对文官集团展开报复性的打击和迫害。这种报复性的打击和迫害，更会因为宦官特有的性格缺陷而呈现出极端化和非理性特征，更能体现出专制权力暴虐和变态的本质，也会给朝政和社会造成灾难性后果。

然而，宦官借以干政的权力，事实上来自于对皇权的分润与侵占，专制主义权力的个人化与其所负担的政务之间，及其与国家政治体制运转的规范化之间都存在着巨大张力，因而也就必然要派生出宦官、佞幸等游离于国家体制之外、只执行皇帝个人意志的团体，他们的权力来自于皇帝个人权力的授予，再反过来侵占皇帝权力，破坏国家体制运转的规范化与程式化，引发剧烈的政治危机与社会动荡。

思考题：

    1. 怎样理解皇权的性质和特点？

    2. 明清时期皇权极端化的主要表现有哪些？

    3. 中国历史上皇位继承制度为什么很难真正走向规范化？

    4. 中国历史上为什么总会出现后妃、宦官干政现象？

第五章　宰相制度

学习目的和要求：

　　通过本章的学习，学生应厘清以下两个问题：其一，了解宰相制度的起源及其历史演变脉络，重点掌握宰相与明朝内阁、清朝军机大臣之间的根本差别；其二，掌握宰相权力的性质与特点，正确理解中国历史上君权与相权关系的实质，并对相权的兴衰与国家治乱之间的关系形成正确的认识。

第一节　秦汉到南北朝时期的宰相制度

一、宰相制度的起源

　　西周时期存在两个职官系统：一是负责处理国家事务的外朝官系统；二是负责王室事务的宫廷系统。前者的首脑称"师""保"或"卿士"，后者的首脑称"太宰"。不论是在西周，还是在秦以后，我国政治体制的专制主义性质，都决定了国家的职官系统必定有皇室家奴色彩。宰相作为外朝官的首脑，虽然在实际中更接近于西周时的"师""保""卿士"，但亦有"太宰"的性质。

　　作为正式机构，宰相出现于春秋时期。当时的一些国君为了富国强兵的目的，任用一些出身较低的贵族主持军政事务，如齐国的管仲、郑国的子产、楚国的叔孙敖等，当时被人们称为"执政"或"相"（楚国称"令尹"）。到战国时期，随着官僚制的建立，各国普遍实行了宰相制度，如战国初期，魏文侯以李悝为相，其后翟璜、田文、公叔、惠施等先后为魏相，侠累、申不害等先后相韩。此外，赵、齐、鲁、燕、宋、中山、楚等国皆置相，只是称呼有些区别。秦国置相的时间稍晚，惠文王十年（公元前328年），始以张仪为相，但丞相之名起于秦，且初置丞相即分左右。

二、秦及西汉的宰相制度

　　秦始皇统一中国后，其丞相制度便自然延续下来。秦之丞相一般分置左右两员，且权力极大，史称其职责是"掌丞天子，助理万机"，辅佐皇帝，总理国家政务。

西汉初年只设一丞相，后改为左右丞相，后又改回一相制。成帝时改御史大夫为大司空，与大司马、丞相合称"三公"，同为宰相。哀帝改丞相为大司徒，与大司空、大司马并为"三公"。三公互不统属，各负其责。大司徒负责民政，大司马负责军政，大司空负责土木营造。三公鼎立，比之秦两相制，宰相权力稍被分割。

西汉自武帝时起，开始出现"内朝官"与"外朝官"之分。内朝官是侍从皇帝的文武官员，如太傅、侍中、尚书、大将军、将军等。他们可以出入禁中，与闻国事。管理国家的实权逐渐由外朝相府转移到了内宫皇帝的秘书处，而以宰相为首的外朝国家正式机构，逐渐退居到执行内廷决策的地位。

西汉内朝官最重要的是尚书。尚书本属少府，从秦至武帝以前，只是掌管图书、秘籍、章奏的小官。武帝时，为使皇帝能直接控制和处理国家政务，开始提升尚书地位。当时置尚书4人，分四曹以主众务。常侍曹主丞相御史事，二千石曹主刺史二千石事，户曹主吏民上书事。主客曹主外国四夷事，成帝时又置三公曹以主刑狱事[1]。至此，尚书已由公文传达机关演变成为公文处理机关，且处理结果直接送呈皇帝。从尚书各曹职掌分工看，从中央到地方，从国内到国外，从官府到民间，大凡国家各种事务，都在其职权管辖范围之内。

东汉初年，光武帝鉴于西汉末年权臣专擅，以至于造成王莽篡逆之局，故大权独揽，政不任下。他将尚书从少府中独立出来，扩大机构，赋予更大的权力，时称尚书台。尚书台长官尚书令级别不高，终汉之世也只是一千石，但掌握国家实权。《后汉书·郭陈列传》说："今之三公，虽当其名而无其实，选举诛赏，一由尚书，尚书见任，重于三公。"以至于形成了"虽置三公，事归台阁"[2]的局面。皇帝诏令下达，全由尚书经办，当时事无巨细，皆是尚书行下三公，或不经三公而直接下达于九卿。百官奏事，通常也是先上尚书而后呈递天子。另如选举、任用、考课等，都成了尚书法定的职权。此外，尚书还可以质问大臣，并因大臣所言不善而加以弹劾。从制度设置上说，尚书台只是皇帝私人的秘书班子，并无决定之权，但因皇帝不可能关注所有问题的细节，尚书台实际上分享了皇帝的部分权力，起到了宰相的作用。

由于东汉尚书台职权范围扩大，其机构也日益扩大，具体设置情况如下：

尚书令1人，尚书台长官，秩一千石。《汉官仪》说："尚书令主赞奏，总典纪纲，无所不统，秩千石，若公为之，朝会下阶奏事，增秩二千石。"光武帝还特诏尚书令、御史中丞、司隶校尉于朝会时独坐，京师谓之"三独坐"。这

[1]（东汉）应劭：《汉官仪·卷上》。
[2]《后汉书·王充王符仲长统列传》。

表明尚书台在国家体制中地位的上升。

尚书仆射1人，秩六百石。其职责是署尚书事，尚书令不在时代其处理公务。随着尚书台地位的攀升，具体台务如授廪假钱谷之事，皆由尚书仆射为之。

尚书左右丞各1人，秩四百石。掌录文书期会、辅佐尚书令、仆射处理各种事务。

诸曹尚书。西汉成帝，始有尚书五曹办事，通掌图书秘记章奏及封章宣示内外。东汉光武帝时，又将尚书台扩大为六曹机构，设六曹尚书，秩各六百石。三公曹主管年末诸州郡考课事宜；吏部曹主管选举祠祀事宜；民曹主管修缮、工程、盐池、园苑事宜；客曹主管护驾、边疆少数民族朝贺事宜；二千石曹主管司法诉讼事宜；中都官曹主管预防水、火、搜捕盗贼等治安事宜。六曹是后来六部的前身。

三、魏晋南北朝——三省的出现

三国魏明帝时置太尉、司徒、司空，合称"三公"，复又置太傅，地位在三公之上，称"上公"，但与三公一样都是虚职。当时，吴、蜀亦置司徒、司空、太尉三公。另外三国时又有相国、大司马、大将军等职，均为上公。晋朝更进一步，以太宰、太傅、太保为上公，又有太尉、司徒、司空、大司马、大将军，合称"八公"，但均属优崇之位，并不参与国政。以后，历宋、齐、梁、陈，三公之位，相承未改。北朝的北魏、北齐亦置三公，但均为优崇清闲之职，用以尊礼元老功臣。

这一时期，掌宰相职权的是尚书省、中书省、门下省的长官。《文献通考》对汉至南北朝时宰相制度的演变曾有如下概括："西汉以丞相总百官，而九卿分治天下之事。光武中兴，身亲庶务，事归台阁，尚书始重，而西汉公卿稍以失职矣。及魏武佐汉，初建魏国，置秘书令典尚书奏事。文帝受禅，改秘书为中书，有令，有监，而亦不废尚书。然中书亲近，而尚书疏外矣。东晋以来，天子以侍中常在左右，多与之议政事，不专任中书，于是又有门下，而中书权始分矣。降及南北朝，大体皆循此制。"[1] 这较好地概括了相权由外朝而向内朝转移，复又随内朝转变为外朝机构，并最终被分割为三省共掌的历史线索，这一线索再加简化，就是东汉政归尚书，魏晋政归中书，南北朝政归门下。

尚书省在东汉后期实际上已行宰相之权，成为皇帝之下最高执行机构，但在组织上仍隶属于九卿之一的少府。魏晋时脱离少府，越居九卿之上。当时皇帝往往指定亲信重臣兼理录尚书事，尚书地位随之提高，成为皇帝以下最显要

---

[1]《文献通考·卷五十·职官考四·门下省》。

的决策和执行机关，其"军国大事，总而裁决"，[1] 成为名副其实的宰相机构。但录尚书事并非常设之职，常设的尚书台长官是尚书令，但因尚书台已行宰相之权，故尚书令当时已被称为"宰相"。尚书令以下设有协助其处理政务的左右仆射和具体执行政务的左右丞、各曹尚书及其他属官。魏晋时期，尚书之职甚为显要，尚书郎可以出任太守。南朝刘宋时，尚书台已有多种称呼，如尚书省、尚书寺、内台等。[2] 到梁时已正式称尚书省，并设六曹尚书。北朝北齐时，尚书亦正式称省，此外也称北省，并设录、令、仆射、六曹尚书。[3]

中书监、令在秦汉时仅为掌宫中书记的小官，多以宦官充任。其发展成宰相机构的经历与尚书省大体相近。至曹魏时期，因尚书台由内朝秘书班子演化为外朝宰相机构，皇帝私人色彩逐渐淡薄，公共性质增强，于是也面临原来丞相所面临的问题——对皇权形成了某种程度的离心与制约倾向。为保证对政府的绝对控制权，皇权自然寻求带有私人倾向的新机构，以抑制和分割尚书台权力。曹丕称帝后，即将原来的秘书监改为中书省，设中书监、令，以士人充任，令其参与机要。虽然这时的中书与东汉时的尚书台地位相近，还只是皇帝的私人秘书，但由于它更接近皇帝，并负责审理章奏、草拟诏旨、掌管机要，其权力也自然像尚书台一样逐渐呈现扩张的趋势，出纳王命，敷奏万机之权，也就由尚书省转移到中书省。至曹魏末年，尚书省变成了执行机构，中书省则变成了出令机关，中书令成了真宰相。

晋朝中书监、令在名实两方面俱称宰相。《文献通考》说："（晋）中书监、令常管机要，多为宰相之任。"[4] 东晋更重中书令、监，多以诸公领之。[5] 随着朝廷权力中心转移至中书省，中书令之权逐渐超过了录尚书事及尚书令，大臣若由中书监、令出为尚书令，则往往怅然失意。到南朝刘宋之时，中书令、监仍居宰相之位，总理朝政。梁陈时期，中书监、令任愈重，位愈尊贵。史称："中书之职，至梁陈而弥重，故大臣之预国论者，必兼中书监、令，尤为政本之地。"[6] 其时，中书省设中书监、令各1人，官三品。中书侍郎4人，位五品，至陈提高到四品，北朝为从四品。中书通事舍人（宋以后称中书舍人）1~10人不等，位六品、七品、八品不等。

南朝皇帝多寒门出身，对士族把持国柄，虽按制度惯例不得不沿袭下来，

[1]《魏书·列传·卷九·献文六王》。
[2]《通典·卷二十二·职官四·尚书省》。
[3]《通典·卷二十二·职官四·尚书省》。
[4]《文献通考·卷四十九·职官考三·宰相》。
[5]《唐六典·卷九·中书省集贤院史馆匦使》。
[6]《钦定历代职官表·卷二·内阁上》。

却又心有不甘。自刘宋以后，中书之权逐渐转移到中书舍人手里。中书舍人仅七品上下，地位远低于令、监，但因其出身寒门，往往能得到皇帝信任。例如，孝武之世，戴法兴、戴明贤等均兼中书通事舍人，颇受宋孝武帝宠幸。宋孝武帝死后，废帝即位，大凡诏敕施为，皆出自戴法兴之手，故时人谓"法兴为真天子，帝为应天子"。[1]

但皇帝难以信任一个单独行使相权的尚书省，也同样不能信任权力日益膨胀的中书省。魏晋时期，逐渐出现了以侍中参政来钳制中书省权力的制度。侍中是门下省的长官，在秦称丞相使，负责丞相与宫廷的联络，因其往来殿中，故谓侍中。西汉时期，侍中是加官，东汉时始有实职，东汉中叶开始设侍中寺，隶属于少府。其常在天子左右代为批阅尚书奏事，后来则批阅奏章，进而参与国家机密。和帝时，外戚窦宪便"以侍中，内干机密，出宣诏命"。[2]

曹魏时期，侍中之权进一步增强，已与尚书一同"综理万机"。[3] 晋代侍中寺进而发展成为门下省，主管政事范围也不断扩大，凡属军国大事，皇帝都要征求侍中的意见，由侍中尽规献纳，纠正违失，地位大体与尚书、中书比肩。晋孝武帝时，任恺为侍中，"有经国之干，万机大小多管综之。性忠正，以社稷为己任，帝器而昵之，政事多谘焉"。[4] 因侍中更接近皇帝，受宠信尤在尚书与中书之上。宋文帝元嘉中，王华、王云首、殷景仁、刘湛等并为侍中，勤政忠君，宋文帝曾嘉许说："此四贤，一时之秀，同管喉舌，恐后也难为继。"[5] 足见信任之深。

北朝亦重门下省，多以侍中辅政。北魏、北齐并置侍中6人，掌献纳谏诤及进御之职，参与诸公论决国政。北魏侍中之权尤重，高祖孝文帝太和九年（公元485年），加始平王为侍中，使"长直禁内，参决军国大政，万机之事，无不预焉"。[6] 北齐时，"秉其朝政者，亦多为侍中"。[7] 北周初置御伯，后改为纳言，也就是侍中。[8] 可见，不论是南朝，还是北朝，门下省都已成为参与决策的宰相机构，其长官侍中已成为宰相之一。当时门下省除侍中外，还有黄门侍郎，下设散骑常侍、给事中和谏议大夫等属官数人至数十人不等。

---

〔1〕《宋书·列传·卷九十四·恩幸》。

〔2〕《后汉书·窦融列传》。

〔3〕《三国志·魏志·程郭董刘蒋刘昱传》。

〔4〕《晋书·列传·第十五》。

〔5〕《南史·列传·第二十五·刘湛庾悦顾琛顾觊之》。

〔6〕《魏书·列传·卷九·献文六王》。

〔7〕《通典·卷二十一·职官三》。

〔8〕《初学记·卷十二·职官部下·侍中第一》。

魏晋南北朝形成的三省制度，是我国古代政治制度上的一次重要变化，对以后官僚体制有重大的影响。它标志着宰相权力已被三省分掌，秦汉时期的独相制已为群相制所替代，它的产生是君权与相权长期互动的结果。尽管三省制于南北朝时已共掌相权，但彼此之间的责任分工尚不明晰，作为国家主要决策和执行体制，其运行尚有许多需要完善之处。

第二节　隋唐宋元时期的宰相制度

一、隋唐——三省制的全盛时代

隋建立后，皇帝以下仍设三师（太师、太傅、太保）、三公（太尉、司徒、司空），但只是对功臣的赠官，并无实权。尚书、中书、门下三省掌握国家各种主要权力，尚书令、尚书左右仆射、门下省长官纳言（即侍中）、内史省（即中书省）长官内史令（即中书令）共为宰相。尚书省下设吏、户、礼、兵、刑、工六部，每部各有4司，合计24司，是管理行政、经济、财政、民政、军事及工程的主要执行机关。

唐袭隋制，中枢机构仍为三省。但隋以前，三省虽然已形成了中书出令、尚书执行、门下封驳的责任分工，但其尚未形成完整的运行模式。隋承北齐之制，重尚书、重仆射，以其为正宰相，而纳言与内史令的地位还无法与尚书令、仆射相比，故隋朝纳言、内史令虽参政却少宰相之名。三省的关系及其运行都处于摸索的阶段。

与隋不同，唐朝三省长官都是各有一定实权的处于同等地位的宰相。中书省主出命，长官为中书令，正二品；门下省主封驳，长官为侍中，正三品；尚书省主执行，长官为尚书令，正二品。由于唐太宗曾为尚书令，为避忌讳，太宗以后此职一直虚悬，尚书省的实际长官便是左右仆射，皆为从二品。

唐代三省机构名称屡变，为历代所罕见。中书省名称先后八变，有内史省、中书省、西台、凤阁、紫微省等。门下省名称前后七变，先后有门下省、东台、鸾台等[1]。尚书省名称亦有数变，有尚书省、中台、文昌台、都台等[2]。因机构名称调整，宰相名称亦不断变化。中书令有内史令、中书令、西台右相、内史、紫微令、右相等多种名号[3]。侍中有纳言、侍中、黄门监、左相等名

---

〔1〕《唐会要·卷五十四·门下省》。

〔2〕《唐会要·卷五十七·尚书省》。

〔3〕《文献通考·卷五十一·职官考五·中书令》。

号.[1] 左右仆射先后有左右匡政、左右仆射、文昌左右相、左右丞相等名号.[2]

　　唐宰相除三省长官外，也常以他官兼任，或称"参议得失""参知政事"，其名不一，但皆为宰相。唐高宗时，左右仆射需加"同中书门下平章事""同中书门下三品"等称号方为宰相。中唐以后定制，不论哪一种职官，只要有"同三品""同平章事"之号，均为宰相。即令是三省长官，不加这类称号，也不得入政事堂议政。

　　唐三省制在最初运行时曾一度不很协调。中书出令，门下封驳，两省经常出现分歧，以至于因"日有争论，纷纭不决"，造成决策的低效率。唐高祖武德年间，设政事堂，作为议政决策机构。对政事堂的设置，《文献通考》称："盖以中书出诏令，门下掌封驳，日有争论，纷纭不决，故使两省先于政事堂议定，然后奏闻。"[3] 政事堂最初设在门下省，唐高宗永淳二年（公元683年）七月，中书令裴炎以中书执政事笔，遂移政事堂于中书省。玄宗开元十一年（公元723年），中书令张说改政事堂为"中书门下"，"政事印"改为"中书门下之印"，并设吏房、枢机房、兵房、户房、刑礼房五房于政事堂后，分曹以主众务，其五房长官称"堂后官"。政事堂会议还有轮流执笔和秉笔制度，秉笔宰相的任务主要有主持会议、总结记录、轮班办公等。至此，政事堂已由议事之所变成了正式的宰相机构。当时执行宰相职务的通常有四五人，最多时达十数人。

　　唐代制度规定，凡属皇帝命令，必须经政事堂会议正式决议通过，加盖"中书门下之印"后方可颁布施行。凡未加盖此印，未经政事堂决议副署，由皇帝直接发出的命令在当时被认为是违制的，不被下属机关承认。唐代有的皇帝违反这一制度时，只得将其发布的诏敕改用斜封，所书敕字不能用朱笔，改用墨笔，当时称"斜封墨敕"，表示此项命令虽未经政事堂研究，未加盖"中书门下之印"，也请下面遵旨执行。至此，三省制的运转模式已经完全建立起来。与秦汉时的独相制相比，由三省长官联合组成政事堂行使宰相权力，相权已从由个人掌握转变为由特定机构掌握，在一定程度上有利于避免相权行使的个人化色彩。

二、三省制的衰落——两宋的宰相制度

　　宋初与神宗元丰以后仍设太师、太傅、太保"三师"及太尉、司徒、司空

---

〔1〕《唐会要·卷五十一·侍中》。
〔2〕《旧唐书·志·第二十二·职官一》。
〔3〕《文献通考·卷五十·职官考四·门下省》。

"三公"。徽宗政和以后直到南宋，又以太师、太傅、太保为"三公"，废除太尉、司徒、司空，另设少师、少傅、少保为"三孤"。但"三孤""三公"等都是亲王、宰相和使相的加官。宋三省长官虽存，但不一定行宰相之权。中书省但掌册文、章奏、考帐，门下省只主乘舆、八宝、朝会位版、流外较考，诸司附奏挟名而已。而"又别置中书于禁中，是谓政事堂，与枢密院对掌大政"[1]，其中书门下长官只有加上"同平章事"，才能进政事堂议政，是真正的宰相。此外，宋代置枢密院掌军事，以三司掌财政，与中书门下和枢密院并称"二府三司"。二府三司互不统属，宰相权已被一分为三。

宋宰相制度在神宗元丰改制以后，经过了四次变化。第一次在元丰五年（公元1082年），撤销了中书门下，恢复三省制度，同时废除同中书门下平章事，置三省长官尚书令、侍中、中书令，但又因这三个官位高贵，一般不予除授，致其实际上成为虚位。当时以尚书左、右仆射为宰相，左仆射兼门下侍郎，以行侍中之职，右仆射兼中书侍郎，以行中书令之职，他们是真宰相。第二次是徽宗政和年间，蔡京自称太师，总领三省，宰相名称也加以变更，左仆射改称太宰，兼门下侍郎，右仆射改称少宰，兼中书侍郎。北宋靖康年间，又复太宰、少宰为左右仆射。第三次是在高宗建炎三年（公元1129年），以左右仆射加同中书门下平章事为正宰相，改门下侍郎、中书侍郎为参知政事，废尚书左右丞。第四次是在孝宗乾道八年（公元1172年），依照汉制，又改左右仆射为左右丞相，废除侍中、中书、尚书令，以左右丞相代之，皆为正一品，此后相沿未变。

宋初设参知政事为副宰相，协助宰相管理政务。参知政事之名起源于唐，本为宰相之称。开宝六年（公元973年），因太祖怀疑宰相赵普专权不法，为分散其事权，准许薛居正登政事堂，与赵普同议政事。不久，又命与正宰相轮班掌印，并准许押班奏事。从此，参知政事由副宰相升为次相，与同中书门下平章事同掌宰相之职。至北宋真宗景德年间，寇准为相后，不再变更。元丰改制后，废参知政事，置门下侍郎、中书侍郎、尚书左右丞代其任。南宋建炎三年（公元1129年），又改门下、中书两省侍郎为参知政事，废去尚书左右丞。宰相和参知政事在编制上都不固定，或三相一参，或三相而无一参。太宗以后，以二相二参或二相三参居多。

宋最高军政机构为枢密院，负责管理军籍、武官升迁调转、军事机密、边防布置及作战计划等。其长官为枢密使或知枢密院事，副职为枢密副使或同知院事，地位再低一点的称签书枢密院事、同签书枢密院事。枢密院长官的地位略低于同平章事，与参知政事、门下侍郎、中书侍郎、尚书左右丞等统称执政官，与同平章事并称"宰执"。

枢密院与中书对持文武二柄，号称"二府"，每朝奏事，与中书先后上殿。宋初二府所掌互不关涉，枢密院长官与宰相亦互不兼任。仁宗庆历年间，因对西夏用兵，始议"边事系国安危，不当专委枢密"，中书介入军事谋划，但战事结束后，宰相便不再介入枢密院。神宗元丰初年大改官制，仍不废枢密院。中书门下与枢密院分掌民政与军政，有助于分割相权，但也影响了政府决策的一致性。为调整这种权力关系上的矛盾，常在战时以平章事兼枢密使。南宋宁宗以后，随着北方战事频繁，以宰相兼枢密使遂成定制。

北宋前期还以三司为最高行政管理机关，号"计省"。五代后唐始设盐铁、度支、户部三司，宋初相沿。三司的职权是总管贡赋和国家财政，长官为三司使，称"计相"，地位仅次于宰相。神宗熙宁二年（公元 1069 年），宰相王安石主持变法，在三司上设"制置三司条例司"，掌管新法的制定与颁布。其后归入中书省。元丰五年（公元 1082 年），改革官制，并三司于户部。

北宋前期，中书门下主民政，枢密院主军政，三司主财政，彼此不相统属，而大权集中于皇帝。神宗元丰改制以后，财权与政权合一，但军权仍不归于宰相。南宋时，宰相兼领枢密使，民政、军政、财政等诸权始并于宰相。

三、三省制转变为一省制——辽金元的宰相制度

辽皇帝以下，设两套管理机构，即北面官和南面官。北面官的宰相府又分北南二府，两府职掌相同，不同的是北府宰相为皇族，南府宰相为国舅。《辽史·志·第十五·百官志一》说："北宰相府。掌佐理军国之大政，皇族四帐世预其选。""南宰相府。掌佐理军国之大政。皇舅五帐世预其选。"圣宗以后，汉族官员也可以担任两府宰相。

辽初，建汉人枢密院兼尚书省，为南面官，以治理营州之地。以后逐渐设置三师三公。占领燕云十六州后，沿用唐制，设南面三省、六部、台、院、寺、监、诸卫、东宫之官。辽以太师、太傅、太保为三师，以太尉、司徒、司空为三公，但甚尊贵，不轻易拜授。辽中书省初名政事省，兴宗重熙十三年（公元1044 年）改为中书省，置中书令、大丞相、左右丞相、知中书省事、中书侍郎、同中书门下平章事、参知政事等官，并沿袭唐代政事堂制度。南面官负责处理汉人地区一般民政事务，重要性远不及汉人枢密院。辽枢密院设于太宗入汴之后，韩知古等人为南院枢密使，加封政事令，以后又加封大丞相，兼领南北枢密使，总揽军政大权，是南面官中的真宰相。但由于辽官制从根本上是以北统南，全国的真正宰相实际上还是北府宰相。

金朝宰相机构基本仿照唐、宋及辽。金初于皇帝下设勃极烈 4 人，组成最高统治机构。勃极烈是女真语，即治理众人之意，是女真的尊官。熙宗时期，废除勃极烈制度，沿用辽南面三省制。起初以领三省事权位最高，此为尚书省的左右丞相；中书令与侍中则在丞相之下，由丞相兼任。中书、门下侍郎地位都在尚书左右丞之下，形同虚设。正隆元年（公元 1156 年）废除中书、门下两省，只置尚书省，终金之世，沿而未改。

元朝虽先后三次置尚书省，但都是旋设旋罢，其中枢机构一直为中书省，三省制最终转变为一省制。中书省置中书令 1 人，常由皇太子兼领，因太子常不亲理政务，真正行使宰相权的是中书令下属的左右丞相及平章事，由于元朝尚右，故右丞相地位高于左丞相。

第三节　宰相制度的衰落：明清的内阁与军机处

明建立之初，沿用元制，以中书省为中枢机构，设左右丞相、平章政事、左右丞、参知政事等官。因三省制已转变为一省制，相权有所增大。太祖洪武六年（公元 1373 年），胡惟庸任左丞相，因右丞相缺任，成为事实上的"独相"，以至于"生杀黜陟，或不奏径行。内外诸司上封事，必先取阅，害己者，辄匿不以闻"[1]。洪武十三年（公元 1380 年），朱元璋以谋反等罪名杀胡惟庸及大批亲胡官员，进而废除宰相制度，并宣布"臣下敢有奏请设立者，文武群臣即时劾奏，处以重刑"[2]。罢相后，中央政府中的府、部、院、寺互不统属，直接向皇帝负责，皇帝实际上直接掌握了相权。

因全国政务繁重，皇帝一人兼掌皇权与相权，事无巨细，都亲自处理，势必会影响政府决策和执行效率，而皇帝为各种琐碎事务性工作缠身，更是苦不堪言。罢相仅 2 年，即洪武十五年（公元 1382 年），又仿照宋制设华盖殿（中和殿）、武英殿、文华殿、文渊阁、东阁诸大学士，协助其批阅奏本，处理庶务。这些大学士再加上仁宗时所设谨身殿大学士，合称"四殿二阁"，统称"殿阁大学士"。因其皆于皇宫内办公，又称"内阁大学士"。这是明代内阁制度的最初起源。

太祖时，内阁大学士为正五品，职掌是"侍左右，备顾问而已"，[3] 也就是皇帝的秘书班子。成祖时，内阁开始参与机务，但无权干预各部事务，诸司

---

〔1〕《明史·列传·第一百九十六·奸臣》。
〔2〕《明太祖实录·卷二百三十九》。
〔3〕《明史·志·第四十八·职官一·内阁》。

有事直接向皇帝请示，不必先向内阁"关白"。仁宗以后内阁地位渐重，阁臣可以兼领六部，而嘉靖中叶以后，有些大学士被授予保、傅、太师等三公名号，班次已在六部长官以上。内阁地位的迅速提高，与其掌理的职权有关。史称内阁职权为："掌献替可否，奉陈规诲，点检题奏，票拟批答，以平允庶政。"〔1〕所谓"点检题奏，票拟批答"，就是指内阁的票拟权，即一切奏章、文书，都首先要由内阁看详，并提出处理意见，再送请皇帝裁决。内阁的"拟旨"，也称"秉笔"，出于首辅之手，首辅不在或无首辅时，由次辅秉笔。内阁因要对政务先提出处理意见，能够在一定程度上影响皇帝的决策，对六部及院、寺之间的关系，内阁也能起到一定的协调作用，故此内阁虽然的确承担了汉唐时宰相的部分权力，但内阁并不是真正的宰相机构。

汉唐宰相对一般性政务有独立处分权，掌握部分国家最高决定权，而内阁只是皇帝的秘书机构，对政务并无处分权。汉唐宰相"百官之长"的地位是法律规定的，法律和制度本身即赋予其领导、协调整个国家官僚系统的职责和权力，但明代内阁没有法定的干预其他各个执行部门的权力，其主持政务、领导或协调各部、院、寺工作的行为没有足够的合法性，很难像汉唐宰相那样自然地推动国家体制的运转。有明一代，内阁与六部之间的权限纷争一直没有停息，从根本上说是内阁这种尴尬的法定地位所决定的。

清承明制，亦设内阁。乾隆十三年（公元1748年）定制，清内阁设三殿三阁，即保和殿、文华殿、武英殿和体仁阁、文渊阁、东阁。各殿、阁设满汉大学士各2人，另设协办大学士满汉各1人为副职，以下还有学士、侍读学士等职。内阁的职掌是："掌议天下之政，宣布丝纶，厘治宪典，总钧衡之任，以赞上理庶务。凡大典礼，则率百僚以将事。"〔2〕从职掌设定看，清代内阁的职权范围较明代为广，且法定地位也高于其他各部门。明代内阁大学士法定品级仅为五品，中叶以后大学士的品级之所以较高，都是因兼领某部尚书或侍郎而得。但清代内阁大学士皆为一品，位在六部尚书之上，其班次在百官之首。

雍正六年（公元1728年），为及时处理青海战事，设立军机房办理军务事宜。雍正十年（公元1732年）三月，因西北战事紧张，又改为办理军机事务处，作为临时军事行政机构。西北战事结束后，军机处并未撤销，其权力反而日益扩大，成为参与机要、参决大政的中枢机构。军机处设军机大臣，无定员，均由满汉大学士、尚书、侍郎特旨召入，其名称有"军机大臣""军机大臣上行走""军机处行走""军机大臣上学习行走""军机处学习行走"等。军机大

---

〔1〕《明史·志·第四十八·职官一·内阁》。
〔2〕《光绪会典·卷二·内阁》。

臣以下设军机章京若干人，协助处理政务。为防止泄露军事机密，军机处一律不使用书吏办事。

军机大臣几乎每天都要入值办事，共同商议朝政，有时随召随见，有时也自请入见。皇帝对中央及地方机构或官吏有所指示，都由军机大臣起草诏旨，有的先下内阁，有的则不经过内阁，直接密封发给地方督抚。各地督抚的奏章，也经由军机处直达皇帝。军机处的设置及其权限的划定，是皇权极端化发展的产物，中国古代中央集权的专制皇权至此发展到了顶峰。

第四节　相权与皇权的协调与冲突

一、皇权与相权的关系性质的理论定位

皇权与相权的关系一直为学者所关注。有些学者以某些朝代特定时期，相权对皇权构成某种程度的制约甚至威胁的事实为依据，过分夸大相权的作用，甚至以此来否认中国古代政治制度的专制主义性质，这实际上是没有正确理解皇权与相权关系造成的。

在中国古代，不论是理论上还是实际上皇帝都被认为是"有国者"。"朕即国家"的含义有两个：①皇帝是国家范围内一切财产的最终拥有者，尽管臣民的财产可以买卖，但臣民的财产处分权仅来自于皇权的默认和授予，皇帝只要愿意就可以以任何方式剥夺臣民的这一权利。因此，在中国古代，从不存在西方意义上的私有制和完全所有权的概念。②皇帝是国家一切政治权力的拥有者，掌握全部国家主权，宰相及官僚系统的权力都来自于皇权的授予。治理国家，皇帝必须依靠一个庞大的官僚系统。因此，不论相权在历史上曾经怎样强大，它都只是来自于皇帝的授权，而不是人民的权力让渡，它既不可能具有"民主"性质，也不可能具有外在于皇权的独立性。在中国历史上，相权的最终衰落正是由皇权与相权这一根本的关系性质所决定的。

正因为皇帝不论是在理论上还是在法律上都是国家全部权力的拥有者，他便不可能受到任何真正意义上的约制，任何试图在皇权与相权之间建立明晰严格的法律关系，借以划定皇权与相权范围和权限的活动，都注定是徒劳无功的。皇帝有权突破任何法定限制，更有权废除和制定任何法律。三省作为法定的宰相机构，固然可以封还皇帝的命令，但皇帝不仅可以绕开政事堂直接发布命令，还可以通过调整宰相人选来达到目的，更可以废除三省制、甚至废除宰相制度以实现自己的意志。

在中国古代，国家一直有双重性质，一方面是皇帝的"家"，另一方面又是臣民的"国"，因而整个官僚体系——包括宰相在内，都无法逃脱双重身份，

他们既是行使"公共"权力的官员，又是执行皇帝个人意志、实现皇帝个人和家族利益的家奴。这一点从"宰相"或"臣"这一名称就可以看出，所谓的"宰"和"臣"，在西周和春秋时期，本是家奴的通称，而太宰或小臣本都是为周王室服务的宫廷官员的首脑。在清朝，自军机大臣以下，都自称奴才，也正好反映了这一历史事实。事实上，在家国一体化的理论与制度下，宰相很难避免皇帝家奴的性质，而这正是典型的专制主义制度。

认识了皇权与相权的关系性质，便不难理解相权类型。相权来自于皇权的授予，皇权本身既是诸权合体的全能型权力，相权也就不会是单纯的行政权，而必定是以行政权为主导的、兼领司法权、监督权、立法权等各种国家权力的权力类型。有国内学者不加区分地将相权说成是行政权，是完全错误的认识。相权与皇权完全是同一权力类型，只是层次不同罢了。另外，宰相制度既然仅是皇权为实现自身利益而设置的，那么，它一旦能够找到其他替代制度，且这一制度能够更有效地维护皇家利益的话，皇帝就会毫不犹豫地废除宰相制度，因此也就不难理解其在明代消亡的原因。

二、皇权与相权冲突的个人化性质的理论定位

在政治体系中，上级与下级、同级各部门间的权力冲突是常见的，能否抑制冲突或避免冲突，取决于制度设置的合理和严密程度。但任何合理制度的建立，都需要树立制度的权威。从这种意义上看，皇权与相权的冲突不仅难以避免，且无法以法律制度规范加以协调，其互动的结果只能以一方的全面失败而告终。

由于皇权是不受限制的，它与相权之间的权力划分就无法以法定的形式加以确定。在历史上尽管有复杂的法规，但皇权与相权的行使都具有个人化倾向，它们之间的此消彼长或彼消此长，也主要是由制度以外的因素决定的，即由皇帝或宰相的个人性格、权力欲望、驾驭和行使权力的能力等因素决定的。如果皇帝刚愎自用、权力欲强且有驾驭权力的能力，宰相便很难掌握哪怕是法定的权限，汉武帝、汉光武帝、唐太宗、朱元璋时的宰相大抵如此。反之，如果皇帝昏庸，或权力欲弱，或者年幼等，宰相就可能掌握远超出其法定权限的权力，中国历史上的所谓"奸臣奸相"大多是在这种情况下出现的。权相中有些并非是奸臣，但因其超出法定权限，侵占了部分皇权，往往结局悲惨，如明代张居正就是典型的例证。

总之，制度设置固然是决定皇权与相权分割的一个因素，但行使权力的皇帝和宰相的个人性格也是至关重要的。唐代三省制下，固然能出现事实上无权的宰相，也能出现李林甫、元载那样专擅权力的宰相。在同一制度下能出现一切按制度行政的"严相"，也能出现弄权于股掌之上的"权相"。皇权与相权的分割状况由个人性格、能力决定，这不仅说明中国古代政治的人治主义本质，也说明在非法治社会中，皇权与相权的冲突，并非完全由制度设置所造成，权力占有的个人化性质也有重要的影响，因为个人化的权力从本质上说就是无法以法治来加以调节的。

三、宰相制度设置与政治治乱的关系

明中叶以后政府工作极端混乱，后期又出现宦官乱政，对此黄宗羲认为是废除宰相制的结果。这种说法不很准确。一个明显的事实是：东汉、唐代都存在宰相制度，且唐代宰相制度是中国历史上最完备的，但其宦官乱政远胜于明代。清代虽然没有宰相制度，但国家之强盛，政治之稳定，也为中国历代王朝所罕见。

宰相制度设置得合理与否，当然与国家政治运转状况有直接关联。秦汉时的独相制、两相制或三相制，权力相对集中，若宰相是外戚或世家大族成员，便更容易出现权相，严重时可能会危及皇权。两汉时，外戚干政严重，甚至出现"王莽篡汉"，与当时的宰相制度设置容易造就"权相"有一定关系。故自东汉起，相权出现了两个明显变化：①逐渐产生了防止相权个人化倾向的制度设计；②对相权加以分割，由多个机构分别掌理。魏晋南北朝时逐渐产生的三省制，清楚地反映了这两个趋势。隋唐时，三省制形成了完善的运行机制，相权由个人占有转变为由政事堂会议集体行使。这在一定程度上抑制了宰相权力个人化的倾向，也有利于分散相权。北宋时期，相权被一分为三，到明代甚至干脆废除宰相，这些当然都有利于抑制权臣的产生。从北宋到明清，虽然也偶然出现权臣弄权的现象，但始终没出现像两汉那样的权相。

但相权的分割或废除，不利于政府体制的正常运转。明代的内阁制不足以解决这一难题，不得不通过扩大宦官权力来弥补体制上的缺陷。清代除提高了内阁地位外，其军机处的设置也有利于弥补宰相废除后留下的体制缺陷。但清代的体制运转比明代有了相当的改善，到底是因体制的改善，还是因清代皇帝大多比明代皇帝精明、勤政，或者二者兼而有之，还是一个需要进一步探讨的问题。

尽管宰相制度的设置与政治状况有一定关联，但必须承认，由于中国古代的政治运行在本质上是人治主义的，政治状况归根结底更取决于皇帝和担任宰相的官员的个人品质与能力，特别是双方之间的性格、情感及合作态度，用古人的话来说，就是圣主名君与忠臣良辅的"遇合"。中国历史上，大凡盛世都与这一遇合有关，从"文景之治""贞观之治"到"开元盛世"，大抵如此。产生贤相，首先必须有一个明君，其次他还要与君主脾气相投，再次还需要有正确的策略和方法，如此多的条件，就无怪乎古人慨叹这种"遇合"的千载难逢

了。在这种情况下，我们对宰相制度与政治治乱的关系，就必须有清醒的认识，不能过分夸大宰相制度的设置对政治状况的影响。

思考题：

1. 简要叙述宰相制度在中国历史上的起源兴衰。
2. 唐朝宰相制度的特点有哪些？为什么说这一时期是宰相制度的全盛时期？
3. 三省制、政事堂等概念的含义是什么？
4. 内阁与宰相制度有哪些根本的差异？
5. 相权是一种什么性质的权力？
6. 谈谈相权与君权冲突的实质是什么？

第六章 职官制度

学习目的和要求：

　　通过本章的学习，学生应厘清以下四个问题：其一，了解中国古代职官选任制度的产生及其历史演变；其二，掌握不同时期的正途选任制度，尤其对两汉时期的察举和征辟制度、魏晋时期的九品中正制、隋唐之后的科举制等要做深入的学习；其三，了解不同时期考核制度的内容及其历史变迁；其四，了解历朝职官的品级设置、俸禄制度及休致制度。

第一节 隋唐以前的正途考选制度

一、乡举里选和以客入仕

　　秦以后职官选拔和录用分正途、异途两种。正途选任制度以隋唐为界，前后变化很大，两汉时采取察举、征辟等办法，魏晋南北朝实行九品中正制，隋唐以降则科举大盛。在本节，我们主要考察隋唐以前的职官选拔和录用制度的演变，第二节和第三节则分别叙述科举制及异途选任制度。

　　中国古代的正途选任制度，苏东坡概括为："三代出于学，战国出于客，两汉出于郡县吏，魏晋出于九品中正，隋唐以后出于科举。"[1] 这一概括，于战国以后大体准确，对战国不很准确，对三代则基本错误。夏商时期的任官制，因史料缺乏已很难作出精确的考察，但大抵以"世卿世禄"制为主，至于西周则是典型的"世卿世禄"制。所谓"世卿世禄"，是指国家主要官员都是世袭贵族，国家以赐给世袭采邑的形式支付其俸禄，他们既是其采邑内的最高行政、司法、军事长官，同时还可能担任王室的某个职位。

　　一些典籍曾载商周实行"乡举里选"制度，这种说法并不可信。西周时，"乡""里"或许可以推荐一定数量的没有贵族身份的国人担任某些低级职位，但这些工作大多属于家臣性质，尚不足以构成职官的主体部分。春秋时期，因

────────────

[1]　苏轼："论养士"，载《苏式文集》，中华书局2011年版，第141页。

社会急剧动荡，政治竞争渐趋白热化，某些国家（如齐国）开始举行较大范围的"乡举里选"，但被选上之人仍难以进入上层，国家高级职官仍被贵族——特别是某些高级贵族家族垄断。

战国时，列国间政治竞争加剧，各国都以"礼贤下士"的姿态招揽人才，荐举也扩展到了门客，于是出现了"以客入仕"的现象。从《史记·孟尝君列传》得知，当时的"客"是分等的，其中最尊贵的称"上客"，常被拜为"卿"，称"客卿"，因此，这种选官制度又被后人称为"客卿制度"。燕、齐、赵、韩、秦等国皆有客卿，四公子孟尝君、信陵君、平原君、春申君各有食客数千人。但总的来看，这些食客为各国大贵族收容任用，大多具有私人性质，他们中间成为各国正式职官的比例不会很大，各国职官的主体不是由这一部分人组成的。当时，任用客卿最多的是秦国，但秦国实行军功爵制，其职官的主体是军功甲士，客卿一般不担任较高的职位。

秦统一后，开始禁止私人讲学游说，"以客入仕"的局面基本终止。当时，秦主要采取"推择为吏""考试取吏""通法入仕"和"征士"等选官制度，但因秦过于短命，建立一套适应郡县制体制形式的选官制度的任务，便由汉王朝来完成了。

二、两汉的察举和征辟制度

中央集权的大帝国需要庞大的职官队伍，为保持这一队伍的长期存在与稳定，必须建立固定的吸纳录用机制。汉高祖十一年（公元前196年），刘邦曾颁布诏令称："贤士大夫有肯从我游者，吾能尊显之。"[1] 并要求各地郡守推荐有才德的人士，以备录用。此后刘邦又先后几次颁布类似的诏令，但效果并不理想。惠帝时，也曾下诏令举荐"孝弟力田"者，但被举荐者只免除徭役、给予奖赏等，并未被授予官职，因而还不能看作选官制度。

前元十五年（公元前165年）九月，文帝下诏，令诸侯、王公、卿、郡守举荐贤良"能直言极谏者"，文帝亲自主持策试，择优录用。[2] 当时共有百余名低级吏员被举荐到京城，结果晁错策试成绩第一，被授予"中大夫"的职位。[3] 这是汉察举制的最初起源，但尚未形成固定制度，还具有临时性质。

武帝建元元年（公元前140年）十月，下诏命丞相、御史、列侯、中二千石、二千石举荐"贤良方正直言极谏之士"，[4] 并要求扩大荐举范围，没有官

〔1〕《汉书·高帝纪下》。
〔2〕《汉书·文帝纪》。
〔3〕《汉书·爰盎晁错传》。
〔4〕《汉书·武帝纪》。

职的平民也在举荐之列，这标志着汉察举制度正式确立。其后，汉政府又多次下诏，举荐科目除"贤良方正能直言极谏"[1] 外，还有孝廉、秀才、文学高第等数十种之多。大体是平均20万人口中推荐1人。这些被推荐的人，由推荐单位送到京师，由皇帝主持考试。对诸生一般是考试章句，对吏员则考简奏。

汉还实行征辟制。征辟分征召和辟除两种。征召是指皇帝采取特征和聘召的方式，选拔某些社会上有名望或品学兼优的人士以备顾问，或委以政事。所谓"辟除"，也称"辟举""辟署""辟召"，是一种官府任用属员的制度。两汉官府掾史等低级官吏，可以由长官自行聘任。辟除入仕有中央和地方两种类型。据《后汉书·百官志》注记载，除汉初以外，中央的丞相（司徒）府、太尉（司马）府、御史大夫（司空）府（即"三公府"）均可以自行辟除。在地方，各郡国长官也可自行聘用属吏。两汉时，由州郡辟除而入仕者甚多，特别是东汉以辟除州郡吏员入仕者尤多。

察举和征辟有两个共同特点：①将国家职官的推荐权及部分录用权交给了各部门主官，特别是交给了地方州郡主官，说明两汉时各部门及地方还保留相当大的权力，中央集权的政府体制在其草创时期，尚未能建立起与这一体制相适应的职官录用机制。将职官录用之权交给地方掌握，当然有可能形成以地方主官为核心的利益集团，从而为中央集权的体制崩解留下了严重的隐患。②不论是征辟还是察举，考察标准都是面察和行为道德的考察，文字考试居于次要的位置，这反映两汉的官员选任尚带有相当的随意性。对中央集权的大帝国而言，建立起由中央政府统一控制的规范化的职官选拔录用机制，并不是一件很容易的事情，它需要一定的物质条件（如文化传播手段的改进——如纸的发明等），更需要一系列的制度创新，这有待于社会进一步的发展。

三、魏晋南北朝的九品中正制

东汉以降、战乱频繁、人口辗转迁徙，士人出身已无从知晓，乡举里选制度当然也就无法实施。于是，两汉的察举和征辟制度逐渐为九品中正制所替代。

九品中正制始于曹魏。魏文帝黄初元年（公元220年），吏部尚书陈群制定九品中正法，规定由中央政府选择"贤有识鉴"的现任中央政府官吏出任州郡的"中正"。州设大中正，郡设小中正。这些大小中正的职责是根据家世、才、德，将辖区内有才能的人经过品评分为上上、上中、上下、中上、中中、中下、下上、下中、下下九等，然后上报中央，由中央按中正品评的等级安排到各级政府中去任官。

---

[1]《汉书·文帝纪》。

曹魏初期，任命中正较慎重，多数中正是符合"贤有识鉴"的标准的，故在考察品评本辖区内人才时，尚能比较重视才、德。正如后人所言，九品中正制"其始造也，乡邑清议，不拘爵位，褒贬所加，足为劝励，尤有乡论余风"[1]。从这一制度设置的初衷来看，也主要是为"论人才优劣，非为世族高卑"[2]。但这一制度有严重的缺陷，其品评人才的标准，只有家世这一条可以操作，德、才两个标准都难以量化，最多只能诉诸"乡邑清议"。但乡邑舆论又可能受当地世家大族影响、操纵，因此，这一选官制度最终必然被豪族控制，流变成士族把持政权的工具。另外，中正虽然是由中央政府派出，但任职于地方，因而两汉时官员选拔权由地方州郡主官所控制的情况虽然有所改善，但仍未能建立起由中央集中统一控制的录用机制。

到西晋时期，派到各地的中正已完全为士族所控制，门第成为入仕的首要条件。太康五年（公元284年），尚书仆射刘毅上书晋武帝，要求废除九品中正制。他指出派驻各地的中正已失去了公正性，往往"爱憎决于心，情伪由于己"，而各地豪族"用心百态，求者万端"，以至于"廉让之风灭，苟且之欲成"，"天下汹汹，但争品位，不闻推让"[3]。士族把持政局的态势已难以扭转，朝廷对上述情况无能为力。当时的实际情况是：士族子弟往往"生发未燥，已拜列侯；身未离襁褓，业被冠戴"[4]，而庶族很少有机会跻身上层职官，遂出现"上品无寒门，下品无势族"的说法[5]。

东晋时，九品中正制进一步与门阀制度相结合，士族名门子弟年满20岁即可做官且升迁很快，庶族子弟要到30岁才有可能取得士族子弟不屑担任的官职。门第既已成为国家选官的唯一标准，国家的选官及任用制度，就失去了社会激励作用。大量不学无术、品德低劣的士族子弟充斥政府机构，造成政府工作的低效率，带来政治的腐败。南北朝后期，九品中正制的弊端业已暴露无遗，到隋唐时期逐渐为科举制所替代。

---

〔1〕《晋书·列传·第六》。
〔2〕《宋书·列传·第五十四·恩幸》。
〔3〕《晋书·列传·第十五》。
〔4〕（明）屠隆：《鸿苞节录》。
〔5〕《晋书·列传·第十五》。

第二节 隋唐以后的正途选官制度：科举制的兴起与演变

一、隋唐时期的科举制度

隋开皇七年（公元587年），文帝颁布诏令："罢州郡之辟，废乡里之举，内外一命，悉归吏曹。"[1] 这一措施标志着原来由地方州郡及中正分散掌握的选官方式，已为由中央政府统一控制的选官制度所代替。同时，还决定设立"秀才科"，并定制，每州每年贡士3人，参加改科考试。大业二年（公元606年），隋炀帝定制以十科举人，但只有"文才秀美科"（即后来唐的进士科）是常设科目，其余皆临时设置。这表明隋朝的科举制尚处于草创阶段，取士的范围还不是很大。

唐朝科举制在各个方面都更加完善。唐考试科目分常科和制科。常科每年举行，科目有秀才、明经、俊士、进士、明法、明字、名算、史科、三传、道举等。其中以明经、进士两科最为主要，唐代名臣多出身于这两科。明经主要考经义，进士主要考诗赋。比较而言，经义重实文，诗赋重浮文。因唐代儒学并不像两汉或宋以后那样显赫，文人多重诗赋，故进士科在唐代盛于明经科，录取比例一般1%～2%，明经科的比例则在10%～20%。制科是根据时势需要，由皇帝颁布命令，临时设置的科目，名目繁多，有贤良方正能直言极谏科、言行忠谨堪理时务科、英才杰出科等120余种。制科取士可以是官吏，也可以是平民，凡考中，官吏可以立即升迁，平民可以授予官职。在唐代，制科又被称为"杂色"，即非正途之意，这主要是因为制科所取多是有特殊技艺的人才，特别是农、商、医、土木营造等技术人员，故不为士人所看重。

常科与制科的考试办法、内容都不相同，常科考生的来源有两个：一是生徒；二是乡贡。生徒是各级学校学生，经学馆考试合格，可直接送尚书省参加礼部考试。乡贡是自学的士人，经所在州县考试合格，推荐到尚书省应试。考试的程序，第一步由国子监生和乡贡报考；第二步参加省（尚书省）试，即礼部主持的考试，合格称及第；第三步由吏部呈报、皇帝旨准，授予学衔称号、确定官品及秩级，委任一定的官职。进士科考试，试诗赋、帖经、时务策五道。考中前三名者称为状元、榜眼和探花。载初元年（公元689年），武后在洛阳殿策问贡士，一连持续数日，此为后来"殿试"之始。

唐科举制尚有不少弊端。如参加常科考试的主要是贡士和各地学馆生徒，

---

[1] 《文献通考·卷三十七·选举考十·举官》。

但当时各地学馆生徒多为高级官员及世家的子弟，科举考试的结果仍以门荫得官者为多。至于平民家庭子弟，难以入学馆成为生徒，参加制科考试也就只剩下乡贡一途，数量极其有限。唐科举考试舞弊现象十分严重，官员及世家子弟往往以非正常的方式考取。另外，唐代的考试科目设置及考试内容还有许多不合理处，如当时最热的进士科，以诗赋为主，而诗赋的好坏与应试者的品德及理政才能可以说毫无关系。

尽管存在一定的弊端，但隋唐所创建的科举制仍有重大意义。

1. 秦汉以来，中国已建立起中央集权的政治体制，但一直没有能创造出相应的职官选任制度。两汉的察举和征辟及魏晋的九品中正制，都将选官的权力分散于地方政府，地方主官与当地豪族实际上掌握着职官选拔的权力，很容易形成以他们为中心的宗派集团，对中央集权的体制维持构成了一定的离心力量。科举制意味着职官选任已置于中央政府的统一控制下，中央集权体制各系统间的协调进一步加强。职官选任由中央政府直接控制，也意味着地方机构的人事权被压缩，豪族也失去了通过影响和操纵职官选任间接影响政府行为的渠道，这有利于中央集权体制的持续维系和政治稳定。

2. 三代时政教合一的体制结构虽然在西汉已被复制出来，但有利于儒学意识形态的社会激励机制还处于草创阶段，特别是东汉末期以后，佛教与道教的传播，造就了三教并存的局面，进而造成了儒学意识形态社会整合功能的弱化。为重整儒学意识形态的权威，除对其本身进行修正与创新外，还需要建立起更加稳定有力的社会激励机制。虽然唐代科举首重的还只是与儒学意识形态关系不大的诗赋，但明经等科的设置已有利于儒学的传播，更重要的是，科举制的实施为这一机制的建立准备了制度条件。

3. 科举制主要以考试成绩为任官依据，在一定程度上削弱了家世背景对职官选拔的影响，使得许多出身下层的子弟有可能跻身官僚阶层。而考试成绩作为量化标准，远比两汉时的"面察""乡里清议"及魏晋以后的"乡邑舆论"更能避免选任时个人的主观性，有利于政府运作过程的客观化和标准化。

4. 察举、征辟、九品中正制等选官制度，因难以避免为世家豪族所控制，所造就的是一个相对凝固的等级社会。科举制实施之后，许多下层社会成员有机会通过考试改变身份，因而它不仅改变了中国古代职官队伍的成分构成，还进而影响和改变了中国古代社会结构。宋以后，凝固的等级制已被流动性极强的等级制所代替。

二、两宋科举制及文官制度的确立

鉴于唐中期以后武人跋扈、藩镇割据的教训，北宋立国之初就确立了文人治国的方针，因而科举制在两宋时期有了很大的发展。

宋代考选的科目有进士、九经、三史、三传、三元、三礼、学究、明经、明法、制举等，其中进士科最重要。该科录取名额太祖时一次仅10人左右，太宗以后逐渐增加，一次就达300余人（诸科合计800多人）。进士科分三等，一等称"及第"，二等称"赐进士出身"，三等称"赐同进士出身"。唐代，通过科举考试后，还要参加吏部考试。宋代取消了吏部试，一经科举考试合格后，即按等定品授职。名列一甲的，很快可以做到高官，如宋仁宗时，开科取士13次，一甲前三名共39人，绝大多数位列卿相，只有5人未登上公卿之位[1]。

宋科举分乡试、省试、殿试三种。乡试由州府主持，中式者由州送至京城参加礼部会试，因礼部属于尚书省，故称为省试。参加省试的举人很多，仁宗嘉祐年间，4年一贡举，四方举人会于京师以待省试者常6000～7000人[2]。省试大多是秋季解送，冬集礼部，春天考试，及第者列名放榜于尚书省。唐代进士科首重诗赋；宋代注重经书义理，与儒学意识形态完全结合起来。宋考试分4场进行，起初仍沿袭唐代的做法，以诗赋为第一场，论为第二场，策为第三场，帖经为第四场。后来欧阳修、范仲淹等提出改革，请先试策论，使天下之士留心治乱之道。王安石变法，遂罢诗赋，以经义论策试进士。

唐武则天后，偶尔举行殿试，而宋代殿试已经制度化。开宝六年（公元973年），因落第考生告发考官录取不公，太祖下令召集及第与未及第考生若干人重新测试，从此殿试即成定制，及第者在殿前唱名，由皇帝"赐及第"。北宋时，殿试第一名称"榜首"，第二名、第三名称"榜眼"，第一名、第二名、第三名都可称状元。南宋以后，始称第一名为状元，第二名为榜眼，第三名为探花。

唐科举考试制度尚不规范，官员请托之风严重，且主考官一般由吏部考功郎中、员外郎或礼部侍郎担任，请托亦十分方便。宋朝严禁官员请托，同时实行临时选派主考官制度，所派官员各个部门都有，且另设"权知贡举"作为主考，以便相互监督。凡由皇帝指派的负责考试的官员，一经任命，马上要住进贡院，到放榜后才能回家，称之为"锁院"。为确保考试的公正性，还实行"糊名"（弥封）和"誊录"制度。糊名是将考卷上的姓名密封，誊录是将每份考卷由专人抄录一份，送考官评阅，以防止通过辨认字迹作弊。另外宋朝还制定了回避制度，规定主考官的子弟和亲属赴考，要另设考场，另派考官，叫作"别试"或"别头试"。

经过上述各方面的改革，科举制在宋代已逐渐完善。随着科举规模的扩大，

[1]《宋史·志·第一百零八·选举一·科目上》。
[2]《文献通考·卷三十一·选举考四·举士》。

国家官僚系统的基本构成已是科举出身的文官。从两汉时业已萌芽的文官制度，到这时已大体完善起来。

三、科举制的黄金时代——明朝科举制度

洪武三年（公元1370年），朱元璋下诏，决定实行科举取士，规定"非科举者毋得与官"[1] 以后明朝科举制度不断完善，遂成为中国历史上科举制的全盛时期。

明科举与学校教育紧密结合。明学校有两种：一是京师国学；二是地方的府、州、县学。凡能由地方学校升入国学，学习优异者可以直接到政府任职。国学分六堂，三堂为下舍初级班，仅通四书，学制1年半。学制满后选文理条畅者升入中舍中级班两堂学习，学制也为1年半。学制满后，选经史兼通、文理俱优者升入上舍高级班率性堂深造。升入率性堂后开始计算积分，1年内积8分者为及格，给予出身，取得做官资格，无须再参加科举考试。明朝一入国学，均谓之"监生"。举人曰举监，生员称贡监，官僚子弟曰荫监。贡监分不同情况，又有岁贡、选贡、恩贡、纳贡。荫监也有官生与恩生之分。国学以明初最盛，太祖、成祖时，"国子生以数千计"，但中叶以后逐渐衰落，嘉靖年间，"监生在监者不及四百人"[2] 这主要是因为进士越来越受重用，监生出身的人则日益被官府轻视。

明科举考试分乡试、会试、殿试三级。乡试是在南北两京及各直省布政司所在地举行的地方性考试，又称"乡闱"（闱，指考场）。每3年举行1次，一般在子、卯、午、酉年举行，考期在秋季八月，故又称"秋闱"。习惯上称南京府乡试为"南闱"，北京府乡试为"北闱"。凡在各州县考试中式的秀才，均可参加乡试。主持乡试的正、副主考官2人，同考官4人，提调1人，此外还有负责受卷、弥封、誊录、对读、巡绰监门、搜检怀挟的官员。乡试分3场，时间分别是农历八月初九、八月十二、八月十五。第一场试《四书》、经义；第二场试论、判、诏、诰、章、表；第三场试经史、策论。

考生入场要经过严格的搜身检查。入号房后，每个考生由号军1人监视，防止作弊。每场均按规定于黄昏时交卷，若到时未完卷，则给蜡烛3支，以蜡尽为限，如考生仍未完卷，则要被强制出场。考试完毕，试卷要经过弥封、誊录、对读（即校对）等程序，然后送主考、同考评阅。乡试取中者称举人，榜首第一名称"解元"，第二名称"亚元"，第三名、第四名、第五名称"经魁"，第六名称"亚魁"，其余皆称"文魁"。乡试当时又称乙榜或乙科，考中了举

---

[1]《明史·志·第四十六·选举二》。
[2]《明史·志·第四十五·选举一》。

人，便可以参加全国性的会试。

会试是由礼部主持的全国性考试，也称"礼闱"。在乡试的第二年，即辰、戌、丑、未年春季二月举行，故又称"春闱"。参加会试的必须是乡试中式的举人。会试也考3场，时间分别为二月初九、二月十二、二月十五。考试的内容和程序与乡试大致相同，但因会试是最高级别的考试，国家重视程度远在乡试之上，会试的主考、同考、提调、监试等皆由高级官员出任。明初，举人入场，搜身较为宽松。嘉靖四十四年（公元1565年），明世宗"始命添设御史二员，专司搜检。其犯者，先荷校（戴枷）于礼部前一月，仍送法司定罪"〔1〕此后搜检日严。会试被录取者，称"贡士"，第一名称"会元"。其录取人数，明初没有定额，成化十一年（公元1475年）以后，规定一次一般录取300名。

殿试是明朝科举最高一级的考试，因为考场设在奉天殿而得名。凡会试中式的贡士均可参加，殿试由皇帝主持，因是"天子亲策于廷"，所以又称"廷试"。殿试的时间，按科举程式是三月初一，成化八年（公元1472年）改为三月十五〔2〕。殿试的内容很简单，只考策问1场。考题一般由内阁预拟，考前1天呈请皇帝钦定。考试时间以1天为限，日落前交卷。完卷后，受卷官以试卷送弥封官，弥封毕送掌卷官，由掌卷官送到东阁交读卷官评阅。读卷官是从进士出身的高级朝官中选拔的。明朝规定，凡是参加殿试者只分等第而不落选。读卷官的任务是把这些卷子分成三等，特别是选好一甲的3份卷子，其他二甲的分等则随意性较强。殿试发榜分三甲，一甲仅限3名，即状元、榜眼、探花，合称"三鼎甲"，赐进士及第。二甲若干人，赐进士出身，二甲第一名称传胪。三甲若干人，赐同进士出身。中式进士分甲授官，状元授修撰（从六品）、榜眼、探花授编修（正七品），从事编修国史、进讲经书以及草拟诏谕、制造文章。二甲、三甲进士可以再参加翰林院的考试，称为"馆选"，若考取则称为庶吉士，入翰林院学习，3年后再举行考试，根据成绩也可以补授翰林院官职，或授其他中央或地方官职。能考中庶吉士的二甲、三甲进士，也多授给官职；如果举人会试，没有考上进士的，可以改入国子监学习，然后再挑选出来，做京师的小官或州县地方官。

四、黄昏前的辉煌——清代的科举制度

清入关前，一直重武轻文，直到皇太极即位后，才对文人稍有重视。天聪三年（公元1629年）八月，皇太极在一篇上谕中提出"自古及今，俱文武并用，以武威克敌，以文教治世"，并下令"贝勒府以下及满、汉、蒙古家所有

---

〔1〕 （明）沈德符：《万历野获编·卷十六·科场》。
〔2〕 （明）余继登：《典故纪闻·卷十五》。

生员，俱令赴考，家主不许阻挠，考中者，则以丁偿之"[1]。天聪三年九月，举行了考试，从"隐匿得脱"的大约300名汉族士人中200人，免去奴隶身份，依照成绩分一等、二等、三等给予奖励，令其听候录用。

清入关后，顺治二年（公元1645年）八月举行第一次乡试，次年三月，首次会试在北京举行，四月举行首次殿试，并规定："嗣后以子、卯、午、酉年乡试，辰、戌、丑、未年会试。奉特旨开科，则随时定期。"[2] 同时，还宣布承认明朝的秀才、举人身份，允许他们参加清举行的各级考试。

清袭明制，府、州、县均设学校，学校是科举考试的必由之路。府、州、县学的学生称生员。凡未进学校的考生，无论年龄大小，皆称"童生"。童生要取得生员（秀才）资格，必须经过童子试（县试、府试、院试），然后才能参加乡试。童子试又称小试，每3年举行1次。

清乡试于子、卯、午、酉年举行，称正科。除正科外，若遇皇帝万寿、登极或各种庆典而加科的，称恩科。乡试时间与明代相同，亦称"秋闱"，又因《周礼》有3年大比之制，也称大比之年。参加考试的必须是生员或出了贡的生员，没有考上生员而以其他方式取得监生资格的，也可以参加考试。乡试在各省省城举行，考场称"贡院"。乡试的主考由皇帝选派。顺天府及各直属省乡试，除正、副主考官外，还有同考官，其职责是分房阅卷，故又称"房官"或"房师"。考生把答卷交给受卷官后，要经过弥封、糊名、誊录、对读、朱墨卷分开等手续。凡未录取考生的答卷称"落卷"，每张落卷，主考、同考都要略加评语，说明未录取的理由。未被录取的考生，在发榜后10天内，顺天府在顺天府，各直省在布政司处领取本人试卷评语阅看。乡试考取者称举人，第一名仍称"解元"。发榜后，取中举人的还要经过一次复试，通过后方准参加礼部会试。

会试是全国举人集中会考之意。与明代一样，仍由礼部主持，故也称"礼闱"。会试也有正科、恩科之分。在乡试正科的次年举行的称会试正科，在乡试恩科次年举行的称会试恩科。会试试期最初在二月，乾隆十年（公元1745年）后改为三月，此后成为定制，三月正是立春之后，所以又称"春闱"。参加会试的必须是乡试中式的举人，其程序是：先由本人提出申请，经审查合格，各省由所在布政司发给咨文，赴礼部投递，称为"起送"。每个来京城会试的举子，政府都要根据其路途远近发给一定数量的路费，试后落第举人的回程路费，也由官府发放。

---

[1]（清）王先谦：《东华录》"天聪三年"。

[2]《钦定大清会典事例·卷三百三十》。

会试共考 3 场，分别是三月初九、三月十二和三月十五。每场皆先 1 日点名入场，后 1 日交卷出场。其余程序，如座位编号、封闭门户、场规回避、试卷格式、收卷弥封、誊录对读、试卷磨勘等都与乡试大体相同。会试的主考官称大总裁，还设同考官，均由皇帝选派。考中者称贡士，第一名称"会元"。

因殿试是由皇帝亲自主持，阅卷官不能再像乡、会试那样称"同考官"，只称"读卷官"。此外，还有提调、监试、受卷、收掌、弥封、印卷、巡绰、供给、写榜等官，分工负责殿试有关事项。殿试的地点，乾隆五十四年（公元 1789 年）以前，曾先后在天安门外、太和殿丹墀前、太和殿内举行，乾隆五十四年（公元 1789 年）后，均在保和殿举行。殿试名次分三甲，一甲取三名，第一名状元，第二名榜眼，第三名探花，赐进士及第。二甲无定额，大约取贡士的 1/3，赐进士出身，第一名称传胪。三甲亦无定额，约取贡士的 2/3，赐同进士出身。一甲三名在殿试揭晓后，可立即授予官职。状元授翰林修撰，榜眼、探花授翰林编修、检讨。其他进士可再考翰林庶吉士，考中后入院学习，取得未来担任高官的资格，不中者另授其他职位，如主事、行人、推官、博士、知县等。

明、清两代的科举考试都是以八股文为固定程式。这种特殊的文体，又叫作"制艺""时艺""时文""八批文"等。因文章题目都是出自《四书》《五经》，又被称为"四书文""五经文"。《四书》要以朱熹的"集注"为依据，"其文略仿宋经义，然代古人语气为之，体用排偶，谓之八股，通谓之制义"[1]八股文有固定程式，全文由破题、承题、起讲、入题、起股、中股、束股、大结八部分组成。八股文的唯一作用就是应付科举，公私文书、记事、抒情、说理等，都无法使用这种文体。

科举制自隋唐兴起，经由两宋，到明清已发展成十分完备的职官选拔和录用体制。简要说来，它与中央集权的体制形式、与儒学意识形态的传承和传播、与文官政府的功能发挥，都达到了相当协调的程度。但到 1840 年以后，随着西方列强的入侵，中国社会开始被迫走上了向现代化转型的道路，科举制作为一种特定的有利于儒学意识形态的激励机制，逐渐成为阻碍西学传播、现代教育体制建立的力量，遂于光绪三十一年八月初四（1905 年 9 月 2 日）被正式废止。

---

〔1〕《明史·志·第四十六·选举二》。

第三节　异途选任制度

一、恩荫制

恩荫是指子孙依靠父祖的官爵或功勋保举任官的制度，是西周"世卿世禄"制在秦以后的一种变异形态。正式将恩荫特权纳入选官制度的是汉代的"任子制"。当时规定，凡二千石以上官员任满 3 年，可送子弟 1 人到京师为郎官。这一制度是官僚权力衍生出的特权之一，关涉到整个官僚集团的利益，故虽有个别官僚及有识之士一再反对，但一直延续并变本加厉地发展，到东汉后期，公卿子弟往往年纪尚幼，便已任郎官，时人谓之"童子郎"。这一制度与世族所控制的选任制度相结合，强化了少数上层家族对政治资源的垄断，社会上出现了一些世宦大族。如汝南袁绍家族，一门四世五人为三公；弘农杨氏，也是四世居三公之位。至魏晋南北朝，门阀士族控制了政权，官吏的恩荫大大超出了汉代的范围。

唐代恩荫制度有两个特点：①荫任之法普遍应用，无论皇亲国戚或文武大臣，均按品级荫其子孙，这多少可以看到南北朝时门阀制度的影响；②门荫入仕只用于叙官，而不用于贡士；叙官是先获得散位，然后以劳叙进。[1] 散位指没有具体职掌的官位，区别于现任的职事官。唐制规定，诸用荫出身者，一品子，正七品上；二品子，正七品下；正三品子，从七品上；正五品子，从八品上。三品以上大官可以荫及曾孙，五品以上荫及孙。被荫之孙品级降荫子一等，曾孙又降孙一等。[2] 两唐书列传中凡以门荫入仕者皆详言之，从中可以看出，唐文武显官以门荫入仕者比比皆是。

宋制规定，皇族宗室和官僚子孙、亲属、门客、皇后、皇太后、太皇太后的家族，以及先圣、先贤子孙，都可因先辈的官职或功勋做官；三公、宰相子，可做中央各寺丞；使相、参知政事、枢密使、宣徽使子，可做太祝和奉礼郎。宋制，皇帝 3 年亲行郊礼 1 次，到时大小官员皆得荫子，有时甚至 1 次就有数千人恩荫得官，宰执大臣甚至可以荫及门客、医士。由于恩荫过宽，造成奏补过滥。南宋以后，虽重定《补荫法》，但恩荫泛滥仍无法控制。

元荫叙之制更为泛滥。至元四年（公元 1267 年）规定，"诸官品正从分等，职官用荫，各止一名。诸荫官不以居官、去任、致仕、身故，其承荫之人，

---

〔1〕《旧唐书·志·第二十二至第二十四·职官》。
〔2〕《唐会要·卷八十一·用荫》。

年及二十五以上者听"，[1] 并规定用荫采取先嫡长子及其后嗣、嫡长子同母兄弟、继室所出、次室所生、奴婢所生、亲兄弟、叔伯兄弟等顺序。为防止诈冒，次年又制定了严格的用荫审批程序，规定除蒙古及秃鲁花外，三品以下、七品以上，年25岁以上者，都有1年的试用期，这1年内政府不支付薪俸，试用期满后，再视具体情况量才使用。其后，元又对管匠官承荫、军民阵亡袭职等均立具体规程。由于元朝恩荫过于泛滥，以至于不得不定考试之制。至大四年（公元1311年），规定职官子孙承荫，须先试一史一经，能通大义者就免除试用期，不通者要发还学习，蒙古、色目如愿意参加考试，合格者可加一级使用。另元朝存在世袭制，如四怯薛子孙世为宿卫之长，军官子弟袭职等，亦属荫叙范围。

明制规定，文官自一品至七品，皆可荫1子，永乐以后，荫叙逐渐严格，在京三品以上，考满著绩，方得请荫，此后直到明亡，再无变化。另每遇有登极、册后、建储等大典，则有加恩。不过这类恩典都限于勋戚及大臣。凡克敌阵亡及死于王事者，或以功荫，或以难荫，例皆录其子孙。

清荫叙分为恩荫、难荫、特荫三种。恩荫始于顺治十八年（公元1661年），规定满汉文官在京四品、在外三品以上，武官在京、在外二品以上，各送1子入国子监，护军统领、副都统、阿思哈尼哈番、侍郎、学士以上之子为荫生，余为监生。乾隆时规定，公、侯、伯按一品荫，子依二品荫，男依三品荫。雍正初年，令文、武荫及监生通达文理者遵例考试，以文职录用。考试之法，乾隆前期，考以古论及时务策。文理俱优者，交部引见，荒谬者，发回原籍读书，3年后再参加考试。因先代殉职而给官者称为"难荫"，顺治初年规定，官员死于王事者，依应升品级赠衔，并荫1子入监读书，期满候铨。乾隆时规定，凡阵亡人员，无论汉人旗人，一体给予世职。又殉难赠衔，皆按品级比例加赠。特荫是对功臣子孙无仕宦者，或已致仕而品级低微者，给予加恩，主要是按皇帝恩旨而行，具体做法并无一定的制度。

二、赀选制

赀选制就是卖官制度。两汉规定财产在一定数额以上者，向朝廷缴纳若干资财后，便可以自备车马装备，到京都听候选官。西汉初，对赀选财产定额的规定很高，故买官者不多。至景帝时标准下降，将以前有资产10万钱以上，改为资财达到4万钱即可赀选得官，于是，参加赀选的人数大增。汉武帝时，因对匈奴用兵，财政压力很大，遂打破商人不得做官的惯例，规定无论是商人、

---

〔1〕《元史·志·第三十三·选举一》。

地主，只要捐纳一定数量的奴婢，甚至纳羊，都可以为郎，一时之间，赀选大盛。

西汉时，赀选虽是入仕途径之一，但一直为时人所轻，政府也主要将其作为换取财物的手段，对以此途得官者既不重视，也不重用。因此对政府工作尚不构成致命的影响。但到东汉后期，卖官之风大盛，各种官职皆明码标价，极大地加速了政治腐败。西汉时，卖官所得一般都归国库开支，东汉则多归皇帝私人。在汉末诸帝中，灵帝尤为贪婪，他"每叹桓帝不能作家居，曾无私钱，故卖官聚钱以为私藏"。[1]

魏晋南北朝时，卖官之事较之两汉有过之无不及。两晋的开国皇帝晋武帝便大卖其官，并且"钱入私门"。南朝宋明帝"令人入米七百石者除郡，减此各有差"。[2]

唐代同样存在赀选现象。唐于丧乱之时，召纳钱物，不仅售以"空名告身"，且鬻以实官，甚至僧、道还俗同样可以授官。官职之外，并卖出身，乃至目不识丁者亦同明经。唐代还有一种所谓"私觌官"，即朝廷大臣奉使出国时，国家允许其拿出 10 名州县官职出售，卖官所得作为出使的费用。[3] 因出使国不同，其卖官受钱之数也不相同。

至元代赀选更盛，从世祖、成宗、泰定帝、文宗，一直到顺帝，各个时期都有入粟补官之举，但大多是为赈灾而采取的临时措施，所授官职限于茶盐流官、钱谷官之类。纳粟数量与授官等第，因地区而有所不同。如天历三年（公元 1330 年），从七品的官职在陕西售价是粟 1500 石，河南是 2000 石以上，江南在 5000 石以上。这是因为各地区经济状况不同，也与元朝推行的民族歧视政策有关。

明朝的赀选始于景泰元年（公元 1450 年），当时因"大同宣府马草不敷"，规定选官及承差，有能纳草 1500 束，办事吏纳草 2000 束，都准许选用。因犯罪应处降职处分的，能多纳草 1500 束，就可以官复原职。当该吏纳草 1500 束、办事吏纳草 2000 束，给予冠带依次选用；应重历者加输 500 束，也可给予冠带。景泰四年（公元 1453 年），又规定生员可以纳粟为国子监生。

清朝赀选也称捐纳。其捐例大抵有拯荒、河工、军需三项，称"暂行事例"，期满或事竣即停。属于贡监、衔封、加级、纪录等无关铨政者，则称"现行事例"。捐途文职小京官至郎中，未入流至道员；武职千、把总至参将。

---

〔1〕《资治通鉴·汉纪四十九》。
〔2〕《南史·本纪·第三·宋本纪下》。
〔3〕《新唐书·列传·第一百二十二·循吏》。

平民可以捐贡监、职衔。到清朝后期，捐纳名目大为增加，赀选也日益驳杂。

赀选和恩荫在古代称非正途入仕，但其所反映的性质有很大区别。恩荫实际上是世袭制在职官制度上的反映，它的实施说明中国古代官员身份带有一定的家族占有性质。恩荫有利于培植高层职官对现存皇权的亲和感，却不利于政治的清明。赀选的实施因有可能打破士大夫阶层对职官的垄断，且难以与儒学意识形态相适应，一直受到士大夫社会的批评，但或者是因为国家财政的压力，或者是出于皇帝私人对财富的需要，赀选一直没有被真正废止。这一方面说明，中国古代的中央集权事实上是十分脆弱的，它尚没有建立起行之有效的财政制度，以应付各种突发的自然或社会灾难，不得不以赀选的方式作为解决财政困难的一种补充手段；另一方面也说明，专制性皇权在本质上追求的是自身利益的最大化，将国家公共性权力转变成为掠夺社会和垄断稀缺资源的工具，这是它的本质所在。

第四节　职官任用与考核制度

一、职官任用制度概述

汉代职官任用有以下规定：

守，指初入官的试用阶段，不食全俸，转正后才能得全俸。凡试守的官吏，1年之后，若称职即可转正，不称职或罢归原职，或免官。

假，即代理、兼摄之意。

兼，以本官兼其他官职。凡1人任两官以上者，除本官正俸外，其他各官为"兼官"。

领，与"兼"的意思相近，即以本官兼行他官事。武帝以后，设领尚书事，至东汉演变成录尚书事，且多以太傅、太尉领之，所以，"领""录"都是总领的意思。

行，通常指因缺官而以低级官吏行使高级官吏的职务。

平，只用于尚书，指以本官平决尚书之职。

待诏，凡士人在等待皇帝诏令授官时，皆称为"待诏"。

迁，转官之意。官员提升皆称"迁"，同级调动称"平迁"，降级调任称"左迁"。东汉时还有"转"，与"迁"的意思大体相同。

免，汉代免官之法，有自请免官、惩戒免官、连坐免官三种。

魏晋南北朝时期，由于政治动乱，用人制度多是随时而立，缺乏稳定性。南朝一般以3年为小满，6年秩满解任。北朝北魏因武人众多，都欲入朝为官，又创"停年格"制，"不问士之贤愚，专以停解日月为断。虽复官须此人，停日后者终于不得；庸才下品，年月久者灼然先用"[1] 这种制度只问年资，不论才学，是典型的论资排辈。

隋唐时期，废除九品中正制，将官员选任之权收归中央，凡流内官（入品者）均由中央任免。五品以上由皇帝亲自任免，五品以下则由吏部铨选。但吏部任官之权尚有一定限制。各技术专业官职的选拔和委任之权，仍由各个部门掌握，但要送吏部备案[2] 对法官的补署，吏部须与刑部尚书共同协商人选，然后注拟[3] 太常博士的任命，须与太常卿商议[4] 这是因为，律学、经学均系专家之学。

唐朝任官的途径主要是科举，凡常科考试及第的进士，经吏部考试合格者，可正式授官；凡制科考试合格者，不经吏部复试，可直接授官；凡外戚、宦官、侍从学士，由皇帝直接任命，不必经过科举考试。当时吏部任官的标准有四项："一曰身（取其体貌丰伟），二曰言（取其词论辩正），三曰书（取其楷法遒美），四曰判（取其文理优长）。四事可取，则先乎德行，德均以才，才均以劳。其六品以降，计资量劳而拟其官。五品以上，不试，列名上中书、门下，听制敕处分。"[5]

唐制，吏部考察任官的程序是，凡六品以下，定期集体考试，"观其书、判。已试而铨，察其身、言；已铨而注，询其便利而拟；已注而唱，不厌者得反通其辞，三唱而不厌，听冬集"[6]，即考完书法判词之后，观察其身材、言辞。通常是身、言、书、判四者考察之后，再综合考虑该官的德、才、资等诸因素，由"吏部铨，铨即铨注，常三注三唱，自春止夏乃讫"[7]铨即铨注，所谓"铨注"，即主管铨选任官的吏部机关对应选之人拟授之官位与任所经研究权衡后，予以注拟，并征询当事人意见，故曰："已铨而注，询其便利而拟。"[8] 所谓"三注三唱"，就是主选机关对应选人的官位任所，"已注而唱示之"，征询其意见，如果当事人对所委派的位置或任所不满意，可以提出反对意见，吏部要根据其意见，更换所授职位或任所，然后再通知本人，若仍不满，

〔1〕《魏书·列传·卷五十四》。
〔2〕《唐六典·卷二·尚书吏部》。
〔3〕《唐六典·卷十八·大理寺·鸿胪寺》。
〔4〕《唐会要·卷六十五·太常寺》。
〔5〕《通典·卷十五·选举三》。
〔6〕《新唐书·志·第三十五·选举志下》。
〔7〕《新唐书·列传·第一百三十一·外戚》。
〔8〕《新唐书·志·第三十五·选举志下》。

吏部要再次作出调整，如仍难以满足当事人要求，就得等到冬季再度考试时再定。[1] 这种任官方式相当尊重官员本人的意见，据说许多官员因性格质朴，虽然不满所派官职或任所，也违心赴任，故而吏部长官想以再三询问的方式，尽量满足官员本人的要求。

凡所注拟之官，经唱示而同意者，则分类造册上奏皇帝，并发给委任状，"名给以符，而印其上"，谓之"告身"。其文曰"尚书吏部告身之印"。然后，即将赴任的官员要上朝谢恩，面辞皇上。谢恩毕，即离京赴任。

委任官员的形式，按官品高低而有册授、制授、敕授、旨授、判补之分：三品以上官，临轩册授；五品以上官皆制授；六品以下、守五品以上，或视五品者，皆敕授；六品以下官，皆吏部旨授；视六品及流外官，皆判补之。[2]

唐代任官，须先获出身，有出身而后叙散官阶，取得散官阶后才能任职事官。唐朝官员有阶有职、有职者必有阶，称为职事官；有阶而无职者称为散官。"阶"表示身份，别贵贱；"品"表示尊卑，寓禄秩；"职"表示职掌，明确权限。唐官分九品，每品有正从，一共18级，自正四品以下，每级又分上下，凡30等。

唐代任命官吏，在官名前往往要加"拜""授""除""征""守"，或"兼""试""权知""检校""知""摄""判"，等等。"拜"多用于初任之官。"授"是天子任官形式的总称。"除"多用于再命之官。"征"指地方官有才干或政绩卓著者，皇帝特征其到中央政府任职。"守"为试署之意。"兼"，有本官，同时又兼任另一官职。"试"指试任某官，而非实授之意。"权知"，某官出缺，欲授予某人，但因其资历尚浅，则用"权知"，过一段时期就有可能实授。"检校"本为检查校阅之意，在人事行政上，"检校某官"原则上不掌理其职权范围内事务，但有时也兼理其事，过一段时间很有可能实授此职。"知"，某官出缺，以本机关或外部门的官员掌理其事，谓之"知某某"官，或"知某事"，如"知制诰""知中书舍人事"等。"摄"，有本官，依命又兼理其他职务者称"摄"，有兼理之意。"判"，同一官府某一低级官员代理高一级职务，谓之"判"，也有所谓"权判"，即暂时代理之意。

宋文官的任用，有任官与任职之分。凡士人出仕，不仅有官，且有职。官亦称"阶官""散官"或"散阶"，用以表示官阶等级，并无实际职掌。宋文职散官开府仪同三司以下，至将仕郎，共29阶。武职散官自骠骑大将军以下，至陪戎副尉，共31阶。职指"职事官"，即政府各部门有正式编制的职官，如尚

---

〔1〕《册府元龟·卷六百二十九·铨选部·总序条制》。
〔2〕《通典·卷十五·选举三》。

书、学士等。宋朝任官有"官""职""差遣"。"官"仅用以表示等级，与俸禄相联系，因而又称"寄禄官"。"职"是一种加官，即馆职和贴职，与其薪俸无关。凡学士院诸学士，常在天子左右侍从，但俸禄都按其本官而定。"差遣"是实际履行某职务。宋代为加强对各部门及官员的控制，往往将官员"差遣"到其他部门。有宋一代，三省六部二十四司的官吏，除非有皇帝特别旨意，基本都不管本部门的事务，而被"差遣"去管理其他部门的工作，如果无此差遣，其所任之官便成为领取"干俸"的闲职。

明朝任官，文官归吏部，武官归兵部。吏部四司中的文选司掌铨选，考功司掌考课，其地位尤其重要。官吏选授的对象除了进士、举人、贡生外，尚有官生、恩生、监生、儒士以及吏员、知印、书算、译字、通事等杂流。京官六部主事、中书、行人、评事、博士，外官知州、推官、知县，一般都从进士出身中选任，但外官、推官、知县及学官，也有从举人和贡生中选任的。通政司、太常寺、光禄寺、詹事府属官，一般从官荫生中选任。外官州县佐贰官，多从监生中选任。中外杂职、入流、未入流官，一般从吏员、承差中选任。

明朝选官，初授者曰"听选"，升任者曰"升迁"。升迁又有超迁与序迁之别，任官常用的方法是特简，即由皇帝直接选用。听选是指外府州县正佐，内官九卿之属员，均由吏部选授或除授。大学士、吏部尚书、各部侍郎及督护缺员，多用廷推除授。太常卿以下官员任命，则多用部推[1]。外官中只有总督、巡抚是廷推产生的，布政使、按察使则由三品以上官员会推。明朝官吏任命形式，内官实授，即给予诰、敕；外官3年考满则给予诰、敕。受诰、敕者，不仅为官者本人，还及其妻子，妇人从夫品级。

明朝任官最重资格，进士、举人、吏员等人的出身，不但决定其初任官时的品级，而且对以后一生的升迁都有影响。自万历以来，州县掌印主官，上州县为进士缺，中下州县为举人缺，最下州县为贡生缺。举人、贡生出任地方州县主官，一般都是在广西、云南、贵州等边远地区。

清朝任官，文官归吏部，武官归兵部。文官任用，先看出身。清出身有八种：①进士；②举人；③贡生；④荫生；⑤监生；⑥生员；⑦官学生；⑧吏员。铨任的方式有：初班（即初次任命）、补班（即补阙之意）、转班（品级相同而转职）、改班（改换合适的职务）、调班（任期届满而调换）、升班（升迁）。清朝升迁之制，有"内迁外转之法"，有"较俸推升之例"。所谓"内迁外转之法"，即如吏部司官1年内升1人，外转1人，科员则1年内升2人，外转2

---

[1]《明史·志·第四十七·选举三》。

人；司道除升巡抚外，每年内升3人。所谓"较俸推升之法"，即大学士缺以各尚书、左都御史推补，尚书缺或以其他尚书转补，或以各部侍郎推补，以此顺序类推。

在任官形式上，凡由皇帝直接任命的叫作"特简"，由大臣互推任用的叫作"会推"。京外大臣推荐有才能的人担任某项官职，奏报以后，交吏部审议，称为"明保"。如保荐特殊人才请求破格录用，称为"密保"，一般交军机处存记，于适当时予以任命。

清朝在任官制度上创立了"官缺制"。"官缺制"是清朝所特有的，主要分为满官缺、蒙古官缺、汉军官缺和汉官缺四种。根据这种固定官缺来补授各种官职，如理藩院、宗人府及掌钱粮府库等重要机构，则为满洲专缺；各省驻防将军、都统、参赞大臣等也全是满缺。地方督抚抚司道虽满、汉兼用，但近畿与要隘处多用满人为官。康熙时汉人任督抚者"十无一二"。乾隆时巡抚满汉各半，而总督无一汉人。

二、职官考核制度概述

对官员政绩进行考核称"考课"。考课在秦时已初具规模，汉朝则更完备，并设立了专门机构。当时对地方官的考核，主要由丞相负责。地方郡国长官，按规定内容，年终要向丞相府报告工作。报告的内容与项目，主要有各县户口、垦田农桑、漕运水利、钱谷出入、盗贼狱讼、教育选举、灾变疾病等项。该报告由郡国长官派员送到丞相府，称"上计"，这个报表当时称"上计簿"[1]。

汉朝规定，1年一小考，3年一大考。由太守考课县吏，丞相御史考课九卿郡国守相，公府考课掾史。平时对官吏的功罪设有专门机构考察和记录，如丞相府的东西曹、郡县的功曹，就是这种机构。为防止偏私，考核均采取会议形式，公开评议。主考者可提出种种问题，受考核者需要据政绩实情回答。然后逐级汇总，由县而郡，由郡而中央，两府总其成上奏皇帝。因为考课是国家大事，有时皇帝会亲自接受上计，如武帝太初元年（公元前104年）春，于甘泉宫受郡国上计[2]。这是在丞相于岁末考核百官之后，于第二年新春百官朝贺之时，向皇帝报告考核情况，同时奏上全国郡国"上计簿"。皇帝通常是在每年正月初一群臣朝贺时接受上计，有时也在封泰山、祀明堂时。

汉代在考核后，要根据考核的情况对官员实行奖惩。奖励一般有增秩、升官、赐爵；惩罚一般有降薪、贬职、免官等。至于违法犯罪者，则要按律治罪。

---

[1]　《汉书·宣帝纪》。
[2]　《汉书·武帝纪》。

韩延寿为东莱太守，令行禁止，狱讼大减，考核为全国最优，升左冯翊。[1] 黄霸为颍川太守，考核全国第一，升京兆尹，后因缺乏管理京师经验，又降为颍川太守，薪俸降为800石，但他仍勤于公务，郡中大治，再次得到升秩、赐金、封侯等荣典，不久升为御史大夫，后官至丞相。[2]

　　唐朝考课制度更加完备。当时主管考课的机关为吏部考功司，设有郎中、员外郎各1名。考功郎中秩从五品上，负责京官考课；员外郎从六品上，负责外官考核。因他们品秩较低，只负责四品以下官员考课。对三品以上大臣，还需报呈皇帝裁决。为加强考课的权威性，还规定由德高望重的宰相2人充任内外官考校使，御史大夫或其他高级官员为监考使。考课一般在年底前必须完成，以便为来年工作做好准备。在吏部考核前，中央各省、台、寺、监及地方州郡等长官，先要对被考核的下属进行品德评定，将他们当年的功过行能登入簿状，作为档案材料。具体做法是：各机关长官将所属成员全年的功过表现当众宣读，议其优劣，分为九等，汇总于尚书省。流内之官，根据品行、才能两个方面，以国家所规定的"四善""二十七最"为标准，评定每个人的等第。

　　"四善"是国家对各级官吏提出的四条共同要求：一曰德义有闻；二曰清慎明著；三曰公平可称；四曰恪勤非懈。这四条主要是对品德方面的考察。"二十七最"是针对各部门的具体工作性质所规定的27条要求，主要是才能方面的考察。如献可替否，拾遗补阙，为近侍之最；铨衡人物，恪尽才良，为选司之最；扬清激浊，褒贬必当，为考校之最；礼制仪式，动合经典，为礼官之最；音律克谐，不失节奏，为乐官之最；决断不滞，与夺合理，为判事之最；部统有力，警守无失，为宿卫之最；兵士调集，戎装充备，为督领之最；推鞫得情，处断平允，为法官之最；雠校精审，明近刊定，为校正之最；承旨敷奏，吐纳明敏，为宣纳之最；训导有方，生徒克业，为学官之最；赏罚严明，攻城必克，为将帅之最；礼义兴行，肃清所部，为政教之最；详录典正，词理兼举，为文史之最；访察精审，弹举必当，为纠正之最；明于勘覆，稽失无隐，为勾检之最；职事修理，供承强济，为监掌之最；功课皆充，丁匠无怨，为役使之最；耕耨以时，收获成课，为屯官之最；谨于盖藏，明于出纳，为仓官之最；推岁盈虚，究理精密，为历官之最；占候医卜，效验多者，为方术之最；检查有方，行旅无壅，为关津之最；市厘不扰，奸滥不行，为市司之最；牧养肥硕，蕃息孳多，为牧官之最；边境清肃，城隍修理，为镇防之最。

　　经过考核，将被考人的成绩和所得善最多少，区分为九等评定。具体办法

---

[1]《汉书·赵尹韩张两王传》。
[2]《汉书·循吏传》。

是：一最已上有囘善为上上；一最已上有三善，或无最而有四善为上中；一最已上有三善，或无最而有三善为上下；一最已上有一善，或无最而有二善为中上；一最已上，或无最而有一善为中中；职事粗理，善最弗闻为中下；爱憎任情，处断乖理为下上；背公向私，职务废阙为下中；居官谄诈，贪浊有状为下下。若于善最之外别可嘉尚；及罪虽成殿、情状可矜，虽不成殿而情状可贵者，省校之日，皆听考官临时量定。[1] 流外官及三卫人员的等第则比较简化，流外官分四等，即清慎勤公为上，执事无私为中，不勤其职为下，贪浊有状为下下。

官吏经过考核定等后，吏部要发给"考牒"作为凭证。考课按每年的功过行能定考，不满1年按说不能参加考核。但实际上从任官之日到考核之日已满200天者，即可参加。如果请假超过100天，或停止工作1年以上者，不得参加考核。唐对地方州县长官考核很严，除上述"四善""二十七最"外，按惯例要按所管区域户口之增减，农田耕垦与收获如何，以定考第。如抚育有方、户口增益，各准现有户口为10分，每加1分，刺史县令各进考一等；如户口减少者，亦每1分降一等。

唐代考核，小考赏以加俸，罚以夺禄，大考赏以晋升，罚以降职，重者免官，直至追究法律责任。官员一般都是凭考课进阶升级的。四考成绩都是中，要进年劳一阶，每次考核成绩为中上，要进一阶，若成绩为上下，则进两阶，成绩为上中以上，就要上奏另行决定升迁。

宋朝设审官院和考课院，分别负责对京官和地方官的考核。宋考核又称"磨勘"，有检查、复核、防止申报不实或升降不当之意。文武任职满1年一小考，3年一大考，"凡内外官，计在官之日，满一岁为一考，三考为一任"，[2]任满3年给予磨勘迁秩。磨勘分为三等，凡文武官员公勤廉恪又职可修举为上，公勤廉恪又有一长为中，既无廉声又多谬政为下。上者或转官或减磨勘，中者无所奖赏，下者皆降官展磨勘。在实际执行中，多以循资（年资）考绩为主，不是以政绩建树为先。官员大多老成持重，凡在任期内不发生过错者都可升迁。"知县两任，例升同判，同判两任，例升知州"，因而也就产生了"贤愚同等，清浊一致"的弊端。[3] 对地方官的考核标准，是以"七事"考监司。所谓"七事"，一曰举官当否；二曰劝课农桑，增垦田畴；三曰户口增损；四曰兴利除害；五曰事失案察；六曰校正刑狱；七曰盗贼多寡。以"四善""三最"考守令，"四善"与唐代相同，"三最"为刑狱无冤、催科不扰为治事之最；农桑

---

〔1〕《唐六典·卷二·尚书吏部·考功郎中》。

〔2〕《宋史·志·第一百三十六·职官三》。

〔3〕（北宋）范仲淹：《范文正公集·卷八·天圣五年上执政书》。

垦殖、水利兴修为劝课之最；摒除奸盗、人获安处、振恤困穷、不致流移为抚养之最。综合善、最划分为三等，有五项符合标准者为上等，有两项达到要求的为中等，不足两项者为下等。

　　元朝文官考核由吏部掌管。由于元朝"官""吏"并用，因而考核也分职官、吏员两类。其考核主要采取计年法，即从中央到地方的各级官吏，根据职务规定其任职期限。内任官以30个月为满，地方官以3周年为满，钱谷典守以2年为满。而理考通以30个月为则，考满升迁。内任官一考升一级，15个月进一阶，外任官一考进一阶，两考升一级或三考升两级。[1]

　　明朝考核分考满和考察，二者相辅而行。所谓"考满"，是评论官员任期内的工作态度，其方法是：内外官任期满3年为一考，6年再考，9年通考黜陟。每一阶段考绩完成，均称"考满"，考核成绩分上、中、下三等，即称职、平常、不称职。成绩平常以上，可以再用或升迁。初任官，试职1年即须考核，决定是否实授。通常是京官都要试职1年，考核实授，一考对品调动。如在9年之内，二考为称职，一考为平常，就以称职计等；二考称职，一考不称职，或两考平常，一考称职，或三考分别为称职、平常、不称职，都以平常计等；但二考平常，一考又不称职，则以不称职计等。考满之后，按照所定等第决定升降。

　　地方州县政务繁简程度不同，则以官员互调以加强考核的公平性。明朝规定："其繁简之例，在外府以田粮十五万石以上，州以七万石以上，县以三万石以上，或亲临王府都、布政、按察三司，并有军马守御，路当驿道，边防冲要供给处，俱为事繁。府粮不及十五万石，州不及七万石，县不及三万石，及僻静处，俱为事简。在京诸司，俱从繁例。"[2]

　　考察之法，京官6年一次，称"京察"；外官3年一次，称"外察"。考察主要是针对需要处理的官员的审查。考察的对象有贪、酷、浮躁、不及、老、病、罢、不谨八种。考察的具体办法是：以己、亥年为考察京官之年，京官"自四品以上自陈以取上裁，五品以下分别致仕、降调、闲住、为民有差，具册奏请，谓之京察"。考察外官定在"朝觐之年"，自孝宗弘治年间（公元1488年~公元1505年），外官定3年一朝觐，即在辰、戌、丑、未年中进京。考察也在朝觐之年同时进行。一般是月计送上府，府以岁计送上布政司，满3年，府、按通核其属下官员事状，以八种考察项目分别送册呈报中央，其处分办法

〔1〕《元史·志·第三十三·选举三·铨法中》。
〔2〕《明史·志·第四十七·选举三》。

与京察同称为"大计"[1]。被考察的官员如对考核结果不满，可以辩白，主管考察的机关如考察不实也要受连坐处分。凡治绩特别优异者，可以免予考察。对官吏的考核由吏部尚书和都御史主持。

清朝对京官的考课也称"京察"，对外官的考核称"大计"。每3年考核一次，京官于子、卯、戊、酉年进行，部院司员，由长官考核，分称职、勤职、供职三等，一等加级。考核中纠以六法：不谨、疲软者革职，浮躁、不才者降调，年老、有疾者休致。注考送部，以次过堂。三品京官开列事实，四品、五品由王公大臣分别等第，具奏引见，听皇帝裁决。大计于寅、巳、申、亥年举行，先期藩、臬、道、府、递察其贤否，申之督抚，督抚核查其事状，注考造册，送吏部复核。才守俱优者，举以卓异；劣者劾以六法。卓异者，自知县以上皆得引见候旨，劣者以六法处分。贪酷不法者特参治罪[2]。考核由吏部考功司主持，吏部给事中及河南道御史协同办理。所谓"三年大计，册报责在抚按，考察责在部院，纠检责在科道"[3]。

第五节　职官品级与俸禄制度

一、两汉及魏晋南北朝的职官品级与俸禄制度

官吏俸禄与其品级有密切关系，品、阶、勋、爵都是表示职官等级的名号。汉朝官、爵皆承秦制，从最低级的公士到最高级的彻侯，共20等，官阶15级，以秩禄多少决定官员的品级。秩禄等级有1万石、中2000石、2000石、比2000石（比：比照）、1000石、比1000石、600石、比600石、400百石、比400石、300石、比300石、200石、比200石、100石、斗食、佐史。秩禄与官职的对应关系是：1万石的官职有"三公"、大将军、骠骑大将军；中2000石的有御史大夫、九卿；2000石有典属国、内史（京兆尹）、郡守（太守）；比2000石的有光禄大夫、中郎将、郡尉；1000石的有丞相长史、御史中丞、大县县令等；比1000石有太中大夫、谒者（仆射）；600石的有卫士令、郡丞、小县县令等；比600石有博士、西域郡护丞、中郎等；400石有太子中盾、县丞等；比400石的有光禄侍郎；300石有小县县长；比300石有光禄郎中；200石有县尉；比200石与100石为中央与地方政府最下层的吏员。以上为西汉情况，东汉略有变化。

〔1〕《明史·志·第四十七·选举三》。
〔2〕《清史稿·志八十六·选举六》。
〔3〕《清朝文献通考·卷五十九·考课十三》。

两汉时期，官吏的俸禄一般都以发给粮食的形式，按月领取，以斛为单位，如丞相1万石，月实得谷350斛，中2000石为180斛，2000石为120斛。除常俸外，中、上级官吏还可以享受膳食、衣服、医疗及节日赏赐等各种待遇。

曹魏的封爵分为王、公（县公、乡公）、侯（县侯、乡侯、亭侯）、伯、子、男六等。晋与宋、齐的爵称皆沿袭曹魏。南朝后期，王有亲王、嗣王、藩王之别，北朝的魏、齐封爵与魏晋南朝同，也分六等。至于俸禄制度，曹魏多取汉制。晋朝官俸用田帛，第一品田50顷，二品45顷，至九品为10顷。职田外，还有食谷、绢帛之给，南朝宋、梁等因之。

从魏晋开始，官分九品，以一品为最高。南朝更置18班，班多为贵。北魏置九品，品分正从，自四品以下每品又分上、下阶，共30阶。所谓的"阶"，通称"阶官"，又称"散官"，其作用主要是标示官员的身份等级。两汉时，职位与俸禄是对应的，虽然有时皇帝会对重臣于本官之外另加赐名号，以示褒奖，但无实际官守，亦不与俸禄挂钩。魏晋南北朝时期，仍有一些官名为散号，如将特进、光禄大夫、中散大夫和一些散字号将军等官称，授予年老有病的旧臣或有一定勋劳的人，作为领取俸禄和享受某种礼遇的依据，但不负实际责任，因而称为"散官"。这到隋唐时进一步发展成正式的散官制度。

二、隋唐时期的职官品级与俸禄制度

隋唐继承了魏晋以来的九品划分，并保留了正、从品，皆称"流内官"，九品之外则称"流外官"，流外官转为流内，称为入流。至隋唐已发展为正式的散官制度，并作为每个官员的实际身份等级，被称为"散阶"或"阶品"。

当时有文散阶和武散阶之分。文散官分九品，有正有从，自四品起又有上下阶，除正一品不设外，共29阶：从一品曰开府仪同三司。正二品曰特进；从二品曰光禄大夫。正三品曰金紫光禄大夫；从三品曰银青光禄大夫。正四品上曰正议大夫，正四品下曰通议大夫；从四品上曰太中大夫，从四品下曰中大夫。正五品上曰中散大夫，正五品下曰朝仪大夫；从五品上曰朝请大夫，从五品下曰朝散大夫。自正六品至从九品下都称"某某郎"，如正六品上为朝议郎，正六品下为承议郎，从九品上为文林郎，从九品下为将仕郎。武官九品，也是有正有从，三品又分二正上，一正下，二从上，一从下；四品以下又分一正上，二正下，一从上，二从下。除正一品不设外，共45阶。从一品曰骠骑大将军，正二品曰辅国大将军，从二品曰镇国大将军，以下多以将军、中郎将、郎将、校尉等为号。上述散官官阶主要是用于确定官员的班次，而职守是由职事官确定的。由于职事官都由皇帝量才任用，因此，散官与职事官的品级不一定相符，有低官阶而任高职务的，也有高官阶而任较低职务的。

北朝时，北周设"勋官"用来奖励作战有功的战士，后来逐渐及于朝官。

这一做法至唐成为定制。唐共置12"转"（等级），"转"多为贵，受勋者即称勋官。其勋号自上而下分别为上柱国（正二品）、柱国（从二品）、上护军（正三品）、护军（从三品）、上轻骑都尉（正四品）、轻骑都尉（从四品）、上骑都尉（正五品）、骑都尉（从五品）、骁骑尉（正六品）、飞骑尉（从六品）、云骑尉（正七品）、武骑尉（从七品）。

唐制"凡爵九等：一曰王，食邑万户，正一品；二曰嗣王、郡王，食邑五千户，从一品；三曰国公，食邑三千户，从一品；四曰开国郡公，食邑二千户，正二品；五曰开国县公，食邑千五百户，从二品；六曰开国县侯，食邑千户，从三品；七曰开国县伯，食邑七百户，正四品上；八曰开国县子，食邑五百户，正五品上；九曰开国县男，食邑三百户，从五品上"[1]。

唐朝官吏俸禄由土地、实物与货币三部分组成。土地又分永业田与职分田两种，按官员品级高低授予。其标准是：亲王100顷，职事官正一品60顷，郡王、职事官从一品50顷，国公、职事官正从二品皆35顷，县公、职事官正三品25顷，职事官从三品20顷，侯、职事官正从四品皆12顷，子、职事官正五品8顷，男、职事官从五品5顷，以上皆受田宽乡。职事官六品、七品正从皆2.5顷，八品、九品正从皆受田2顷，六品以下皆受田本乡。散官五品以上授田同职事官。解免者追田，除名者受口分之田，袭爵者不另授田。流内九品以上口分田终其身。凡应授田而无田可给，年每亩折合给粟2斗[2]。永业田按爵、勋、品级分别授予，国家不再收回，可以传给子孙。职分田按职务品级授予，离职时须移交给下任官员。授予的标准是：京官一品、外官二品授12顷，京官二品、外官三品授10顷，京官三品、外官四品授8顷，京官五品、外官六品授5顷，京官六品、外官七品授4顷，京官七品、外官八品授3顷，京官八品、外官九品授2.5顷，京官九品授2顷[3]。

唐还按年发给官吏禄米。高祖武德元年（公元618年）文武官给禄，正一品700石，从一品600石；正二品500石，从二品460石；三品400石，从三品360石；四品300石，从四品260石；五品200石，从五品160石；六品100石，从六品90石；七品80石，从七品70石；八品60石，从八品50石；九品40石，从九品30石。上述禄米按年发放，只限于京官。太宗贞观年间，又为外官发放禄米，但皆低于京官一等[4]。解官在家待安排者，按退休官例发给

---

〔1〕《新唐书·志·第三十六·百官一》。
〔2〕《新唐书·志·第四十五·食货五》。
〔3〕《新唐书·志·第四十五·食货》。
〔4〕《唐会要·卷九十·内外官禄》。

半禄。

另外，还发给包括俸、食、杂用及"俸料"（即政府安排调拨的仆役费用），皆按钱计算发放。唐初，官员俸料出自"公廨本钱"，即政府付给各机关一定的钱数，这部分费用主要用于支付佐史以下不领取禄米的吏员们的薪俸，节余部分即支付官员俸料费用。至玄宗开元年间，给官员发放俸料成为定制，称"月俸钱"。

三、两宋职官品级及俸禄制度

宋初，正式职官的名称都作为阶官的名称。神宗元丰改制，减少了官员的等级，改为九品正、从，共18阶，并采用旧文散官的名称，重新编制官阶为25阶，依此制定官员的俸禄。徽宗崇宁至政和年间，阶复增至37级[1]。宋爵制分12等，有王、嗣王、郡王、国公、郡公、开国公、开国郡公、开国县公、开国侯、开国伯、开国子、开国男。宋勋官沿袭唐制，另多赐予功臣以荣誉性称号，如推忠、佐理、协谋、同德、学正等。

宋百官俸禄十分复杂，包括俸（料）钱、职钱、禄粟、衣赐、职田、衣料、薪嵩炭盐、纸张、马料，以及出差给卷、公用钱、添支增给等十余种，但丰薄多寡则随时而异，并随国库状况而变化。宋代因货币流通已广，所以，在元丰改制以前，百官支俸标准，禄粟实物皆折钱给予，这是宋朝俸禄制度的重大发展。但在实际发放时，因国用不足，并不完全给钱，而是"一分见钱，二分他物"[2]。元丰改制，俸禄除俸钱外，诸般供给悉并入职钱。

宋俸禄较丰，如宰相禄粟月100石，但每石给6斗，米、麦各半，这样一年实发合计720石，月俸钱每月30万，"春秋服各绫二十匹，绢三十匹，绵百两"，另外，僎人70人的钱粮皆由官府供给。又如参知政事的俸禄，除禄粟外，"月二百千，绫十匹，绢三十匹，绵五十两"，另拨给僎人50人的钱粮。宋俸禄还有另外一个特点，就是兼官兼薪，徽宗时，竟有一身兼领十余俸者[3]。

四、明清的职官和俸禄制度

明朝文官分九品，品有正、从，共18级，不入九品者称未入流。文官散阶共九品42阶，武官散阶共六品30阶，除正二品至从四品分初授、升授、加授三阶外，其余各品正、从均分为初授、升授二阶。明朝爵称只有公、侯、伯三等，以封功臣与外戚。勋官分文武，文官勋级共五品10级，正一品，左右柱国；从一品，柱国；正二品，正治上卿；从二品，正治卿；正三品，资治尹；

---

〔1〕《宋史·志·第一百二十二·职官九》。
〔2〕《宋史·志·第一百二十四·职官十一》。
〔3〕《宋史·志·第一百三十二·食货下一》。

从三品，资治少卿；正四品，赞治尹；从四品，资治少尹；正五品，修正庶尹；从五品，协正庶尹。武官勋级共六品 12 级。正一品为左右柱国；从一品，柱国；正二品，上护军；从二品，护军；正三品，上轻骑都尉；从三品，轻骑都尉；正四品，上骑都尉；从四品，骑都尉；正五品，骁骑尉；从五品，飞骑尉；正六品，云骑尉；从六品，武骑尉。[1]

明朝官吏俸禄有米、钞、布、盐等。洪武初年，百官俸禄屡有变更，到洪武三十五年（公元 1402 年）才形成定制。正一品月俸米 87 石，从一品至正三品递减 13 石，至 35 石。从三品 26 石，正四品 24 石，从四品 21 石，正五品 16 石，从五品 14 石，正六品 10 石，从六品 8 石，正七品至从九品递减 5 斗，到 5 石为止。明初官俸全给米，偶尔发给钱钞，钱 1000、钞 1 贯，抵米 1 石。成祖时，文武官俸米钞兼给，官高者支米十之四五，官卑者支米十之七八。唯九品及杂职、吏、典印、总小旗等最下层官吏则全部支米，其折钞者，米 1 石给钞 10 贯。[2]

明朝货币初期以铜为本位，后来逐渐转为以银为本位，以银折合米价。明朝正常米价 4 石值银 1 两，正一品每月所得之米 87 石，折银不足 22 两，正七品每月所得米 7 石 5 斗，折银不到 2 两，可见明朝官俸之低已到了不合情理的地步。明朝禄粟支付多用钱钞。太祖时，钞 1 贯（即 1000 文）抵米 1 石，成祖时钞 10 贯抵米 1 石，仁宗时更是 25 贯抵米 1 石，至宣德初年，米价已攀升到钞 50 贯 1 石，比太祖时上涨了 50 倍，因而官员的俸禄收入实际下降了许多倍。成化以后，改变了官俸支付办法。改变后的支付办法是：一为"本色"；二为"折色"。本色有三，即月米、折绢米、折银米。月米，不问官之大小，皆 1 石；折绢，绢 1 匹当银 6 钱；折银，银 6 钱 5 分当米 1 石。折色有二，绢布折钞，绢每匹当米 20 石，布每匹折米 10 石。施行不久，米、绢、钞都贬值，唯独银价上涨，致使官员收入状况更加恶化。

清朝文武百官分为九品，品有正、从，共 18 级，不列品者称"未入流"。文武官阶也是九品 18 阶。凡五品以上为"诰授"，六品以下为"敕授"。品与职相配则殿阁大学士、军机大臣为正一品，尚书、左都御史、总督为从一品；各部侍郎、巡抚为正二品，翰林学士、布政使为从二品；大理寺卿、通政使、顺天府尹为正三品，大理少卿、光禄寺卿为从三品；鸿胪寺卿、各省守巡道为正四品，国子监祭酒、知府为从四品；六科给事中、直隶州知州为正五品，翰林院侍读、侍讲、知州为从五品；理藩院主事、京畿知县为正六品，翰林修撰、

---

〔1〕《明史·志·第四十八·职官一》

〔2〕《明史·志·第五十八·食货六》

各州同知为从六品；太常博士、知县为正七品，国子监助教、都事为从七品；县丞为正八品；各部院笔贴式、按察司照磨、各县主簿为正九品。[1]

清朝宗室爵分 14 等，即和硕亲王、世子（亲王长子）、多罗郡王、长子（郡王长子）、多罗贝勒、固山贝子、镇国公、辅国公、不入八分镇国公、不入八分辅国公、镇国将军（秩视一品）、辅国将军（秩视二品）、奉国将军（秩视三品）、奉恩将军（秩视四品）。异姓封爵共 25 等，即一等公、二等公、三等公、一等侯兼一云骑尉、一等侯、二等侯、三等侯、一等伯兼一云骑尉、一等伯、二等伯、三等伯、一等子兼一云骑尉、一等子、二等子、三等子、一等男兼一云骑尉、一等男、二等男、三等男、一等轻车都尉、二等轻车都尉、三等轻车都尉、骑都尉兼一云骑尉、骑都尉、云骑尉、恩骑尉。清朝勋号已与勋爵合并。

清朝实行俸银禄米制。宗室爵：亲王每年俸银 10 000 两，禄米 5000 石，爵位最低的奉恩将军，每年俸银 110 两，禄米 55 石。异姓封爵世职：一等公，年俸银 700 两，禄米 350 石，最低的恩骑尉，年俸银 45 两，禄米 25 石 5 斗。内外文武官员，不分满汉，皆按官品发放。京官有俸银、禄米和恩俸，外官有俸银、养廉银，而无禄米，但各项收入相加，远高于京官。如一个正一品的京官，年俸银为 180 两，禄米折银为 90 两，恩俸为 270 两，合计收入为 540 两；而一位从一品的外官，年俸银为 180 两，养廉银为 15 000 两，合计收入为 15 180 两。一个正七品的京官，以上各项年收入相加为 134 两，但同为正七品的知县，年收入合计可达 1045 两。因京官收入过低，乾隆元年（公元 1736 年）特旨对京官发放双俸，但仍无法从根本上改变京官与外官收入差距过大的现象。到清朝末年，又开始发给各官公费银，京官军机大臣为 24 000 两，尚书 10 000 两，侍郎 8000 两，各司官员分 7 等，自 2400 两到 180 两不等。

第六节　职官退休制度

一、汉至南北朝的职官退休制度

我国古代官员退休称"致仕"或"告老"。早在春秋时，晋、卫等国业已存在退休制度，称为"请老""告老"等。秦以后，官员退休制度大致形成于汉代。据班固《白虎通义》记载，汉代退休制度有如下规定：①官吏年 70 岁，耳目不聪，腿脚不便，就必须致仕；②官员告老退休后，朝廷给其原俸禄的

---

〔1〕《清朝文献通考·卷八十九·职官考·品级》。

1/3，以示尊贤；③官吏年老退休，也是为国家让贤路。致仕官员给俸之制，始于西汉末年，平帝元始元年（公元 1 年）定制："天下吏比二千石以上年老致仕者，参分故禄，以一与之，终其身。"[1] 根据这一规定，只有比 2000 石以上五级官员退休，才能领取原俸的 1/3 以养老，1000 石以下各级官员尚无法享受领取退休金的待遇。除正常的退休金之外，高级官员退休，朝廷还要给以优厚的赏赐，如丞相韦贤、御史大夫杜延年以年老告退时，皇帝皆赐黄金 100 斤，另赐安车驷马、牛、酒、医药。

魏晋南北朝时期，由于政治极度动荡，官员的退休制度很难实施，正如时论所言："进仕者以苟得为贵，而鄙居正。当官者以望空为高，而笑勤恪。"[2] 因而造成了机构臃肿、人浮于事。南梁时期，已是"骑都塞市，郎将填街"，[3] 南陈时，更是"员外、常侍，路上比肩；咨议、参军，市中无数"。[4] 上述情况，当然加剧了南朝政权的衰败。

二、唐宋时期的职官退休制度

唐朝官员退休以 70 岁为限，但这只是常例，并非不容许例外情况：一方面，"年七十已上应致仕，若齿力未衰，亦听厘务"；[5] 另一方面，"年虽少，形容衰老者，亦听致仕"。[6] 上述两个方面表明，唐朝退休制度主要以官员的身体状况为依据。唐制规定，凡申请致仕者，五品以上奏闻，六品以下由尚书省录奏。退休以后，五品以上官可得半禄。有功之臣蒙得皇帝恩典，亦可得到全禄，但有唐一代得此恩典者甚少。京官六品以下、外官五品以下退休，各有永业田可以养老。太宗贞观初年，诏文武百官致仕者有"参朝"的荣例，并规定："参朝之日，宜在本品现任之上。"这是给予退休官员地位上的荣典。致仕官员回乡居住，如家境贫寒，路途遥远，皇帝可专给"公乘"送回，以示优待。但中唐以后，政治渐趋腐败，官吏贪恋禄位，致仕制度也遭破坏，以至于有年已 70 岁，甚至 80 岁尚未退休者。

宋朝的致仕制度规定，文武官员年满 70 岁可以致仕，待遇特别优厚，往往加衔晋级。一般官员致仕，都可升转一官，如不愿升官转资，其亲属中 1～3 名可得到较低官衔。高级官员更受尊崇，致仕时凡带平章事职衔者，每遇朝会，宜级中书门下班、参议朝政。致仕官吏按品级高低，其子孙可以"荫补"一定

〔1〕《汉书·平帝纪》。
〔2〕《文选·晋纪总论》。
〔3〕《梁书·卷四十九·列传·文学上》。
〔4〕《陈书·卷二十六·列传·徐陵、子俭、份、仪、弟孝克》。
〔5〕《旧唐书·志·第二十三·职官二》。
〔6〕《通典·卷三十三·职官十五·致仕官》。

的官职。为了安置致仕官吏，自宋真宗时起，还特设祠禄官，即让退休的高级官吏去管理道教宫观，以借其名义领取俸禄，故称之为"祠禄官"。宋朝致仕官员，原则上只给半禄，但有功之臣，如皇帝恩准，可以领取全禄，如王彦超致仕，太祖诏给大将军俸，上官正致仕，也赐全禄。至太宗淳化初年，方规定凡致仕官员只给半俸。真宗大中祥符年间，又下诏致仕官员发给全禄。虽然宋朝对退休官员极为优容，但官吏一般都贪恋权位，不愿引退。包拯曾为此提出建议，要求皇帝下令御史台，一旦文武官员年满 70 岁，就要劝讽其主动致仕，如果其不接受劝讽，则御史台要上本参劾。[1]

三、明清时期的职官退休制度

明朝官吏退休制度有一些新规定。太祖洪武十三年（公元 1380 年），将致仕年龄提前，规定："文武官年六十以上者听致仕，给以诰敕。"同时还规定，官员老病不能任事者，则随时勒令其致仕[2] 孝宗弘治四年（公元 1491 年）又规定，凡告疾官员，年 55 岁以上者，冠带致仕；未及 55 岁者，冠带闲住。65 岁以上官员致仕，则不再铨选任用。[3] 致仕后待遇优厚，明初规定，官员凡致仕者，与现任相同，朝廷待以优礼，四品以下官升一级，给诰敕。其后大臣致仕用公家专车送回，沿途驿传照皇命接待侍候。致仕官如果在任职期间，9 年考满均称职而无过者，致仕时，特准升职事官二级。有时皇帝还为退休官员供给月米、夫役、赐敕嘉奖。退休官员的俸禄，有给田和给俸。明初规定，凡内外文武官员年老致仕者，三品以上原俸，四品以下各升一等，发给诰敕。但任官未满 3 年，或因故降级使用的官员不适用这一规定。官员致仕后一般都回乡居住，不得留住京师和任所所在城市，宰相多数亦不例外。这是防止致仕大臣勾结内外朝官，干预朝政。致仕归养而死亡者，皇帝也多赠官、赐谥，以作为褒奖。

清朝致仕制度基本沿袭明制。官员退休一般称为休致，退休年龄为 60 岁。乾隆时规定，凡大小官员致仕，有世职者，照品给俸；无世职者，致仕者仍给半俸，未到 60 岁因病致仕者，则不再给俸。国家重臣致仕，则给全俸。[4] 清朝武官致仕年龄限制较低，副将以下，年满 60 岁即行罢斥，参将以 54 岁为限，游击以 51 岁为限，都司、守备以 48 岁为限。清朝大臣退休后，除个别被皇帝

---

〔1〕（北宋）包拯：《包孝肃奏议·卷二·论百官致仕》；另见《宋史·志·第一百二十三·职官十·杂制·致仕》。

〔2〕《明史·本纪·第二·太祖二》。

〔3〕《大明会典·卷十三上·致仕》。

〔4〕《钦定大清会典事例·卷二百五十九》"乾隆元年谕"。

留京备顾问外，一般都回原籍，由皇帝决定"赏食原俸"或半俸。如果能"赏食原俸"，则是一种特殊的恩典。

思考题：

1. 两汉时期的察举、征辟制度分别指的是什么？
2. 魏晋时期的九品中正制有哪些特点？
3. 科举制在隋唐时期与明清时期出现了哪些变化？
4. 以明朝科举制为例，简要介绍科举制的主要内容与特点。
5. 分别解释乡试、会试、殿试、一甲、二甲、三甲、秋闱、馆选、解元、会元、三鼎甲等名词。
6. 科举制与现代公务员制度有哪些区别？
7. 中国历史上异途选任制度有哪些？
8. 以唐朝为例，简要叙述官员任命的程序。
9. 简要叙述各朝官员考核的标准和办法。
10. 试比较西汉、唐朝、明朝的薪俸制度的不同。

第七章　言谏与监察制度

学习目的和要求：

通过本章的学习，学生应了解不同时期言谏和监察制度的历史沿革，掌握不同时期言谏和监察机构的名称、职掌及其职责履行所需遵守的一般程序等，重点掌握明清两朝监察制度的具体特点。

第一节　秦汉至南北朝的言谏与监察制度

一、秦汉言谏制度概述

在中国古代政治制度中，言谏和监察往往纠结在一起，如在一些王朝中，御史既有监察百官的责任，又有对朝政提出建议、批评的言责。但从制度设置功能来看，言谏与监察还是有区别的：监察主要是指由皇帝委派的机构或人员对整个官僚系统实施监督，它针对的是整个官僚系统；言谏对象主要是皇帝而非百官，主要是指臣民对国家决策提供建议、意见，其咨议性质明显，后来发展到封驳，则有一定的决策和立法监督的性质。可见，言谏具有咨议与立法监督的双重性质，而其中咨议性质的成分更为主要。

在中国古代，君权凌驾于整个官僚系统之上，但君主不可能单独治理国家，也不可能独自作出一切决策，他既需要一个庞大的职官队伍行使国家的行政、司法等权力，也需要一个有经验的顾问班子协助其作出正确的判断和决策。西周时，王曾以各种方式收集意见，作为决策的参考，所谓"自王以下，各有父兄子弟，以补察其政。史为书，瞽为诗，工诵箴谏，大夫规诲，士传言，庶人谤"。[1] 但是言谏发展成专门的机构，还是在秦汉时期。

秦的谏官设置，有谏议大夫、给事中。谏议大夫的主要职掌是议论朝政，属郎中令管辖，其设置无定员，多时达数十人。给事中属加官，多由大夫、博士、议郎兼领，其职掌主要是"掌顾问应付"、平尚书奏事，因常侍殿中，故

---

[1] 《左传·襄公十四年》。

称"给事中"。

汉承秦制，在言谏制度上无重大发展，但在规模上有所扩大。言谏官职，西汉初年有太中大夫、中大夫、掌议论，但皆无定员，多时达数十人。武帝元狩五年（公元前118年），又仿秦制设谏大夫，虽以德高望重的名儒担任，但仍为加官。至东汉时期，又改谏大夫为谏议大夫，隶属于光禄勋，置员30人。汉给事中也是加官，但所任人选较秦为尊，不仅有大夫、博士、议郎，且有三公、将军、九卿兼领此衔者。汉代言路较为开放，司职谏官的官员大多敢于提出建议，甚至直接批评皇帝的某些决策。汉成帝时，祖母傅太后与成帝母俱称尊号，封爵亲属。丞相孔光、大司空师丹、何武，大司马傅喜都因反对而被免职，谏大夫鲍宣立即上书谏诤，称："夫官爵非陛下之官爵，乃天下之官爵也。陛下取非其官，官非其人，而望天悦民服，岂不难哉！"[1] 鲍宣此举使孔光等得以官复原职，但总的来看，言谏制度最多只能起到为皇帝决策提供咨询和建议的作用，它不可能对皇帝的行为形成实质上的制约，一旦言谏超出了皇帝所能忍受的限度，言谏者便难逃杀身之祸。

二、秦汉中央监察机关设置状况

御史之职起源于战国，秦统一后设御史大夫，统领御史中丞、侍御史或柱人御史组成监察机构，以纠察百官，振刷纲纪。三国时夏侯玄曾评论说："始身秦世，不师圣道，私以御职，奸以待下，惧宰官之不修，立监牧以董之，畏督监之容曲，设司察以纠之，宰牧相累，监察相司。"[2] 此说对御史的设置多有批评和无奈之意，但从政治制度发展的眼光来看，御史之设是官僚体制进一步复杂化的必然结果。

秦凡官舍通称寺，故御史大夫的官舍也称御史大夫寺。秦御史大夫位秩仅次于丞相，"位上卿，银印青绶，掌副丞相"，[3] 与丞相、太尉并称三公。但御史大夫的主要本职是"典正法度"，"举劾非法"，监察和纠举的对象包括丞相在内的百官违法事。

西汉御史机构庞大，与丞相府一起，并称"两大府"。御史府的首脑仍为御史大夫，其职掌是"典正法度，以职相参，总领百官，上下相监临"，[4] 御史大夫官舍设于大司马门内，"其门署用梓板，不腰色，题曰'御史大夫

---

〔1〕《汉书·王贡两龚鲍传》。引文中"天说民服"之"说"为通假，通"悦"。

〔2〕《三国志·魏志·诸夏侯曹传》。

〔3〕《通典·卷二十四·职官六》。

〔4〕《汉书·薛宣朱博传》。

寺'"〔1〕当时，御史寺共有御史 45 人，秩皆 600 石。其中 15 人常侍殿中，为侍御史，统归御史中丞领导，分曹办事。两汉侍御史共分五曹：一曰令曹，掌律令；二曰掌印，掌刻印；三曰供曹，掌斋祀；四曰尉马曹，掌厩马；五曰乘曹，掌车驾。这些侍御史因于内朝办事，常侍皇帝左右，很得皇帝信任。皇帝每每委派其去监督朝廷的一些重要事务。其余 30 人在御史大夫寺办公，归御史丞统领，主理百官监察事宜。

汉成帝绥和元年（公元前 8 年），御史大夫转为大司空，御史中丞出外转为御史台率；另设治书侍御史 2 人，辅佐御史中丞，参主台务。由于御史中丞主掌王宫之宪禁，故称"宪台"，时与尚书台、谒者外台并称"三台"。东汉时又称御史台，其官署设在兰台，兰台是汉朝藏储秘书的坊所，因此，御史台又称"兰台寺"。

汉武帝时监察机构的设置出现了三个重要的变化：①开始重用内朝官，监察权力逐渐转移到内朝尚书令手中。②于丞相府设置丞相司直，秩位与御史大夫相同，在御史中丞之上，凡中都州郡，无论亲贵、近臣，上至副丞相，下至百官，甚至包括御史中丞等监察官，都在其监督纠察范围之内。③设置司隶校尉。司隶校尉原为执节武臣，初设时，其职责主要是搜捕巫蛊、督大奸猾，后来逐渐扩展为"纠皇太子、三公以下，及旁州郡国无不统"，〔2〕成为一个权势显赫的监察机构。

司隶校尉和丞相司直的设置，使监察权被分散，亦被不同部门掌握，加剧了监察权运用中的冲突。王尊为司隶校尉，弹劾丞相匡衡、御史大夫张谭，丞相府的丞相司直遂以自己所掌握的监察权，反过来纠察司隶校尉的不法事，并利用丞相府的人事任免权，"旬岁间免两司隶"〔3〕至汉成帝元延四年（公元前9 年），司隶校尉被废除；绥和二年（公元前 7 年），虽又复置，但已改称"司隶"，而去"校尉"二字，并隶属于大司空（御史大夫），其权力与原来已无法相比。东汉建武年间，复设司隶校尉，但其职责只是监察京畿七郡。

从汉武帝时起，御史大夫的监察权业已向内朝官系统转移，至成帝绥和元年（公元前 8 年），又采纳何武建议，设三公，以御史大夫为大司空掌土木事，监察权落入御史中丞手中。御史中丞不在殿中，出外为御史台率，不再隶属御史大夫，而隶属于少府，主领兰台。自此终西汉一世，御史大夫几度废立，但一直以御史中丞为御史台长官。东汉初年，光武帝设司空，罢御史大夫，以御

---

〔1〕《通典·卷二十四·职官六》。
〔2〕《太平御览·卷二百五十·职官四十八》。
〔3〕《汉书·翟方进传》。

史中丞领御史台。御史中丞隶属内朝少府，其位秩仅次于尚书令，同为千石。史称其"执宪中司，朝会独坐，内掌兰台，督诸州刺史，纠察百僚，出为二千石"[1]虽然，此时御史中丞与尚书令一样，品秩还比较低，但其权势很大，朝会时，与尚书令、司隶校尉一样均可专席独坐，时称"三独坐"。

三、秦汉中央监察机构的职掌

秦汉时期，中央御史机关的职掌主要有：

1. 掌制律令，参与制定国家主要法律，并主持草拟有关法令。秦汉大凡制定律令，一般由丞相主持，但御史皆要参与。如秦始皇三十四年（公元前213年），集丞相、御史等大臣"明法度，定律令……周遍天下"[2]汉承秦制，"汉凡定著令，即制诏御史"[3]汉文帝时，废除肉刑条例，就是丞相张仓与御史大夫冯敬共同制定的[4]汉武帝时，赵禹为御史，"与张汤论定律令"[5]汉朝皇帝诏书一般都由丞相或御史草拟，而这些诏令都具有法令的性质。

2. 纠弹违失，察举非法。御史大夫"总领百官，上下相监临"；"御史丞、掌奏劾不法"；御史中丞则"居殿中，察举非法"。这种纠举权力行使的范围，上至亲王，下到平民。汉景帝时，晁错为御史大夫，派员按察吴王国相爰盎收受吴王贿赂之事，使其免官为庶人[6]汉宣帝时，侍御史严延年上章弹劾大将军霍光擅行废立，无人臣之礼，因宣帝为霍光所立的君主，霍光更是大权在握，严延年的勇气一时震慑朝野，"朝廷肃焉敬惮"[7]汉顺帝时，外戚梁冀独擅朝政，皇亲贵戚皆依仗其势力横行京都，侍御史张纲受命出使巡视外郡，但他埋车轮于京城洛阳都亭，以"豺狼当路，安问狐狸"，拒绝出使，上章直接弹劾梁冀[8]

据监察官举劾百官违失的程序，凡公卿群吏奏事，通常由侍御史受理，随即转御史中丞，再转御史大夫，然后呈奏皇帝论处。皇帝拿出处理意见后，再交给御史大夫或御史中丞执行办理。对外出巡视的监察官，皇帝有时会给予便宜行事的权力。如东汉光武帝时，侍御史杜诗按察洛阳，"将军肖广放纵兵士，

---

[1]（东汉）蔡质："汉官职典仪式选用"，转引自彭勃、龚飞主编：《中国监察制度史》，中国政法大学出版社1989年版，第44页。

[2]《史记·李斯列传》。

[3]《汉书·外戚传上》王先谦补注引周寿昌语。

[4]《汉书·刑法志》。

[5]《汉书·酷吏传》。张汤时为丞相。

[6]《汉书·爰盎晁错传》。

[7]《汉书·酷吏传》。

[8]《后汉书·张王种陈列传》。

暴横民间，百姓惶扰"，杜诗一再警告，肖广却不改恶行，遂下令将其处死，然后方向光武帝奏报。此举不仅未受责备，反而受到光武帝的表彰，并被赐戟。[1]

御史弹劾权贵百官，必须以事实为依据，有些是御史个人收集的，有些则是其他官员或民间人士提供的。为收集各种资料，御史常在御史台门外接受各种投诉，史称："旧例，御史台不受诉讼。有通辞状者，立于台门，候御史，御史径往门外收采。知可弹者，略其姓名，皆云'风闻访知'。"[2] 所谓"知可弹者，略其姓名，皆云'风闻访知'"，是指御史接受投诉后，对内容进行分析，认为所举已构成较严重的失职或犯罪时，就写奏章弹劾，但在奏章中要略去投诉人的姓名，只说是自己"风闻访知"。

3. 考课百官，荐举人才。秦时，御史掌管"方书"和"计书"等图籍档案。所谓"方书"，就是四方（各地）呈报中央政府的文书；所谓"计书"，就是"上计簿"，即记录各郡县官员一年政绩和考核结果的文书档案。此外，由于御史掌管天下律令，各郡县主管司法的官员，"岁雠辟律于御史"，[3] 即每年都要到御史那里去核对刑律。

汉时，百官的考核虽然由丞相主持，但御史大夫也负有主持之责。汉宣帝地节四年（公元前66年），其"令郡国岁上系囚以掠笞若瘐死者所坐名、县、爵、里，丞相、御史课殿最以闻"。[4] 可见，考课是由丞相府和御史寺共同负责的。百官考课的档案，也交给丞相府和御史寺（两府）分别保管。汉朝招募人才，也常令御史与丞相等官员负责。如汉元帝初元二年（公元前47年），诏"丞相、御史、中二千石，举茂材异等，直言极谏之士"；汉成帝阳朔二年（公元前23年），"诏丞相、御史其与中二千石、二千石，杂举可充博士位者，使卓然可观"。[5]

4. 审理大案、疑案。秦"置御史，掌讨奸猾，治大狱"，秦最著名的"坑儒"大案，就是御史直接处理的。两汉期间，御史开始负责民事和刑事案件，涉及官吏的，御史一般不受理，但如牵涉官吏且较严重的，御史则要介入。涉及"谋逆"、权贵大臣的重大案件和官吏违法违纪的案件，御史寺要参与审理，如于定国任御史中丞时，就曾"从事治反者狱"。[6] 另外，出现疑难案件，因

---

〔1〕《后汉书·郭杜孔张廉王苏羊贾陆列传》。
〔2〕《通典·卷二十四·职官六》。
〔3〕《睡虎地秦墓竹简·尉杂》。
〔4〕《汉书·宣帝纪》。
〔5〕《汉书·成帝纪》。
〔6〕《汉书·隽疏于薛平彭传》。

证据不足或无明确的法律规定，地方当局均上报到御史寺，由治书御史商议终审意见，但这只限于六品以下官员的案子。[1]

5. 以监军身份督军作战。秦二世与赵高合谋杀害长子扶苏，又"遣御史曲宫乘传之代"，以"不忠，罪及其宗"，杀害大将蒙毅，并遣御史逼迫大将军蒙恬自尽。[2] 在汉朝，大凡小规模的农民起义，或盗匪作乱，则派绣衣御史前往治理，所谓绣衣御史，都是临时指派的官职，"绣衣"是"直指而行，无苟私也，衣以绣者，尊宠之也"。[3] 如有大规模动乱，则一般派遣御史中丞等较高级别的御史前往，协同和监督有关部门予以剿灭。两汉时，御史大夫还常以将军身份督军出征：武帝时，御史大夫商丘成率军2万人出西河，会合其他军队攻击匈奴；[4] 宣帝时，御史大夫田广明也曾"以祁连将军将兵击匈奴"。[5]

四、秦汉地方监察机构的设置及职掌

秦统一后，"一郡置守、尉、监三人"。[6] 汉初未置监察史，惠帝三年（公元前192年），开始派遣御史监察三辅郡，随后在各郡都设置了监察御史。武帝元封元年（公元前110年），废止监察御史制，元封五年（公元前106年）设置部刺史，将全国划分为13部（州），刺史分部巡行监察，刺举不法。成帝绥和元年（公元前8年），因刺史秩仅六百石，而监督对象郡守都是二千石，轻重不配，遂罢刺史，更设州牧，秩位二千石。

西汉时刺史属于中央派往各地定期巡视监察的官员，在地方并无固定的办公场所，出巡后都要亲自返回京城汇报，还没有成为地方政府首脑。东汉时，废州牧，恢复刺史之名，但其权力较之州牧有增无减，刺史在巡视地区已有固定的办公场所，且只需要定期派员回京汇报。他不仅负责监督本辖区内的郡县长官，还负责本辖区内的行政、司法、军事等事务，成为大权在握的地方政府首脑。这一变化与相权失落有关：西汉时期，刺史为丞相府和御史寺选派，其监察所得一般直接向两府汇报，最后由两府决定处理意见；东汉初，光武帝重用内朝官，削弱了两府的权力，刺史所得不必向两府汇报，且可自行处理，这有利于刺史权力的逐渐扩大。

惠帝时所派监察御史，主要监督地方的"词讼、盗贼、铸伪钱、狱不直、

---

[1] 《后汉书·百官志三》云：治书御史的职责是，"凡天下诸谳疑事，掌以法律当其是非"。

[2] 《史记·蒙恬列传》。

[3] 《文献通考·卷五十三·职官考七》。

[4] 《汉书·武帝纪》。

[5] 《汉书·酷吏传》。

[6] 《史记·曹相国世家》集解注。

徭赋不平、吏不廉、吏苛刻、逾侈及弩力十石以上、作非所当服"[1] 等九个方面的问题。武帝元封时对刺史察举则规定六项范围，即"一条，强宗豪右田宅逾制，以强凌弱，以众暴寡。二条，二千石不奉诏书，遵承典制，背公向私，旁诏守利，侵渔百姓，聚敛为奸。三条，二千石不恤疑狱，风厉杀人，怒则任刑，喜则任赏，烦扰刻暴，剥截黎元，为百姓所疾，山崩石裂，妖祥讹言。四条，二千石选署不平，苟阿所爱，蔽贤宠顽。五条，二千石子弟恃怙荣势，请托所监。六条，二千石违公下比，阿附豪强，通行货赂，割损正令"[2]。

上述六条大体针对地方豪强、郡守及其子弟。此外还可以清查案件、平反冤狱、评定地方官员功过。但郡守以下官员，一般不在其刺举范围之内。如朱博为冀州刺史，有数百吏民状告县丞，他曾派人明确表示："欲言县丞尉者，刺史不察黄绶[3]，各自诣郡。"[4] 汉哀帝时，鲍宣为豫州牧，"举错烦苛，代二千石署吏听讼，所察过诏条"，丞相司直郭钦因其超越了权限，遂上书弹劾，鲍宣因此被免职[5]。但至东汉时期，刺史的权力逐渐扩大，俨然已成为地方政府首脑。灵帝时，因地方动乱频繁，太常刘焉建议增强刺史权威，使其掌握一州内的军政大权，并改其官为州牧。至此，刺史作为掌握地方各种实权的主官，已成为威胁中央集权体制长期稳定存在的力量了。

五、魏晋南北朝时期言谏与监察机构的设置状况

魏晋南北朝时期，逐渐发展出了独立的言谏机构——门下省，而监察机构则以御史台和司隶为主。其发展的轮廓大致如下：

谏官在秦汉为加官，无定员。曹魏设侍中寺作为专门的言谏机构，设侍中4人，其官属有散骑常侍、给事中、给事黄门侍郎、员外骑常侍、谏议大夫。散骑常侍为皇帝侍从官，专掌官谏，置4人；给事中，曹魏承秦汉之制，此官设置有些为定员，有些则为加官，专掌顾问应对，秩位在散骑常侍下，而在给事黄门侍郎上；给事黄门侍郎，置4人，常侍皇帝左右；员外散骑常侍，职掌与散骑常侍相同，因在规定数额外，故称"员外"；谏议大夫还属加官，仍无定员。

因侍中寺官员常随天子左右，参与国家政务机要的机会较多，故在西晋时期逐渐发展成为门下省。门下省的长官是4位侍中，给事黄门侍郎襄赞侍中管

---

[1]　卫宏：《汉旧仪》卷上。

[2]　《通典·卷三十二·职官十四》。

[3]　"黄绶"指地位较低的官员。

[4]　《汉书·薛宣朱博传》。

[5]　《汉书·王贡两龚鲍宣传》。

理省务，其官属与曹魏侍中寺相比略有变化。给事中，仍掌顾问应对；散骑常侍，掌规谏，无实职，但地位尊显；奉朝请，无定员，一般由地位尊显的贵族和官员担任。所谓"奉朝请"，即为"奉朝会请召"，乃参与机要之意。

南朝言谏机关仍沿袭晋制，设"侍中、四人、掌奏事，直侍左右，应对献替，法驾出，则正直一人负玺陪乘，殿内门下众事皆掌之"[1]。其下仍有给事黄门侍郎等职。此外，宋还设集书省，专司谏议，驳正违失，原门下省中的散骑常侍、通直散骑常侍、散骑侍郎、通直散骑侍郎、员外散骑侍郎以及给事中、奉朝请等，皆划归集书省。到齐，侍中开始"呼为门下"，其属官有给事黄门侍郎等。集书省设正书令史，其他多为散官，属员众多，据说武帝永明年间仅奉朝请就多达600余人。宋齐以后，梁陈言谏机关也为门下省和集书省。梁门下省设侍中4人，给事黄门侍郎4人，其余属吏还有公车、太官、太医等令。集书省置散骑常侍4人，通直散骑常侍4人，员外散骑常侍、给事中、奉朝请、常侍侍郎等则无定员，集书省官员的职责是"侍从左右，献纳得失，省诸奏闻文书。意异者，随事为驳"[2]。陈言谏机关设置与梁大体相同。

北朝言谏机关与南朝大同小异。北魏孝文帝太和十五年（公元491年）仿南梁制，设门下省和集书省。侍中为门下省的长官，由亲贵重臣担任，地位十分尊显。给事黄门侍郎4人，与侍中共掌门下事宜，参议朝政。集书省官属有散骑常侍、散骑侍郎各4人，通直散骑常侍、通直散骑侍郎、员外散骑常侍、员外散骑侍郎各6人，此外还有谏议大夫、给事中等官。

北齐言谏机关较北魏庞大，"北齐门下省掌献纳谏正及司进御之职，有侍中、给事黄门侍郎各六人，统左右局、左右局掌朱华阁内诸事。尚食、知御食。尚药、主御药。尚衣、主御衣服。殿中，领殿中监，掌驾前奏引行事，制诸修补，东耕则进耒耜事"[3]。从上述职掌上看，建言献纳等仍是门下省的主要职能。除门下省外，北齐的集书省有散骑常侍、通直散骑常侍、谏议大夫各7人，散骑侍郎、通直散骑侍郎和给事中各6人，员外散骑常侍20人，员外散骑侍郎120人，奉朝请240人，此外，还包括起居省的散骑常侍、通直散骑常侍、散骑侍郎、通直散骑侍郎各1人，校书郎2人。如此庞大的集书省，其主要职能只是"掌讽议左右，从容献纳"[4]。

北周因仿《周礼》而改官制，官名变化较大，门下省改为天官府，言谏机

---

[1]《宋书·志·第二十九·百官上》。
[2]《隋书·志·第二十一·百官上》。
[3]《通典·卷二十一·职官三》。
[4]《隋书·志·第二十二·百官中》。

关在北周初年称御伯中大夫，保定四年（公元 564 年）改御伯为纳言，但天官府的官属设置与北齐大同小异。

魏晋南北朝时期，监察机关的设置前后也有一定的变化。曹魏时期仍沿袭汉制，以御史大夫为司空，由御史台和司隶分掌监察之权。御史台首脑为御史中丞，其下属官员有治书御史、持书御史、侍御史、殿中侍御史、五都侍御史、禁防御史等。治书御史除掌管律令外，并分掌侍御史诸曹，为中丞佐贰之官。而侍御史减为 8 人，分曹司职。东汉侍御史本分五曹，而曹魏各曹设置情况不详，仅知其曾设置治书曹（掌财政运输等事）、课第曹（掌考课事宜）等。御史台派出御史 2 人，入殿中，"伺察非法"，称"殿中侍御史"。五都侍御史主要负责长安、洛阳、谯、许、邺 5 个大都市的官员非法事。禁防御史主要督察关津等要地的防务。此外，曹魏往往还会根据需要，临时设置督察某些方面的御史，如督军粮御史、督军御史中丞等。曹魏的司隶主要负责监察京畿官员中犯法者。

西晋的御史台仍以中丞为台主，其下属官员有：治书御史 4 人，为中丞佐贰之官；侍御史 9 人，分 13 曹办事，计有吏曹、课第曹、直书曹、印曹、中都督曹、外都督曹、媒曹、符节曹、水曹、中垒曹、营中曹、法曹、苨曹等（东晋取消课第曹，置库曹，后又分库曹为左库、外左库两曹）；黄沙狱治书侍御史 1 人，主理诏狱及疑狱等事；检校御史，东晋时初设，代行原司隶的职权；监搜御史 1 人，负责对进宫官员搜身；督运御史，负责监督漕运等事宜。

西晋时，仍设司隶，且权力很大，自皇太子以下、包括尚书省等官员皆在其监视之下。起初，司隶的监察权不及尚书，晋惠帝时，司隶校尉傅咸上书，称司隶的监督既然包括皇太子，则将尚书排除在外是没有任何道理的。于是，司隶纠劾之权始及尚书。

南朝刘宋时期，仍以御史中丞主领御史台事，但御史台已将执金吾的权力包容在内。执金吾在汉代是督巡京师三辅治安的长官，因手持两端涂金的铜棒而得名，此时其权力开始转交给了御史台。南齐御史台又称南司，其首脑御史中丞的地位极其尊显，可以与尚书令分庭抗礼，如杜淹为御史中丞，纠弹无所顾忌，包括中书令王绩在内，许多高级官员都受其弹劾，一些不法太守因其弹劾而伏法，故当时齐明帝曾对杜淹说："今为南司，足以震肃百僚。"[1] 南梁御史台也称南台，其纠察对象较宋、齐为宽，无论行马内外，均在其纠察监督之内。南朝各朝御史台职官设置大体相同，除御史中丞外，有治书侍御史协助其

---

[1]《梁书·列传·第八·江淹、任昉》。

主领台事,有侍御史多人(一般为9人)分曹主事,有殿中侍御史,还有符节令史等职官设置。

北魏御史中丞改称御史中尉,北齐曾一度废御史清道之制,北周御史台改称司宪,御史中丞称司宪大夫。御史台职官设置则与南朝相近,有治书侍御史、侍御史等。

第二节　隋唐时期的言谏与监察制度

一、隋唐时期的言谏制度

隋唐时期的言谏和监察制度是继承魏晋南北朝以来的制度后创新而发展起来的,与两汉相比,其机构设置更加完备,职权划定更加明确。因三省制已经确立,宰相权力的个人色彩大为淡薄,机构色彩更为明显,原来由丞相行使的封驳权也转由门下省行使,于是,门下省已由两汉时期单纯履行进言献纳职责的纯谏议机关,演变成为兼有谏议、封驳(立法监察)等多重权力的机关。但考虑到门下省原是由谏议机关演变而来的,且在唐朝仍负有主要的谏议职责,故将其放在言谏制度中探讨。

隋受禅北周,其制度多源自北周。北周置御伯中大夫2人,掌出入侍从、献纳进言。武帝保定四年(公元564年)改御伯为纳言;宣帝末年,又设侍中。隋建立后,仍改门下省长官侍中为纳言,炀帝大业十二年(公元616年)改纳言为侍内(隋讳"忠",凡"忠"发音的字皆称"内")。唐朝建立以后,始以纳言为门下省长官,后名称屡变,有侍中、东台左相、黄门监、左相等,其品级,高祖武德年间定为正三品,代宗大历年间改为二品[1]。

隋门下省属员有给事黄门侍郎4人,录事、通事、令史各6人,散骑常侍、通直散骑常侍各4人,谏议大夫7人,散骑侍郎4人,员外散骑常侍6人,通直散骑侍郎4人,又有给事中10人,员外散骑侍郎20人,奉朝请40人。

唐门下省属员有门下侍郎2人,为侍中佐贰,原为正四品,代宗大历年间侍中升为二品后,侍郎亦升为正三品。给事中4人,秩位正五品上,有属员录事、令史等数十人。左散骑常侍2人,后增至4人,秩位正三品。谏议大夫4人,秩位正五品上,高宗时改为正谏大夫,左右各4人,左正谏大夫4人隶属门下省,右正谏大夫4人隶属中书省。起居郎2人,高宗时又别置起居舍人,与起居郎分掌左右,后改为左右史,中宗时又称起居郎。左补阙、右拾遗各2

[1]《旧唐书·志·第二十三·职官二》。

人，此官为武则天所创，初各设 2 人，后又增加 3 人。此外，还有典仪 2 人，城门郎 4 人，符宝郎 4 人，以及弘文馆等机构。

门下省是唐代的宰相机构之一，其侍中等长官要参与政事堂议政，即参与朝廷决策，但其对决策所承担的责任与尚书、中书二省略有不同。其职权主要是献纳（对皇帝的决定提出建议或谏议）、封驳（对皇帝或国家各部门有关决策作出纠正）、监督朝仪礼法的实施情况。

凡朝廷大臣，甚至其他官员都可就国家政策及皇帝的个人行为提出建议，但专职的谏议机关是门下省，省内官员包括侍中、给事中等都有进谏的责任，其中尤以谏议大夫、左散骑常侍、左补阙、左拾遗为专职。"谏议大夫掌侍从赞相，规谏讽喻。凡谏有五：一曰讽谏，二曰顺谏，三曰规谏，四曰致谏，五曰直谏"[1]。补阙、拾遗亦系谏官，其职掌是"供奉讽谏，扈从乘舆。凡发令举事，有不便于时，不合于道，大则廷议，小则上封。若贤良之遗滞于下，忠孝之不闻于上，则条其事状而荐言之"[2]。唐朝大诗人杜甫、白居易都曾任左拾遗，也都曾因上书言事而获罪。

封驳权属于门下省，具体则由给事中执掌。封驳权力的设置多少有些特殊，大体涉及立法监督、司法监督、人事任命监督等多个方面。

立法监督：①凡国家政令，必须由门下省附署，加盖"中书门下之印"方为有效，否则即便是皇帝手谕，也不能作为国家正式政令。②中书省拟旨制敕，门下省认为不当，可以封还重拟，甚至可以在写敕书的黄纸上加上批语，这即是所谓"封驳"。③凡派使者传递谕令，给事中加以审查，有不按时传递者，撤职查办。

司法监督：①重大狱讼经三司审理后，如有不当，给事中有权驳回再审。②凡有冤滥之狱，给事中可以会同御史、中书舍人予以审理。

人事任命监督：凡六品以下文武官员任命，对任命书，给事中有权加以审查，如有不当，则可呈报侍中，退还诏令。唐德宗时，奸相卢杞被贬为新州司马，后又迁为饶州刺史，令给事中袁高起草诏书。袁高以为卢杞不可再度重用，而宰相卢瀚、刘从一迫于德宗权威，令中书舍人起草任命诏书，但袁高仍予以驳回。因袁高据理坚持，卢杞最终只能改授澧州别驾[3]。

门下省监督朝廷礼仪主要表现在两个方面：①每有国家大典或朝会、祭祀，侍中要"赞相礼仪"，门下侍郎要"升坛以陪礼"，典仪官要"掌殿上赞唱之

---

〔1〕《旧唐书·志·第二十三·职官二》。
〔2〕《旧唐书·志·第二十三·职官二》。
〔3〕《旧唐书·列传·第八十五》。

节、及殿廷版位之次"。每遇元正、冬至，天子视朝，门下侍郎则"以天下祥瑞奏闻"。[1] 京城、皇城、宫殿诸门启闭门制度，则有城门郎监管。②皇帝生活起居、言行法度，由起居郎注录，谓之"起居注"，以作修史所依据的原始资料，其注录"善恶必书"，故史官所录，皇帝不宜观看。

二、隋唐时期的中央御史制度

两汉时，御史台（寺）作为监察机构，虽有一定的独立性，但御史大夫为宰相副贰，御史台（寺）对宰相府亦有一定的附属关系。隋建立后，文帝整饬北周六官制，于三省之外设御史台，于是，监察机构基本脱离了宰相机构而独立。

隋御史台设御史大夫1人，秩位从三品，为御史台长官。治书侍御史2人，为台主副贰，专掌台内簿领，秩位从五品。御史台属员有侍御史8人，秩位从七品；殿内御史12人，正八品；监察御史12人，从八品；主簿2人，从七品下。由上可见，隋对汉魏以来的御史台制度变革较大：一是恢复了御史大夫为台主；二是省去御史中丞一职，因文帝父亲名"杨忠"，隋朝避讳"中"字音，故作此规定；三是罢侍御史直宿禁中之制，此制始于炀帝时期，炀帝时"始罢御史直宿台内……侍御史但侍从纠察而已，由是资位少减"；[2] 四是废除由台主遴选御史之制，改由吏部选任。

唐代御史机构前后变化很大。唐初沿袭隋制，仍置御史大夫1人为台主，治书侍御史2人为佐贰，其属员分为三院：台院（有侍御史3人）、殿院（有殿中侍御史4人）、察院（监察御史8人）。高宗即位，因避帝讳，改治书侍御史为御史中丞。龙朔二年（公元662年），改御史台为宪台，复晋代旧称。咸亨元年（公元670年）又复为御史台，并将御史府大门向北开，以示冬杀之威严。武后临朝后，改御史台为肃政台，并置御史大夫、御史中丞各1人，侍御史、殿中侍御史、监察御史各20人，又设肃政台使6人，职同侍御史，后省去，二台各司其职，"左以察朝廷，右以澄郡县"。[3] 武后长安二年（公元702年）开始设置侍御史内供奉一职，员额与侍御史相等。中宗神龙年间初期，废左右肃政台，设左右御史台，睿宗景云三年（公元712年），废右台；延和元年（公元712年）又复置，月余又废左右台，复为御史台，设御史大夫1人、御史中丞2人，下属有台院、殿院、察院、主簿。

台院，侍御史6人，从七品上，其职掌有四：推鞫狱讼、弹举百官、知公

[1] 《旧唐书·志·第二十三·职官三》。
[2] 《通典·卷二十四·职官六》。
[3] 《通典·卷二十四·职官六》。

廨事，总判台内杂事。总判台内杂事1人，为台院长官，由年资深者充之，掌殿中监察、进名、迁改及令史考第，故号"台端"；知公廨事1人，常住衙内值院事；知弹1人，佐台主处理御史提出弹劾的案件；知推2人，分掌东西推鞫事务；分司东都台1人，掌东都洛阳百僚违失。

殿院，置殿中侍御史9人，从七品下，司掌殿廷仪节，并分知京城左右巡。9人分职如下：同知东推1人，掌监太仓粟米出纳，双日出台，单日在殿；同知西推1人，掌左藏锦帛出纳，双日出台，单日在殿（以上两推与台院两推合称"四推"）；分知左右巡2人，左巡知京城内，右巡知京城外以雍洛一州境界为限，纠举境内非法；廊下食使2人，朝官就食廊下时，以之出监；内供奉3人，掌朝廷供奉仪式。除上述分掌权责外，每有朝会大典，殿院要外出监督朝仪。

察院，设监察御史15人，正八品下。3人分察尚书省六部，第一人察礼部、吏部，第二人察兵部、工部，第三人察户部、刑部；其余12人分掌州县监察。

主簿1人，从七品下，录事2人，从九品下，管辖台中杂务、公廨、厨库等事。

隋唐时期中央御史机构的职责是"掌邦国刑宪、典章之政令，以肃正朝列"，具体而言，主要有以下三项：

1. 纠举百官违法或失职行为。此为隋唐御史台的主要责任，在唐朝主要由台院和察院行使，台院侍御史其职有六："一曰奏弹，二曰三司，三曰西推，四曰东推，五曰赃赎，六曰理匦。"[1] 弹劾的程序，一般是御史先向御史大夫提议，征得同意后即可实施。对中书门下五品以上、尚书省四品以上、诸司三品以上官员的弹劾立案，一般都要制作表章，上奏皇帝。

御史纠弹百官的方式主要有两种：①联名弹劾。对级高权重的权臣，深得皇帝宠信的佞臣，或者案情特别重大、牵连较广者，御史台往往采取这一纠弹方式。凡案情重大，弹劾官员要"冠法冠，衣朱衣，纁裳、白纱中单以弹之"。[2] 德宗贞元元年（公元785年），因朋党问题困扰，规定"自今上封弹劾，宜入自陈论，不得群署章奏"；[3] 武宗时，仍禁止联名举奏，但"如有大政奏论，即可连署"。[4] ②独自弹劾。这是御史纠弹的主要方式和常见方式。

〔1〕《唐六典·卷十三·御史台》。

〔2〕《唐六典·卷十三·御史台》。

〔3〕《唐会要·卷六十一·御史台中·弹劾》。

〔4〕《旧唐书·本纪·第十八上·武宗》。

唐朝初期，御史都先将所弹内容向御史大夫汇报，得到允许后才上书弹劾，但这并非定制。武则天时，御史大夫李承嘉因御史弹奏不事先禀告，责备诸御史失礼，萧至忠对曰："故事，台官无长官，御史人君耳目。比肩事主，得自弹事。若先白大夫而许，则弹大夫者不知白谁也？"[1] 但睿宗景云三年（公元712年）以后，凡御史纠弹"皆先进状听进止，许即奏，不许即止"[2]。至肃宗乾元二年（公元759年），又废除弹劾许可制度。

2. 推鞫狱讼。自汉魏以来，全国冤狱、疑狱的审理一直要求御史台派员参与。唐代对百姓申诉的重大案件，由御史台会同中书省、门下省审讯，具体一般是御史台侍御史、中书省中书舍人和门下省给事中共同组成法庭审理，谓之"三司受事"。若有重大疑难案件，则由大理寺卿会同刑部尚书、御史中丞共同审理，谓之"三司推事"。上述审讯完毕，则交大理寺判决。唐朝初年，御史台无监狱，审讯过程中如有必要拘押犯人，一般押在大理寺狱。高宗永徽年间，李承乾为御史大夫，奏请在御史台设东西二狱，玄宗时，应御史大夫崔隐甫要求，复罢东西二狱。

3. 审察朝仪。唐朝"凡国有大礼，（御史大夫）则乘辂车以为之导"，"殿中侍御史掌殿庭供奉之仪式。凡冬至、元正大朝会，则具服升殿，若皇帝郊祀、巡省，则具服从，于旌门往来检查，视其文物之有亏阙则纠之。凡两京城内，则分左、右巡[3]，各察其所巡之内有不法之事"。[4]

三、隋唐时期的地方监察制度

隋文帝开皇二年（公元582年），改北周检校御史为监察御史，共置12人。炀帝大业年间，开始仿汉刺史监察郡县之制，设司隶台专司地方郡县监察事宜。其属员设置为：司隶台大夫1人，正四品，为司隶台长官；别驾2人，从五品，分察京畿，1人按察东都（洛阳），1人按察京师（长安）；刺史14人，正六品，巡察京畿以外诸郡。

隋朝司隶台诸官巡察地方郡县，主要依据以下六条行使监察权："一察品官以上理政能不；二察官人贪残害政；三察豪强奸猾侵害下人及田宅逾制，官司不能禁止者；四察水旱虫灾，不以实言，枉征赋役，及无灾妄蠲免者；五察部内贼盗不能穷逐，隐而不申者；六察德行孝悌，茂才异行，隐不贡者。"[5] 刺

---

[1] 《文献通考·卷五十三·职官考七》
[2] 《唐会要·卷六十一·御史台中·弹劾》
[3] "左巡知京城内，右巡知京城外"。见《新唐书·志·第三十八·百官三》
[4] 《唐六典·卷十三·御史台》
[5] 《隋书·志·第二十三·百官下》

史出巡按规定每年二月出发，至十月回京汇报。

唐代地方监察制度有别于隋朝。唐初，察院分巡四方，但无定员。太宗贞观八年（公元 634 年）分遣李靖等为风俗使，巡省全国。太宗贞观十年（公元 636 年）又遣 17 道巡察，太宗贞观二十二年（公元 648 年），遣巡察 22 人。"以六条巡察四方"[1]："其一，察官人善恶；其二，察户口流散，籍帐隐没，赋役不均；其三，察农桑不勤，仓库减耗；其四，察妖猾盗贼，不事生业，为私蠹害；其五，察德行孝悌，茂才异等，藏器晦迹，应时用者；其六，察黠吏豪宗兼并纵暴，贫弱冤苦不能自申者。"[2] 武后垂拱年间，左肃政台置巡察使 8 人，每年春秋发使巡察州县，诸道巡察的科目达 44 条，此外尚有特别要求巡察的共 30 余条。每年三月出京，至十一月返京汇报。中宗神龙二年（公元 706 年），以左右台内外五品以上官中识理通明无屈挠者充任巡察使，分 10 道以廉按州县，后又改为 15 道。此后，虽然巡察使名称又有变化，15 道监察区划却一直保持下来。每道派遣官员如下：监察御史 1 人，判官 2 人为佐贰，另有支使、推官、巡官、衙推等。安史之乱后，因各地多为藩镇所控制，至肃宗时，大多数监察区的监察权为由度使兼领，只剩下 6 个地区朝廷还能直接派遣监察使（时已改称观察使）。

第三节　两宋时期的监察制度

一、两宋时期的言谏制度

两宋时言谏和监察制度出现了重要变化，主要表现在两个方面：①言谏机构职权行使的对象有所扩大，开始将宰相和各职能部门包括在言谏范围之内；②御史开始兼领言谏之责，台谏呈现出合一趋势。

宋初仍设三省，但"尚书、门下并列于外，又别置中书禁中，是为政事堂，与枢密对掌大政"[3] 门下省的职权大为衰落，中书令、侍中等门下省长官不再参与国家决策。至神宗改制，整饬官制，仍恢复唐朝中书取旨、门下覆奏、尚书施行的体制设计，门下省的职权开始有了较大的扩展。其机构设置大体是侍中、侍郎、左散骑常侍各 1 人，给事中 4 人，左谏议大夫、起居郎、左司谏、左正言各 1 人，其领属部门分置 11 房，其职权大致有言谏、审驳两项。

谏院，以谏议大夫为长官，属官有司谏、正言，员额 6 人，多从唐代补阙、

---

〔1〕《旧唐书·本纪·第三·太宗下》。
〔2〕《新唐书·志·第三十八·百官三》。
〔3〕《宋史·志·第一百一十四·职官一》。

拾遗演变而来。宋实行差遣制，常以他官知院事，司谏、正言也常被差遣到其他部门，故往往出现"谏议（官）无言责"[1] 的局面。宋代言谏对象不再只是皇帝，大凡百官行事有所违失，言官都有规谏的责任。因言官论谏的对象业已扩大，其任用之权，亦开始脱离宰相的控制，甚至规定执政官的亲戚不得为言官。谏院以下，还分设鼓院和检院。

鼓院，又称登闻鼓院，唐朝武则天时，曾设铜匦，收天下臣民密奏，并设理匦使，宋登闻鼓院即由此演变而来。其初设于太宗淳化年间，置于禁门之外，名"鼓司"，真宗景德四年（公元1007年）改为登闻鼓院。鼓院由司谏、正言管理，受理百官及臣民章奏，"凡言朝政得失，公私利害，军期机密，陈乞恩赏，理雪冤滥，及奇方异术，改换文资，改正过名，无例通进者"，[2] 都可直接通过登闻鼓而进递到朝中。

检院，又称登闻检院，隶属于谏议大夫，为进状的再审机关。臣民进状先经登闻鼓院，如果没能受理，则可再上检院，如检院也不受理，可更上御史台，如御史台认为两院审理委实不当，可"邀车驾进状"给皇帝。

门下后省。神宗元丰年间，改门下外省为门下后省，由给事中任长官，分治吏、户、礼、兵、刑、工六房，专司审驳事宜。与言谏有关的部门主要是通进司和进奏院。

通进司，又称银台通进司，隶属于给事中。其初设于太宗时，职掌是审查三司、枢密院、六部、寺、监各部门的章奏、文武百官的表疏，以及章奏司所领天下章奏案牍，合格后才能进呈或颁布。从北宋到南宋，通进司的地位都很尊显，真宗时，吏部侍郎陈恕知通进司，请求铸印，"命取门下印用之，因改其命为门下封驳司"，[3] 神宗元丰年间，封驳之权复归于给事中。

进奏院，隶属于给事中，其职"掌受诏敕及三省、枢密院宣扎，六曹、寺监百司符牒，颁于诸路。凡章奏至，则具事目上门下省，若案牍及申禀文书，则分纳诸官司。凡奏牍违戾法式者，贴说以进"。[4]

由于宋朝的言谏对象业已扩大，其性质和功能较前代亦有所变化，除决策咨议以外，封驳权力显得非常重要。这实际是对立法、行政和人事行政的监督，具体表现在以下两个方面：

---

[1] 《宋史·志·第一百一十四·职官一》
[2] 《宋史·志·第一百一十四·职官一》。
[3] （宋）王栐：《燕翼诒谋录·卷一》，并参见（宋）李焘：《续资治通鉴长编·卷四十九·咸平四年》："知封驳司陈恕请铸本司印，诏：如有封驳事，取门下省印用之，因遂改知封驳司为兼门下封驳事。"
[4] 《宋史·志·第一百一十四·职官一》。

1. 对"政令有失当"的诏书有封还之权。神宗时期，范镇知通进司，大臣韩琦上书猛烈批评王安石新法，神宗诏命大臣研究韩琦上书，范镇支持王安石，连续5次封还诏书。同样是神宗时期，江浙水灾严重，当时苏东坡任杭州通判，上书请蠲免赈济，侍御史贾易等就此上书论劾苏轼。神宗不明真相，下诏处分苏轼。给事中范祖禹立即封还诏书。[1]

2. 对"除授非其人"有封还之权。徽宗时期，蔡卞等因罪遭受处罚并连累其子孙。"毋得官中朝。至是章杰自崇道观知婺州，章仅自太府丞提举江东茶盐事"，廖刚为给事中，认为处罚过轻，封还任命，称："即如此，何以示惩?"[2] 神宗时期，刘挚罢观文殿学士，贬为郓州知州，给事中朱光庭认为刘挚"忠义自奋"，却"一旦以疑而罢"，不足以服天下之士，遂封还诏书。[3]

但是给事中封驳之权往往受制于谏官，史称："又政事之行，给、舍（中书舍人）得缴驳，台谏得论列，若给、舍以为然，台谏以为不然，则不容不改。"[4]

二、两宋中央监察机构设置及其职能

秦汉以来，台谏之权一直处于分离状态，在隋唐时期，言谏之权归门下省，监察之权归御史台。两宋时，言谏之权渐由门下省转移到御史手中，御史不仅以纠弹之任成为"天子之法官"，且以言谏之责成为"天子耳目"。这种台谏合一的结果，使御史在国家体制的运转过程中发挥了更大的作用，对行政权等权力构成了相当强大的制约力量。

宋初御史台的组织一如唐制，仍设台院、殿院、察院等三院，但其员额远少于唐代，且一直不设正职。由于北宋任官习惯实行差遣制，三院中的官员多去兼任他职，而其他官员又往往兼领三院之职，故三院管理及其监察权的履行都极为混乱。神宗元丰三年（公元1080年），首先恢复六察制度。唐代御史台有六监司，宋亦以御史领六察，分别对六部实施监督，并逐渐恢复了定额职位设置，但御史大夫一职因宰相反对，一直未能设置，以御史中丞主领台务成为常制。

因宋初每以谏官兼领御史职，遂导致言谏御史的产生。真宗天禧元年（公元1017年），始设言事御史，仁宗时以殿中侍御史梅挚、监察御史李京并为言事御史。元丰改制，虽罢给事中、谏官兼领御史的制度，但御史兼领言谏的制

----

[1] 《宋史·列传·第九十七》。

[2] 《宋史·列传·第一百三十三》。

[3] 《宋史·列传·第九十九》。

[4] 《宋史·列传·第一百九十二》。

度被保留下来了。元丰五年（公元 1082 年），命殿中侍御史兼言事官，元丰八年（公元 1085 年），又"诏殿中侍御史兼察事，监察御史兼言事"。[1]

宋朝御史不仅权限扩大，且地位也很尊崇。仁宗庆历四年（公元 1044 年），命御史中丞贾昌兼讲官，专门为皇帝讲说经义，自此，台臣始兼侍讲。

宋御史台机构设置大体沿袭唐朝，主要机构如下：

御史中丞，"掌纠察官邪，肃正纲纪，大事则廷辩，小事则奏弹"，[2] 并兼理检使。宋朝此职一直由朝廷差遣他官兼掌，如其本官属内有不法事，便很难得到纠察。如徽宗时，王觌任御史中丞，又兼任史官，而史官隶属于宰相府监修，因此对宰相府很难行使监察权，故谏院右正言任伯雨曾奏议称："史院宰相监修，今中丞为属，非所以重风宪、远嫌疑"[3] 类似这种情况，在宋朝屡见不鲜。

台院，置侍御史 1 人，负责助理台政。

殿院，置殿中侍御史 2 人，主要负责纠察百官在朝仪中的失礼行为。

察院，置监察御史 6 人，主要负责监察六部及朝廷行政、司法等工作。

上述三院，以察院最为重要，朝廷、百官的工作及其个人生活皆在其监督之下，而监察御史一般都是由"三任以上知县"担任。

宋朝御史机构，除三院外，还别设检法 1 人，掌详检法律；另有推直官、推勘官等职，负责案件的审察；主簿 1 人，负责文书管理。此外还有一定数量的胥吏，协助官员处理各种事务。

御史台的职权主要有以下几项：

1. 纠弹官邪。宋御史官员纠弹的对象，上至宰相，下至一般官员，乃至无官位的生员。两宋时，宰相被纠弹者其多，如仁宗时，宰相孙忭年老多忘，常被下属官员传为笑谈，御史韩缜即加以纠弹，孙忭遂罢为观文殿学士。[4] 宰相韩琦跋扈，御史中丞王陶劾奏，韩琦遂罢为翰林学士。钦宗时，唐恪为相，于抗金之事略无筹划，又喜欢交接内侍，御史胡舜陟上章纠弹，唐恪遂罢相。[5] 御史纠弹之事，严重的如渎职误国、接受贿赂、贪污腐化、勾结内朝宦官、玩弄国家法令等，小到官员私人生活，以及民间豪强欺凌小民、士大夫狎妓败俗等，几乎无所不包。如仁宗时，尚书工部员外郎王洙，因在公共场合与妓女

〔1〕《文献通考·卷五十三·职官考七》。
〔2〕《宋史·志·第一百一十七·职官四》。
〔3〕《宋史·列传·第一百零四》。
〔4〕《宋史·列传·第五十一》。
〔5〕《宋史·列传·第一百一十一》。

"杂坐"，被御史弹劾，黜为濠州知州。[1] 真宗时，在一次承天节齐会上，凡有饮酒过量失态者，包括宰相等高级官员，皆被御史中丞张咏所弹劾。[2]

2. 稽查经济非法。宋朝与前朝不同，财权已脱离宰相系统而归三司掌握，更需要派员监督三司官员，以确保财政系统的廉洁。宋御史机构受皇帝委托监督国家财政，主要有以下几种方式：

（1）稽查账目，考其虚实。如太宗时，西川转运使许仲宣领西南政事，因有人举报其侵吞公款，太宗即命御史台对其任内账目详细稽查，一直持续进行了几年，但没有发现经济问题。[3]

（2）对贪赃枉法、收受贿赂的官员立案侦查或审判，皇帝往往派御史台主持处理。

（3）对理财失职行为，皇帝也责成御史机构处理。如太宗时，工部员外郎郑文宝领解州盐池，不满 1 年即亏空 20 万贯，被革职后交御史台鞫问。[4]

3. 推鞫冤狱。御史台设检法 1 人，另设推勘官 10～20 人，凡百官犯法，先交御史台鞫问。宋御史台设有专门的监狱，称"台狱"。宋朝的司法系统中，审与判彼此分离，相互制约，在京城的案件一般先由开封府和御史台审问，然后由大理寺和刑部判刑。部分上诉案件也交由御史台审理。

三、两宋的地方监察制度

宋代地方行政机构分州、县两级，领设有"路"。与州平级的有府、军、监。陪都和皇帝即位前居住过或任职过的州都称"府"，军事要塞称"军"，主要矿区称"监"。宋代地方行政单位实行严格的分权体制，路设"四司"，分理军、政、财、刑。其主要职官设置有经略安抚使，负责军政、民政，称"帅司"；转运使"掌一路财赋"，称"漕司"；提点刑狱使掌司法，称"宪司"；提举常平使掌赈灾和盐铁专卖，称"仓司"。上述四司统称"监司"，互不统属，直属皇帝。其地方监察制度亦与此同，监察职官设置主要有走马承受、通判、提刑司检官、转运使等，而转运使兼有一定监察职能，以下详细说明之：

走马承受最初隶属于"帅司"，如无事发生，每年要入朝 1 次，如地方有警，则需立即上报。徽宗崇宁年间，开始脱离"帅司"变成了独立机构，大观年间又许其"风闻言事"，并改为廉访使，权力有所扩大。至钦宗年间，废廉访使，复为走马承受。

---

〔1〕《宋史·列传·第五十三》。
〔2〕《宋史·列传·第五十二》。
〔3〕《宋史·列传·第二十九》。
〔4〕《宋史·列传·第三十六》。

通判是州常设的监察官，一般较大州设 2 人，其他州设 1 人，户口在万户以下的州不设。通判的职掌主要有两个方面：①州处理政事的文书，如军事、民事、钱谷、赋役、户口、司法等，皆需通判与知州共同签署方能生效；②对所部官员的政绩及作为，可以"刺举以闻"。

提刑司检官。宋初以朝臣 11 人分充诸路转运司提点刑狱，真宗时改为提点刑狱劝农司，以朝臣为正、武臣为副，南宋时期，废武臣提点刑狱。其主要职责是：监督辖区内司法活动，巡视境内各地，复审案件，遇有案件积压则要上奏皇帝。

转运使。宋代转运使既是掌理地方财政的行政官，又是地方财政监察官。其职责有三个：①掌一路财赋的收入，并监督地方收入情况；②考察地方财用之丰欠和官员的勤惰；③供应军需。仁宗庆历三年（公元 1043 年），又命转运使兼按察使，使之成为名副其实的地方监察主官。

四、监察权的扩大对政府运作过程的影响

宋朝在尽量分散中央政府和地方政府权力的同时，扩大了监察系统的权限：御史被明确赋予了"言责"；整个政府皆在其监督之下；监察系统官员的"言责"，开始受到国家的鼓励和保护。其后果是带来了两宋言路的开放、士大夫"清议"的活跃，并深刻地影响了两宋的政府行为过程。

言路的开放，使主持政务的宰相直接暴露于监督和批评之下，使得政府行为在士大夫阶层中有了更多的"公开性"，在一定程度上抑制了权臣的出现，这不仅有利于凸显皇权，也有利于国家政治的稳定。

但是由于这种监察权的行使还缺乏科学缜密的规则，其消极的方面也特别明显：由于允许言官"风闻奏事"，且"清议"总是站在御史一方，言事者往往能因"勇于进言"猎取社会声望，这直接鼓励了言官对政府权威人物及其政策的随意指责和批评。言官与主持具体政务的宰相和执行系统之间的激烈冲突，在两宋时期持续存在。如仁宗时，梁适任参知政事，"晓畅法令，临事有胆力，而多挟智数，不为清议所许"，终被御史参劾贬为知州。宰相刘沆怒斥清议误国，也被御史中丞张升论罢。[1] 双方矛盾越积越深，后来执政系统抓住御史何郯论事不实，力图废除"风闻奏事"之制，御史中丞杨察奋力抗争，但最终还是失去了"风闻奏事"的权力。到神宗元丰改制之时，又设言事御史，并令"六察许言事"，但到哲宗时，又废此制，命御史言事需通过"诣阙"，此制一直延续到徽宗时。

---

[1] 《宋史·列传·第四十四》。

在中国古代，皇权由皇帝私人占有，交给以宰相为首的政府系统去使用。这种所有权与使用权的分离，难免引起所有者对代理人的猜忌，监察系统也就应运而生并逐渐扩大。但监察权的膨胀也会影响皇权的运用效率，给政府决策和政策实施带来不便。在这种情况下，皇权所能做的最多是在这两者之间取得某种程度的平衡，为保证执政系统绝对执行皇权的意志，就不能不保持监察系统对执政系统的必要压力；为了使政府正常运转，又不能不给予执政系统一定的自主性、灵活性，并保持其拥有最低限度的权威。这种微妙平衡的获取，主要取决于皇帝个人的精明程度和驾驭官员的能力，因而在两宋和明代，执政系统与监察系统能够保持平衡而不影响政府工作的时候往往不是很多。

监察权的扩大不仅会影响政府的工作效率，有时还会在朝臣和士大夫阶层中引发致命的分裂。因个人经历、观点或认识不同，对政策或人员的看法出现分歧是非常自然的，这不仅会出现在执政系统与监察系统之间，也会出现在这两个系统的内部。允许御史进行公开论辩或指责，会使私下的看法转变成公开的争执，再加上意气用事或各种复杂的人事背景与利害关系，这种分歧不仅有转变成难以弥合的感情裂痕的危险，更有扩散为一个集团与另一个集团的严重对立的可能。两宋时期和明代的"党争"都很严重，这与宋明过于放任言路有一定的关系。

第四节　明代的监察制度

一、明代的言谏制度

太祖洪武十年（公元 1377 年），模仿宋朝门下后省的通进司和进奏院设置了通政使司。明朝的通政使司机构更加完备，品秩也高。明通政使司设通政使 1 人，正三品；左右通政各 1 人，誊黄右通政 1 人，皆为正四品；左右参议各 1 人，正五品。此外，还有经历司，设经历 1 人，正七品；知事 1 人，正八品。

通政使司的职责主要有：

1. 出纳帝命。凡皇帝谕旨、敕令，先由内阁起草（票拟），递交通政使司审察，再呈报皇帝"批红"，所请被允准后，方下至有司执行。如通政使司认为内阁所拟诏令不妥，有权驳回并令其重新起草。

2. 通达下情。凡臣民章奏，皆由通政使司先写出内容提要附在原状后上呈皇帝，对这些章奏，皇帝如有批示即写在上面，再由通政使司转交有关部门办理。

3. 受理各部门的正式章奏文书。国家各部分章奏、文书首先要密封呈递到通政使司，由通政使司公开拆封，抄录副本，然后写出内容提要，谓之"贴黄"，连同章奏、文书一同呈递给皇帝。对这些文书、章奏，通政使司都要一一登记。公文用"日照之记"，勘合用"验正之记"，谓之"关防"。[1]

4. 参与要政。明制规定："凡议大政、大狱及会推文武大臣"，通政使司主要负责人"必参预（与）"[2]。

通政使司上述职权到明朝中期以后渐为宦官所掌握。宣宗宣德五年（公元1430年），谕令"自今中官传朕言"[3]。宪宗时，又"传旨专委司礼监，毋令他人，以防诈伪"[4]。至此，通政使司的地位和作用都被大大削弱了。

洪武六年（公元1373年）始设六科给事中，至洪武二十四年（公元1391年）以后逐渐定型。其机构和权限大体如下：

吏科。都给事中1人，正七品，掌本科印。左右给事中各1人，给事中4人，皆从七品。其职掌是：凡吏部有所任命，都给事中与部内长官一同到御前请旨。"外官领文凭，皆先赴科画字。内外官考察自陈后，则与各科具奏，拾遗纠其不职者"[5]。

户科。都给事中1人，正七品，掌本科印。左右给事中各1人，给事中8人，皆从七品。其职掌是："监光禄寺岁入金谷，甲字等十库钱钞杂物，与各科兼莅之，皆三月而代。内外有陈乞田土，隐占侵夺者，纠之。"[6]

礼科。都给事中1人，正七品，掌本科印。左右给事中1人，给事中6人，皆从七品。其职掌是："监订礼部仪制，凡大臣曾经纠劾削夺、有玷士论者纪录之。以核赠谥之典。"[7]

兵科。都给事中1人，正七品，掌本科印。左右给事中1人，给事中10人，皆从七品。其职掌是："凡武臣贴黄诰敕，本科一人监视。其引选画凭之制，如吏科。"[8]

刑科。都给事中1人，正七品，掌本科印。左右给事中1人，给事中8人，皆从七品。其职掌是："每岁二月下旬，上前一年丁北罪囚之数，岁终类上一岁赦狱之数，阅十日一上实在罪囚之数，皆凭法司移报而奏御焉。"[9]

[1]《明史·志·第四十九·职官二》。

[2]《明史·志·第四十九·职官二》。

[3]《明史纪事本末·卷二十八》。

[4]《明史·列传·第六十四》。

[5]《明史·志·第十·职官三》。

[6]《明史·志·第五十·职官三》。

[7]《明史·志·第五十·职官三》。

[8]《明史·志·第五十·职官三》。

[9]《明史·志·第五十·职官三》。

工科。都给事中1人，正七品，掌本科印。左右给事中1人，给事中4人，皆从七品。其职掌是："阅视军器局，同御史巡视节慎库，与各科稽查宝源局。"[1]

明代因定南京为陪都，南京亦仿照北京的中央政府框架，设六科给事中，只是每科只有1人，其职责与北京六科相同。

明代六科官员品秩虽低，权力却大，同样有封驳诏书、献纳谏言、纠劾不法等权限。

封驳权。明代六科凡有奏请，皇帝审批后诏书先发到给事中，给事中如认为不妥，可以驳还给该部长官，称为"科参"。当时"六部之官无敢抗科而自行者，故给事中之品卑而权特重"[2]对不当的诏书，如六科没有及时封驳，"许御史纠弹"[3]

劾奏权。明代规定："凡两京大臣方面等官有不职者，俱得劾奏，或大班面劾。及诸人有不公不法等事，俱得劾奏。"而"若系重事，特旨令科道记著者，即时纠举，不得隐漏"[4]上述劾奏与纠举是分别对人和对事的。

司法权。这表现在两个方面：①三法司奉旨在午门前审问囚徒，都给事中要参与；②掌理登闻鼓楼。明代规定，六科每日派1人值班，凡有申诉冤情或陈述重大机密的，都要接受并写成奏本密封送呈皇帝。如当日即将处决的犯人申诉，他可以传出手令命暂停行刑，并请旨听候处置。

言谏权。《大明会典》并无规谏皇帝之条文，但有"论辩"和"奏劾"百官诸司的规定，这说明明代六科的言谏主要是针对百官而非皇帝，实是代表皇帝监督行政和司法系统的运转。对本监督范围内官员违纪行为失察，皇帝会给予相当严厉的惩罚。世宗时，工部尚书赵文华纵容其子为恶，皇帝大怒，追究礼科给事中，将都给事中谢江等六人"廷杖削籍"[5]

明中期，神宗为强化自己的权力，一度鼓励言官议政，言路一时大开，其直接后果是导致了内阁首辅执政权的衰落。内阁的举措大多为言官所左右，六科的"科参"已转化成为弹劾权，国家的政策事实上为言路官员所控制。随着明末社会危机的加重，朝臣中的政策性分歧逐渐加大，并与盘根错节的利益关系相结合，遂演化成尖锐的朋党派系之争。由于言官在朝廷中的作用日益明显，

〔1〕《明史·志·第五十·职官三》。
〔2〕（明）顾炎武：《日知录·卷九》。
〔3〕《明史·列传·第一百零三》。
〔4〕《大明会典·卷二百一十三》。
〔5〕《明史·列传·第一百九十六》。

分属于不同派系的言官便纷纷利用言事和弹劾之权，反对一切与自己的意见或党派利益相冲突的决策，致使政府的活动事实上处于左右为难的尴尬境地。这种情况一直延续至明亡。

二、明代的御史制度

明初曾一度仿效唐制设御史台，与中书省、大都督府鼎足而立。后太祖将台院、殿院并入察院，并于洪武十五年（公元1382年）始设都察院，2年后又对其内部机构设置进行了调整，从而完成了台、察合一的制度创新。

都察院的设置如下：

左、右都御史各1人，正二品。

左、右副都御史各1人，正三品。

左、右佥都御史各1人，正四品。

经历司，设经历1人，正六品；都事1人，正七品。

司务厅，司务2人，从九品。

照磨所，照磨，正八品；检校，正九品。

司狱司，司狱，从九品。

监察御史，共12道（后改为13道），共110人，正七品。

此外，明朝北迁后，定南京为陪都，南京亦设都察院，置左、右都御史、副都御史、佥都御史各1人。

监察御史所巡视监察的13道虽是地方，但也代管中央某些部门的监察工作：

浙江道兼管中军都督府。

江西道监管前军都督府。

四川道监管工部。

陕西道监管后军都督府和大理寺。

云南道监管直辖中央的顺天府。

河南道监管礼部、督察院、翰林院、国子监、太常寺、光禄寺、鸿胪寺、尚宝寺、钦天监、太医院。

广西道监管通政司、六科。

广东道监管刑部。

山西道监管左军都督府、锦衣卫。

山东道监管宗人府、兵部。

湖广道监管右军都督府、五城兵马司。

福建道协管户部、宝钞提举司、钞纸、印钞二局。

贵州道监管吏部、太仆寺、上林苑监。

明代以前，监察系统虽然有权监督宰相以下各级部门，但一般无严格分工。将 13 道监察御史的监督范围作出明确分工，可以说是明朝的创举，这一制度当然能够使监察权的行使更加有的放矢。

左、右都御史是都察院的最高长官，类似于秦汉时的御史大夫，副都御史相当于御史中丞，佥都御史则相当于侍御史，三者都是都察院的主官或分领院务的长官，监察御史则是专门行使监察权的官员，而经历、司务等多是主理院内事务的官员。上述各职位的主要职掌如下：

都御史。职掌是"纠劾百司，辩明冤枉，提督各道，为天子耳目风纪之司"，[1] 其权力大体有弹劾权、监试权、人事监察权、司法权、临时接受皇帝委派处理专项事务权及处理院内事务的权力。其弹劾权主要如下：

1．"凡大臣奸邪、小人构党，作威福乱政者，劾。"
2．"凡百官猥茸贪冒坏官纪者，劾。"
3．"凡学术不正、上书陈言变乱成宪、希进用者，劾。"[2]

明代各级科举都察院都须派出御史监督，是为监试权；每次官员考核，都御史都要亲自或派员参与，是为人事监察权；有重大案件，都御史或亲自参与或派员参与审问、判决，是为司法权和司法监察权；国家每有大事，朝廷有时会派出都御史、副都御史或佥都御史主持处理（如加强边防或应付战争的需要），并加赞理、参赞和总督衔，是为专项事务权。

监察御史的职权可分为针对中共和地方的两部分：

对中央各部门的监察权有八项：

1．两京刷卷。对各分管部门的各种事项处理文书档案进行审核，根据文内所记事项及实际完成情况作出不同的评语。一般正常的文卷，立项合法，处置及时，效果良好，则批以"照过"；如果事项合法，但尚未完结，无法判断其效果，则批以"通照"；如果事项已开始，但进展缓慢，则批以"稽迟"；如果立项不甚合法，但已完成，文卷中又无隐瞒，则批以"失错"；如果因有所规避，应做而未做，如不及时收缴赋税、不能尽心尽力破案等，都要批以"埋没"；如果发现故意隐瞒不记录在案，或编造档案弄虚作假的，就要弹劾。[3]

2．巡视京营。派监察御史与给事中各 1 人，定期巡视京城附近军营，发现各种问题及时奏劾。[4]

---

〔1〕《明史·志·第四十九·职官二》。
〔2〕《明史·志·第四十九·职官二》。
〔3〕《大明会典·卷二百一十三》。
〔4〕《大明会典·卷二百一十》。

3. 巡视光禄寺、仓房、内库等，监察各种物品，如马匹、果品、厨料、钱粮保管情况，对有关账目进行审计。[1]

4. 巡视皇城、五城。皇城四门轮差掌道御史1人与给事中联合查点，五城则令五城巡视御史偕同锦衣卫、五城兵马司巡视。

5. 监督乡试、会试及武举。

6. 轮值登闻鼓。如有人击登闻鼓鸣冤，由皇帝指派监察御史受理。

7. 纠察朝仪。如有朝臣违反礼仪的，要及时纠劾。

8. 监督祭祀礼仪。

对地方的监察权主要有十项：

1. 巡按。凡监察御史受皇帝委派到各地巡视，纠察政风，受理冤狱，审核地方行政、司法等事务，称"巡按"。

2. 清军。明代军籍与民户户籍分开单列，政府经常派监察御史清查军籍，称"清军"，负责此项工作的御史称"清军御史"。清军御史任期3年，每年八月末要回京，将清点之后的军籍数目上报皇帝。

3. 提督学校。为直接加强对官学的管理，都察院要会同礼部、吏部，从监察御史中挑选才德兼备的人员，到各地参与学校管理，称"提学御史"。其职责主要是纠察校风，并监督学校伙食、设备，如有需要可直接要求地方官员加以改进。

4. 巡盐。成祖永乐年间始派监察御史分别巡查两淮、长芦、河东3个主要盐场，监督盐场的生产和管理，并查禁走私。

5. 巡茶马。永乐十三年（公元1415年）派监察御史督察陕西洮河、河州、西宁茶马司，收贮官茶，易换番马，不准民间走私。

6. 巡漕、巡关。宣宗宣德四年（公元1429年），为加强边防，派出监察御史巡视山海关、居庸关、紫荆关等地驻军的军容、军备，整顿防务，并受理当地军户词讼。这种御史被称为"钞关御史"。

7. 攒运、屯田。此为临时派遣，一般不常有。

8. 印马、巡青。每3年派出监察御史对国家官营草场进行巡视，对放养于民间的官马查点印烙，并对各处官营马场的钱粮财政情况进行审计。

9. 监军。"师行则监军纪功，各以其事专监察。"[2]

10. 杂差。这是临时派遣的监察御史，处理诸如赈灾、恤军、提督捕盗、查点兵马钱粮等各种事务。

---

[1]《大明会典·卷二百一十》。

[2]《明史·志·第四十九·职官二》。

三、明代的地方监察制度

明代地方监察机构主要有按察司和巡抚、总督：

1. 按察司。此制设置始于朱元璋称帝之前，于全国 13 个行政区内分别设置按察司，又于其下设 41 道按察分司，其设置如下：

直隶 6 道：淮西道、淮东道、苏松道、建安徽宁道、常镇道、京畿道。

浙江 2 道：浙东道、浙西道。

四川 3 道：川东道、川西道、黔南道。

山东 3 道：济南道、海右道、辽东东宁道。

河南 2 道：河南道、河北道。

北平 2 道：燕南道、燕北道。

陕西 5 道：关内道、关南道、河西道、陇右道、西宁道。

山西 3 道：冀宁道、冀北道、河东道。

江西 3 道：岭北道、两江道、湖东道。

广东 3 道：岭南道、海南道、海北道。

广西 3 道：桂林苍梧道、左江道、右江道。

福建 2 道：建宁道、福宁道。

湖广 4 道：武昌道、荆南道、湖南道、湖北道。

上述按察分司统属于 13 个按察司。各按察司设按察使 1 人、正三品，副使 1 人、正四品，佥事无定员、正五品。其下属机构有：经历司，设经历 1 人、正七品，知事 1 人、正八品；照磨所，照磨 1 人、正九品，检校 1 人、从九品；司狱司，设司狱 1 人，从九品。

按察司为地方最高监察机构，与布政使司和都指挥使并称地方"三司"，相对于都察院又称为"外台"。其隶属于中央的都察院，但其行事有一定的自主权，每遇大事，先与其他二司一同议决，然后再"告抚、按以听于部、院"。

2. 巡抚、总督。明代地方监察虽有常设的按察司、按察分司，并有巡按御史定期巡视，但仍不能满足监察需要。洪武二十四年（公元 1391 年）敕"懿文太子巡抚陕西"，[1] 始创巡抚之制。成祖永乐十九年（公元 1421 年），因大灾，敕尚书、侍郎、都御史、少卿等官 13 人，再加上给事中 13 人，共 26 人，"巡行天下，安抚军民"，初名"巡抚"，或名"镇守"。后来这种临时性差遣逐渐增多，到宣宗时期，派遣巡抚已成定制。

这些巡视地方的监察官员，如无其他兼领事务，一般只称巡抚。但如兼领

---

〔1〕《明史·志·第四十九·职官二》。

其他专项事务，则加以特殊的称号，如总督、提督、总理、抚治、赞理、参赞、经略、巡治等。如是都察院以外（如六部尚书、侍郎）的官员奉令处理此类事务，也要加上都御史的官衔，以示监察之意。这些专项事务，一般指河道、漕运、粮饷、军务等。至明代晚期，因战争频繁，总理军务的总督逐渐增多。但在明中期前后，因某种需要，这些特殊的官名，有些已发展为固定官职。宪宗成化五年（公元 1469 年），为平息两广瑶、汉起义，始设两广总督。宣宗时期，在关中、江南等地专设巡抚，已成定制。这样一来，总督、巡抚已开始由监察或临时督察专项事务的官员转变成为地方军政长官。

第五节　清代的监察制度

一、清代的言谏制度

清代的监察制度有两个主要特点：①言谏机构逐渐失去了谏正、封驳之权，转而以纠劾权为主，完成了由宋朝开始的"台谏合一"；②建立了多元的监察轨道，监察网络更加细密。仅就其言谏制度而言，大体有通政司、六科给事中。

（一）通政司

清初，仿效明制设通政司，置通政使、副使、参议，每个职位满、汉各 1 人，满人比汉人高一秩，如通政使满员为二品，汉员则为三品，至顺治十六年（公元 1659 年）始将满员降格，品秩与汉员相同。除上述职位外，还设有经历、知事、笔帖式等，皆分设满、汉。另设有起奏科、稿房、吏房、礼房、上房、火房等办事机构。

清代通政司权位较重，通政使与六部、都察院、大理寺同为九卿，其职权主要如下：

1. 受理章奏、驳正违失。清代通政司虽然有驳正之权，但只限于对各衙门和官员的奏本，对诏书无封驳之权。明代奏本有题本、奏本之分。凡公事皆用题本，由各衙门具题加印，送通政司审核，没有问题就送内阁入奏；私事则用奏本，不加印章。清代规定，凡内外奏本都送通政司审核，题本不合规定的，送内阁参办，有逾期者则发回原衙门议决。但与明代不同的是，清允许内外大臣直接上密折给皇帝，一般在京大臣直接交内阁，在外大臣虽然交通政司，但通政司不能拆启，要直接移送内阁，上呈给皇帝。

2. 受理诉讼，参与重要案件的会审。清初登闻鼓本属都察院，至康熙十六年（公元 1677 年）始并入通政司，改为登闻鼓厅，以参议 1 人分值，知事率吏员巡查，并有笔帖式 2 人（满汉各 1 人）、经承 6 人，设吏、户、礼、兵、刑、工六房，分别受理词讼事宜。凡有击鼓诉冤，经通政司审查认为确有冤情，要上报皇帝，交刑部处治。

光绪二十四年（公元 1898 年），因变法需要将通政司并入内阁，随即又将其独立，过了 4 年，"以改题（题本）为奏（奏折），职无专司"为由，废除了通政司。

（二）六科给事中

清初六科设置一如明制，但于雍正年间并入都察院，在体制上完成了"台谏合一"，但因其职掌大体仍如明代，故仍将其放在言谏制度中加以叙述。

清初各科皆设都给事中，左、右给事中，皆满、汉各 1 员。雍正元年（公元 1723 年），改制科、道合一，给事中开始隶属于都察院，都给事中、给事中皆与御史平级或略高。其设置情况是吏、户、礼、兵、刑、工六科，各有掌印给事中满、汉各 1 人，为正四品；给事中满、汉各 1 人，为正五品。吏、户、兵、刑各有笔帖式共 15 人，礼、工笔帖式各 10 人，合计 80 人。另各科经承共36 人。六科全部官员合计 167 人。六科的职权主要有以下五项：

1. 掌发"科抄"，注销文卷。每日各科派给事中 1 人赴内阁接受"红本"（皇帝批示过的题本），抄写若干份，其中抄发给承办衙门的叫作"正抄"，抄送给其他衙门的叫作"外抄"，这项工作叫作"科抄"。红本发抄之后，本科别录两份，一份送内阁史官记注，称为"史书"，另一份储存于科署，以备编纂，称为"录书"。红本原件则在本科保存，年底交给内阁。凡内阁所发密本，由该科登号，原封送部，待部办理之后，仍密封送科。发抄给各衙门的文卷、事项，必须限期处理完毕，然后报各科给事中注销，谓之"注销文卷"，逾期者则具题参劾。

2. 封还诏书，驳正题本违失。清代封驳大体只限于两项：①已御批的题本，确有不便实行者，该科可以封还；②内阁票拟如有错误，或部、院、督、抚奏本内出现疑点、错误，都可以封还。

3. 稽查财务，审计财税。此为户科给事中专掌。除对各部门财政使用情况进行审计外，还有六项专门审计任务：①稽核捐项。每月各种捐纳，由户部捐纳房和银库分别造册登记，并移送户科给事中稽核。②稽核直省钱粮杂税。③稽核漕粮。有关部门验收运送入库的漕粮，要一一造册，送户科给事中稽核。④稽核盐课。凡负责盐务的运司、提举等衙门，每年都须将所发售盐引[1] 及税收情况上报主管盐政部门，盐政核对后送户科注销。每位负责盐务的官员任满时要接受都察院和户科给事中的审核。⑤稽查户关。凡户部派员到某收税地任

---

〔1〕　盐引，宋代又称"盐钞"，是取盐的凭证。

职，都要到该科给事中处领取四季印簿，令本地商人自行填写纳税数目，每一季度过后都要送户科稽核。任满后要送总册，户科将其与户部所存档案核对。⑥审计财政支付。

4. 稽查文武百官铨选[1]，监督百官考试。清在京各衙门每 3 年考核 1 次，称"京察"。京察时先由各衙门自行考核，其结果造册交吏科，由吏科及河南道御史会同吏部考察，并将结果写成题本上呈皇帝。在外官员考察亦 3 年 1 次，称"大计"，汇总于督、抚后，也须上呈吏部，吏科负责监察。武官考核 5 年 1 次，汇总于兵部，兵科负责监察。清代科举考试及武举考试，礼科及兵科亦要参与监督。

5. 核奏死刑案，进行司法监督。清代监候斩的死刑犯，要等到秋天处决。原判决是经由三法司（刑部、都察院和大理寺）作出的，于霜降后要与王公大臣再度复审，根据情况将这些案件分为"情实""缓决""可矜""可疑"及"留养承祀"等五类，作出终审判决，称"朝审"。原判决在地方作出的，秋后刑部也要会同都察院、大理寺进行三司会审，称"秋审"。经过朝审和秋审认为"情实"的罪犯，再经刑部"三复奏闻"之后，上报皇帝朱批裁决。被皇帝朱笔圈定的罪犯，就要被执行死刑，其余则监候。行刑时，给事中要会同刑部侍郎监刑。此外，刑科给事中还可以核查预审文书，凡未能审结的案件，各按察司都要在年底造册送刑科核查。

二、清代的中央监察机构

清代中央监察机构仍以都察院为首，但机构设置较为复杂，职能也颇有交叉，其中五城察院、宗室御史处、稽察内务府御史处等皆为清代所特有。

清都察院之设立始于入关前，但其内部组织还很粗糙，顺治元年（公元 1644 年）定制，改原承政为左都御史，满、汉各 1 人，改参政为左副都御史，满、汉各 2 人。当时，还设左佥都御史 1 人，由汉员充任，另设右都御史、右副都御史、右佥都御史，但都是京外总督、巡抚的兼衔，后于乾隆十三年（公元 1748 年）被废止。

都察院下设的办事机构主要有经历厅、都事两厅、值月处、督银所等。另设有院堂，有经承 25 人、门吏 1 人，下有堂印房、本房、"吏、户、礼、兵、刑、工六房"及火房、架阁库（档案库）等。

都察院的下属单位主要有六科给事中、十五道监察御史、五城察院、宗室御史处、稽察内务府御史处等。其中六科给事中虽然隶属于都察院，但仍有言

---

[1] 即选官制度。

谏之责，且有较强的独立性，故本书将其列入言谏系统。下面将重点介绍其他监察机构：

1. 十五道监察御史。清代将全国划分为 15 个行政区，每个行政区皆设专门的监察机构，称"十五道监察御史"。每道均有掌印监察御史、监察御史，各道人数不一，由满、汉分别充任，共计 56 人。其下有笔帖式共 32 人，经承 49 人，合计 137 人。这十五道监察御史与明代相同，仍分别兼领京畿各衙门的监察工作。在清初，虽有某道之名，但亦常有兼领某道的情况，至乾隆十四年（公元 1749 年）才完全各负其责。

2. 五城察院。五城察院是清政府为维护京城安全而特地设置的监察机构。清将京城划分为中、东、西、南、北 5 个警备区，各设兵马司，合称五城兵马司。每兵马司下设 2 坊，各设指挥、副指挥、吏目各 2 人，还设经承 42 人，捕役 140 人。顺治三年（公元 1646 年），为防止各地官员入京"专营属托"，"交通贿赂"，开始派御史分赴各警备区"督令司、坊官员时加访缉"，至顺治十年（公元 1653 年）始明确其职掌："五城御史各率所属，办理地方之事，厘剔奸弊，整顿风俗。"[1] 五城御史皆在管区内设有衙门，称"五城御史衙门"，又称"五城察院"。各察院设巡城御史满、汉各 1 人，在御史和给事中里拣派，1 年更换 1 次，此外还设经承 20 人。

五城察院的职掌主要有以下六项：

（1）条教。所谓"条教"，就是每月初一和十五，巡城御史都要在本区公所召集本区内的大小官吏及乡里长老集会，宣读皇帝所颁发的以五城治安为核心内容的"圣谕"。这些圣谕指顺治颁布的六条"圣谕"和康熙颁布的十六条"圣谕"。雍正以后的历代皇帝没有再颁布类似的圣谕，但一直重视此类活动。

（2）监临司坊听断。本区发生的民事纠纷和刑事案件，均由司坊审理，但巡城御史要对审理和判决过程进行监督。

（3）督察保甲户籍。清代以保甲制度构成控制基层社区的网络，不论城乡皆以 10 户为牌，10 牌为甲，10 甲为保。其基本功能是协助政府维护地方治安，按时完成税收徭役摊派等。巡城御史对管区内这一制度运行情况负有监督的责任。

（4）侦讯政治性犯罪。对一般盗贼等犯罪，自然要督促有关司坊缉捕，但对各种政治性犯罪，如"专营属托，拜谒当道，交通贿赂不肖官僚"，"肆行诈索，稍有不遂，遍布揭贴，设某陷害者"，"京城奸人通同边方腹里盗贼，探听

---

〔1〕《钦定大清会典事例·卷一千零三十一》；另见《清朝台规》卷十九。

抚按题参副封，传递消息" 等政治性犯罪，巡城御史都须上报并缉捕。

（5）巡察赈灾。这主要是对流入城区的难民加强管理，如及时发放救济等。

（6）纠察禁令之执行。当时京城许多地方被列为禁地，五城御史负责监督其执行情况。另外，清政府规定教徒、术士及各种江湖艺人不准在京城逗留，五城御史也负有监督执行的责任。

3. 宗室御史处。其又称"稽察宗人府衙门"，初建于雍正五年（公元1727年）。以15道监察御史中宗室御史2人兼领，其中掌印1人，协理1人，另有经承3人，主要负责稽察宗人府的财务情况。其主要职能有两个方面：①稽察宗人府银库钱粮册籍，将每月宗室婚丧优恤银、借给八旗官员银的欠还数目，造册移送核对，年终将稽察情况上报；②查核盛京宗人府婚丧优恤银，盛京宗人府将领发数目于每年春秋二季造册交宗人府御史处稽察。

4. 稽察内务府御史处。其又称"稽察内务府衙门"，始设于乾隆三年（公元1738年），初隶属于内务府，后改隶属于都察院。其初设御史4人，后改由陕西道及贵州道满洲御史2人兼领，下设经承3人。其职权范围主要有三项：①稽核内务府各司、院年度钱粮收支数目，审计内务府的财务；②稽察广储司六库支付物品数目，每月初五、二十五注销；③稽察紫禁城内闲杂人员混行、滞留情况。

三、清朝的地方监察制度

除了常设于中央针对各行政区行使职权的15道监察御史外，清朝在地方还设置了三级监察机构，即省以上的行政区监察机构，省级监察机构和道级监察机构。

1. 总督，省以上的监察官员。清初，因地方安全或军事需要在一些地区设置总督，总督虽然以提督军务为主，故多加兵部尚书或侍郎衔，但他也往往被要求在民政和地方治安等方面发挥作用，故又往往加巡抚和右都御史的职衔，因而可以看作地方常设的最高监察长官。

2. 巡抚，一省监察主官。清朝地方行政以省为最高单元，光绪以前全国共分18个行省，另有内外蒙古、青海、西藏、察哈尔等特区。每省设巡抚1人，从二品，为省级主官，下设布政使、按察使、提督学政等，分管各方面的事务。巡抚虽然为一省主官，但亦领监察之权，故往往加以右都御史、右副都御史、右佥都御史等职衔。

3. 按察使司。按察使司是巡抚以下专职的司法和监察部门，设按察使1人，正三品，俗称"臬台"或"臬司"。其在监察方面的职能主要是：在日常工作中对一省的官员有监督的责任；在乡试中任监试官；在大计之年对本省官员的考评中任考察官。按察使下还设有按察副使、佥事，下属官员有经历司经历、道知，照磨所照磨，司狱司司狱等。

4. 巡道，道级监察机关。"道"在清代的行政单元中较为特殊，其设立一般有两种情况：①在省与府、州之间设"道"，这样的"道"类似于界于省与府之间的行政单位；②因专门事务设"道"，这样的"道"就不再是行政单元。"道"一级的行政长官为布政司的左右参政、参议，谓之"道守"；"道"是监察长官，是按察司副使、佥事，谓之"巡道"，负责本道内的监察事务。

从清代地方监察系统的情况可以看出，事实上，地方上并不存在独立的、专职的监察机构，监察权正如其他司法权一样，统统包容于行政权之中。巡抚（总督）作为地方最高的行政长官，具有地方的最高监察权。按照清代的法律规定，督抚有推荐下属的权力，[1]但他必须对自己推荐的官员行为负责，如果他们出了问题，推举者也要承担相应的责任，在这种情况下，他对下属的监察权在某种意义上也是针对他自己的。至于按察司的主要职能在司法层面，已变成了一个省级的身兼检察院、法院和警察局多种功能的机构。于是，在清代地方事实上存在着监察缺位问题，这就不难理解清代吏治腐败问题为何难以克服了。

思考题：

1. 秦汉时期言谏和监察机构有哪些？主要职责是什么？
2. 秦汉地方监察机构设置情况如何？
3. 隋唐时期言谏和监察机构有哪些？主要职责是什么？
4. 明清时期监察机构设置情况如何？职责有哪些？
5. 你认为中国历史上言谏和监察制度有哪些区别？
6. 明清时期皇权极端化发展，监察机构也极其发达，你认为原因是什么？

---

〔1〕 据孔飞力统计，清代地方官员大约有30%是由督抚推举的。〔美〕孔飞力：《叫魂：1768 年中国妖术大恐慌》，陈兼、刘昶译，上海三联书店 1999 年版，第 260 页。

第八章　军事和司法等制度

学习目的和要求：

通过本章的学习，学生应注意厘清以下两个问题：其一，了解不同时期军事制度的历史沿革，掌握其历史演变的原因；其二，对古代司法机构的历史沿革及不同时期的司法程序形成较为清楚的认识，掌握秦汉以后在郡县制这一基本体制下分封制的特点。

第一节　军事制度概述

一、秦汉时期的军事制度

秦朝中央由太尉主理全国军政。军队平时都归郡县，直属中央的只有卫尉统领屯戍宫门的禁卫军。郡一级的军政长官称郡尉，常备军称"材官"，平时维护地方治安，战时听从皇帝调遣。军队基本编制是："一人曰独，二人曰比，三人曰参，比参曰伍，五人为烈，烈有头；二烈为火，十人，有长，立火子；五火为队，五十人，有头；二队为官，百人，立长；二官为曲，二百人，立侯；二曲为部，四百人，立司马；二部为校，八百人，立尉；二校为裨，千六百人，立将军；二裨为军，三千二百人，有将军、副将军也。"[1]

秦朝实行普遍征兵制，凡 17～60 岁的男丁都要服兵役，守边 1 年称"戍卒"，守京师 1 年称"正卒"，在本郡县听差称"更卒"。秦代兵役有劳役的性质，凡服兵役者有时会被派遣承担国家工程的修建工作。

汉朝加强了禁军力量。其禁军分三部分，负责皇宫殿内警卫的郎卫，由郎中令统领，属于最亲近的皇帝卫队。警卫京城和皇城的禁军分为南军和北军，南军由卫尉统领，负责皇城警卫，驻长安未央宫，总兵额初为 2 万人，武帝时减为 1 万人。北军负责京师的安全，初由中尉统领，武帝时增设中垒、屯骑、步兵、越骑、长水、射声、虎贲 8 校尉，每校兵力数百至千余人不等。

汉朝绝大多数军队仍驻扎在各郡县，平时归郡国守相管理，而由兵曲部尉

统领。在战时临时任命高级将领，以羽檄和符节为凭据，郡国守相验明符节后，才能接受对本地军队的征调。武帝时始设大将军、骠骑将军、车骑将军等高级武官。

汉朝军事编制沿袭秦朝。"大将军营五部，部校尉一人"，"军司马一人"，"部下有曲，曲有军侯一人"，"曲下有屯，屯长一人"，"其不置校尉部，但军司马一人。又有军假司马、假侯，皆为副贰。其副营领属为别部司马"，"门有门侯"[1]。兵种有材官（步）、骑士（骑）、轻车（车）、楼船（水）等4种，用于不同地区的作战需要。各兵种内部也有较细致的分工。

汉代仍实行普遍征兵的方式，规定23岁以上至56岁以下男丁皆须服兵役2年。据说，当时"民年二十三为正，一月为卫士，一岁为材官、骑士，司射骑驰征成……年五十六衰者，乃得免为庶民就田里"[2]。武帝后，在征兵的同时，也实行募兵制。北军八校尉、南军期门、羽林军士皆由招募而来。东汉募兵更多，称"勇敢""奔命""伉健"[3]。

二、魏晋南北朝军事制度

魏晋南北朝的军队分"内军"和"外军"。内军指中央直辖禁卫京师及屯戍京畿的军队，由皇帝直接控制，领军将军只负责训练和军事行政工作，没有调动军队的权力。战时皇帝临时任命的将军可调动军队。内军规模各朝不一，西晋时达10万人，有七军、七营、五卒等。外军都督诸州军事分领，屯戍于重要郡州，多为刺史兼衔。

这一时期实行的兵制有两种：南朝和北魏、北齐实行世兵制，西魏、北周实行府兵制。世兵制：因东汉末年以来战乱频繁，国家无法进行严格的户籍控制，征兵制很难实行，为保障兵源，南朝及北朝经常将降兵改编，编成单独户籍，规定其不得与一般百姓通婚。他们世代为政府服兵役，其家属则在国家分配的土地上劳作。如军士逃亡，其妻子儿女就罚没为奴。府兵制：其由鲜卑部落兵制发展而来。西魏大统八年（公元542年），初设六军，规定由守卫边疆的镇兵（多由鲜卑旧部及中原强宗子弟、关陇豪右[4]组成）编为府户，脱离农业生产，专隶军府，免除一切赋役，只需自备弓刀1具，其余全由政府供给。平时除在宫廷、城门站岗守卫外，还要进行操练，战斗力较强。

---

[1]　《后汉书·百官一》。
[2]　《汉书·高帝纪上》注引《汉仪注》。
[3]　《历代兵制》卷二。
[4]　强宗亦作"疆宗"；古时以右为上，故称"豪右"。二者均指豪门大族。

三、隋唐时期的军事制度

隋唐的军队也分为禁军与地方军队两种。唐太宗曾置百骑、北衙七营，高宗又建左右羽林军，武则天扩百骑为千骑，睿宗更扩千骑为万骑。禁军负有警卫皇城和京师的责任，地位十分重要，但长年不参加作战，到唐中期以后，已没有多少战斗力。

唐初曾于各地设总管（后改为都督），掌管地方军政。睿宗景云二年（公元711年）始设河西节度使，玄宗又增设9个节度使。唐朝北方边境因各种原因常有少数民族入侵骚扰，1州军力往往无力应付，以数州为一单元（镇），则可集中使用甲兵，故有节度使之设。但到"安史之乱"以前，这些节度使已掌握了镇内民政、军事等多方面的权力，控制的军队少则二三万，多则八九万。这为"安史之乱"埋下了隐患。

隋及唐初仍沿袭北周的府兵制，但将兵民分治改为兵民同治，军户已隶属于州县，兵士及家属平时忙于农业生产，战时则应役出征。府兵的基本单位为折冲将军府和果毅将军府，归骠骑将军、车骑将军统领。全国各统军府归中央16卫管辖，最后总隶于皇帝。唐太宗即位时，全国共有634个军府，军卒60万人；府以下为团，置校尉；100人为旅，置旅帅；50人为队，置队正；10人为火，置火长统领。府兵本人服役期可以免除租庸调，但应征时需自备武器、粮食。军队的调动，需要兵部以符契向各州县军府征调，由折冲将军率领向将帅报到。战争结束后，也由折冲将军率领返回解散。唐代募兵始于太宗之时，到唐中期以后成为主要的征兵办法。

四、宋元时期的军事制度

宋朝军事权由枢密院、三衙、兵部等三方分掌。枢密院为最高军事行政机关，长官称枢密使，由文官担任，名义上与宰相对掌文武，但它只掌理天下兵籍和调动军队的符契，无指挥军队的权力。军队的指挥权归"三衙"，所谓"三衙"，是指殿前都指挥使司、侍卫亲军马军使司、侍卫亲军步军使司，其中殿前都指挥使司地位略高，但与其他两衙一样都只有统领军队训练和作战的权力，而没有军事调动权。当时的兵部主要负责军事行政和军需供应事务。

宋朝地方军事组织只设在州以上的单位。路一级负责军事的长官称经略安抚使，府、州、军、监称"知军事"，至于总管、提辖、都监、监押等，都是临时委任的军事将领名号。

宋朝军队有禁军、厢军、乡兵、蕃兵之分。禁军承担保卫国家安全和对外作战的任务，在抽调各地厢军精壮的基础上组成，其俸禄、料粮、月粮、春冬衣及各种补助都明显高于其他兵士，平时主要布置在京城、重要边防要塞和内地重要地区。厢军系地方军队，平日主要承担各种劳役，如修筑城池、制造武器、治理河道等，很少训练，战斗力很弱。乡兵是在乡民中征集或招募的，就地训练，不脱离生产，主要任务是维护地方治安。蕃兵由少数民族地区壮丁组成。少数民族地区的士兵，"有熟产和生产之分，前者列入蕃兵编制，后者则不"。[1]

开宝年间在籍兵士只有 37.8 万人，至治平年间达到 116.2 万人。军队人数急剧膨胀，州县抽丁已不能满足，于是募兵制渐起，到宋中期以后，禁军、厢军多系招募而来。到后期，凡出现荒年，政府都要大量招募兵士，以防止"民变"。但军队的扩大，一方面给财政带来了巨大压力，另一方面军队内部老弱混杂，战斗力被大为削弱。

元朝军政基本是一元领导体制，军队指挥权、人事选任及拱卫京师和皇宫等权力，都由枢密院一体掌握，故有元一代常以皇太子兼领枢密使。元虽仍设兵部，但只负责一般的军事行政事务，不介入机要。"元初，各行省专设有枢密院这一机构"，后皆归并于行省，由行省官员掌握。边疆地区设宣慰使司都元帅府，军政合一，进行直接的军事统治。

元朝军队分宿卫军、镇戍军和屯田军。军内以 10 人为牌，设牌头；牌以上有百户所，设百户；百户上有千户、万户，皆设答鲁花赤；再往上就是都指挥使司。宿卫军的人员是从各千户中选出的，且多是百户、千户的子弟，要自备武器和从人，并经过武术等考试。忽必烈时设左、右、中、前、后五卫，用以拱卫京城，后又一再扩展，成为元朝军队的基干。镇戍军是分驻各地的军队，按民族和征发地分成蒙古军、探马赤军、汉军及新附军。蒙古军和探马赤军主要驻扎在京畿和要害地带，如大都、中原、辽东、西北一带；江淮以南地区主要由汉军、新附军驻防，仅有少量的蒙古军、探马赤军掺杂其间。边疆少数民族地区设有土军，由当地的族人组成。屯田军由宿卫军和镇戍军调拨组成，分军屯、民屯及军民合屯三种形式，都归枢密院管辖，由都指挥使司统领，主要为野战军供应军粮，有时也承担驻防任务。

元初实行征兵制，规定凡 15 岁以上男子"无众寡尽签为兵"。[2]统一全国后，实行军户制度，仍分蒙古军、探马赤军、汉军和新附军四类。凡曾入伍或壮士及有力之家定为军户，世代相袭。忽必烈时，北方军户共 72 万，至其在位晚期，仅汉军就有 30 万人。[3]

---

〔1〕 韦庆远主编：《中国政治制度史》，中国人民大学出版社 1989 年版，第 258 页。

〔2〕 《元史·志·第四十六·兵一》。

〔3〕 罗辉映主编：《中国古代政治制度史》，四川大学出版社 1988 年版，第 243 页。

五、明清时期的军事制度

明朝中央军事机关有五军都督府和兵部。洪武十三年（公元1680年），朱元璋废中书省，将原来的大都督府分为前、后、左、右、中五军都督府，五军互不统属，直接由皇帝指挥。明朝继承了宋朝文官掌管军队的做法，军队的训练、调动、任免、后勤等军政工作皆由兵部掌管。凡有军事行动，兵部奏请皇帝调动军队，并批准某都督率军出征，事毕后，兵卒各回原卫所，领军都督回都督府。英宗正统以后，都督府将军统帅之权也为文臣所夺，每有战事多派文臣任总督或提督军务，武将只负责具体作战，都督府事实上已形同虚设。

明朝中央有亲军、京军、班军之分。亲军是皇帝的警卫部队，有警卫皇宫的责任。太祖时有15卫，至宣宗时增加到26卫，每卫皆有指挥使。京军是驻扎在京畿的精锐机动部队，成祖时有72卫，分五军营、神枢营和三千营，合称"三大营"。宪宗时太监汪直掌握了京军的控制权，自此京军基本为宦官所掌握。班军是从中都（即朱元璋家乡凤阳）、山东、河南、大宁各都司抽调到京师的护卫军，由禁卫指挥使掌之。

明朝在省一级设都指挥使司统掌军政，直属于中央的五军都督府，并听命于兵部。军队以卫、所为基本单位，故又称"卫所制"。一卫一般有5600人，设指挥使统帅之；卫下分5个千户所，每所约1120人，以千户为长官；千户所由10个百户所组成，各112人；百户所以下又分2展旗，10小旗。洪武二十年（公元1687年），全国共有17个都司，3个行都司，1个留守卫，共329个卫及69个守御千户所。这些卫所除直属于皇帝的亲军外，都受都司管辖，并直接听命于兵部及五军都督府。每有战事，所任命的将帅征调卫所军卒，战毕则将帅回京复命，而军卒各回所在卫所。

明朝也设军户，由都督府管理。凡列入军户者，由国家分配给一定的土地，平时从事生产，农闲时进行操练，战时则随百户、千户集中出征。军户必须世代服役，父子相承，无子也要以侄或族人继承。军户缺乏人身自由，多为百户、千户所奴役，故逃亡者甚多，至英宗正统三年（公元1438年），逃亡之数已达100万人，至宣德年间不得不以募兵弥补兵员之不足。

清朝中央军事机构为军机处和兵部。其中兵部只负责稽察军队员额，考核将官任职情况并作一些不重要的人事任命，军事大权掌握在皇帝的顾问班子——军机处手中。

清朝军制源于八旗制度。八旗初设于明万历四十三年（公元1615年），当时有正黄、镶黄、正白、镶白、正蓝、镶蓝、正红、镶红。八旗的首领称固山额真，总领7500旗人。固山额真下辖5个扎兰额真，每扎兰额真有1500人；扎兰额真下辖5个牛录，每牛录有300人。皇太极在位时期，又先后增设汉军八旗和蒙古八旗。八旗制度是适应战时环境建立的，旗内兵民合一，固山额真等既是民政长官，又是军事统帅。顺治入关后，八旗逐渐成为单纯的军事单位，分为禁旅八旗和驻防八旗。禁旅八旗中又分郎卫和兵卫。郎卫是负责警卫皇城的亲军营，由正黄、镶黄、正白上三旗子弟组成，归领侍卫内大臣统领。兵卫分护军营、步军营、骁骑营、前锋营、神机营、火器营等，主要负责拱卫京畿，守卫各行宫、京城各门等。驻防八旗主要分布于各军事要地、各省都会及要害处。军事要地设将军、都统、副都统，其他地区一般不设将军。

除八旗外，清朝入关后还组建了绿营兵。绿营兵归兵部统辖，有马兵、守兵、战兵之分，散布于全国各地。京师绿营有南北中三营，主要负责稽察巡捕及水火非常事，称巡捕营或京军，隶属于步兵统领。绿营驻防各省的，统于总督的称"督标"，统于巡抚的称"抚标"，统于提督的称"提标"，统于总兵的称"镇标"，统于将军的称"军标"。"标"是绿营兵的基本单元，每标约500～1000人，一般由副将统领。"标"以下设"营"，约100～300人不等，长官称"管带"。其驻防一般城镇，多以营为单位。绿营在康熙年间立功颇多，地位有所上升，但咸丰时期，因在对太平军作战中屡战屡败，再加上湘军、淮军的崛起，逐渐被裁为巡防营。

近代以前，清朝除八旗和绿营外，尚有"防军"，多因各种临时需要招募而来，驻防地方由临时任命的将领统帅，事毕即予以遣散。咸丰时期，出于镇压太平天国及捻军的需要，又有所谓"练军"，最初属于地方团练性质，但后来有些则发展成当时清军的主力，如湘、淮二军皆由此发展而来。

第二节　司法制度概述

一、秦汉至南北朝时期的司法制度

在中国历史上，虽然从中央到地方逐渐发展起来了一套专职的审判机构，但都从属于行政机构，各级的行政主官同时担任着地方各级法院的"院长"、检察院的"检察长"，警察局的"局长"或"探长"，以行政权兼领司法权是我国古代司法制度的基本特点。

秦朝的司法体系以皇帝为中心，廷尉奉皇帝命令审理重大案件，审核各郡县上报的疑难案件，提出判决意见请求皇帝裁决。地方沿袭战国时确立的惯例，行政主官兼理司法事务，郡守和县令负责各种案件的侦破、庭训及审判。当时死刑或重大案件要上报中央的廷尉作出终审判决。

汉承秦制，司法制度也不例外。廷尉仍是中央常设的负责刑狱的官员，其下有左右正、左右监、左右平等，协助处理各种案件。廷尉及其下属的主要工作是主持诏狱，审理地方上报的案件并作出判决意见。汉武帝以后，国家各种权力逐渐转移到内朝，至汉成帝始在尚书省设三公曹，开始介入司法审判。如果遇到重大案件，廷尉也无权单独负责，要组织高级官员会审。对某些特殊的案件，皇帝有时指派"绣衣直指"[1]予以审理。对整个司法活动，御史台有监督之权。地方上仍是行政司法合一，郡守、县令兼理司法，但郡设决曹掾是专职法官。

汉代官吏的破案率和司法审判的公正性是考课的重要内容之一。地方官员要将处理过的案件造册上报，以备考察。为加强司法监督，朝廷还经常派御史到地方巡视，对地方治安、案件的审理、监狱的管理等情况进行检查。这些检查有时以案卷审查为主，有时也深入监狱，亲自审问囚徒。

汉代规定各县如有疑难案件难以作出判决的，要上报到郡，郡守亦不能作出判决的，要上报到廷尉，廷尉还难以决断者，则上报皇帝作出最终裁决。另外，对官员犯罪判决更为慎重，规定凡郎官以上官员犯罪应处以杖刑者，一律要上报廷尉或皇帝作出判决。

汉武帝以后中央司法权逐渐分散，至魏晋南北朝开始进一步发展，形成了廷尉、尚书台、御史台三足鼎立的中央司法机构布局，但总的来看，还没有完全制度化。案件的审理有时还用"杂治"的方式，或组成由各种官员参加的联合法庭作出判决。其地方司法制度一如汉代，但汉代时产生的所谓"八议"，在这一时期进一步法典化，形成了所谓"官当"制度。

二、隋唐时期的司法制度

隋唐时期是我国古代司法制度进一步定型的阶段，对两宋及明清都有重大影响。在中央层面，司法机构由大理寺、刑部、御史台构成。大理寺是最高的审判机关，负责审理中央百官犯罪及京师徒刑以上案件，其中流、徒判决要送刑部复核，死罪判决则要上奏皇帝。刑部是中央司法审判及司法行政机构，负责复审大理寺审定的流刑以下的案件及州县徒刑以上的案件，各州县的死刑案件由刑部复奏，请示皇帝批准，再交大理寺复审。御史台主要是监督大理寺和刑部的司法审判工作，遇有重大或疑难案件也参与审判。同时御史台也直接受理行政诉讼案件，并作出初审判决。

一般而言，大理寺、刑部、御史台都独自进行自己的工作，但遇有特别重大的案件，大理寺卿、刑部尚书、御史中丞也会联合主持审判，称"三司推事"。地方的重大或疑难案件，三司要派出员外郎、大理寺评事、监察御史

---

[1] 其又称"绣衣御史""直指使者"等，指皇帝指派的执法大员。

（称"三司使"）前往会审。京师大案由门下省给事中、中书省中书舍人、御史台侍御史共同审理，称"小三司"。三法司制度的形成，使司法权的行使更加分散，便于皇帝居中控制，但也能在一定程度上减少司法工作的失误，有利于司法公正的实现。为慎重起见，也为表现王朝的"宽仁"，唐代还规定在死刑执行的前三天起，一天向皇帝报告一次，一共三次之后才能执行，这就是"三复奏"制度。

唐代地方仍遵行行政司法合一体制，以行政主官兼领司法权，但也设置了专门司法职能机构。在州、府一级设司法参军、司户参军，在县一级设司法佐吏。地方的审判权受到严格限制，按规定县只能对杖刑以下的罪案作出判决，州、府也只能对应处以流、徒刑以下的罪案作出判决。地方所作出的流、徒刑判决，还必须上报刑部接受复核。这种司法审判制度是由中国古代中央集权体制所决定的。

三、宋元时期的司法制度

宋初仍沿袭唐朝的中央司法体制，以大理寺、刑部、御史台为中央审判机构。太宗淳化二年（公元991年）始设审刑院，规定全国上报的案件要先送审刑院登记，然后方送大理寺，大理寺作出判决后，刑部予以审核后上奏皇帝，皇帝核准后复至审刑院评审，最后再将评审意见送交皇帝裁决。于是，在唐代大理初审、刑部复核的环节上，又加上了审刑院登记和评议这一环节，不仅使司法审判程序更为复杂，且使审刑院凌驾于传统的"三法司"之上，成为最主要的审判机构。宋御史台仍掌司法监察、审案、执行刑罚，并特设推直官与推勘官专理司法事务。真宗大中祥符二年（公元1009年），又设纠察在京刑狱司，以负责司法稽察。神宗元丰改制之后，上述审判制度有了相当的变化。御史台撤销了推直、推勘，仅设检法1人掌理检详法律。废除审刑院及纠察在京刑狱司，其职掌归于刑部。凡上报案件先至刑部审详，后送大理寺复核，大理寺审判后复交刑部上奏。于是，隋唐以来的大理寺初审、刑部复核的审判程序转变为刑部初审、大理寺复核。

自秦汉以来的行政与司法合一的情况在宋代有所加强。这主要表现在宋代中书省也有权论证刑名，参与案件的审判，涉及武臣犯罪，枢密院也有权参与审理。"三司"和户部都设有勘检法案，负责本系统内经济犯罪的审判，并有权对应处杖刑的犯罪作出判决，这也从一个侧面反映了宋代中央各部门事权被分散的情况。

宋代在地方也设有协助主官进行司法工作的职能部门，如在路一级设置了提点刑狱司，州一级设有司寇院。各种罪案的判决根据轻重程度要上报到不同的部门，一般上报的期限是在该案审毕的10日内。

在诉讼制度方面，宋代在我国历史上第一次对民事和刑事案件作出了区分。在我国古代，民事立法和审判都处于附属地位，被认为是"户婚细事"。对这类案件，官方司法机构一般不愿立案，许多都下放到乡里由族长或民间自行调解。国家对这类案件的受理和诉讼程序，一直没有特殊的规定。宋代将其与刑事案件的诉讼程序作出了严格的区分，规定官方受理民事案件只能在农历十月初一至次年二月初一的农闲时期。在这期间，被告可以到所在州、县提起诉讼，户部左曹分户口案、农田案、检法案分工审理。

宋代司法制度还出现了一个重要的变化，即"审"与"判"两分，规定州、县对较严重的犯罪只有初审拟判权，终审权归中央，中央大理寺、刑部各由详断、评议分别找出适用法律，由长官作出判决。此外，宋代诉讼制度还有了时效、审限及司法检验等详细规定，这标志着我国古代的司法制度发展至宋代已基本成熟。

元朝是我国历史上第一个由少数民族建立的全国性政权，其在立法中公开确认各民族的不平等，表现在司法层面，对不同等级的人实行不同的量刑标准，赋予僧侣阶层以法律特权，同时对不同等级的人的审判，分别由不同的法庭机关进行。

元朝废除了大理寺，其职能归于刑部。其中央的专门司法机构有刑部、大宗正府和御史台。还有专门机构负责特殊身份人的罪案审理。刑部作为国家最高的司法行政部门，职能比唐宋时期有所加强，中国古代的刑部狱就始设于元朝，并为后来的明清所继承。大宗正府设有自己的监狱，主要负责审理蒙古贵族及京师地区的蒙古人、色目人案件，其地位与中书省、枢密院并列，不受御史台的监督。此外，元朝的一些部门还设有专门法庭审理特殊人员的犯罪案件，例如，枢密院主管军事司法，宣政院负责宗教司法，宣辉院主管内侍人犯罪，等等。

元朝的地方仍是施行司法行政合一体制。其专门的司法机构有：路（道）一级为提刑按察司（肃政廉访司），负责境内刑狱并监察地方司法。受中央司法体制的影响，地方司法权也非常分散。总的来看，元朝各种制度设置得较为混乱，再加上职官素质偏低，其司法活动也很不规范，司法较为野蛮。

四、明清时期的司法制度

明朝中央司法机关有刑部、大理寺和都察院，称"三法司"。刑部为皇帝以下最高的司法行政机关，专司审判，设十三道清吏司分别处理上诉案件，对官员犯罪及各省上报的应处以流刑以下的案件有权作出判决。刑部作出判决后，要将罪囚及案卷送到大理寺复核，再由刑部具奏行刑。死刑须奏请皇帝批准。大理寺为复审机构，如果认定法司拟罪不当，则有权驳回。都察院负责对刑部和大理寺进行监察，但遇有重大的疑难案件，则要参与审判活动。

明朝的司法权虽然由上述三个专门机构执掌，但其他部门也可参与司法活动，故而明朝的审判有"会审""圆审""大审""热审"等多种形式。凡刑部、大理寺和都察院组织联合审判，称"三司会审"，拟定的判决意见称"三司奏议"。但是如果有特别重大的案件，不仅"三法司"的主官（刑部尚书、大理寺卿、左都御史）要联合主持，还要组织其他五部尚书及通政使参与，这就是"九卿会审"，又称"圆审"。明朝皇帝在秋季会派出太监参与"三法司"的审录罪囚工作，称"大审"。司礼监传旨下刑部会同都察院、锦衣卫在小满后10天的炎热暑期审录囚徒，称"热审"。

明朝是中国历史上特务政治最发达的时期，东厂、锦衣卫等主要特务组织都有权参与司法活动。除上面已谈到的宦官参与"大审"和"热审"之外，东厂还负责侦讯、缉捕等。明朝的诏狱就设在锦衣卫，锦衣卫也可奉皇帝命令脱离"三法司"秘密办案，一般而言，东厂和锦衣卫没有判决权，其审毕的案件都要送刑部作出判决。

明朝在省一级设置的专门司法机关是按察使司，其长官按察使主持省内的司法工作，其副使、佥使也经常在省内巡查，对各州、县的司法工作进行监督，并就地处理一些案件，接受民间的上诉。府、州、县的行政主官对当地的司法工作负有完全责任，他既代表地方警察当局，也代表地方检察当局，还是法院的唯一法官。他要主持刑事案件的侦破，对犯罪提出公诉，然后再主持审理和判决。但他所作出的只是初审判决，案犯如果认为受到了不公正的审判，他的家属可以代为上诉。但上诉必须遵循一定的程序，如果越级上诉，要先受笞刑。布政使司主管省内的民事案件，户部则是民事案件的终审机关。提刑按察使司主管省内的刑事案件，终审机构则为中央的"三法司"。

清朝的司法制度大体沿袭明朝，但也有一些自己的特色。"三法司"虽然仍是中央专职司法机关，但刑部的权责有所加强，外省案件主要由刑部复核，而三司会审时，都察院和大理寺对判决也很少干预。与元朝一样，清朝也是以少数民族入主大统，也实行民族歧视政策，司法权的行使亦呈多元化的现象。宗室贵族案件由宗人府处理。京师旗人案件由步军统领衙门审理，并可以对罪犯课以杖刑以下的刑罚。外省旗人案件归满洲将军、正副都统审理，其他少数民族地区案件也由该地区头人审理，上诉则由理藩院刑司审理。

清朝的会审制度进一步完备。死刑案件分立决和监候。凡监候案件，每年农历八月由九卿、詹事、科道官员组成联合法庭进行全面复审，作出有关"情实""缓决""可矜""留养承祀"等五种裁定，由刑部上奏皇帝，对联合法庭作出"情实"判定的死刑犯名单，皇帝要用朱笔圈定，凡被圈定的死刑犯就要被执行死刑。这种审判被称为"秋审"。除"秋审"外，朝廷每年在霜降后，还要组织九卿、詹事及科道官员对刑部判决的死刑案件及京师地区的死刑监候案件进行复审，也区分情由作出"情实""缓决""可矜""留养承祀"等裁决，上报皇帝。此称"朝审"。

清朝的地方实行四级审判制度。州县为第一级，可对应处以笞、杖、徒等刑罚的案件作出判决，府（道）为第二级，省提刑按察使司为第三级、督抚为第四级。但这种层级划分的意义主要表现在接受上诉上，而不是司法判决上。事实上，府、提刑按察使司和督抚都仅能对流刑以下的案件作出判决，对流刑以上的案件只能作出判决意见后上报刑部。地方独立司法权的缺乏，是中央集权体制的直接结果。

第三节　宗室和功臣分封制度

一、分封制——郡县制的一种补充

秦以后大一统的中央集权体制格局的确立，只是意味着封建制下可能存在的各种地方自主权的丧失，意味着各级封君对世袭封地的直接控制权的丧失，但并不意味着宗法制下政治权力占有的家族性质的改变。

地方自治权和封君对封地直接控制权的丧失，奠定了中央集权体制存在和运转的基础。但是完全消灭"封君"，与中国传统政治存在和运行的目的并不协调。中国古代政治权力不是以实行公共福利为唯一或主要目标的。当一位枭雄纠集其家族和利用各种人际关系，野心勃勃地参与政权争夺时，这个集团中各个层级都被一个朦胧而美妙的憧憬所激荡，于是，这个憧憬便成为一条真正的"锁链"将他们联结在一起，构成一个强有力的政治和军事集团。随着集团的胜利，这个"锁链"也就构成了一个要求分享皇权利润的关系网络。

完全不顾功臣集团的要求，新王朝就有丧失现成的社会基础的可能；充分满足他们的要求，又会危害国家政令的统一，给王朝体制埋下致命的隐患。从中国历史实践上看，对这一问题大体存在两种处理模式：①暂时满足功臣的需要，作出一定数量的分封，但这几乎都导致了皇室与这些异姓封君之间的激烈冲突；②满足功臣的需要，但采取只赐封地，不给直接管理权的方式，使封地基本纳入国家职官系统的掌握之中，这是最为常见的处理方式。

功臣集团的分封模式不一定能适用于皇族子弟。在中国历史上，大多数王朝对皇室成员都采取分封的做法。这是由我国古代政治权力占有的私人和家族性质所决定的。这些分封有些是"实封"，即给予封君以控制封地内军政事务的权力，有些是通过由国家派员管理封地事务来保持国家行政的统一，还有些则是既给予封君一定的实权，同时也相应地加强对他们的控制。这三种分封方式，除第二种以外，皆会给王朝的政治稳定增添相当的变数。封君占有封地越大，这种变数和隐患就越为明显。

二、秦汉及魏晋南北朝的分封制度

秦统一后，朝臣曾就分封问题展开激烈论争，部分朝臣主张借鉴西周宗法封建制，分封秦皇室于国家各地。但秦始皇没有采纳这一建议，而是在全国范围内推行郡县制，从而确定了秦以后以郡县制为基本构架的国家体制形式。

楚汉战争期间，刘邦曾联合各方势力。击败项羽后，他分封了齐王韩信、梁王彭越、淮南王英布、韩王信、赵王张耳等8位异姓王和143个列侯。但分封是不得已作出的，当政权稳固后，刘邦即开始以各种手段先后废除7位异姓王，仅长沙王吴芮因地处偏远且较为孱弱得以苟存数世。废除异姓王后，刘邦为加强其政权的社会基础，又开始大规模地分封刘姓诸王，受封者多是刘邦的儿子。当时全国54个郡，中央政府只直辖15个郡，其余39个郡皆为诸王的封地。

按当时的有关法令规定，封国内的官员仅有"相"由中央选派，其他官员的选任权皆由封君掌握。虽然封君调兵越境需要得到皇帝批准，但封君可以在封国内征兵并掌握自己的军队。在这种情况下，自然形成了"天子之行政于郡，不行于国，制其守宰，不制其侯王"[1]的局面，严重妨碍国家法令和政令统一，对中央政权肯定构成潜在的威胁。

"七国之乱"被平定之后，汉景帝采取了一系列措施，收回了中央政府对封国的行政、选官的控制权，削减了封国官员的员额，降低了其俸禄，并将在封国任官的官员称为"左官"以示歧视。另外，还要求所有的朝官不得与诸侯往来。经此改革之后，诸侯失去了对封地的大部分控制权。至汉武帝时期，又颁布"推恩令"，让王侯将各自的封地分封给自己的子弟，使诸侯能够直接控制的领地大为缩小，逐渐地，封国对中央政府已不构成威胁了。

曹魏时期基本采取虚封王侯的政策，只让其食取一定数量的俸禄，而没有实际的领地。司马氏篡魏后，鉴于曹魏皇室无同姓实力派诸侯的支持显得异常脆弱的教训，遂在皇族中大封同姓王，共封皇族27王。这27个封国有大国、次国和小国之分。大国5个，食邑2万户，置上中下3军，兵力5000人；次国6个，食邑1万户，置上下2军，兵力3000人；其余皆为小国。在各封国内，封君保有各种实际权力，不仅百官皆由其选任，且军队完全由其统帅。西晋不

---

[1]　（唐）柳宗元：《柳河东集·卷三·论》。

仅大封同姓王，还对高级士族进行了册封，爵位有公、侯、伯、子、男等。这些异姓贵族一共敕封了500多个，其权力也如同姓王，在封地内自己选任官员，并自行分封中下级士族。

上述西晋时期的分封，是西周之后我国历史上最大规模的一次"封建"，其结果是彻底肢解了中央对全国的控制权，很快引发了著名的"八王之乱"，使西晋成为我国历史上最短命的王朝之一。

三、隋唐宋元时期的分封制度

隋唐的分封分为战功爵和宗室爵。隋建立之初，文帝以"众心未附、利建同姓，维城宗社"为由分封诸子为王，任地方行政军事总管来弹压忠于前朝的士族贵族的反抗。大局甫定，诸子即开始相互倾轧。隋炀帝夺嫡登基之后，有鉴于此，遂对诸兄弟严加防范，不再授予他们以主要官职。

唐高祖在位初年也曾分封诸子并授予其兵权，并封宗室数十人为王。太宗即位后，以为高祖分封过滥，遂将血缘关系较疏远且无功劳的宗室各降一级，直系亲属方才封王，隔代则降为郡王。这一时期，亲王还保留了相当的权力，其中少数在朝中任官，多数则派驻外州任刺史。他们有一定的实封采邑，且配有傅、咨议参军、长史、司马等官，领有兵权的亲王还设有亲事府。玄宗开元八年（公元720年）始开始"禁约诸王，不使与群臣交结"，[1] 陆续招回了在外任职的诸王，削夺了他们的军政实权，令其全部住在长安附近的十王宅、百孙院。诸王虽然仍有自己的官署，并身领节度使等职衔，但都已是虚职，他们平时不能离开王府，成为真正的"闲人"。至于功臣集团虽有封地，但也不过是食其税赋而已，并无实权。

等　级	爵　号	食　邑
一	王（正一品）	万　户
二	嗣王、郡王（从一品）	五千户
三	国公（从一品）	三千户
四	开国郡公（正二品）	二千户
五	开国县公（从二品）	一千五百户
六	开国县侯（从三品）	一千户
七	开国县伯（正四品上）	七百户
八	开国县子（正五品上）	五百户
九	开国县男（从五品上）	三百户

---

[1] 《资治通鉴·卷二百一十二》。

宋朝宗室爵位沿袭唐制，"宗王襁褓即裂土而爵之。然名存实亡，无补于事。降至疏属，宗正有籍，王牒有名，宗学有教，郊祀、明堂，遭国庆典，皆有禄秩"[1] 这些宗室成员虽位高禄厚，却无实权。宋朝在中国历史上以"宽仁"著称，其功臣亦可封王，但并非自始任意分封，正如赵翼所言："宋初臣下不封王者。石守信卒，封武威郡王……至徽宗时……封爵始滥。"[2] 但总的来说，两宋的宗室和功臣分封都是虚封，最多只是食取采邑的赋税，并有些形式上的特权。

元早在成吉思汗时已有分封制，即将所属各部族牧民编为 65 个千户，授给宗室和功臣（称"那颜"）。千户长下设有百户长、十户长等。那颜、千户长、百户长和十户长都是世袭的大小贵族。领户编在千户内，平时向领主交纳羊、马，并负担杂役、军役，战时凡 15~70 岁的男子都要自备鞍马、粮食随领主为大汗充当兵士。入主中原后，元仍按"各分土地，共享富贵"的传统，每征服一地即将其作为食邑分封给宗室、权贵。在封地内由大汗征收赋税，大部分归封君享用。封地的军政大权由大汗委派的镇戍将军、行政官员掌管。蒙古贵族在中原有食邑 100 多个，领有民户近 300 万户。[3]

四、明清时期的分封制度

明太祖立国之初即确立了封藩制。史称："太祖定天下三年，惩宋元孤立，失古封建意，于是择名城大都，豫王诸子，待其壮而遣就藩服。若秦西安、晋太原、燕北其最也……环边万里，迎于三陲，以固磐石。盖由建都应天，去西北辽远。非亲子弟不足以镇抚而捍外患；其他则分王内地，用资夹辅焉。"[4] 洪武二年（公元 1369 年）四月，定封建诸王国邑及官属之制，此后有明一代除储君外的皇子均册封为王。朱元璋共封皇子 23 人，叔侄 15 人，共 38 人，而整个明代共封皇子 62 人，先后就藩属者 47 人。

明初诸王权力甚大。他们在封地内建有王府，设有官署，掌握军队，少则数千，多者超过万人，冕服、车旗、邸第都是天下一等，公侯大臣晋见都需行跪拜礼。当时最大的藩王要属燕、宁、辽、谷、代、晋、秦、肃等 9 王，这些藩王的领地多处险要，"连邑数十"，实力强劲。朱元璋死后，建文帝以皇太孙即位，已感到诸王叔的威胁，遂试图推行削藩之策。野心勃勃的燕王朱棣以建文帝受小人蛊惑"变乱祖制"之名起兵于北平，叔侄之间爆发了激烈的战争，

---

〔1〕《宋史·列传·第三》。

〔2〕（清）赵翼：《廿二史札记·列传第三卷二十五·宋史》。

〔3〕 罗辉映主编：《中国古代政治制度史》，四川大学出版社 1988 年版，第 181 页。

〔4〕《明史稿·诸王传序》。

最终以燕王入主朝廷而告终。

朱棣起于藩王，深知藩王对中央权力所构成的潜在威胁，遂加紧了"削藩"政策的实施。一些封地过大的藩王被以各种理由剥夺了封地，而另一些没有丧失封地的藩王的权力也受到了严格的限制，基本上是"分封而不锡[1]土，食禄而不治事"[2]的地位尊显却无实权的寄生虫。但是朱棣还是无力完全改变朱元璋分封宗室的"祖制"，永乐以后，藩王的权力虽然受到很大的限制，但相对于两宋而言，明宗室的权力还是比较大的。故此，有明一代藩王作乱谋反的事件一直未能完全终止。

明制规定，皇帝的儿子除一人继承皇位外，其余都要封位藩王，藩王的儿子除一人继承王位外，其余要封位郡王，郡王的庶子封镇国将军、孙封辅国将军、曾孙封奉国将军、四世孙封镇国中尉、五世孙封辅国中尉、六世以下封奉国中尉。帝女封公主，公主婿号驸马。郡主、县主婿号仪宾。凡皇族人员出生，由礼部起名，成人后由皇家主婚，一生的生活费用全部由政府承担。洪武二十八年（公元 1395 年）定制，亲王年俸 1 万石，郡王 2000 石，镇国将军 1000 石，到镇国中尉是 400 石，公主和驸马皆 2000 石，郡主和仪宾皆 800 石，县主递减。上述政策对皇族子弟可谓极尽照顾，但给国家财政造成了致命的压力。随着年代的推移，皇族成员呈几何状增长，不到 200 年的时间已达 5 万多人，政府的租赋竟至不足供养皇族的程度。嘉靖四十一年（公元 1562 年），全国供给京师粮 400 万石，而诸王府禄米需求就达 853 万石。在山西一处，存留地方的粮食有 152 万石，而当地宗室的俸禄就需要 212 万石。再以河南为例，地方经费只有 84.3 万石，宗室俸禄却需要 192 万石。[3] 政府财政无法应付，遂不得不逐级削减禄米数量。因明制规定皇室成员一律不得参与科举，不得做官，不得做工、经商，全赖政府财政养活，一旦政府财政难以支持，下级皇室成员生活便穷困潦倒，甚至以各种流氓无赖的方式讨生活。由于皇族成员的命名由礼部进行，而成员又过多，礼部为避免重复，遂用金、木、水、火、土五行做偏旁，随便配上一个怪字，作为赐名，而有些皇族成员因无力贿赂礼部官员，以至于到老还没有名字，更不能婚嫁。[4] 至崇祯年间，虽然开始允许宗室子弟参加科举，但这时的明朝已是日薄西山了。

明代功臣分封相对来说不很重要，其爵位大体有公、侯、伯三等。佐太祖

---

[1]　"锡"通"赐"
[2]　《明史·诸王传》。
[3]　吴晗：《朱元璋传》，海南国际新闻出版中心 1993 年版，第 203～204 页。
[4]　（明）沈德符：《万历野获篇·卷四·宗室名》。

定天下者曰"开国辅运推诚",从成祖起兵的功臣,封"奉天靖难推诚"。其他皆称"奉天翊运推诚""奉天翊卫推诚"。这些功臣分封爵号有些是世袭的,有些则非世袭,只是食取俸禄并无封邑。

清朝分封有多种:宗室、同姓、外藩、臣子各有不同,但皆有俸而无实权。皇太极崇德元年(公元1636年)定制,王、公以下四等爵以封宗室,名次为和硕亲王、多罗郡王、多罗贝勒、固山贝子、镇国公、辅国公、镇国将军、辅国将军、奉国将军。顺治六年(公元1649年),又加奉恩将军。亲王余子为郡王,郡王余子为贝勒。康熙二十三年(公元1684年),改亲王余子为贝勒,郡王余子为贝子。清初只有王爵加美号,后来公、侯以下也加美号。功臣共分九等:公、侯、伯、子、男、轻骑将军、骑都尉、云骑尉、恩骑尉。清初天下未定,曾封异姓王,但在"三藩之乱"后,异姓者再无封王之例。

思考题:

1. 我国历史上军事制度前后变化较大,你认为变化的线索是什么?
2. 明朝和清朝的军制分别都有哪些特点?
3. 什么是"三法司""三复奏"制度?
4. "官当""八议""圆审""热审""大审""秋审"的含义分别是什么?
5. 秦汉以后,为什么还会有不同程度的分封制存在?
6. 你如何理解郡县制与分封制的利弊?

第九章　地方政治制度

学习目的和要求：

　　通过本章的学习，学生应重点厘清以下两个问题：其一，了解不同时期地方机构设置的历史沿革，掌握各级地方地方政府间的职权划分；其二，了解不同时期的中央政府与地方政府的权力划分状况，分析并把握中央政府在庞大地理空间中维持中央集权治理形式的原因。

第一节　地方建制概貌

一、秦汉到魏晋南北朝的地方建制

　　秦以后郡县制成为地方的基本建制。这一制度设置的目的是保持中央政府对地方的直接控制权、维护中央集权的体制格局，确保帝国体系的存续和运转。在秦以后的 2000 多年里，县级组织相对稳定，县以下宗族豪右势力虽有一个缓慢衰退的过程，但以其权力为基础的乡里组织保持了相对的稳定性。变化主要发生在县以上的组织中，一方面是中央的权力越来越集中，另一方面是地方的行政区划越来越小、事权越来越分散，而这一切变化都有利于强化中央集权。

　　秦灭六国后，将京师以外的地区分为 36 个郡，征服百越后又增设 4 郡。京师不在这 40 个郡之内，其机构设置也与外郡不同，长官称内史，一般从外郡守中选任，秩禄高于郡守，可晋升九卿，甚至可以直接升为三公。

　　各郡设守、尉、监各 1 人，郡守"掌治其郡"，[1] 主管一郡行政及其他事务。郡尉也称都尉，掌佐郡守典武职甲卒，主管军事。郡监是中央派出的地方监察机构。郡是地方最高一级政权，上承三公九卿，下理县邑乡亭。

　　汉承秦制，仍为郡县两级制。但西汉因分封诸侯国，形成郡国并行体制。汉初，诸侯王国封地很大，有的可达五六个郡，中央仅直辖 15 个郡，约占全国

---

[1]　《汉书·百官公卿表上》。

的 1/3。王国"同制京师"，[1]"皆如朝廷"，[2]下面也设郡县，只是规模小于国家正式的郡县。这些王国除相由中央选派之外，其他官员都由封君委任。其职官设置除相以外，还有中尉负责军事、治安，御史大夫负责监察。这种情况直到"七国之乱"被平定以后才逐渐改变。

汉的郡分三种：三辅郡、普通郡和边郡。"三辅郡"是地处京畿的郡。汉初设内史为管理京师地区的最高长官。景帝初年分为左右内史，武帝时，左内史更名为京兆尹，右内史更名为左冯翊。秦时主爵中尉，景帝时更名都尉，武帝时更名右扶风，治内史右地。这样右扶风、左冯翊与京兆尹合称"三辅"，都可以参与朝政。郡治设于边境地带称"边郡"。边郡除设有内地普通郡的基本官署外，还特设长史，掌理兵马，秩位 600 石。

汉初各郡主官称郡守，景帝中元二年（公元前 148 年）改为太守。太守由中央任命，职责主要有：①选任本郡 600 石以下的僚属；②劝民农桑兴，办学校，负责公共福利事务及工程；③赏善惩恶，判决诉讼，搜捕盗贼，统帅军队，保卫地方；④选举孝廉、贤良方正、茂才异人等。太守对本郡内的户口、耕地、财政、治安、学校、风俗等问题负有全面的责任。每年九、十月间，他都要将这些情况汇总起来，上计给中央以备考核。太守以下仍设都尉，负责本郡军队的日常训练和管理，战时则统军出征。

武帝元封五年（公元前 106 年），为加强对各郡的控制，始设 13 部（州），即司隶、豫、冀、兖、徐、青、荆、扬、益、凉、并、幽、交，设刺史负责各部（州）的监察。东汉时，刺史改为州牧，由京官出任，品秩大为提高，渐成主持多郡政务的地方主官。东汉末年，出于镇压地方叛乱的需要，刺史权力进一步扩大，州开始成为郡以上的地方行政区，刺史也大多演化成为割据一方的诸侯。

魏晋南北朝时，地方行政区分州、郡、县三级。州在东汉时设置较少，治下地域辽阔，一般相当于明清时的一到二三个省。曹魏承东汉末年，州设置还比较大，当时共有 13 个州。京畿地区以河南、河内、河东、弘农、平阳五郡组成司州，置司隶校尉，督察京师兼领司州。其他 12 州并设刺史，沿边诸州刺史与领兵都督并置。西晋沿用魏制，置司隶校尉领司州，京畿外设刺史领诸州。这一时期的地方建制有三个特点：①封国与郡同为州县之间的一级行政单元。封国的行政长官为相或内史。西晋武帝时，恢复封建制，以宗室为藩辅，并许

[1] "同制京师"出自《汉书·诸侯王表二》中"宫室百官同制京师，可谓挢枉过其正矣"。
[2] "皆如朝廷"出自《后汉书·百官志五》"汉初立诸王，因项羽所立诸王之制，地既广大，且至千里。又其官职，傅为太傅，相为丞相，又有御史大夫及诸卿，皆秩二千石，百官皆如朝廷"。

置军。但到东晋时期，诸王封地大多丧失，不能就国，王国官署已是徒有虚名。②侨州郡制。西晋灭亡，大批北方士族和民户流亡南方，东晋政府为安置这些流亡民户，遂在江南一些军事要地侨建北方诸州，后来中原地区也建立了一些侨建州郡。③随着时代的发展，州的规模被不断压缩，到南北朝后期，一州往往只辖二三个郡，一郡只有二三个县。

二、隋唐两宋的地方建制

隋朝初年，仍沿用州、郡、县三级建制，以至于"当今郡县，倍多于古，或地无百里，数县并置，或户不满千，二郡分领……所谓民少官多，十羊九牧"[1]。隋文帝开皇三年（公元 583 年），以"存闲去要，并小为大"为原则，罢郡为州，以州统县，恢复了郡（州）县两级建制。隋炀帝大业三年（公元 607 年），改州为郡。与汉代不同，隋虽然实行两级建制，但地方官任用僚属的权力已收归中央政府，凡有品级的地方官都由中央任命。郡的主要长官仍为太守，但已增设赞务为副职，后又增设通守，其位次于太守，赞务改为丞，位在通守之下。于是，一郡有太守、通守、丞三位主要官员。

唐承隋制，仍是两级建制，只是将郡改为州。州的主官称刺史，"掌宣德化，岁巡属县，观风俗、录囚、恤鳏寡。亲王典州，则岁以上佐巡县"[2]。亲王任州刺史，置别驾、长史、司马为上佐，并有司录、功、仓、户、兵、法、士等诸曹参军事。京师、陪都所在地改州为府。唐有西、东、北三京府：西都长安，由雍州改为京兆府；东都洛阳，由洛州改为河南府，北都太原，由并州改为太原府。后来又增设了凤翔、成都、江陵、兴德、兴元、河中六府。府设府尹、少尹等官。

唐全国共有州 300 多个，分上、中、下三等。太宗贞观元年（公元 629 年），为加强对地方的控制，又分全国为陇右、淮南、江南、河北、岭南、关内、河南、河东、山南、剑南 10 道。每道置采访使，检举非法，监督地方政务。这些道都是虚级划分，属监察区而非行政区。玄宗开元二十一年（公元 733 年），改 10 道为 15 道，派采访使常驻，与地方长官一样按例入奏，道遂逐渐演化成州以上的地方行政单元。这一时期，玄宗所置沿边八节度使辖区也称为道，计有朔方、河东、幽州、河西、陇右、剑南、碛西、岭南 8 道。"安史之乱"后，节度使之设扩展到全国范围。肃宗乾元元年（公元 758 年），采访使改为观察使，例由节度使兼任。"唐制，一道兵政属之节度使，民事属之观察使。然节度使多兼观察，兵甲、财赋、民俗之事，无所部领，谓之都府。又各

[1]《隋书·列传·第十一》。
[2]《新唐书·志·第三十九下·百官四下》。

道虽有度支、营田、招讨、经略等使，然亦多以节度使兼之。盖使名虽多，而其主事者，每道一人而已"。[1] 于是，凡设节度使的地区，节度使便成为州以上的一级行政建制。节度使的属官有行军司马、判官、支使等。这些节度使又称"藩镇"，所辖数州至十数州不等，因事权高度集中于节度使一人手中，故而藩镇割据之患在唐后期始终难以消除。

唐初，曾于边防地区或要害地带设置总管府，武德七年（公元624年）改为都督府，辖10州以上者为上都督府，不满10州者为都督府，其设置主要是出于边防的考虑。此外，唐代在少数民族地区还设置都护府，置有安东、安北、安南、安西、单于、北庭6个都护府，"掌抚慰诸藩，辑宁外寇，觇候奸谲，征讨携贰"。[2] 都护府所属府州皆为羁縻府州[3]，以本族首领为都督、刺史，皆可世袭。

宋鉴于中唐以来藩镇割据危及中央政府权威的教训，取消了节度使的设置，但仍保留府州、县二级建制。太宗至道三年（公元997年）改道为路，初设15路，仁宗时增为18路，神宗元丰八年（公元1085年）增至23路。宋代的路介于监察区和行政区之间，还不是正规的地方建制。一路之内，设帅、漕、宪、仓四司，其中漕、宪、仓三司统称"监司"。"帅司"即经略安抚使，掌兵民事务；"漕司"即转运使，掌财赋；"宪司"即提点刑狱使，掌刑狱；"仓司"即提举常平使，掌救恤。四司分掌一路内的事权，互不统属，都不是地方长官，而是中央派驻地方监督各州府政务的官员。

宋中央以下正规地方建制是州，与之大体平级的有府、军、监。京师、陪都，以及皇帝即位前居住过或曾任职过的州都称府。军设于军事要冲地带，监设于矿区。宋代共有4个京府，即东京（开封）、西京（洛阳）、南京（应天府——在河南商丘）、北京（大名），另有30个普通府，254个州，63个军、监。主官的名称分别是知府、知州、知军、知监。他们都由皇帝和中央政府委任，向中央政府负责，财赋也要直接运送到中央。各府、州、军、监还有佐贰，称"通判"，各种公文须由知州与其一起签押方才有效。

三、元明清的地方建制

成吉思汗建国后，以千户为单位，把全蒙古百姓组织起来，千户既是行政组织，又是军事组织。千户由大汗册封，下设百户、十户。忽必烈建立元朝后，

---

〔1〕《历代职官表·卷七十二》。

〔2〕《旧唐书·志·第二十四·职官三》。

〔3〕 羁縻符州是指朝廷在少数民族地区所置之州，因情况特殊，均因当地民俗以为治，有别于一般州府。其相当于现在的自治区。

将行省作为地方最高行政机构。行省发端于金朝末年，原是尚书省临时派遣到地方的治理机构，称"行尚书省"，即代表尚书省行使权力之意。元朝疆域辽阔，"北逾阴山、西极流沙、东尽辽左、南越海表"，[1] 原来的州县两级建制已很难适应这一情况，遂将临时性的行省转变为一种正规的地方建制。

元朝中央设立中书省，直辖今山东、山西、河北及内蒙古的部分地区，称为"腹理"，在这一地区一般设路、府、州、县四级机构。宣政院设于中央，管辖今西藏、四川、青海等地。在这些地区和其他地区共设 11 个行省：陕西、甘肃、辽阳、河南江北、四川、云南、湖广、江浙、江西、岭北、征东。各行省设丞相、平章政事、左右丞、参知政事等。其中丞相和平章政事由蒙古亲王担任。起初，各行省还行枢密院掌管军事，但后来被废除，于元贞元年（公元1295 年）颁布行省长官虎符，统领军事。行省"凡钱粮、兵甲、屯种、漕运、军国重事，无不领之"。[2]

行省下设路、府、州、县，路分上、下等，10 万户以上或 10 万户以下但地处要冲，皆称上路，10 万户以下为下路。各路设总管府，置达鲁花赤、总管等职。达鲁花赤意为"镇守者"，是蒙古籍管事官，监督各地行政长官，督促籍户、纳税的实施，地位比同级官员高。其下设有同知、治中、判官、推官以及经历、知事、照磨等。府有的属于路，有的直属于行省或中书省，有的下辖州县，有的则不下辖州县。府设达鲁花赤、知府或府尹，下设同知、判官、推官等。州按户口多少分为上、中、下三等，或隶属于省，或隶属于路，或隶属于府，亦设达鲁花赤、州尹、同知、判官等。

明初沿袭元制，仍设行省，长官为参知政事和平章政事。洪武九年（公元1376 年）废除行省制度，设承宣布政使司。后永乐定制：除北京、南京外，共设置山东、山西、河南、陕西、四川、湖广、浙江、江西、福建、广东、广西、云南、贵州 13 个布政使司，分统 140 个府、193 　州、1183 个县及羁縻府州县。同时又设提刑按察使司、都指挥使司分掌刑狱、军事，与布政使司合称"三司"，又俗称"臬司""都司""藩司"。布政使司设左右布政使各 1 人，掌一省之民政事务，下设左右参政、左右参议等。

布政使下设府、县两级。明朝的府由宋元的路演化而来，依税粮状况分三等，20 万石以上为上府，20 万石以下、10 万石以上为中府，10 万石以下为下府。府的主官为知府，掌一府的政事，统民、财、司法等事务。京都的主官称府尹。明代的州已不再是一级地方行政区。其情况有两种：直隶州直接由布政

---

[1]　《元史·志·第十·地理一》。
[2]　《元史·志·第四十一上·百官志七》。

使司管理，可辖数县，地位相当于府；属州，隶属于府，只相当于县，州官为知州，下有同知、判官等。

明代的布政使司的权力相较元朝行省大为缩小，提刑按察使司和都指挥使司都不受其节制，地方事权甚为分散。明中叶以后，原来向地方临时派遣的督、抚逐渐转变为地方常设机构。这些督、抚所统辖的地域大小不一，有的相当于一省，有的则达数省，总督和巡抚逐渐成为地方主官。

清朝设省、府、县三级建制。清朝京师所在称顺天府，临近京师的河北地区称直隶，而其他地区皆设省。在省级机构设置上，清朝发展了明朝后期的督抚制，以巡抚为一省主官。巡抚"掌宣布德意，抚安齐民，修明政刑，兴革利弊，考核群吏，会总督以诏废置"[1] 总督辖两省或三省事务，是地方最高级别的官员，其职责是"掌综治军民，统辖文武，察举官吏，修饬封疆"。[2] 清朝共设有直隶、两江、陕甘、闽浙、湖广、四川、两广、云贵 8 个总督，此外还有漕运总督、河道总督，跨省专职负责某项事务。

省级官员除巡抚外，还有承宣布政使司和按察使司，称"藩台""臬台"，但已不是独立的省级部门，它们均须向巡抚负责，所谓"督抚总制百官，布按二司皆其属吏"，[3] 大抵只是省内的职能部门。布政使主管全省财政、民政，下设经历司、照磨所、理问所处理文书案卷，库大使、仓大使掌稽查钱粮。按察使主管省内司法和监察，其下有经历、照磨掌文书，知事理勘刑名，司狱掌囚狱。

清省下设道，但不能看作一级地方政府。起初，守道、巡道本是藩台和臬台派出的临时性官员。守道兼布政司参议、参政，驻守地方，掌钱谷政务，巡道兼按察司副使、佥事，掌理刑名。乾隆十八年（公元 1753 年），守巡两道成为正式官员，并且合二为一。清朝还有专职性的道，如兵备道，掌武器军备；河工道，掌水利；驿传道，掌邮政、交通；此外，还有粮储道、兴屯道、茶马道等。

省以下设府，置知府，掌全府民、刑、财、粮。同知、通判等佐官分掌粮饷、清军、缉捕、水利、抚边等专门事务。清朝还有两个特殊的地方建制：州和厅，都分直隶和一般两种。直隶州、厅与府同级，州直属于布政使司，厅一般设在少数民族聚居区。一般州、厅与县同级。县有县令，州设知州，厅以同知或通判为长官。一县的赋税、治安、诉讼、教育、劝农桑、垦荒、水利等事

---

〔1〕《清史稿·志·九十一·职官三》。
〔2〕《历代职官表·卷五十·总督巡抚表》。
〔3〕《钦定大清会典事例·卷二十三·吏部·官志》。

务，都由县令亲自主持。故有史称："道则巡察数郡，府则表率一方，州县一官则寄以地方，寄以百姓，寄以城池府库，寄以钱粮征收，责任尤重。"[1]

在边疆地区，清朝设立了特殊的地方机构。东北地区设有盛京将军、吉林将军、黑龙江将军；云南地区实行明朝开始实施的土司制度；西藏设有驻藏大臣督办西藏的一切事务；在新疆地区也设将军或理事大臣等官管理。

第二节　县及县以下基层政权组织

一、秦汉魏晋南北朝时期的县及下级组织

秦朝实行郡县两级制，将县作为国家地方政权的基层组织。县的主官"万户以上为令……减万户为长"[2]，少数民族地区则设置相当于县的机构"道"。当时县令（长）以下还设有县尉、县丞。史称："令、长皆掌治民，显善劝义，禁奸罚恶，理讼平贼，恤民时务，秋冬集课，上计于所属郡国"；"丞署文书，典知仓狱，尉主盗贼"[3]。县的属吏较多，有主吏、狱掾、令史、仓吏、狱史、主簿、少府史等。县以下是乡，乡下为里。"乡有三老、有秩、啬夫、游徼。三老掌教化；啬夫职听讼，收赋税；游徼徼循禁贼盗"[4]。另在城镇处设亭长，主要负责治安、起客舍和邮传等。

汉朝郡以下设县、道、邑、国等四种机构，所谓"内郡为县，三边为道，皇后、太子、公主所食曰邑"[5]，"列侯所食县曰国"[6]。西汉时共有县1587个，东汉时有1180个。县的主官万户以上称令，秩600~1000石，万户以下为长，秩300~500石。令长以下有丞、尉，秩200~400石，为"长吏"。丞一般只有1人，尉大县2人、小县1人，其职能与秦基本相同。此外还有100石以

---

[1]　《皇朝经世文续编·卷十七》。

[2]　《汉书·百官公卿表上》。

[3]　《后汉书·百官五》。

[4]　语出《汉书·百官公卿表上》。说明：关于"有秩"与"啬夫"的关系，史学界曾有较大讨论，主要有以下四说：其一，"有秩"即"啬夫"说，如郑实等人（见郑实："啬夫考——读云梦秦简札记"，载《文物》1978年第2期）；其二，"啬夫"分"有秩（百石）"和"斗食"两级，"有秩啬夫"连读，如裴锡圭等人（见裴锡圭：《古代文史研究新探》，江苏古籍出版社1992年版，第444页）；其三，"有秩啬夫"既是一官又是两官，如钱剑夫等（见钱剑夫："秦汉啬夫考"，载《中国史研究》1980年第1期）；其四，"有秩"非"啬夫"，如高敏等人（见高敏："'有秩'非'啬夫'辨——读云梦秦简札记兼与郑实同志商榷"，载《文物》1979年第3期）。因该争议并未有明确结论，故本处只载《汉书·百官公卿表》原文。

[5]　《汉官旧仪》。

[6]　《汉书·百官公卿表上》。

下甚至斗食小吏。少数民族地区仍置道。侯国的食邑主要是食其赋税，管理权属于国家。

县以下有乡、亭、里："大率十里一亭，亭有长；十亭一乡，乡有三老、有秩、蔷夫、游徼……皆秦制也。"[1] 三老掌教化，与县三老、郡三老、国三老形成一个垂直的教化体系。蔷夫为乡负责人，掌诉讼、赋税。游徼是武职，掌捕盗贼。亭在秦朝本是军事治安机构，到汉代转变成一级地方基层组织。里设里魁，掌一里百家。里中百姓按什伍编制，实行连坐制度。

魏晋南北朝时期，郡下设县，1000 户以上为大县，主官为令，不满 1000 户者为小县，主官称长。北齐时，郡县皆分 3 等，每等又分 3 级。县下为乡。由于长期战乱，百姓流徙，乡里制度多遭破坏，各地世家大族结坞自保，坞主成为独霸一方的主宰。乡里制度遂在庄园坞壁之下发展出几种有特色的基层组织：①坞壁。西晋末年至十六国时期，民户多依附世家大族，这些大族为维护军事、政治、经济利益，结坞自保。每坞壁内大多可自给自足，成为颇具独立性的小王国。②宗主都护制。北魏统一北方，暂时还保留着鲜卑氏族组织，遂在地方基层机构中演化出宗主都护制。这一制度迅速扩及汉人，将原中原地区的坞壁主称为宗主。③三长制。北魏孝文帝迁都洛阳后推行汉化政策，在基层实行"三长制"，即 5 家为邻，设 1 邻长；5 邻为里，设 1 里长；5 里为党，设 1 党长。

二、隋唐两宋时期的县及其下级组织

隋朝按户口多寡和地位轻重将县分为上、中、下 3 等，每等又有上、中、下之分，共达 9 等。县以下，100 家为里，5 里为乡，设里正、乡正。

唐于州府下设县，按地位和地理环境分为京（赤）、畿、望、界 4 等。三都之内为京（赤），城外为畿。按户口多少分县为上、中、中下、下 4 等。6000 户以上为上，3000 户以上为中，不满 3000 户为中下，1000 户以下为下；京城 500 里及缘边之地，5000 户为上，2000 户以上为中，1000 户以上为中下，1000 户以下为下。县主官称县令，职掌是劝课农桑、征督赋税、编制户籍、躬亲狱讼等。县令佐贰有县丞、主簿、县尉、录事等。县以下为乡里。《旧唐书·志第二十三·职官二》云："百户为里，五里为乡，两京及州县之郭内，分为坊，郊外为村。里及坊村皆有正，以司督察。四家为邻，五邻为保。保有长，以相禁约。"这已是一种比较成熟的社区设置了。

宋朝县等级仍沿袭唐制，"应天下诸县除赤、畿外，有望紧上中下。四千户

---

[1]《汉书·百官公卿表上》。

为望，三千户以上为紧，二千户以上为上，千户以上为中，不满千户为中下，五百户以下"。[1] 以京朝官任县令者称知县，以选人任县官者称县令。民政、司法、财政之事，由县令、知县主持，其下有县丞、主簿、县尉等。主簿掌一县户口和钱粮，县尉掌弹压盗贼和诉讼。王安石变法后，实行了保甲制度，以10家为保，选主户有干力者为保长，50家为一大保，选1人为大保长；10大保为一都保，选为众所服者为保正，又以1人为副。以税户30家为一甲，甲长主管放贷青苗及税收。

三、元明清时期的县及其下级组织

元朝的县或隶属于路，或隶属于府州，设达鲁花赤、县尹、丞、主簿、尉、典史等。县分上、中、下三等，江南3万户以上为上等，1万户以上为中等，1万户以下为下等；江北6000户以上为上等，2000户以上为中等，不及2000户为下等。县以下农村设乡都，城市设隅坊。乡设里正催办钱粮，都设主首供应杂事。乡都以下设村社，50家为一社，有社长。村社以下有里甲，20家为一甲，有甲主。

明朝的属州和县同级。县主官仍为县令，下有县丞、主簿、典史等。县根据税赋多少分等，年赋10万石为上等，6万石为中等，3万石为下等。知县、知州对本州县境内的民政、财政、讼狱、教化、户籍、保甲承担全面责任。县以下有里、甲。每110户为一里，10户为一甲。里有里长，甲有甲首，负责民政、教化、赋役等事务。里长由里中丁多、粮多的10户户主担任。后来里甲制度演变为保甲制度。每保统10甲，每甲有10牌，每牌有10户，保有保长，甲有甲长，牌有牌头。每税粮万石为一区，选纳粮最多的地主1人为粮长，负责征收田赋。

清朝县主官为知县，掌政令，主赋税，下设县丞主簿，其下有吏、户、礼、兵、刑、工六房。县下为里甲制，城市则设坊厢，每110户为一里，选丁多、粮多的10户为里长，里下设甲，一甲包括甲长所在户在内共11户。

第三节　中央与地方关系

一、中央集权及其成因

自秦开始，中央集权的体制形式业已确立。在以后的历史时期，尽管有些王朝在一定范围内恢复了宗法封建制。但总的说来，封建制一般只是对郡县制

---

[1] 《文献通考·卷六十三·职官考十七》。

的补充，中央集权作为一种稳定的体制模式，其基本形态和政治文化精神一直延续到近代中国。

中央集权是通过以下几种方法来维持其存在和运转的：①中央通过掌握地方官吏的任免权来达到控制地方的目的；②在体制设计上，压缩地方行政单元，并尽量分散其事权；③通过全权控制和支配地方财权，加强对地方的控制；④加强对地方官的监督，以及种种任官制度的设置（如回避、轮换等）来避免地方势力的形成。

中国古代为什么会形成中央集权的体制框架？对此较有代表性的意见有三种：①强调中国特殊的自然环境，认为治水和赈灾等都需要一个强有力的政府；②强调中国古代土地国有，这一经济基础造就了中央集权的政府体制；③强调春秋战国以来周边少数民族的不断进击，迫使中原地区的华夏民族不得不以统一的国家来应付。[1]

然而，这三种看法都不足以说明中央集权体制的成因。治水的确对中央集权有一定的促成作用，但作为政治共同体的中国并非只存在于一个水系的范围内，除黄河水系外，还有长江、淮河、珠江、海河、辽河等众多水系，这些水系除黄河与淮河两个水系有一定的联系外，其他皆可自成系统，治水可能会在一个水系范围内造就中央集权，却无法说明不同的水系为何能够被统合在一个政治共同体内。土地国有只是支撑中央集权的力量，却不是它的造就者。因为从全国范围来说，首先应有一个统一的国家政权，然后才会有"土地国有"制度。至于周边少数民族的入侵压力，在中国历史上大多数时期内都存在，但这些时期未必都是统一的，也未必都采取中央集权的体制形式。

正如本书第一篇中所揭示的，中国早期国家采取了征服这一特殊的起源路径，酋邦的社会组织被改造成中国早期国家的政治组织，造就了君主专制这一国体。这一国体的基本特点就是"君国合一"。其内涵有两个：①王在理论上成为全国一切稀缺资源的所有者，他对这些资源有绝对的支配权；②王在理论上垄断一切国家权力，这种权力有经济性的、政治性的，还有宗教文化性的。在中国早期国家阶段，因各种技术手段和客观条件的制约，君主专制国体的省属两个基本功能是通过建立宗法封建制这一政体形式来实现的。西周末年，随着人口的增加、技术的进步和理性的崛起，这一体制形式无法抑制地方实力派（诸侯）的威胁。在这一过程中，对各种政治经验的不断总结，使得某些思想

---

[1]　上述三种意见有时被某些学者同时强调，如黄仁宇就认为治水、赈灾和抵御外族入侵是中国中央集权体制形成的主要原因（黄仁宇：《放宽历史的视界》，生活·读书·新知三联书店2000年，第133～134页，也可参见黄仁宇：《中国大历史》，九州出版社2015年版，第一至三章。

家、政治家开始选择不同于西周封建制的体制形式，最终导致了以郡县制为主要制度形式的中央集权体制的诞生。

但这一体制形式上的创新，并没有改变君主专制的国体，也没有改变这一国体存在和运转的目的，郡县制的产生主要是因为它能够更有效地实现君主及其家族对全国各种稀缺资源的垄断。与封建制一样，郡县制在实现君主及其家族利益的同时，也执行一定的公共职能，专制主义政治最重要的特征本来就是国家政权体系功能的公共性与非公共性的错综复杂地纠结在一起。因此，战国和秦之所以确立郡县制以实现中央集权，首先是因为它更有利于实现君主专制国体的意图和目的。

中央集权作为一种体制模式，可以应用于不同的政治共同体范围，也可以应用于不同的时代。这一体制模式最初起源于某些诸侯国，特别是秦国内部。秦国实施和运用这一制度，实现了法家统一和集中使用国力（抟力）的制度设计初衷，在与列国的竞争中立于不败之地，在统一之后将其推广到全国是很自然的。秦"二世而亡"，使宗法封建制复辟于西汉初年，但它在汉景帝时所引发的政治危机，为后世提供了宝贵的经验。从这个意义上说，中央集权也是历史自然演进的结果。

征服是中国文明起源的基本路径，也是中国古代王朝形成的常态方式，虽然中国历史上也有一些王朝是因"禅让"确立的，但是"禅让"不过是军事政变的另一种说法。承认以暴力攫取政权的合法性，意味着任何地方有实力的集团都可能对王朝构成致命的威胁，因此，王朝的安全感和政治稳定都必须建筑在其对地方的压倒性优势的基础上，而这种实力上的压倒性优势必须以体制上的中央集权为保障。

与上述因素相联系，中国政治从根本上讲是人治主义的。法治传统的匮乏，也不存在类似于欧洲中世纪的教会那样的第三方权威机构，中央与地方可能存在的各种利益冲突，是既不可能依靠法律手段来裁决，也不可能依靠第三方权威组织来调节的。于是，在中国历史上，中央和地方的关系状态就不可避免地为双方实力的对比所左右，那么，尽可能地将权力集中于中央，以复杂的制约机制牵制、分散地方事权，也就成为保持中央对地方的控制、维持国家政治稳定的前提和关键。

二、中央与地方的权力分配与中国历史上的治乱

中国古代政治运行的目的决定了历代王朝几乎会必然地选择中央集权的体制形式。但中央集权的程度，在不同的历史时期存在着相当的差异。抛开类似西晋那样的全面复辟封建的做法不论，大多数王朝在推行郡县制的同时，也会适度地封建宗室和功臣贵族，因此，经过改造的封建制在大多数情况下都作

为郡县制的补充而存在着。

西汉至武帝中期，形成了较好的郡国并存体制，当时，"大国不过十余城，小侯不过数十里，上足以奉贡职，下足以供养祭祀，以藩辅京师。而汉郡八九十，形错诸侯间，犬牙相临，秉其轭塞地利，强本干，弱枝叶之势，尊卑明而万事各得其所矣"。[1] 司马光上述议论道出了西汉郡国并存的优势：作为宗室成员，为了维护本家族利益，诸侯自然要监视郡县，形成对郡县的制约；郡县主官作为国家派出的地方代理，在正常的情况下要执行中央政府的意志，又可对诸侯国形成制约。这种郡国相互制约与中央集权的体制并行不悖，大大有利于西汉的政治稳定。

除郡国并存外，西汉时期各郡的事权还相对集中。顾炎武《日知录·卷八》称："汉世用人之法"，"惟守、相命于朝廷，而自曹、掾以下，无非本郡人"。严耕望也说汉代"郡县长吏虽遣自中央，而属曹掾史则限辟本域……三老虽由郡县长吏自署，然彼实为地方人民代表，犹令之为首席士绅，不可即目为政府之属吏"；"郡府县廷各为一小朝廷，属吏之于长吏分同君臣"。[2] 由于郡县主官事权相对集中，在人事任命中有较大的自主性，曹掾与三老又皆出于地方，代表地方豪强势力，一方面有利于因地制宜，增强地方的活力，但也存在一些不利于中央集权的因素。一个重要的体制安排制约了这些不利因素的发展。汉代已将作为行政单元的郡大为缩小，到汉平帝时，汉共有郡 103 个，县1587 个，大致千里一郡，人口百万，辖十几个县，很难发展出与中央相抗衡的地方势力。

西汉中期以来的相对合理的中央与地方权力分配格局在东汉后期逐渐被打破。西汉原本为郡县两级建制，汉武帝将全国划分为 13 个州，始置刺史，行使监督监察之权，虽为地方治理单元合并埋下了隐患，但毕竟 13 个州都还仅仅是监察区，刺史地位较低，且没有被赋予行政权。但东汉自光武帝为强化对地方郡守的监督控制从而大幅度提高刺史地位开始，刺史的职权也逐渐呈现扩张的趋势。东汉末年，为应对日益增多的突发性事件，特别是出于镇压黄巾军造反的需要，刺史改为州牧，被赋予了辖区内的军政大权。地方行政单元的迅速增大，军事权和行政权下移，都改变了中央和地方之间的力量对比，东汉王朝也在地方实力派的混战与扩张中土崩瓦解。西晋司马氏集团认为曹魏之亡在于没有封建皇室宗族子弟，遂在开国不久就全面复辟封建制，致使中央与地方实力对比处于严重的失衡状态，这一致命的决策失误，使西晋王朝成为中国历史上

---

[1]　《史记·汉兴以来诸侯王年表》。
[2]　严耕望："两汉郡县属吏考"，载《金陵齐鲁华西三大学中国文化研究汇刊》1942 年第 2 期。

最短命的王朝之一。东晋以降，各朝陆续采取了一些措施限制和压缩地方势力，但南北对峙及过于频繁的战乱，使得个别军事重镇一直无法消失，如南朝的荆州就是这样一个可以与中央抗衡的军事中心，成为当时南朝政治动乱的主要发源地。但从总的趋势来看，各朝采取的措施还是取得了一定的效果。在这些措施中最基本的就是压缩地方行政单元：三国时曹魏国内分 13 个州，西蜀有 2 个，东吴有 5 个，西晋有 19 个，但到南北朝末年，仅南陈就有 42 个州，北齐有 97 个，而到北周竟增加到 211 个。

隋唐是我国中央与地方关系的调整和过渡时期。一方面，南北朝以来压缩地方行政单元的做法已被巩固起来，地方州（府）县两级建制完全确立，东汉以来的州一级建制被取消，与西汉的郡相比，隋唐州府所管辖的范围已大为缩小；另一方面，宗法封建的规模被大大压缩，且基本取消了实封制。这两个变化无疑大大有利于中央集权的强化。

然而，上述体制与唐代的扩张性政治需要并不协调。压缩地方行政单元不利于集中使用区域资源。当朝廷决定对周边少数民族地区采取积极的扩张政策时，就必须将数州甚至更多的州县资源集中使用，这是唐中期节度使制度起源的根本原因。一旦在边境地带出现较大的军事行政区，势必会对中央政权构成严重的威胁。"安史之乱"后，随着中央权威的流失，藩镇由边境延伸到全国各地，横跨数州或十数州的军政区的出现，不仅意味着南北朝以来压缩地方行政单元的成果付诸东流，也意味着分解地方事权的努力归于失败。

两宋时政治出奇地稳定，地方从未形成对中央权威的挑战。造成这种情况的原因是多方面的。仅从政治层面看，两宋不仅继承了压缩地方行政单元的传统，还进一步分割各级行政单元——特别是路和州的事权，强化地方各部门之间的制约关系。然而，地方事权的过度分散需要以降低行政效率为代价，这不利于集中使用区域资源应付突发性危机。只有当中央政府奉行消极的收缩政策，且不希望追求更高的行政效率时（两宋正好如此），才可能采取这一做法。

明初曾在相当范围内实行封建制，与西汉一样形成了郡县制与封国制并存的局面，因而也与西汉一样在立国前期便经历了较大的政治动乱。永乐以后，虽然封国制与郡县制并存，但封国范围及事权都被大为压缩，已无法动摇中央集权的体制格局。值得注意的是，两宋时地方事权过于分散，应付突发事件能力不足的体制弱点，在明朝得到了一定的改变，这是因为明朝部分地继承了元朝地方建制。"省"作为行政单元的引入，不仅扩展了地方治理单元，也极大地缩短了中央政府各部门的管理半径，减轻了它们的工作负担。

清以少数民族入继大统，在政治上存在先天的不稳定因素，必须在地方上保持集中使用区域资源应付各种突发事件的能力，故而它将明朝督抚制发展成为固定的地方建制。督抚制的确立不仅扩大了地方的行政单元，也集中了地方事权，在一般的情况下是不利于中央集权的。但是清朝的一些偶然原因抑制了这些不利因素的成长：①满族贵族处于汉族的重重包围之中，始终有强烈的危机感和忧患意识，需要更紧密地团结在皇室周围，由于清朝的督抚主要是由他们出任，对皇权的威胁自然有限。②督抚事权虽然比较集中，但督、抚、布政使都有直接向皇帝密奏的权力，彼此形成相互制约和牵制的关系。③清军主力是八旗，八旗主要驻防京畿，保持对地方的军事优势。④清代皇帝都很勤政，也较精明，这在专制政体中是至关重要的因素。

　　进入近代，因立国已久，八旗战斗力严重下降，汉人督抚比例增加，皇帝个人驾驭政治的能力下降，督抚所控制的省际单元抵制中央集权的潜在能力便显露出来，这一点从洋务运动、戊戌变法时都可以看出，到"东南互保"出台之后，这一情况已甚为明显，这已预示了清帝国最终将被地方分裂势力肢解的命运。

　　综上所述，中央集权的体制形式存在和正常运转的基础是中央对地方的压倒性优势，这不仅需要将各种权力集中于中央，需要各种相关制度的配套支持，也需要在压缩地方行政单元的基础上尽量分散其事权。但行政单元的缩小和事权的分散可能带来一些消极后果：①地方应付突发事件的能力会严重不足。②行政单元过多、事权过于分散意味着要加重中央政府的工作量，这不仅会影响政府的工作效率，还会使皇帝处于无法应付的窘境——如果在位的皇帝权力欲很强或猜忌心较重，这一问题会显得更加突出。宋代皇帝大多不求有功，但求无过，允许宰相为其分担工作，这一问题还不至于严重到必须依靠宦官的程度，但废除宰相制度的明代就远没有这么幸运。③对地方政权作出这样的设计，皇帝或政府必须能满足于采取收缩性的政治目标，所以，雄心勃勃的唐朝和清朝都不能完全接受这一制度。但唐朝和清朝在体制上的改进都不能真正解决问题，更不能真正达成长治久安的政治目标。

　　然而，专制政治存在和运转的目的主要是达成皇帝及其家族利益的最大化，它必然要选择中央集权这一最适合垄断社会利益的体制形式。专制政治在本质上是排斥法治的，各种利益关系的冲突不能依靠法律来调整，最终也就必然诉诸实力和暴力，就必然采取扩张中央实力和压缩地方实力的方式来保证前者的绝对控制权。但是地方自主权的丧失也必然带来政治体系对社会动员能力和控制能力的下降，反过来又严重影响中央和皇帝个人意志的实现，这又与专制政治的无限扩张本性相冲突，与中央集权体制所追求的"抟力"及政令绝对统一相冲突。

　　在中国历史上，历代王朝尽管采取了种种制度形式，但一直在上述矛盾旋涡中左右摇摆。大多数王朝都像汉、唐、明那样，在前期出于中央集权的体制要求采取类似两宋的做法，在中期以后则迫于各种压力不得不采取类似清的做法，于是，最后也无法避免与清一样的命运。

思考题：

    1. 简要叙述秦汉到明清时期地方建制的沿革情况。

    2. 从秦汉到明清我国地方政府设置演变的特点有哪些？

    3. 秦以后我国县以下基层社区的治理是怎样实现的？

    4. 我国历史上中央集权体制形成的原因是什么？

    5. 中央集权的体制形式正常运行的基础是什么？

    6. 你怎样理解中国历史上中央与地方权力分配中的得与失？

第三篇　近代以后到新中国成立前的政治制度

在人类各个地区尚未发生持久而广泛的联系之前，那些古代文明都自然地沿着其特定的轨迹前行，没有、也不可能遵循同一规律，采取相同的演变模式。在四千多年的历史长河里，中国文明也一直以其固有的演进逻辑缓慢地变化着，其间，虽然也经历过春秋战国时期的巨变和升级，但总体上还是一直保持了中华文明固有的文化和制度特征。

当古希腊、罗马、希伯来和日耳曼等几种文明杂交融会孕育出近代文明后，一切古老文明自身独立演变的岁月便一去不复返了。商品经济搭乘马力强劲的炮舰从西欧一角迅速辐射到全球大多数地区，以不可阻挡之势撞开一切古老文明积数千年之功构造起的宗教、文化和制度壁垒。于是，西方化在世界范围内逐渐展开。对这些古老文明来说，这一过程伴随着流血、痛苦、屈辱、无奈和悲伤，但注定是决定生存抑或死亡的命运攸关的过程。

西方列强以炮舰优势扣开中国大门后，中国社会在客观上就面临着一个文明模式整体转轨的问题。中国文明自我演进的历史惯性，决定了这一转轨的过程行进得异常艰难，呈现出这样的特点：每一次革新都需要社会危机加剧形成更强的刺激才能启动，而革新的方式也大体采取头痛医头、脚痛医脚的方式，这固然体现出当时中国精英社会对自己传统的眷恋与不舍，但也的确造成了中国现代化进程中价值再造和制度创新的碎片化现象。缺乏对现代化进程的整体性、全方位的思考和设计，使这一时期的变革更像是对西方列强入侵的被迫应对。反应迟缓，且三心二意，变革的进程便远远落后于清政府权威流失的速度，政治的变革最终不得不诉诸暴力的方式来进行。

民国的创建是一场国体革命，斩断了存续了 4000 年之久的中国传统政治制度的中枢和"龙头"，开启中国现代政治制度建构的艰辛历程。民国的先达们以极大的热情和诚意，试图将主权在民、分权制衡、地方自治等现代政治理念引进中国社会，并以此为原则建构出对中国社会而言全然陌生的政治制度体系。他们搭建的民国初年以代议制为核心的制度框架，犹如一个西式舞台，习惯于京剧表演的各路"票友"，虽然曾经努力调适自己去适应新的角色，但登台之后的演出常常不自觉地唱出了国剧曲调。国民党、进步党、北洋系，孙中山、宋教仁、梁启超、袁世凯、段祺瑞，总统府、国务院、国会，他们在民国初年的联合演出尚未完全谢幕，中国的历史又已搭建起了另一个舞台，党国体制已经取代民国初年那昙花一现的政党政治，成为 20 世纪中国政治制度创新的主题。

第十章　中国政治制度向现代的转变

学习目的和要求：

　　通过本章的学习，学生应重点厘清以下两个问题：其一，了解我国历史发展进程在近代出现重大转折的原因，并深刻理解这个重大转折的性质及之后的发展方向；其二，了解并掌握 19 世纪中期到 20 世纪初期我国政治制度发生的主要变化，重点掌握这些制度调整为什么没能达到实现克服危机、推动中国实现现代化的目的。

第一节　现代化的挑战与清政府的反应

一、经世思潮——现代化的序幕

　　清朝建国后，一直推行闭关锁国政策，中国文明仍然沿着固有的轨迹自然演变着。但在地球的另一边，经历了工业革命、启蒙运动双重洗礼与锤炼的西方国家，其社会与经济取得了突飞猛进的发展。历史让中国最后一个王朝与强大的西方国家发生了冲撞与接触，从而拉开了中国社会近代化的序幕。

　　鸦片战争是清朝在对西方国家几乎一无所知的情况下盲目进行的一次战争，其战败的重创，无疑在国内掀起了前所未有的波动，现实的危难促使一批社会精英开始寻求出路，战前业已存在的经世思潮开始将自己的视野转移到这一问题上。

　　自 19 世纪初，中国精英界逐渐出现了以龚自珍、包世臣、魏源、林则徐、姚莹、冯桂芬等为代表的经世人士。他们意识到，崇尚玄学思辨的理学、烦琐迂腐的考据学，都无助于解决现实问题，进而主张学问应面对现实。在他们的影响与带动下，一些开明的文人学士开始转向经世实学，遂出现了一股"经世致用"的新思潮。针对当时清政府吏治的衰败，他们要求"更法"，就吏治、兵备、水利、漕运、盐政、科举等问题提出了改革的方案和措施。鸦片战争后，西方文明开始进入了他们的视野，在比较中国和西方、探索中国自强道路的过程中，他们是第一批深具眼光的社会精英。总的说来，他们做了两个方面的工作：

1. 他们比较系统地介绍了西方的历史、地理和其他状况。这种工作从第一次鸦片战争前就已经开始了。1839 年，林则徐为了更好地应对英国人，曾命令收集广州、澳门、新加坡和印度等地外国报纸加以翻译。英文版的《广州周报》翻译成中文后，经他整理加工，成为人们所熟知的《澳门月报》[1]。此外，他还尽力收集有关西方国家的资料，进行翻译和研究。鸦片战争后，这一工作成为经世派学者的群体行为。据统计，从 1840 年至 1861 年这 21 年的时间里，介绍西方和世界地理、历史的书籍达 22 部之多[2]。通过这些著作，经世派不仅向国人介绍了与中国发生战争的英国的史地情况，也使人们取得了关于整个世界的概念与知识，冲击了"天朝上国"的狭隘意念。

2. 在向国人介绍外部世界时，经世派也最先清醒地认识到了中国与西方国家的差距。务实精神使他们在目睹西方侵略者"船坚炮利"后，没有回避而是冷静地正视了这一事实。魏源在《海国图志》中提出的"师夷之长技以制夷"的口号，代表了他们在深思熟虑后作出的战略选择。魏源开列的"夷之长技"有三点：①战舰；②火器；③养兵练兵之法[3]。基于这一认识，他认为中国要自己设厂制造轮船和枪炮；聘请西洋工程师和教练，按西方国家的训练方法改造中国军队。魏源也注意到科学技术有更广泛的用途，指出西方机器目巧，技术日进，是其"竭耳目心思之力，以利民用"的结果，主张在创办军事工业的同时，发展民用工业，"凡有益民用者，皆可于此造之"[4]。

不过，这一时期，经世派学习西方的指向还主要在军事技术方面，大多集中在造船和研制武器上，他们所编撰的书籍也多集中在这方面。据统计，从 1840 年至 1860 年的 20 年间，出现的这类书籍不下 30 部[5]。这反映了经世派对西方文明的优势和中国自身存在问题的认识还停留在浅表层次上。但是他们毕竟是中国近代史上第一批"睁眼看世界"的精英，他们以冷静和务实的态度，首次引导国人了解了中国以外的世界，以及中国在这个世界中的位置，动摇了由来已久的"天朝中心"观念。

经世派首次提出的向西方学习的课题，预示了近代中国社会转型的基本任务。但在 19 世纪中期以前，他们在中国还是极少的一部分"先知先觉"者，他

---

〔1〕 陈振江：《简明中国近代史》，天津人民出版社 1983 年版，第 39 页。

〔2〕 〔美〕费正清、刘广京：《剑桥中国晚清史：1800～1911 年》（下卷），中国社会科学院历史 研究所编译室译，中国社会科学出版社 1985 年，第 76 页。

〔3〕 （清）魏源：《海国图志》，岳麓书社 2011 年版，第 39 页。

〔4〕 （清）魏源：《海国图志》岳麓书社 2011 年版，第 39 页。

〔5〕 许纪霖、陈达凯主编：《中国现代化史·第一卷：1800～1949 年》，生活·读书·新知上海三联书 店 1995 年版，第 60 页。

们本身也大多是活动于东南沿海的中下层知识分子，其思想和观念还未能在社会上层和高层引起足够的影响，更未能引起在鸦片战争失败后的清政府的重视。就 1840 年至 1860 年的整个中国精英社会来说，尚未形成真正的民族危亡感，社会仍然按其固有的惯性在缓慢地前行，所有这些都使得中国在通往现代化的道路上，"基本上'丧失'了鸦片战争以后的二十年时间"。[1]

二、师夷长技的初步落实——洋务运动

始于 19 世纪 60 年代的洋务运动，在中国近代史上具有重大意义，经世派的主张在这次运动中得以落实，中国就此揭开了学习西方的实践活动的帷幕，社会由传统而向近代的转型也就此开始了。

洋务运动从根本上说是中国在第二次与西方正面冲突后所作出的反应。然而，必须在经历一次惨败后才能将经世派的思想予以落实，这既反映了中国传统的强大，也说明了清政府和整个中国社会的麻木与迟钝。在鸦片战争后的 20 年时间里，清政府并未产生任何民族危机意识。《南京条约》签署后，道光皇帝就认为"割地赔款"是一种永绝后患的方法，并未认识到这是东西方两种文化冲撞的开始，中国与西方列强的较量将由此延续下去。几乎所有的朝中官员都持此观念，而未意识到问题的严重性。在京城中，人们对政治仍漠不关心，茶楼酒馆里到处可以看到"免谈国事"的告白。[2] 在地方上，督抚也一样无所作为，只有东南沿海的个别省份采取了训练兵勇、修复被破坏的沿海军事阵地等措施。在 1844 年，也许只有扬州秀才黄钧宰意识到，西方人的到来对中国社会来说可能是一次大的"变局"。[3]

当时，在朝廷的观念中，中国与西方国家的关系被简单地想像为一种经济关系。清政府一直以为只要商人与洋人做生意就足够了，至于政府官员则不必在与西方各国的接触中出现，即便是必须接触，也尽量派出低级官员，不允许高级官员介入。在中英南京谈判期间，盛京将军耆英曾意欲会见英人，被道光严令禁止。[4] 鸦片战争后，有一些官员甚至主张切断中国官员与外国人接触的一切渠道。这说明当时在朝廷和大部分士大夫眼中，西方国家与历史上的"夷狄"没什么区别。至于经世派在鸦片战争后的改革思想，并没有引起朝廷的关

〔1〕〔美〕费正清、刘广京编：《剑桥中国晚清史：1800～1911 年》（下卷），中国社会科学院历史研究所编译室译，中国社会科学出版社 1985 年，第 185 页。

〔2〕〔美〕费正清、刘广京编：《剑桥中国晚清史：1800～1911 年》（下卷），中国社会科学院历史研究所编译室译，中国社会科学出版社 1985 年，第 184 页。

〔3〕（清）黄钧宰：《金壶七墨》卷四。

〔4〕许纪霖、陈达凯主编：《中国现代化史·第一卷：1800～1949 年》，生活·读书·新知上海三联书店 1995 年版，第 60 页。

注，他们撰写的主要书籍，没能及时在朝廷中传阅。比如，魏源的《海国图志》在 1843 年已经问世，后又经 1847 年和 1852 年两次修订，流传了 15 年之后，到 1858 年才被呈交皇帝御览。这充分反映了清朝决策集团及社会上层思想凝滞的程度。

第二次鸦片战争过后，京城被占，皇帝出逃，皇家园林化为灰烬，在清政府和整个士大夫阶层中所造成的震荡远远超过了第一次鸦片战争，一部分人开始意识到，想赶走西方人暂时还不现实。黄钧宰的预言在 1860 年之后开始被一部分士大夫接受。李鸿章、张之洞、曾纪泽、郭嵩焘、沈葆桢、丁日昌、王韬、薛福成等都曾表示，西方入侵是亘古未有之"奇变"。1862 年，李鸿章致沈葆桢的一封信中指出：中西杂处之势方兴未艾，这种情况是不可变更的。[1] 1872 年，李鸿章在给朝廷的一份奏折中声称：西人入侵是 3000 年来所发生的最大变化。[2] 1872 年，丁日昌也曾讲：中西接触的扩大是 1000 年来所发生的最大变化。[3] 王韬甚至断言，中西接触将愈演愈烈，直到全世界成为一个大同族体为止。[4]

与上述这些认识相联系，他们也开始冷静地承认西方闯入给中国社会带来的变化。西方国家船坚炮利的事实，使他们不得不承认西方在军事上和科技上的优势，而具有这些优势的西方人并不是落后的游牧民族，而是海上强国。两次鸦片战争的失败，西方在中国影响的逐渐扩大，使他们意识到中华民族的生存正面临着前所未有的危机。但沉重的危机意识并没有让他们感到悲观和沮丧，他们大多对中国的未来抱有坚定的信心，在他们看来，即便与西方的接触已经无法避免，但这种接触也为中国的重新强盛提供了机遇。郭嵩焘曾形象地将西方人的入侵比喻成一把双刃剑，它可以加害中国，也可以有利于中国，这就看中国是否能因势利导了。[5]

本着这样的认识，他们很自然就要求中国应把握变局的时机，进行某些方面的改革：①不要怕与外国人接触，只有这样才能了解外国，只有了解外国才能因势利导，把握时机。他们反对再采取闭关锁国政策，提倡采取积极主动的和平外交手段，加强与西方国家的沟通和了解。②他们主张在理解西方国家长处的同时，尽量学习这些长处为己所用，而这些"长处"，在他们看来主要就

---

〔1〕 （清）李鸿章：《李文忠公朋僚函稿》卷一。

〔2〕 （清）李鸿章：《李文忠全集·奏稿》卷十九。

〔3〕 《清代筹办夷务始末·同治朝》卷五十五。

〔4〕 （清）王韬：《韬园尺牍》卷七。

〔5〕 （清）郭嵩焘：《养知书屋文集》卷二十八。

是军事技术和工业技术等。洋务运动就是在这样的思想意识背景下出现的。

最初，有上述意识的人数不多，洋务派的群体也不大，主要由两部分人组成。首先是一批经常与洋人接触或直接主持洋务活动的大官僚。在中央政府中，以总理衙门大臣奕䜣、侍郎文祥等为代表，在地方则以曾国藩、李鸿章、左宗棠、张之洞等督抚为代表，他们往往握有实权，可以左右清政府的政局，故是推动洋务运动的主要力量。另一部分人是思想敏锐的知识分子，如冯桂芬、王韬、薛福成、郑观应、马建忠等。他们著书立说，阐述自己的主张，在理论上为洋务运动摇旗呐喊。他们中还有一些人直接参与了曾国藩、李鸿章等人主持的洋务运动。然而随着洋务运动的开展与影响的扩大，参与的人数逐渐增多，成分逐渐复杂化，一些投机官僚和买办商人出于攀附洋务实力派大员的需要跻身洋务运动，洋务派也就逐渐失去了它的进步性。

洋务运动的核心是引进西方先进技术，以达到"富国强兵"的目的。其前后有两个不同的重心。19世纪60年代至70年代初期，其重心是"求强"，以引进先进军事装备、创建军工企业和改革军制为重心，这是洋务运动的主要方面；19世纪70年代至90年代，洋务运动的重心转移到"求富"上面，创建了一些民用工业和近代服务性行业。

在第一个阶段，洋务派创办了一些军事工业，其中规模较大的有4个：①安庆内军械所，1861年由曾国藩创建于安徽安庆；②江南制造总局，1865年由李鸿章创建于南京；③福州船政局，1866年由左宗棠创建于福州马尾山；④天津机器局，1867年由崇厚创建于天津。同时，他们还购置了许多近代战舰及军械，装备陆军和海军，拉开了军事近代化的序幕。

在第二个阶段，洋务运动的重点转移到兴办民用工业和筹建海军上。洋务派在兴办军事工业中遇到了一系列困难，如资金缺乏，所需煤、铁等原材料依赖外国进口，交通运输落后，等等。因此他们意识到，不发展民用工业，这些困难都很难克服。另外，因经办洋务的经验体悟，西方列强竞相发展工商业国势日盛的事实，也使洋务派在思想上有了更深的思考。他们认识到"必先富而后能强，尤必富在民生，而国本乃可益固"[1]洋商依靠倾销洋货掠夺中国财富的现实，也刺激了他们试图抵制洋商洋货的民族自尊心，创办民用工业，"冀稍分洋商之利"[2]便成为他们抵制西方经济掠夺的重要方式，也成为中国近代工业发展的内在动机。

在甲午战争前，清政府投资或主持创办的近代民用工业企业和运输业主要

---

〔1〕（清）李鸿章：《李文忠公全集·奏稿》卷四十三。
〔2〕（清）李鸿章：《李文忠公全集·奏稿》卷二十五。

集中在采煤业、金属矿开采业、冶金业、纺织业、电报业及航运和铁路等部分。在这一期间，他们还筹办了南洋、北洋、福建这三支近代化海军舰队，其中北洋海军的舰船大多是当时较先进的，其总吨位和火力在当时号称亚洲第一。

洋务运动是中国近代史上极重要的一页。它将鸦片战争后经世派所提出的"师长论"付诸实践，在中国首创近代军事和民用工业，建立了最早的现代通讯、交通设施，让中国人第一次真正见识、学习到了西方现代科学技术，亲身体验和亲手操作了现代科技成果，其对中国传统社会系统、知识系统和价值系统所构成的冲击是经世思潮所无法比拟的，它的出现和持续发展，使得中国社会离开了既定轨道，开始了由传统向现代的缓慢转型。

洋务运动虽然拉开了中国社会现代化的序幕，但其历史的局限性仍很明显。洋务派学习西方仅限于物质层面的东西，却没有认识到中国与西方社会的差距乃是整体性的，是传统与现代的差距，这不仅表现在工业和技术水平上，还表现在政治制度和社会制度上，更表现在全社会的思维模式上。因此，对中国社会来说，洋务运动只是在中国传统社会系统的幕布上撕开了第一道裂隙，现代化的车轮不过刚刚启动。

三、师长论的扩展——维新运动

与洋务运动不同的是，1895 年的维新变法是一场将矛头指向政治体制的改良运动，但其崛起的契机与洋务运动有惊人的相似之处。洋务运动是在第二次鸦片战争的刺激下出现的，而维新运动作为政治改良的实践也是在甲午战争的刺激下出现的。从某种意义上而言，它也是历时 20 年的洋务运动遭受重创后，中国精英阶层所作出的又一次反应。

洋务运动虽然进行了 20 年，但其为中国社会中所增添的"现代"成分——诸如近代军事、民用工业、交通、通信设备、买办、工资劳动者、无产阶级等，还都集中于沿海少数通商口岸，就偌大的中国社会来说，经济和社会的结构在总体上还保持原有的状态。虽然在通商口岸的确出现了一些具有一定现代意识的知识分子和中上层官僚，但中国的士大夫阶层在总体上仍然固守着中国的传统文化。换言之，20 年的洋务运动实际上使中国社会发生了"分裂"，在逐渐西方化的通商口岸与固守传统的广袤内地之间，逐渐出现了一条很难填平的鸿沟。

中国士大夫知识界对西学一直抱着十分冷漠的态度。建于 1865 年的江南制造局翻译馆出版了各类西方著作与读物，但销路有限。据估计，从 19 世纪 60

年代中期至 90 年代中期，翻译馆销售的译著只有 1.3 万部。[1]清政府和洋务派在各地设置的新式学堂因对参加科举考试没有什么帮助，也一直门庭冷落，这说明只要朝廷仍然坚持以传统儒学为科举考试的内容，西学的传播就不会取得应有的效果。

上述这些情况都反映了清朝社会和政治系统业已出现了严重的结构和功能的紊乱，也暴露了洋务派社会改革思路上的自相矛盾。洋务派并没有意识到中国与西方的差距乃是整体性的，以为中国落后的仅仅是物质层面，李鸿章曾言："中国文武制度，事事远出西人之上，独火器万不能及。"[2]在历经两次重创之后，仍没有意识到中国社会和政治制度的腐朽衰败，正是洋务派对西方认识的肤浅之处。因此，洋务运动虽然使中国有了某些近代工业，甚至用世界先进的舰船武装起了亚洲最强大的海军，却因政治组织系统的落后，而在甲午战争中一败涂地。

并不是没有比洋务派更具有眼光的知识分子。事实上，早期改良主义者在 19 世纪七八十年代就已经提出了关于进行社会与政治改革的主张。早期改良主义的代表人物以中法战争为界可分为前后两批。前期即改良主义发生时期的主要代表人物有冯桂芬、容闳、王韬、薛福成、马建忠等，第二批主要有郑观应、陈炽、何启、宋育仁等。他们大多曾充任过洋务派官僚的幕僚，担当过买办，因而对亲身参与过的洋务运动有较深刻的洞悉力和批判力。在是否要学习西方政治制度以求富强这一关键性问题上，他们与洋务派的头面人物发生了严重的分歧，最终与洋务派分道扬镳。

早期改良主义者清楚地发现了引进的西方现代技术和工业与中国传统社会和政治制度之间的冲突，也意识到这是洋务运动本身所存在的根本性误区。他们指出，洋务运动是"小变而非大变，貌变而非真变"，[3]对西学不过是"仅袭皮毛，而即嚣然自以为足"。[4]批评洋务派不愿对制度作出调整和变革，是"墨守陈规，知古而不知今"，"甘守愚陋而受制于人"。[5]他们认为中国要富强，必须改变腐朽落后的封建专制制度，明确提出了实行君主立宪制的纲领性主张，并极力鼓吹设立议院，且对议院制度实现了由一般性的赞赏到提出具体方案的转变，这对封建专制制度的冲击更为有力。但是应该指出的是，绝大多

〔1〕　翦伯赞等编：《戊戌变法》（二），上海人民出版社 1957 年版，第 18 页。

〔2〕　《筹办夷务始末·同治朝》卷二十五。

〔3〕　（清）王韬：《弢园文录外编》卷七。

〔4〕　（清）王韬：《弢园文录外编》卷一。

〔5〕　（清）郑观应：《盛世危言》卷一。

数早期改良主义者在主张改革封建专制制度的同时，却对旧制度的思想信仰——基础儒学大肆捍卫，这反映了改良思想对传统的妥协性。

早期改良主义思想家尽管已经认识到中国的政治制度需要改变，但他们还是主要通过出版政治著作来阐发这一主张，并未形成强有力的势力，没有形成政治运动。历史上著名的"公车上书"事件才真正拉开了中国变法维新运动的帷幕，这表明甲午战争惨败的刺激实际上是改良主义能够迅速转变成社会运动的关键原因。

与洋务运动相同，戊戌变法也得到了当时统治者的支持。但因变法已关涉到当时的政治体制的核心——君主专制制度，故而引起了统治上层的分裂。自1895 年 5 月"公车上书"起，康有为多次向光绪皇帝上书，阐发自己的政治主张，以求最高统治者的支持，其中第三封上书于 1869 年 6 月 3 日被递到了光绪的手中。这封上书是作为"公车上书"的补充提交的，陈述了康有为对自强雪耻和富国强兵的看法，引起了光绪的重视。光绪的老师翁同和亲自拜访了康有为，这标志着以康有为为首的改良派已得到了皇帝的支持，但变法尚没有立即展开。

从"公车上书"到后来的"百日维新"之间的一段时间里，康有为及其同道进行了一系列准备活动，他们通过组织各种学会、办学、办报、演说、上奏章、著书立说来宣传自己的主张，争取社会的支持。在他们的努力下，北京、上海、天津、长沙、广东等地都纷纷创办了各种学会、学堂和报纸。康有为于1897 年 7 月在北京创办了《中外纪闻》，8 月组织了强学会。同年 11 月，为躲避北京顽固势力围攻迫害的康有为又在上海创办了《强学报》，此外，上海还有黄遵宪等创办的《时务报》。在天津，严复于 1897 年 10 月创办了《国闻报》。在长沙，谭嗣同于 1898 年成立了南学会，并创办了《湘报》。除建立舆论阵地之外，改良派还在各地组织各种活动，许多新式学堂及译书局也对新思潮的传播做出了贡献。

康有为始终在运动中处于中心地位，这不仅因为他始终站在斗争的前沿，更重要的是，他为维新变法提供了完备而系统的思想理论指导。康有为认为君主专制制度是中国社会积弱挨打的根源，"吾国行专制政体，一君与大臣数人共治其国，国安得不弱"，而西方各国及日本都实现君主立宪制，"故君与千百万之国民，合成一体，国安得不强"[1] 所以，中国富强的关键就是要改变旧的政治体制形式，建立君主立宪制度。康有为也意识到了这一主张与中国传统儒

〔1〕《康有为政论集》（上册），中华书局 1981 年版，第 388 页。

学学说体系的冲突，也注意到了整个士大夫阶层与儒学之间的紧密联系，意识到了对儒学进行有利于改良式的改造对争取士大夫参与和支持改良运动的重要意义。因此，他先后完成了《新学伪经考》《孔子改制考》《大同书》等著作，试图在对传统儒学的改造过程中使其与君主立宪的政治制度协调起来。而另一位改良的激进人物谭嗣同则写成《仁学》一书，通过指斥秦以后的思想体系为"荀学"，试图从孔孟等先秦儒家那里为君主立宪找到传统的支持力量。

"百日维新"是改良运动的高潮阶段，也是康有为等的改良主张付诸实践的阶段。在康有为的推动下，"不甘做亡国之君"的光绪皇帝终于下决心变法。从 1898 年 6 月 11 日光绪皇帝颁布"明定国是"的诏书开始，到 1898 年 9 月 21 日慈禧太后囚禁光绪重新训政为止，变法一共持续了 103 天，几乎每一天都有变法诏令颁布，康有为所提出的变法主张除君主立宪因牵涉问题过多暂时尚在筹划之中外，其他有关经济、文化等主张大多被采纳，但其因各地督抚的抵制大多没有付诸实施。

第二节　从洋务运动到戊戌变法的制度调整

一、洋务运动中的制度调整

鸦片战争后，随着与西方的接触变得越来越难以避免，清政府不得不在制度上作出局部的调整，于是，通商大臣、总理各国事务衙门及总税务司署等相继设立，这些调整的目的是继续强化清政府统治的需要，但在客观上逐渐动摇了帝国原有的制度体系。

（一）通商大臣与南北洋大臣的设置

1. 通商大臣。鸦片战争后，根据《南京条约》的规定，中国开放广州、福州、厦门、宁波、上海五个通商口岸。为此，清政府设置了五口通商大臣，名义上是管理通商事务，实际上是代表清政府进行对外交往，其设置为清朝政治制度开始调整的标志。

清初为了对在东南沿海坚持抗清的郑成功等残明势力实施封锁，清政府实施严厉的海禁政策，规定"片板不准下海"，对外商贸仅限于澳门一隅。康熙平定台湾后，海禁有所放松，曾一度开放六台山等四口与欧洲国家通商，史称江浙闽粤四关贸易时期。乾隆二十三年（公元 1758 年），清政府再度关闭了宁波等贸易口岸，仅留广州一处，恢复了所谓"一口通商"体制。

在这一时期负责对外交往和贸易管理工作的是所谓"公行"。"公行"最早设立于康熙五十九年（公元1720年），为广州十三行[1]商人联合组成的同业商会，属民间行会性质，在鸦片战争前是广州官府特许经营对外贸易的商会。十三行内部又制定行规，除共同承担官府的差料、消除内部竞争、规定进出口货物价格、分配各行业务范围外，还充当清政府对外交往的中介，如约束外商行动、经办中外交涉事务等，具有浓厚的官方色彩。因公行不仅约束中国商人，且对外国商人及贸易活动也多加干涉，一直为外国商人所反对。另外，公行只是广州商会，只能负责广州一口通商事宜，难以适应五口通商之需要，故鸦片战争结束后，公行的废除已势难避免。

五口通商后，客观上需要设置新的机构加以管理，西方各国也一再暗示清政府应设置一个相当于总督地位的大臣统揽通商事务。这种建议在清政府内部得到了经常负责对外交往的大臣耆英的支持。耆英认为对西方各国不能再"绳之藩属之礼"，主张"与其务虚名而无实效，不若略小节而获大谋"。道光皇帝也认为"只可如此处之"，[2] 遂决定设置五口通商大臣，具体办理与西方各国的通商及外交事务。

尽管如此，清政府仍天真地认为对外商贸仅为临时性事务，其职设置也只是权宜之计。故而五口通商大臣最初只为虚设，开始由两广总督兼领，1859年后改为两江总督，他们被皇帝冠以"钦差大臣"的名义处理该项事务，其下既无衙门，也无专职职官。1842年4月，耆英以"钦差大臣"的名义与英国签订了《中英南京条约》《中英五口通商章程》及《五口通商附粘善后条款》等条约后，于1844年3月起任两广总督，五口通商大臣遂始由两广总督兼领。1859年，因镇压太平天国的需要，且长江三角洲已成为新的对外交往"窗口"，始改为由两江总督兼领。在这一时期，也曾有人建议将通商大臣专职化。1859年，两江总督何桂清受命任钦差大臣，兼领五口通商大臣，遂提出专设此职的建议，但没有为清政府所接受。

2. 南洋大臣与北洋大臣。第二次鸦片战争后，根据《天津条约》和《北京条约》，中国又开放了牛庄（后改为营口）、登州（后改为烟台）、台湾（后选定为台南）、淡水、潮州（后改为汕头）、琼州、南京、镇江、九江、汉口、天津等地。清政府鉴于所开放的口岸"地方辽阔，南北相去七八千里，仍令其归五口钦差大臣办理，不独呼应不灵，各国亦不愿从"，[3] 不得不寻求新的解决办法。

---

〔1〕 十三行，始设于明朝，又称"洋行""洋贸行""外洋行"，行数并不固定，但一般为十行左右。
〔2〕 《筹办夷务始末·道光朝》卷七十三。
〔3〕 《筹办夷务始末·咸丰朝》卷七十一。

最初，清政府仍仿效五口通商大臣的惯例，分别设置了江、浙、闽、粤、内江各口通商事务大臣，负责管理除北方 3 个口岸外的 13 个已开放的口岸，并仍沿用诸如"上海通商大臣""上海钦差大臣""办理通商事务大臣""南洋通商大臣"等类似于"五口通商大臣"的名称，且仍为地方大员兼领。南洋大臣设于上海，初由江苏巡抚薛焕兼领，次年李鸿章接任江苏巡抚，遂改由李鸿章兼领。1865 年，李鸿章升任两江总督，南洋大臣也改由两江总督兼领。1870 年，北洋大臣由直隶总督兼任成为定制后，南洋大臣由两江总督兼任也成为定制。

北洋大臣于 1861 年 1 月始设于天津，初时主要负责管理天津、营口、烟台三个北方口岸的通商和外交事务，故又称"三口通商大臣"。开始时，北洋大臣由洋务派领袖奕䜣的亲信崇厚担任，但因崇厚并无钦差大臣的名分，处理事务时只能依赖于直隶总督、山东巡抚和奉天府尹的帮助，行事多有不便。1870 年 10 月 16 日，署理通商的工部尚书毛昶熙上奏，建议撤销三口通商大臣，改由直隶总督兼办。自此，三口通商大臣正式改为北洋大臣，由直隶总督兼领。此后，北洋大臣的地位和权限一直在南洋大臣之上，它除了负责经办直隶及原有的三口通商事务外，还负责北洋洋务、海防、招商等事宜。

按清朝政治体制，南北洋大臣名义上隶属于总理各国事务衙门，但实际上两大臣都有相当的独立处置事务的权力，遇有疑难不决的问题时才咨呈总理衙门，而特别重大的问题则要上奏请旨或电奏（由总理各国事务衙门代陈），请求皇帝裁决。这样，总理各国事务衙门事实上只是两大臣与皇帝之间的中介机构。由于两大臣分别由直隶总督和两江总督兼任，故这两个总督在清地方总督中尤为尊贵，大体一直为湘淮军出身的官僚所把持。

（二）总理各国事务衙门

鸦片战争后，尽管与西方国家的联系已变得越来越不可避免了，但清政府没有在外交体制上作出及时的制度创新，仍以"天朝上国"自居，仅以礼部、理藩院、鸿胪寺等机构负责接待外国使节。第二次鸦片战争后，清政府"天朝"尊严丧失殆尽，在西方各国的压力下，同时也为利用西方列强的力量镇压太平天国等国内反抗势力，遂开始调整中央外交机构。

1861 年 1 月 13 日，恭亲王奕䜣奏请设立"总理各国事务衙门"。他在奏折中说："查各国事件向由外省督抚奏报，汇总于军机处。近年各路军报络绎，外国事务头绪纷繁，驻京之后，若不精心经理，专一其事，必致办理延缓，未能悉协机宜，请设总理各国事务衙门，以王大臣领之。"因考虑到可能会招致一些朝中重臣及皇帝的反对，奏折中也留了一定的缓冲余地，称一旦与外国的纠纷减少，该衙门"即行裁撤""以筹旧制"[1]，7 天以后，咸丰准奏，委派奕䜣会同大学士桂良、户部左侍郎文祥主管。

总理各国事务衙门，简称"总理衙门""总署"或"译署"。其主要官署有：总理大臣、总理大臣上行走、总理大臣上学习行走、办事大臣和章京等。总理大臣为衙门主官，初设时为 3 员，后增加至十余员，由皇帝特简，一般都在亲王、郡王、贝勒中选任，有时也以军机大臣兼任；总理大臣上行走则一般在内阁、各部院堂官中选任。章京为衙门中的下级官员，主要是协助大臣做各种具体工作，如草拟章奏、文书，管理各种档案等。章京中又分为总办章京、帮办章京、章京、额外章京四种，人数最多时几近 50 员。由于章京属于差遣，所以，他们的品衔和升补都归照于原衙门。

总理衙门主要下辖南北洋大臣、总税务司、同文馆、司务厅、英国股、法国股、美国股、俄国股、日本股及清档房。其中，日本股原为海防股，设于 1883 年，甲午战争后改为日本股。

总理衙门创设之初主要负责外交事务，但随着对外交往活动日益增多，其职权呈逐渐扩张的趋势，除负责外交之外，还负责管理通商、海防、学务、关税、传教及各种"洋务"活动，遂成为清政府体制中非常重要的部门，地位已凌驾于六部之上，与军机处平行，在列国看来就是"帝国政府"的"内阁"。由于总理衙门取代了原六部一些部门的职能，因而也就带来了六部中某些传统机构职能的萎缩，甚至变成了有名无实的摆设。

（三）总税务司署

总税务司署设立于 1859 年，1861 年改为隶属于总理各国事务衙门，司署初设于上海，1865 年迁到北京。

1842 年的《南京条约》规定，中国的进出口税率须同英国"秉公议定则例"，后来法国、美国也取得了这项协定关税的特权。但在这一时期，中国关税主权尚未完全丧失，清政府还直接掌握关税的管理权。

1853 年 9 月，"小刀会"起义，上海道台、海关监督吴健彰逃往租界，上海海关处于停顿状态，英国、法国、美国等西方列强以"海关行政陷于停顿，而行使政府职能的合法当局也没有恢复"[2]为由，派兵占据上海海关。英国领事阿礼国会同美国公使，擅自实现关税"领事代征制度"，即在上海海关恢复运转之前，英国、美国领事代替中国政府向英美商人征税，所征关税由两国领事代管。同年 10 月，吴健彰回到上海，要求各国承认其管理海关的权力，取消

---

[1]《筹办夷务始末·咸丰朝》卷七十一。
[2] "英国领事馆为颁布船舶税关临时规则的通告"，载《北华捷报》第 164 期，1853 年 9 月 17 日。

"领事代征制度"，要求各国商人补交所欠关税，并在码头附近设立临时税处。此举遭到英国强烈反对。当时英国、美国、法国为争夺中国海关的控制权也是矛盾重重。为协调列强利益，英国提出由各国领事共同参与管理海关的建议，美国和法国遂予以支持。

当时清政府处境艰难：①"小刀会"起义后上海海关事实上已被控制在列强手中，清政府对此无可奈何；②长期以来管理海关的政府官员极度腐败，常与不法外商相勾结，偷逃税款，致使海关效率非常低下，正常贸易反而受阻；③镇压太平天国运动军费开支巨大，清政府财政异常困难，也希望海关能够恢复正常运转，从而得到可观的税款。基于上述考虑，清政府最终接受了英国的要求。

1854 年 6 月，吴健彰与英国、美国、法国领事谈判，决定组成上海海关税务管理委员会，这就是"上海海关税务司"。该委员会由上海道台和三国领事各自推选 1 名委员联合组成，共同处理海关一切行政事务。1854 年 7 月 12 日，委员会正式成立。从此，上海海关行政权被西方列强所控制。

其后，列强又进一步谋夺我国其他地区海关控制权，1858 年，它们利用中英《通商章程善后条约》中"各国划一办理"的含混规定，强硬要求将上海聘用外国税务司帮办税务的办法推行到其他开放口岸。清政府唯恐"事不划一"容易引起争端，遂于 1859 年命两江总督何桂清撤销上海税务司署，设立"总税务司"，任命英国人李泰国为总税务司，全权办理各口税务、招聘外国人担任各口海关所需的管理人员。李泰国上任之后，开始积极筹办设立新设口岸海关及外国税务司。1861 年 4 月，他回国养病，指定英国人赫德代理其职务。2 年后，李泰国去职，赫德正式继任。

自 1859 年李泰国担任总税务司之后，潮州、宁波、镇江、天津、九江、厦门、海口、烟台等口岸陆续聘用了外国管理人员，至 1865 年总税务司署迁往北京，它已掌握了 30 多个海关的控制权。这样，两次鸦片战争所开放的口岸，其海关已全部为外国人所控制。

总税务司署设正、副税务司各 1 人，下设总务、机要、统计、汉文、铨叙 5 科和造册、驻外办事、内债基金 3 处。各科、处设有正、副主任外，还有帮办、供事、文案、供设等人员。

各海关税务司也照总署设税务司、副税务司、科长、帮办等职。在一般情况下，税务司只设 1 人，"事繁收旺"的地区均设副税务司，当时各处海关共有税务司 59 人，副税务司 37 人[1]。总税务司和各税务司的主要行政官员和高级职员都由外国人担任，其待遇也非常优厚，至于华人一般只能担任下级雇员。

总税务司名义上是总理衙门的下属机构，但实际上除了定期上缴报告外，总理衙门基本不过问海关事务，一切司署事务均由总税务司全权处理，各地海关也只对总税务司负责。清政府虽然在各海关设有监督，但皆有名无实。总税务司一职长期为英国人所垄断，尤其是 1863 年上任的赫德，竟担任此职 45 年之久，成为西方列强特别是英国在华的代理人。中国有关税务、商务及外交、内政等方面的重大问题，往往都要征询他的意见。他也经常以总税务司的名义，就各种问题向清政府提出"建议"或"劝告"，甚至清政府任命总督、巡抚等封疆大吏，他也曾提出过"建议"。清政府颁布的重要法律、法令，也要征得他的同意，否则就无法在海关实施。

总税务司是仿照西方国家的海关制度建立起来的，它的设立标志着中国近代海关制度的创立，从一个侧面反映了我国文明进入世界体系后所发生的蜕变。

（四）外国使馆与同文馆的创立

1. 外国驻京使馆与中国驻外使馆的设立。1861 年以后，中国对外交往方式出现了较大的变化，其表现为：设置专门办理外交事务的机构；允许外国在京设立使馆；派出使团出使欧洲并继而派出了驻外使馆。

《天津条约》和《北京条约》签订后，列强取得了在京设置使馆的权力。1861~1862 年，英国、法国、美国、俄国等国家相继在北京东交民巷建立了使馆。1865 年 11 月及 1866 年，总税务司赫德和英国公使威妥玛先后向清政府提交了题为《局外旁观论》的备忘录和《新义略论》的建议书，极力鼓动清政府向国外派驻使节[2]。1866 年，总理衙门派出了非正式的赴欧考察团。该团由正在英国度假的赫德为向导，由山西一位名叫斌椿的知县以总理衙门副总办官的身份率队，随行的还有同文馆的学生。他们遍游了伦敦、哥本哈根、斯德哥尔摩、圣彼得堡、柏林、布鲁塞尔和巴黎，主要考察了各国的社会风俗、生活习惯、城市建筑、工厂及机器设备等，但未涉及政治制度。这是近代历史上我国使团的第一次非正式出访。

1868 年，清政府任命前美国驻华公使蒲安臣为"大清国大皇帝特派钦差大臣"，率团出使。随行的有满汉使各 1 人，另有 1 名英国人、1 名法国人。与 2 年前相比，这次出访以"皇帝特派钦差大臣"的名义，规格较高，故可以看作

---

[1]《清史稿·志·第九十四·职官六》。

[2]〔美〕费正清、刘广京编：《剑桥中国晚清史：1800~1911 年》（下卷），中国社会科学院历史研究所编译室译，中国社会科学出版社 1993 年版，第 89~90 页。

是近代我国使团第一次正式出访欧美。该团先后访问了美国、英国、法国、瑞典、丹麦、荷兰、普鲁士、俄国等国家。在出访中，蒲安臣擅自与美国签订了《中美继增条约》（又称"蒲安臣条约"）。根据这个条约，美国获得了贩卖华工以及在中国各通商口岸设立学校、吸引赴美留学等权利。1870 年 2 月，蒲安臣病死在俄国，同年 10 月，使团结束访问回国。

1875 年，"马嘉理事件"[1] 后，为缓和与英国的关系，清政府派遣兵部侍郎郭崇焘率领使团赴英国道歉。郭崇焘于 1877 年 2 月 28 日向维多利亚女王呈递了清帝的道歉信，其后便在伦敦设立了中国公使馆，这是近代中国在国外设置的第一个使馆。

2. 同文馆。第二次鸦片战争之后，外交事务日益增多，外交及翻译人才奇缺，清政府遂于 1862 年 5 月设同文馆。起初，同文馆只有英文前馆，后陆续增设俄文、法文、德文、日文等馆。从 1866 年起，又增设算学（包括天文）、化学、格致（包括力学、水学、声学、光学、电学等）、医学 4 馆。其后规模也一直在扩充，至 1901 年被并入京师大学堂。

同文馆隶属于总理衙门，总理衙门大臣为其名义上的负责人，另又设提调、帮提调，各馆设有总教习、教习等负责教学工作，任教者大多为洋人，尤其是总教习一职基本都由洋人担任。至于待遇，中、外教习之差别非常大。

初设时，各馆学习年限一般为 3 年，至 1896 年改为 8 年，即前馆 5 年，后馆 3 年。其生员一般从八旗子弟中招收，凡十三四岁儿童皆可报名。后来因陆续增设各馆，尤其是算学馆的设立，入学年限和资格都出现了变化，改为京内外各衙门 30 岁以下的翰林院庶吉士、编修、检讨及五品以下进士出身的官员或举人、贡士等未仕人员，均可保送或考试入学。这样入学的年限放宽，满汉界限也被打破。

同文馆设立后，上海、广州等地也相继设立了类似的学校。1863 年，江苏巡抚李鸿章在上海仿照同文馆，设立广方言馆，招收 14 岁以下资质上好的儿童，聘洋人任教，除学习外语等科外，兼读经史、文艺。这些学校培养的学生，主要是"承办洋务"。

同文馆等学校的设立，标志着我国近代教育的开始。

（五）湘军、淮军、海军和新军的建立

清朝武装力量原来主要由八旗和绿营构成，但这些军队在鸦片战争、特别是镇压太平天国的战争中，显得力不从心。为更有效地镇压太平天国，清政府

---

[1] 1875 年，英国驻华公使翻译马嘉理在云南与当地少数民族发生冲突，与数名随行人员一起被打死。此即"马嘉理事件"，亦称"滇案"。

开始在西方国家的帮助下组建体制外军队，于是，湘军、淮军、海军和新军相继出现。

1. 湘军和淮军。咸丰元年（公元1851年），太平天国运动勃然兴起，迅速形成燎原之势，清政府谕令各省官绅兴办团练助剿。1852年，湖南湘乡在籍礼部侍郎曾国藩担任该省督办团练大臣。湖南团练在曾国藩的经营下逐渐发展成一支组织严密、训练有素的新式地方武装，这就是湘军。自1853年夏开始，湘军开始与太平军作战，渐成对抗太平天国的主要力量。

湘军的建制以营为基本单位。陆军一营4哨，一哨8队，分别由营官、哨官和什长率领。每营编制为500人，营官、哨官在外。水师一营有30船，每船一哨，编制也是500人。马队一营5哨，一哨5棚，一营为250人。随着湘军的壮大，营以上又设置分统、统领和大帅。

湘军的地位颇为特殊。它既不是清国家正式的军队，也不同于一般地方团练，其特点有三个：①兵为将有。湘军士兵皆由各将领层层招募而来。一般而言，统领由曾国藩亲自延聘或招募而来，营官多由统领任命，哨官由营官任命，什长由哨官任命，而什长则自行挑选或招募兵士，故湘军内部保持着极其浓郁的私属色彩，大抵只效忠于曾国藩及其家族。②上下之间、官兵之间有着紧密的个人联系。湘军是招募而来的，什长、哨官以上所招募的大多是亲族、师生、朋友、同乡，故其上、下之间多以亲情维系，另唯因是招募而来，客观上便存在将存兵存、将亡兵散的情况，上、下之间除亲情之外，利益也颇为一致。湘军这种组织方式使得其内部向心力和凝聚力较强。③军饷自筹。湘军组建初期，"粮饷取之于公家"，后来随着规模的膨胀，加之清政府财政紧张，湘军开始就地自筹粮饷，事后再向清廷报告。这也增强了湘军的独立性。上述三个特点，使湘军成为一支颇具独立性和战斗力的军队。湘军开始出湖南作战时，人数约为1.7万人，其全盛时发展至13.2万人（包括水师、骑兵在内），成为对太平军作战的主力。

1861年，李鸿章受曾国藩之命，在其家乡安徽编练了一支军队，时称淮军。其内部组织多仿照湘军，起初人数大约6000人，至1865年发展到6万人。湘军和淮军都适度地购买了西式武器装备，也配备了一定数量的由洋务派自己创办的工厂生产的武器，同时还聘请了少量洋人帮助训练。因此，这两支军队的组建标志着中国近代军队的萌芽。剿灭了太平军后，因清政府的猜忌，唯恐"功高震主"的曾国藩遣散了大部分湘军。出于国防及稳定其统治的需要，清政府将尚未遣散的湘军和淮军改组成为经制兵[1]屯防要地,当时一般称为"防军",接着又仿照湘军、淮军,编练一部分绿营兵,时称"练军"。此后,防军和练军就代替八旗和传统绿营,成为清廷的主要武力。

2. 海军与海军衙门。清朝原本只有旧式水师,虽然有内河、外海之分,但装备十分落后。自 19 世纪 60 年代起,曾国藩、文祥、左宗棠等洋务派开始购买西方战舰,并以安庆军械所和福州船政局为基地,采用西方技术生产新型舰只,为中国新式海军之起源。

1874 年,日本出兵侵略台湾,东南沿海局势紧张,遂促使清政府加速了海军建设。同年 8 月,总理衙门提出筹办海防事宜。1875 年 5 月,清政府任命两江总督沈葆桢、直隶总督李鸿章分别督办南北洋海防事宜,并决定每年拨银400 万两以作经费,计划 10 年建成。因财力不足,又规定了"先办北洋,后办南洋"的原则。至 1884 年,北洋、南洋、福建三支海军初具规模,至 1894 年,清政府已建成了拥有战舰 80 多艘的近代海军。当时,福建海军由船政大臣何如璋统领;南洋海军在沈葆桢之后,先后由左宗棠、曾国荃、刘坤一统领;北洋海军则一直由李鸿章节制。与海军建设相匹配,清政府也逐渐建起了一批现代化的军港及炮台等辅助设施,同时,还建立了海军学校,以培养指挥和技术人才。

1885 年,为统一军事权,清政府组建了海军衙门,统筹海军、海防事宜,并以醇亲王为海军大臣,其时李鸿章虽然只为"会办",但确实掌握着实权。1888 年,海军衙门奏准了仿照英国、德国海军规制制定了《北洋海军章程》,正式成立了北洋海军。当时,北洋海军共有大小战舰 25 艘,官兵约 4000 人。战舰分左、中、右 3 翼,每翼又分左、中、右 3 营,每营战舰 1 艘。又有后军 6营,精练 4 营。海军官职与陆军相同,提督统领全军,总兵率两翼,下为副使、参将、游击、都司、守备、千总、把总等军官。各舰设管带、帮带、大副等统领。其训练多由洋人负责,当时北洋舰队所聘教习多为英国、德国两国军官,而其军官多系海军学堂出身。当时的水师学堂大多集中在天津(时直隶总督府所在地)等地,生员多出自官绅家庭,学堂中学习成绩优秀者可选送到英国等国留学,因此,相对而言,北洋海军军官的素质是比较高的,而其官兵待遇也远非旧时水师可比。以北洋舰队为代表的诸海军,大抵是由掌握近代海洋及海军作战知识和技术的军官所统领的,由当时比较先进的舰只所组成的近代化海军。它们的创建标志着我国近代海军的诞生。

---

[1]　经制兵,清朝正规军总称。

3. 编制新军。由于湘军、淮军在甲午战争中一败涂地，清政府决定改革军制，仿照西方国家组建新式军队。1894 年冬，首先在天津马厂编练新军 10 营，号"定武军"。1895 年 10 月，转驻小站，至年底袁世凯始接手，改其号为"新建陆军"，并增员至 7000 人。其总部下设参谋、执法、督练营务处，各营务处设总办。其营制分左、右两翼，设左、右翼长。左翼有步兵 2 营、炮兵 1 营；右翼有步兵 3 营、骑兵 1 营及工程营。每营设统带 1 人，帮统 1 人。营下设队，每队有统领官 1~2 人。附营而设的有军械局、粮饷局、洋务局、押运局，负责管理军械、粮饷、运输、后勤等工作。另外，还设有随营武备学堂，负责军官之培养，其中有德文、跑队、步队、马队 4 科，多由德国人担任教习，新建陆军的将领多出身于该学堂。

与此同时，张之洞在南京编练"自强军" 2000 人，聘德国人为统领，营制及编制皆仿照德国章程。1896 年，张之洞调任湖广总督，护军前营调到湖北，继续以德国人为教习，为湖北新军组建之始。自强军转由继任两江总督的刘坤一负责。

新军不同于清朝旧式军队，其特点有三个：①招收士兵标准较高，要求士兵有文化，身体强壮，其年龄、身高、目力等皆有严格的限制，有不良嗜好者不予以接纳。②在编制、训练、装备等方面皆仿照西法。③军官素质较高。新军军官一般都要求军事学堂毕业，故多受到过严格、系统的现代军事科学训练，同时也要求士兵学习军事知识。因此，新军的组建也标志着我国近代陆军的诞生。

二、中央集权的衰落与地方势力的增长

（一）地方势力的增长

在镇压太平天国的过程中，地方势力逐渐增长，这主要表现在两个方面：

1. 地方军事化的形成。太平天国的突然勃兴，一时国内各地治安大坏，清政府在应对中显得捉襟见肘，地方官绅为维持地方治安，抵抗小股太平军袭扰，纷纷兴办团练。对此，清政府心态颇为矛盾：一方面，它不希望出现体制外的军事力量；另一方面，出于镇压太平天国的需要，又不得不依靠这些地方武装。对它而言，千方百计地试图将这些武装纳入体制控制，便成为唯一的选择，遂谕令在籍赋闲在家的官僚出面于各省督办团练，这一决策的直接后果是加速了地方团练的正规化进程，并迅速造就了游离于体制外的湘军、淮军、楚军等军事集团，至 1868 年，这些体制外的军事力量已达 30 余万人。由于这些武装皆掌握在地方大吏和豪绅手中，带有明显的地方化色彩，对中央集权的体制逐渐构成了潜在的威胁。

2. 督抚专权。清朝督抚地位虽然尊显，但并无多少实权，凡事要上奏请

示，且督抚之间也多有牵制。这种情况在镇压太平天国时逐渐发生了变化，这与上述地方军事化有着直接的关联。起初，湘军骤然崛起，清政府是喜忧参半：一方面，在八旗、绿营不堪重用的情况下，湘军的适时崛起使风雨飘摇的清政府抓住了救命稻草；另一方面，湘军的性质和战力也使其忧心忡忡。故而清政府每每只是口头上褒奖曾国藩等人，始终不愿授予地方实职。但是第二次鸦片战争之后，为迅速改变内外交困的局面，清政府不得不改变政策，首先于1860年任命曾国藩为两江总督、钦差大臣督办江南军务，苏、浙、皖、赣四省巡抚皆归其节制，这不仅意味着清军权的下移，而且还开创了地方军政合一、统归地方总督节制的先例。其后，湘军许多将领相继出任封疆大吏，如李续宾为安徽巡抚、沈葆桢为江西巡抚、李鸿章为江苏巡抚，湘军集团控制东南各省的局面初步形成。

剿灭太平天国之后，这些"中兴功臣"的地位更加巩固，督抚专权、外重内轻的局面日益明显。曾国藩之后，湘军和其后的淮军集团已控制了许多地方的督抚大权，李鸿章、刘坤一、张之洞分别控制直隶、湖广、两江等最显赫的总督大权达十数年之久。他们于各地主持洋务，编练海军，进而影响甚至左右中央政府的人事、外交等主要政策。最终演化出"东南互保"之局。

（二）统治集团内部的分化

自鸦片战争之后，中国进入"多事之秋"，各种矛盾层出不穷，统治集团内部也因各种原因而出现了显著的分化倾向。这表现在两个方面：①上层汉族官僚势力的上升；②洋务派政治集团的兴起。

清政府在其长期的统治期间，一直推行歧视汉人的政策，政府主要官职一般都由满人担任，地方督抚汉人比例一直很低。这种情况在镇压太平天国的过程中逐渐发生了变化。因曾国藩、李鸿章、左宗棠等汉族官僚在镇压太平军和捻军中战功显著，其地位急剧上升，东南一带督抚大多为湘军集团所把持。咸丰、同治以后，在全国范围内，汉族督抚比例大增，已远远超过了满族督抚。如1864年，当时10位总督中，除湖广总督官文一人是满族外，其余都是汉族，而15名巡抚竟全部都是汉族。满汉贵族之间权力的此消彼长，颇使满族贵族中保守分子不满，满汉矛盾不时浮出水面。

洋务派的兴起是清朝统治集团出现分化的主要表征。洋务派在中央和地方都拥有实权，基本左右了清政府的内政与外交。但不论是在中央还是地方，反对洋务的保守势力都还十分强大。在中央，他们以倭仁、徐桐、李鸿藻为首领，主张重振礼法道德以解决危机，反对洋务派孜孜以求的"富国强兵"运动。为应付局势，慈禧太后在大多数情况下都不得不利用洋务派，但在这两大势力之间，她一直试图维持某种平衡，以确保其权力。从1860年起，朝廷中的这种对立就一直存在，并长期延续，逐渐涣散了官僚体系的士气。

三、百日维新中的体制调整与改革

为了推动变法，康有为在 1898 年 1 月 29 日的《上清帝第六书》（即著名的《应诏统筹全局折》）中，提出了三项具体的变法措施：一是"大誓群臣，以定国是"；二是"立对策所以征贤才"；三是"开制度局而定宪法"。

所谓制度局，按照康有为的想法，是设在内廷，由皇帝从待诏所的上书人中及经济特科所录用的人中选拔"天下通才"十数人充当"参与"，选派王公大臣为"总裁"，他们须每天与皇帝共同议事，最后由皇帝裁决定夺。制度局的权限与职能划分如下：议行新政、制定宪法、重修会典、草定章程、制定和修改各项制度等。可见，它既是变法的最高领导机关，又是最高的立法机关，具有西方国家议会的性质和功能。康有为还提出在中央设十二局，即法律、度支、学校、农、工、商、铁路、邮政、矿务、游会、陆军、海军局，作为推行新政的执行机构。他还主张在地方设立民政局、民政分局，负责督促办理地方新政。民政局体制与督抚平等，有立法与行政分权之意。

在变法过程中，主要的制度创新有以下几项：

1. 开放言路，准许上书言事，打破了只有中央六部言官和地方督抚大员方可上书奏事的规定，允许臣民上书，参与国事。更主要的是，还准许民间创办报馆、立学会，这使人民得到了一定的言论、集会、结社、出版的自由。

2. 改革官僚体制，裁撤闲散、重叠的衙门及冗员，增设新政机构。先后裁撤的机构有詹事府、通政司、光禄寺、鸿胪寺、太仆寺、大理寺等衙门，归并于内阁及礼、兵、刑等部。裁撤湖北、广东、云南三省巡抚，由总督兼理。裁撤东河总督，由河南巡抚兼理。裁撤不办运务的粮道、没有盐场的盐道。各省不承担地方责任的同知、通判等一并裁撤。与此同时，诏令京师增设农工商总局和铁路局，各地设商务局，衙门中的有识之士，且要裁撤下放到新增设的机构中。

3. 推行保甲制度，实行团练。整顿军队，裁汰绿营，训练海陆军，令八旗及各省军队一律采用西法练兵，并统一制度，筹建兵工厂。

4. 改革文教体制。设立学堂，提倡西学。京师设大学堂，各省、州、县改书院为学堂，选派学生出国留学。改革科举考试，废除八股制度，改试策论，开经济特科。设译书局编译西方图书，奖励创办报纸、著作、发明等。

5. 取消满族贵族生活待遇的特权，令旗人自谋生计，颁布准许旗人经商的诏令。

6. 删改则例。则例是清朝行政法典《大清会典》的新例补充汇集，具有法律效力，为各衙门的办事准则，但至 19 世纪末《会典》条文已十分繁杂，遂诏令本着"务极简明"的原则予以删改。

上述改革虽然多针对时弊而来，且有明显的推进"西化"的意图，但总的来说，与康有为、梁启超等维新派人士所追求的"立宪法，开国会"的理想，还有相当的距离，甚至他们呼吁的"废漕运""裁厘金"等具体要求也未能落实。这从一个侧面反映了保守势力的强大及改革所遇到的阻力。

第三节 清末"新政"与预备立宪时期的制度改革

一、清末"新政"与制度革新

（一）"新政"的推行

20 世纪初期，经历了义和团运动和八国联军的入侵，清政府的统治已是风雨飘摇、日薄西山。一方面，国内外反清革命浪潮风起云涌，维新派也在海内外为变法而奔走呼号；另一方面，列强为实现其"以华制华"的目的，也极力向清政府施加压力，促其"速行变法"以"革新"政治。在内外压力的交互作用下，清政府内部逐渐出现了力图通过改革克服危机的努力。

早在 1901 年 1 月 29 日，逃亡西安的清廷就发布变法上谕，声称"三纲五常"虽然为万世不变之理，但朝廷的统治方法应顺应时势加以调整改革。上谕概括了中国根深蒂固的积弊，并命军机大臣、大学士、六部、九卿、出使各国大臣、各省督抚参酌中西政要，就朝章、国政、吏治、民生、学校、科举、军政、财政等问题提出改革意见。同年 4 月，成立督办政务处，作为总理新政的机构，以庆亲王奕劻、李鸿章（李去世后由袁世凯继任）、荣禄、昆冈、王文韶、鹿传霖 6 人为督办大臣，刘坤一、张之洞以外省督抚为参与大臣。"新政"正式启动。

（二）政治体制上的改革

1. 政权机构方面的改革。①将总理衙门改为外务部，"班列六部之前"。在《辛丑条约》谈判期间，列强明确提出："总理各国事务衙门，必须革故鼎新……其如何京通之处，由诸国大臣酌定，中国照允执行。"故外务部之设，实为列强要求的结果。外务部由总理大臣、会办、左右侍郎组成，另有左右丞、左右参议等。时以奕劻为总理大臣，王文韶、瞿鸿礼为会办大臣，徐寿朋、联芳为左右侍郎。外务部的设置，标志着从隋唐时期延续下来的六部体制开始瓦解。②裁汰冗官冗衙，精简机构。裁撤了詹事府、通政使司、太常寺、太仆寺、光禄寺、鸿胪寺等衙门，裁撤了东河总督和湖北、云南、广东三省巡抚。1901年 5 月，下令裁汰各机构中胥吏差役，整饬吏治，1901 年 8 月，宣布停止捐纳官员。

2. 军事方面的改革。1901 年，诏令各省在年内裁汰绿营、防勇 20% ~ 30%。废除旧时武举，于各省设武备学堂。1903 年，开始改革军事行政机构，并进行军制改革。1903 年 11 月，在北京设练兵处，作为新军组建和操练的统一督察机关，各省也相应设立督练处。1904 年，新军制正式制定：新军分常备军、续备军、后备军三等，计划组建新军 36 镇，新编陆军全部由练兵处掌握。练兵处还为此设计了一整套军事学堂制度，计划在全国普遍组建军事学堂，选派学员赴日本、德国、英国、法国、奥地利等国家学习军事。

在改组军队过程中，清廷唯恐失去满族统治根基，1903 年，特命袁世凯、铁良招募旗人，组建了新军第一镇，还专门为满族贵族子弟设立了"陆军贵胄学堂"。当时的练兵处的练兵大臣庆亲王奕劻不懂军事，则时任练兵处会办大臣的袁世凯实际上掌握着实权，从 1901 年至 1905 年，他先后编练了 6 镇新军，这些军队后来成为支持其权力的主要武力。

清朝的新军编练工作进行得并不很顺利。一方面是财政上的困难限制了新军的规模；另一方面则是新军的组建不仅引起了旧军的不满，且加剧了中央与地方督抚之间的矛盾。直到辛亥革命前，清政府仅组建了 14 镇 18 协 4 标，外加 1 支禁卫军。

1905 年 10 月，清政府成立巡警部，作为管理京师、地方警察和全国警政的最高公安机构。该部由尚书、左右侍郎、左右丞、左右参议等官员组成，其后又编练了新式警察，以代替旧时的巡捕、差役。故此，该部的成立标志着我国近代警察制度的产生。

3. 文化教育方面。1902 年，开始改革科举命题，废除八股文，改为策论，以中国政治史事、西方政治及学术等问题命题。1905 年 9 月 2 日，清上谕宣布："自丙午为始，所有乡、会试一律停止。各省岁科考试亦即停止。"[1] 于是，实行了 1300 多年的科举制度正式被废除。

1901 年 10 月，清政府通令各省书院一律改为大学堂，各府及直隶州学均改为中学堂，各州县学均改设小学堂，并多设蒙养学堂，创设各种实业和师范学堂。1904 年，制定统一的学堂管理规章。1905 年 12 月，始设学部，作为全国的最高教育管理机构，原国子监并入学部，由满族贵族荣庆为尚书、熙瑛、严修为侍郎。学部位在礼部之先，地位相当尊显。

4. 法律方面。1902 年，清政府开始着手修订法律，任命沈家本、伍廷芳为修律大臣，并设立了"修订法律馆"，以作修订和起草法律的专门机构。至

---

[1]（清）朱寿鹏编：《光绪朝东华录》，中华书局 1958 年版，总第 5392 页。

1905 年，原《大清律例》中的野蛮刑罚，如凌迟、枭首等皆被废止，其后又陆续颁布了仿照西方国家法律制定的民法、刑法等几部法典。

上述各项改革，无论是其涉及的范围，还是实施的力度，都远远超过了康有为、梁启超变法所实施的改革，但这些改革并没有阻止辛亥革命的爆发，当然也没能延长清政府的统治寿命。清廷实施新政的时势较康有为、梁启超变法时期已有很大的不同。从康有为、梁启超变法到"新政"启动，虽然不过只有3 年时间，然而其间历经戊戌政变、义和团运动、八国联军入侵北京等重大历史事件。对维新派毫不留情的镇压，斩断了相当一部分精英分子对朝廷的最后希冀，在义和团政策问题上的反复无常，不仅加剧了清廷内部保守贵族、官僚与较开明官僚之间的矛盾，更进一步削弱了清政府的统治权威，而八国联军入侵所带来的空前的民族危亡感，更促使中国进步的精英分子义无反顾地走上了革命之路。所有这些都意味着，"新政"事实上根本就缺乏改革所必需的政府权威性，其最终的流产自然是难以避免的。清政府极不明智地扼杀了维新运动，不仅使中国失去了通过改革解决危机的可能性，也就此宣告了它自身死期的行将到来。

二、预备立宪运动

（一）预备立宪的启动

随着"新政"的启动，立宪派再度活跃起来。1905 年，日俄战争以日本的胜利而告终，立宪派认为这一事实证明了君主立宪制度的优越性，所谓"日本以立宪而胜，俄国以专制而败"，主张立宪的呼声空前高涨。他们创办报纸，广泛宣传，并通过各种渠道，游说清朝王公大臣和有实力的地方督抚要员，逐渐在各阶层中引起了广泛的重视，清廷中一些显赫人物也认识到局势的危机，希望能够通过"立宪"加以挽救。

1905 年 10 月，为"延揽通才，悉心研究，择各国政法之与中国治体相宜者，斟酌损益，纂订成书"，[1] 以便参考，成立考察政治院，派宝熙、刘若曾为提调，负责对"中外政治，悉心考核"。1905 年底，清政府派五大臣赴欧美、日本考察，研究各种政体的优劣，以便为是否立宪作出最后的论证。

1906 年 7 月，考察团回国，向慈禧太后汇报考察结果，以为立宪和君权的伸张并行不悖。他们以日本宪政体制为例，认为日本宪法"论其君权之完全严密"，"有过于中国"，实行宪政，其君权不仅"无有丝毫下移"，且可以削弱地方官员的权力。他们提出实行宪政有三大好处：一则"皇位永固"；二则"外

---

〔1〕（清）朱寿朋编：《光绪朝东华录》，中华书局 1958 年版，总第 5479 页。

患渐轻"；三则"内乱可弭"。除说明立宪的种种好处外，他们还指出，鉴于当时内外交困、革命呼声日益高涨的局势，立宪还是防止革命的最好办法，所谓"欲防革命，舍立宪无他"。当然，他们也唯恐保守的清廷难以接受他们的建议，还特别强调可以将立宪作为一项长远的政治发展目标，目前只宣布进入预备立宪即可，"今日宣布立宪，不过明示宗旨为立宪之预备，至于实行之期，原可宽立年限"[1]。慈禧太后接到密折后，当即召开御前会议，对其进行讨论，实施预备立宪的建议得到了认可。

1906年9月1日，慈禧太后颁布实施"预备立宪"的诏书，标志着清末预备立宪的正式启动。这份诏书为立宪划定了"大权统于朝廷，庶政公诸舆论，以立国家万年有道之基"的原则，但对正式实施宪政的时间未作出任何说明，只含混地陈说了当前中国"规则未备，民智未开"，尚需要"查看情形"，然后再"妥议立宪实行期限"，而在这一时期，全国臣民皆需"忠君爱国"，"尊崇秩序，保守和平，以预储立宪国民之资格"[2]。

尽管如此，这份诏书仍在中国维新立宪人士中间引起了很大的反响。远在国外的康有为、梁启超见到诏书后，立即修改其策略，将"保皇会"改为"国民宪政会"，提出"尊崇皇权，扩张民权"的口号，拟推皇族载沣、载泽为正副总裁，准备回国参与清廷预备立宪的工作。梁启超在日本东京成立政闻社，宣称："政闻社所指之方法，常以秩序的行动，为正当之要求，其对于皇室，绝无干犯尊严之心，其对于国家，绝无扰索治安之举。"[3] 这一声明清楚地表达了康有为、梁启超等维新人士希望能够得到清廷谅解，回国参与立宪活动的愿望。

与康有为、梁启超相似，国内的立宪派对这一诏书也作出了积极的反应。张謇、汤寿潜等在浙江成立预备立宪公会，汤化龙等在湖北成立宪政筹备会，谭延凯等在湖南成立宪政公会，丘逢甲等在广东成立自治会。在这些立宪派看来，宪政的建立将解决近代以来中国社会所出现的一系列问题，完成救亡和自强的历史任务，"吾国自强、不自强之机，则断然取决于立宪"，"则宪政必立，而吾国必强"[4]。

但是在革命派看来，清廷的预备立宪举措是缺乏诚意的，是其为摆脱革命

---

[1] 载泽："奏请宣布立宪密折"，载《辛亥革命》第四册，第28、29页。

[2]《清朝续文献通考·卷三百九十三·宪政考一》。

[3] 梁启超："政闻社宣言书"，载张柟、王忍之编：《辛亥革命前十年间时论选集》（第二卷·下册），生活·读书·新知三联书店1963年版，第1064页。

[4]"论立宪与外交之关系"，载张柟、王忍之编：《辛亥革命前十年间时论选集》（第二卷·下册），生活·读书·新知三联书店1963年版，第576~577页。

危机的一个重大阴谋，因此，在这一时期，他们曾大造舆论，抨击预备立宪的虚伪性。当然，革命派对预备立宪活动的批评不仅限于其虚伪性上，在革命派看来，清廷的立宪活动内含太多的不平等因素。从立宪的动机上看，立宪的根本目的不是中国国家利益与国民利益，而是为更好地维护君主专制主义政治制度，与宪政的民主本意相去甚远。从立宪的方式上看，它采取的是"自上而下"的道路，上层满族贵族根据自身的利益划定立宪内容，不可能充分表达人民的意愿与要求。从民族自立与平等的角度看，满族贵族作为少数征服者控制着政权，他们所操纵的立宪活动，也不可能充分反映广大汉族及其他民族的意愿与要求，所制定的"宪法"必然带有明显的民族压迫内容。[1]

对清廷预备立宪活动的上述不信任情绪，清楚地反映了在 20 世纪初期，因权威危机而引发的中国精英社会的致命分裂，已变得越来越难以弥合，也意味着在经历了对戊戌变法的血腥镇压和八国联军的大规模入侵之后，作为政治权力中心与意识形态象征的清政府的权威合法性已大幅度流失，而这也意味着中国业已失去了通过主动改革克服危机继续延续下来的最佳时机。而这当然也预示着中国社会已失去了通过渐进改良逐渐走向现代化的历史机遇。

（二）预备立宪时期的主要制度调整

从 1905 年 9 月 1 日宣布"预备立宪"起，至 1908 年 9 月止，3 年期间出现了如下制度调整：

1. 官制改革。经过多方论证，1906 年 11 月 6 日，清政府发布命令正式厘定中央官制，大致分为不变、改变、合并、新设四种情况：

（1）内阁、军机处、外务部、吏部、学部及宗人府、翰林院、钦天监、銮仪卫、内务府、太医院、各旗营、侍卫处、步军统领衙门、顺天府、仓库衙门等机构，保持原样不变。

（2）巡警部改为民政部，户部改为度支部，兵部改为陆军部，刑部改为法部，理藩院改为理藩部，大理寺改为大理院，都察院改为都御史、副都御史。其中法务部管司法，大理院管审判，都御史、副都御史负责"纠察行政缺失，伸理冤滞"，筹备成立海军部和军咨处，未成立前其事权归陆军部。

（3）将太常、光禄、鸿胪三寺并入礼部，财政处并入度支部，练兵处、太仆寺并入陆军部，工部并入商部，取消农工商部。

---

〔1〕　一篇革命派批评立宪运动的文章指出："果立宪"，也"不可以倚赖他人而立宪，中国可以合十八省之团体而立宪也，万不可以代满洲政府而立宪。中国可以为民主之立宪也，万不可以代满洲政府而为君主立宪……"［恨海（田桐）："满政府之立宪问题"，载张枬、王忍之编：《辛亥革命前十年间时论选集》（第二卷·下册），生活·读书·新知三联书店 1963 年版，第 547 页］。

（4）增设专管轮船、铁路、电线、邮政的邮传部。此外另设资政院、审计院等。

上述调整集中反映了清廷努力调和中西政治制度的思路，其体制布局以内阁（行政）、大理院（司法）、资政院（立法）为主，体现了对西方三权分立原则的吸纳，但仍以军机处为"行政总汇"，且保留许多皇族和宫廷机构（如宗人府、翰林院、钦天监、銮仪卫、内务府、太医院等），集中反映了行政主导及以专制皇权为政治体系中枢的体制传统。

改革后的内阁下设外务、吏、民政、度支、礼、学、陆军、法、商、邮传、理藩 11 个部，各部均设尚书 1 人，侍郎 2 人，不再分设满汉。侍郎以下根据各部情况，一般设司和直属机关，如民政部除尚书 1 人，侍郎 2 人外，下设民治、警政、疆理、营缮、卫生五司，此外还设有外城巡警总厅等机构。再如，度支部也下设田赋、漕仓、税课、莞榷（盐课）、通阜（货币）、库藏、廉俸、军饷、制用（稽核工程、款项及杂支）、会计十司，及金库、宝泉局等。

2. 在改革中央官制的同时，1907 年 6 月，清廷又宣布改革地方制度，大体内容是：将各省学政改为提学使，按察使改为提法使，增设交涉使，设巡警、劝业两道，裁撤分巡、分守各道、分设审判厅。上述改革计划在东北三省先行实施，直隶、江苏择地试办，限 15 年内改革完毕。

这些改革措施实施的情况大体如下：提学使司早在 1906 年 4 月已开始推行，原来未设学政的吉林、黑龙江、江苏、新疆等省，也分别增设提学使司，其职责是统辖全省"教育行政，稽核学校规程，征考艺文师范"[1]

提法使司首先在东北设置，至 1910 年，各省方相继设置，其职责是统辖全省"司法行政，监督各级审判厅，调度检察事务"[2]

交涉使司于 1907 年首先在奉天、吉林设置，至 1910 年又相继在直隶、江苏、浙江、福建、湖北、广东、云南各省设立。

巡警道初设于 1908 年，此前各省已设有警政机构，巡警道设立后，各省警政始由其统一管理。其职责主要是管理全省巡警、消防、户籍、营缮、卫生等事宜。

劝业道于 1908 年 7 月开始设置，至 1910 年，除黑龙江、江苏、山西、甘肃、福建五省外，其余各省皆陆续设置，其主要职责是负责全省实业振兴，管理农、工、商及交通事务。

此外，各省还相继设立了督练公所、整顿各省新、旧军。下设兵备、参谋、

---

〔1〕《清史稿·志·第九十四·职官六》。
〔2〕《清史稿·志·第九十四·职官六》。

教练三处，并以总办总其成。1911 年，三处又改为筹备、军饷二科及军械局，总办改为督办，以督抚、将军、都统兼任。

（三）《宪法大纲》的颁布与"责任内阁"的组建

1907 年 8 月，清廷将考察政治馆改为宪政编查馆，负责起草《议院选举法》《宪法大纲》等有关法律文件，由军机大臣总理组建，下设编制、统计、官报三局及庶务、译书、图书等三处。

因清政府立宪步伐过于缓慢，国内外立宪派内心焦急万分。1908 年 6 月，国内著名立宪派代表江苏大资本家张謇以"预备立宪公会"的名义，向湘、鄂、粤、豫、皖、直、鲁、晋、川、黔等省立宪派发出信件，约请他们派代表到北京，向清政府请愿。梁启超在国外也以"政闻社"的名义，发出《为国会期限致宪政馆电》，要求清廷在 3 年之内召开国会。同年 8 月，各省代表齐集北京，联络 4 万人在请愿书上签名，震惊了清廷。与此同时，革命党人在南方数处接连起事，局势动荡不已。

为抵制革命，争取立宪派的支持，清政府于当月 27 日颁布了《钦定宪法大纲》。这份"宪法草案"共 23 条，其中"君上大权"部分 14 条，"臣民权利义务"共 9 条，虽然规定臣民有一定限度的言论、出版、著作、集会、结社等权利，但仍赋予君主极大的权力，如"序言"中明确规定："君上有统治国家之大权，凡立法、行政、司法皆归总揽。"[1]

1908 年 11 月 14 日、15 日，光绪和慈禧太后相继去世，不满 3 岁的溥仪"入承大统"，改明年（公元 1909 年）为宣统元年，光绪之弟、溥仪之父载沣"监国为摄政王"。载沣执政，一方面继续奉行立宪国策，陆续颁布了《厅、州、县自治章程》《法院编制法》，要求在 1909 年、1910 年于各省成立咨议局、中央成立资政院，另一方面则采取皇族贵族直接掌握国家兵权的做法，迫使执掌军政大权的袁世凯回家"养病"，自任代理陆海军大元帅，弟弟载洵为海军大臣，载涛为军咨处大臣（大抵相当于总参谋部）。

1910 年 10 月，清政府正式成立中央资政院，作为正式议会成立前的"预备"机构。该院设总裁 1 人，"以王公大臣简放"，副总裁 2 人，"以曾任尚书、侍郎、督抚及出使大臣简放"[2] 资政议员按规定应为 130 人，后改为 200 人，最终实际约有 300 人。这些资政议员分"钦选"和"互选"两种。其具体情况是：皇帝委派王公世爵 10 人，宗室 5 人，中央各部官员 100 人，业主资产 100 元以上者 10 人；各省咨议局议员互选，由督抚复核咨送约有 160～170 人，大

〔1〕（清）朱寿鹏编：《光绪东华录》，中华书局 1958 年版，总第 5975 页。

〔2〕《清朝续文献通考·卷一百一十七·职官考三》。

抵在 300 人左右。

在资政院成立之前 1 年，各省相继组建了咨议局。这些咨议局与资政院都有议会的性质，但组成较之后者有很大的不同，其成员皆为"民选"，而无"钦选"。

1911 年 5 月，清政府正式颁布《新内阁官制》，正式组建"责任内阁"，设总理大臣、协理大臣（2 员），以及外交、民政、度支、学部、陆军、海军、法部、农工商、邮传、理藩 10 部，另设承宣厅，辖制诰、叙官、统计、印铸 4 局。此外，原有军机处、内阁等一并裁撤，原礼部改为典礼院，盐政处改为盐政院，军咨处改为军咨府，增设弼德院等。

尽管清政府作出了上述一些改革，但这些改革措施有几个共同的特点：①改革的保守色彩相当浓重，很难满足社会各个层次的要求；②改革过多地考虑了满族贵族的利益，对减缓日益加剧的满汉矛盾并无直接的作用；③这些改革都是在社会各阶层千呼万唤、历尽艰难之后才出台的，特别是有些关键的改革是在革命危机日益严重的情况下才作出的，因此很难让国人相信清政府有改革的诚意，换言之，这些改革并不能起到"收拾人心"的作用，对解决清政府日益严重的合法性危机并无多大帮助，它已错过通过改革寻找新的合法支撑点的最好时机。

思考题：

1. 从洋务运动到"百日维新"这一段时期里中国出现哪些重要的制度调整？出现这些调整的原因是什么？
2. 19 世纪下半期，为什么会出现中央权威衰落而地方势力增长的情况？
3. 戊戌变法时期，维新派作出了哪些制度调整？
4. 清末"新政"改革进行了哪些重要的制度调整？
5. 你认为清末"新政"改革为什么会失败？

第十一章　民国初年的政治制度

> **学习目的和要求：**
>
> 　　通过本章的学习，学生应厘清以下两个问题：其一，了解并掌握辛亥革命后，革命党人和立宪党人草创中华民国政治制度的主要过程；其二，了解民国初年我国政治史演进的基本脉络，掌握从《鄂州约法》到《中华民国临时约法》所规制的基本政治制度的演变。

　　中华民国创建于1911年。对于民国的含义，孙中山在1905年的《军政府宣言》中曾作过如下解释：凡国民一律平等，皆有参政权；大总统由国民公举；议会由国民公举之议员组成，制定宪法，人人共守；敢有帝制自为者，天下共击之。

　　民国政治制度，在1911～1948年行宪以前，大都因陋就简，糅杂中西而成。自南京临时政府成立到民国十四年国民政府成立，其政治制度架构主要是依据《中华民国临时约法》而成。洪宪期间，因称帝需要，袁世凯曾一度变更国体及某些制度。护国成功之后，虽又恢复从前体制，但国家已是南北分统局面，南北政制不一，中央政府更替相继，国家制度呈现出错综复杂的局面。为了解其变化之轨迹，本章就湖北军政府体制、南京临时政府、袁世凯当政时的北京政府、南北分统时期的政治制度分别叙述如下。

第一节　辛亥革命建立新体制的尝试

一、湖北军政府的成立

　　武昌起义后，建立新政府成为当务之急。起义的第二天，总指挥吴兆麟请各机关同志、城内绅耆父老和咨议局议员，于下午到咨议局集会，商量在占领区内建立新政权的问题。当时，与会者"谦让未遑，仓卒不得"。在群龙无首之际，立宪党人乘虚而入，有人提议推举德高望重的知名人物出任军政府都督。先提到湖北咨议局议长汤化龙，但汤化龙感到胜败未卜，推说不懂军事，不肯就任。立宪党人刘赓乘机改推黎元洪，但其也未即刻应允。

1911 年 10 月 12 日、13 日，汉阳、汉口先后光复，军械库藏甚丰，人心振奋。黎元洪知大事可为，开始动摇。13 日下午开军事会议，黎元洪当众宣布："无论如何，我总算是军政府的人了，成败利钝，生死以之。"14 日，孙中山代表谭人凤、居正从上海赶到武汉，深感局势混乱，遂策划于 17 日举行都督誓师仪式，由谭人凤向黎元洪授旗，居正宣讲革命精神，黎元洪祭告天地，宣誓、阅兵。至此，军政府正式成立。

二、湖北军政府的组成

在谭人凤、居正赶到武汉之前，湖北军政府已经着手组建军政府机构，除了公举黎元洪为湖北军政府都督，汤化龙为湖北省民政总长之外，还成立了参谋部、民政部、交通部、外交部、庶务部、书记部、军需部 7 个下属机构。但是，由于所举都督拒不就职，所举部长半数不到职，军政府的工作事实上处于混乱状态。谭人凤要求居正根据同盟会的《革命方略》的精神，草拟各机构条例，准备重新组建政府。此前，汤化龙等已经起草了一份《军政府组织条例》，这个条例得到了黎元洪的首肯，但不为革命党人所接收，遂找到居正一起参详，得到了居正的全力支持。10 月 16 日晚，居正召集革命党人集会，宣布汤化龙等人提供的条例是孙中山在海外制定的，要求革命党人一体遵从，这个条例终于得以通过。

1911 年 10 月 17 日，《中华民国军政府暂行条例》正式颁布。其规定军政府下设军令、军务、参谋、政事 4 个部。其中，政事部掌管政府主要事务，下设外务、内务、财政、司法、交通、文书、编制 7 个局。由于政事部权力过大，且所委任人选多为立宪党人，引起了革命党人的强烈不满。在孙武、刘公、张振武等人的提议下，军政府于 10 月 25 日再次集会，修改了原先的条例，取消了政事部的设置，将原来政事部下属的 7 个局除文书局外，一律升格为部，统归都督节制。至此，湖北军政府自 10 月 11 日组建开始，在 10 月 17 日、10 月 25 日先后两次经历了重大机构变动。

这两次机构设置的重要变动，主要是由革命党和立宪派之间权力之争造成的。10 月 17 日的军政府，在机构设置上更突显政事部的权力，将政府的权力集中于政事部，虽然也规定都督全面负责，但政事部要专掌政府决策执行，这与后来民国所建立的总统与内阁分置的体制很相似。25 日的调整之后，政事部被取消，原来的 6 个局升格为部，部以上再无总领和协调机构，凡事都需要直接向都督负责，政府权力被极大地分散了，再无法对都督权力形成制约，也无法与各军部代表的武人抗衡，很可能导致军人一边倒地控制政府的局面。

尽管上述两次调整带来了军政府机构设置的重大变化，但并没有改变军政府制度设计的一些根本特点。其变化的主要是下属的机构，而不是军政府的性质，不论是变化之前还是之后，各部都直接归属都督统辖，都督同时兼任军政府总司令。

三、《中华民国军政府暂行条例》规定的政治体制特点

根据汤化龙等人最初制定的《中华民国军政府暂行条例》（以下简称《暂行条例》），军政府的制度设置具有以下特点：

1. 都督为省最高文武长官，具有行政、军事、立法大权。《暂行条例》规定：都督有召集临时军事参议会或顾问会议、处理军政重要事件之权；有发布命令及任免文武各官之权，如政事部自局长以上，其他3部自下级军官以上，均由都督选任；有兼充司令部总长，主管"防战"及用兵之权；军政府设置的军令部、军务部、参谋部、政事部，皆受都督指挥命令。这些规定和设置，在法律和组织上确认了都督为都督府最高军事行政首领，赋予了都督行政、军事、立法大权。

2. 都督府实行军民并立原则，是一个军事性质的政权。军令部、军务部、参谋部负责掌管、处理军事工作，政事部下设7局，负责行政事务，体现了军民并立的原则。但是，对政事部只作了1条规定，除了规定置部长1人、副部长1人及下属的7局外，别无内容，而其他3部则作了15条规定。例如，军政府总司令由都督兼任，中央的司令官由都督亲任，地方的司令官由地方军事长官兼任，司令部所置幕僚由都督选任，参谋部的部长与参谋官由都督亲自选任，参谋部应行各事均经都督核准等。又如，军务部置总务、军事、人事、军需、经理、执法、医务7科，各科执掌都有明确规定。这些规定与设置，进一步确认了都督府是一个军事性质的政权。

《暂行条例》起草匆忙，疏漏之处甚多，赋予都督权力过大，没有设置任何监督机制。它将政府权力集中在政事部，但对该部及下属各局的组成、职责缺少明确的规定。革命党人多系下层军官出身，《暂行条例》将政府权力集中于政事部，对军令等部的规定却相当详细，虽然可以用限制军人过分干预政务来加以解释，但不能不让人怀疑其背后有限制革命党人权力的意图。而在随后的人事安排中，这个意图更是显露无遗，在所设4部中，革命党人只有孙武担任军务部长，而政事部的7个局长都是立宪派人物。

按照上述规定组建的军政府，引起了以军人为主体的革命党人的不满，在他们的强烈要求下，汤化龙等又对《暂行条例》作出了重大修订。10月25日之后，修订后的《暂行条例》组成的军政府，在机构设置和人员组成上有了以下新特点：

1. 以参议会限制都督的权力。修订后的《暂行条例》规定，"军政府都督，代表军政府人民，施行职务，除关于战事外，所有发布命令，关系人民权利自

由者，都必须由都督召集军事参议会议决施行"。军事参议会主要由革命党人所组成，修订后的《暂行条例》加入这一条款，显然是希望通过军事参议会来制约都督的权力。同时，还规定军政府设置总监察处，作为最高监察机关，负责军政府的监察工作，下设稽查员，稽查员由起义人员公推。

2. 取消政事部，将原属政事部 7 局中的 6 个局升格为部，遂变为军令、参谋、军务、内务、外务、财政、交通、司法、编制 9 部并存体制，9 部均直属都督节制。同时，对各部部长人选做出了重大调整。

上述制度调整，革命党人是最大赢家。在新组成的军政府中，各部部长职位主要由革命党或亲近革命党的人士担任，前期较为活跃的立宪党大多受到排挤，《暂行条例》的起草人汤化龙在新组建的政府中只担任并无实权的编制部部长，变得心灰意冷，不久就与一些立宪派人物离开了武汉，湖北军政府一时为革命党人所控制。

但是由于这次制度调整是因为权力之争和人事安排的需要所引发的，其科学性与合理性自然大成问题。扩大军事参议会的权限，设置总监察处，固然有利于制约政事部和立宪派的权力，但撤销政事部之举，等于废除了最有可能平衡和制约都督的机构，将政事部权力拆解分散到 6 部，使得都督之下，再无能够与之相抗衡的机构存在了。

四、《鄂州约法》

《暂行条例》只解决了军政府的组成和职能等相关问题，最多相当于一部临时的政府组织法。革命后成立新政府，还需要解决一些更根本的，诸如经济、社会、政治等制度问题，更需要对人民的权利和义务作出明确的法律规定。这个任务当然需要更有战略眼光的政治家来推动完成。

1911 年 10 月下旬，宋教仁由上海赶到武昌，开始起草宪法性文件，规划民国未来的各项主要制度安排。因鄂州是武昌的古地名，宋教仁起草的这部宪法性文件，又被称为《鄂州约法》。这部宪法性文件，由宋教仁起草后，经居正、刘公、孙武、张知本等共同审订（孙武、张知本时任湖北军政府军令部长和司法部长），于 1911 年 11 月 16 日，由湖北军政府正式颁布。它是辛亥革命后颁布的第一个带有宪法性质的文件。

《鄂州约法》的内容包括总纲、都督、人民、政务委员、议会、法司、补则 7 章，共计 60 条，具有以下四个基本特点：

1. 确立了三权分立的政治体制。"总纲"章和"都督"章规定鄂州政府，以都督及都督任命的政务委员、议会、法司等三部分构成，都督代表湖北军政府总揽政务。"议会"章规定议会由人民选举的议员组成，议会有制定法律、议定条约、审定预决算、条陈、质问和弹劾政务委员等权利。"法司"章规定法司由都督任命法官组成，以政府名义依法审理民事、刑事诉讼案件。

2. 确立了人民权利平等等现代民主政治原则。"人民"章宣布人民权利一律平等，规定人民有言论、著作刊行、集会结社、通信、信教、居住、迁徙、保有财产及人身、家宅受法律保护之自由，有任官考试、选举与被选举、陈诉于行政官署、诉讼于法司等权利和依法纳税、当兵的义务。"都督"章和"议会"章规定：都督由人民公举，都督权力受议会限制，议会由人民和在人民中选举的议员组成，政府首脑由人民选举。

3. 规定了保护私有财产、发展工商业的内容。"人民"章有关于"人民自由保有财产权""人民自由营业"的规定。

4. 彻底否定了"朕即国家"的专制制度和"终身制"。"都督"章规定：都督由人民公举，任期3年，续举时得连任，连任以1次为限。"都督"章还规定：都督权力受议会限制，如缔结条约，须经议会议定；对议会议决法律有意见时，得以政务委员全体署名，说明理由，付之再议，且以1次为限。

《鄂州约法》是辛亥革命后颁布的第一个有宪法性质的文件。它贯彻了主权在民、分权制衡、人权保护、依法治国、财产自由等现代文明的基本价值理念，并将其法典化和制度化，是中国历史上第一部具有完整现代意义的宪法性文件，对中国传统秩序观以及与之相联系的关于政治制度、政治价值等诸多认识都具有颠覆性和革命性的意义。也正因如此，它也树立了制定约法的样本，成为南京临时政府制定《中华民国临时约法》所依据的最主要的参考文本。

第二节　南京临时政府的政治制度概貌

一、南京临时政府的建立

武昌起义成功以后，各省闻风响应，纷纷独立，但仍各自为政，互不相统，名称也极不一致，政局非常混乱，需要建立一个统一政府。当时出现了两个中心，一个是首义成功的武汉，另一个是同盟会总部所在地上海。1911年11月7日，湖北军政府都督黎元洪致电江苏都督程德全就组建新政府征询意见，9日又通电全国，请派代表到武汉，组建新政府，"是为各省民军倡议组织临时政府之始"。[1] 1911年11月11日，江苏都督程德全、浙江都督汤寿潜，联电上海都督陈其美，认为上海远离战区，最适合选择为集会场所，建议仿效美国独立时13州集会的故事，在上海召开临时会议，并电告各省咨议局、都督府，各派

---

〔1〕　张维先：《湖北革命知之录》，商务印书馆2011年版，第422页。

一代表，到上海开会，讨论组织统一机构的问题。

1911 年 11 月 15 日，各省代表在上海召开第一次会议，将会议正式定名为
"各省都督府代表联合会"。17 日，上海与会代表得知鄂军都督黎元洪已于 11
月 9 日通电各省，请派全权代表来鄂开会，组织临时政府，遂陷于较为尴尬之
境地。接着，会议连续 3 天讨论如何解决黎元洪通电以武昌为会议地点的难题，
最后决定，承认武昌为民国中央政府，以鄂军都督执行中央政务，但仍坚持认
为集会地点设在交通便利的上海为宜，并电告武昌，即派代表与会。武昌方面
获悉上述决议后，非常不满，认为代表会应在政府所在地召开，即派代表居正
等赴沪交涉。上海代表遂决议，各省代表留一人在沪，其余均赴武昌，组织临
时政府。

同年 11 月 30 日，来到武汉的各省都督府代表联合会在汉口英租界内召开，
会议推举湖南都督府代表谭人凤为议长。通过 5 天的匆忙讨论，会议通过了两
项决议：①议决"如果袁世凯反正，当公举为临时大总统"；②通过了由雷奋、
马君武、王正廷起草的《中华民国临时政府组织大纲》（共 21 条），规定临时
政府的组织机构由临时大总统、参议会、行政各部等组成。会议决议临时政府
暂设于南京。

就在武汉各省代表集会通过上述决议的同时，留在上海的各省代表也召开
会议，并进行了正副大元帅的选举，推举黄兴为大元帅、黎元洪为副元帅。这
引起了武汉各省代表的强烈不满。12 月 7 日，武汉各省代表集会议决：由黎元
洪大都督致电上海都督，要求其取消大元帅、副元帅的设置。12 月 12 日，湖
北、江苏、奉天、湖南、浙江、江西、河南、山西、福建、广西、广东、四川、
直隶、安徽 14 省代表 39 人分别从武汉、上海来到南京。次日集会，推举浙江
代表汤尔和为议长、广东代表王宠惠为副议长，并议决于 16 日选举临时大总
统。13 日，胡瑛、王正廷从武汉来电，告知袁世凯议和代表唐绍仪表示内阁赞
成共和，但须由国民会议议决，袁"以告清廷，即可实行逊位"，为此要求
"宁会选举，务乞稍缓"[1]。会议接受了胡、王二人的意见，决定缓举临时大总
统，虚位以待袁世凯反正。又因临时政府需要有负责人，遂决定承认先前上海
各省代表选举的正、副大元帅。

12 月 17 日，黄兴通电力辞大元帅一职，并推举黎元洪为大元帅。各省代
表当即推举黎元洪为大元帅、黄兴为副元帅，又议决因黎元洪远在武汉，由黄
兴代行大元帅之职，组建临时政府；先推正、副大元帅，主持临时中央政府工

---

[1] 《胡瑛、王正廷致各省代表团函》，参见中国人民政治协商会议全国委员会文史资料研究委员会编：
《辛亥革命回忆录》（第六集），文史资料出版社 1963 年版，第 250 页。

作。21 日，黎元洪致电各省代表会议，接受大元帅职位，并委托黄兴代行大元帅之职。黄兴勉强同意任职，但就在赶往南京的路上，黄兴得知孙中山不日将抵达上海，遂改道去上海迎接孙中山。12 月 25 日，孙中山回到上海，革命党人极为兴奋。26 日同盟会高层举行会议，商议民国政体、临时大总统的人选等关键问题，除章太炎、宋教仁外等少数人，大多数都主张选举孙中山为临时大总统，并接受了孙中山以总统制为民国政体的意见。[1]

12 月 27 日，黄兴、宋教仁赶赴南京参加各省代表会议，对于孙中山等同盟会高层会议决议提出的涉及改用阳历、改为中华民国纪年、政府组织采取总统制等议案，虽然宋教仁对总统制仍有保留，但各省代表还是通过了议案。29 日，17 省代表共 49 人集会，选举临时大总统。选举由议长汤尔和主持，先是提名孙中山、黎元洪、黄兴为候选人，然后采取每省 1 票的计票方式进行选举。投票结果是孙中山 16 票，黎元洪 0 票，黄兴 1 票。

1912 年 1 月 1 日上午 10 时，孙中山由上海抵达南京，宣誓就任临时大总统，定国号为"中华民国"。至此，中华民国正式诞生，南京临时政府正式成立。在孙中山到达南京的前一天，云南代表吕志伊、湖南代表宋教仁、湖北代表居正在各省代表会议上提出修正案，建议对《中华民国临时政府组织大纲》进行修订，增设副总统一职，次日根据《中华民国临时政府组织大纲》的规定，各省都督府代表会开始代行参议会职权，选举赵世北为临时议长、马君武为临时副议长。1 月 3 日，各省代表会以全票 17 票选举黎元洪为临时副总统。

当天，临时大总统孙中山莅临代表会，提出了临时政府中央行政各部及其权限案，经代表会讨论通过。该案规定，中央行政机构共设置陆军、海军、外交、司法、财政、内务、教育、实业、交通 9 个部，各部设总长、次长各 1 人。孙中山提名了各部总长、次长人选，交付代表会讨论商议，根据代表会的多数意见对内务、司法两部总长提名人选做出修改，[2] 最终经由代表会通过产生了首届临时政府行政机关。

新成立的中央行政各部，其总长一职有 3 人为同盟会会员担任，其余皆为

---

[1] 章太炎认为临时大总统的人选，以功则黄兴，以才则宋教仁，以德则汪精卫，但"同志多病其妄"。宋教仁则希望推举黄兴为大总统，自己担任内阁总理。当时革命党内部对即将成立的民国政体也存在争议，孙中山主张总统制，宋教仁则坚持内阁制的主张。
[2] 孙中山原提名内务部总长为宋教仁、教育部总长为章太炎、外交总长为王宠惠，但针对这三个人选的反对意见较大，经过与黄兴协商，调整了内务和教育两部人选，但外交并未调整。

立宪派和旧官僚，[1] 但各部次长，除了海军次长汤芗铭外，皆是同盟会重要骨干成员。在各部组成上，宋教仁原本建议"须全用革命党，不用旧官僚"，但孙中山提名的宋教仁本人遭到代表会的坚决反对。孙中山和黄兴商议，认为很多总长，虽然任命，却未必能够到职，实权仍会落在次长手里，遂决定采取"部长取名，次长取实"的策略，放弃了对宋教仁、章太炎的提名。[2] 遂形成总长多立宪派和旧官僚，而次长多为革命党骨干的人事格局。

在临时政府行政机构组成后，立法机构的组建工作也正式展开。早在1911年12月29日，各省都督府代表会在大总统选举结束后，立即议决每省选派参议员3人，到南京组成参议会，在各省参议员没有赶到南京之前，各省都督府代表暂时留下1~3人代行参议员的职责，代表会暂时代行参议会的职权。1912年1月28日，南京临时参议会正式召开成立大会，与会共有正式参议员30人，代行参议员12人，孙中山莅临大会发表祝辞。此后，到4月8日休会北迁，先后与会的参议员为67人，绝大多数都是革命党人。

二、《中华民国临时政府组织大纲》规定的政府体制

《中华民国临时政府组织大纲》（以下简称《大纲》）是选举大总统和成立南京政府的法律依据，是中国历史上第一个根本大法，公布于1911年12月2日。它制定于戎马倥偬之际，由起草至议决公布，不过2天时间，粗糙疏漏等问题在所难免。其中最大的疏漏是未设副总统，行政部门也仅设定5部，故而颁布1个月后，就在1912年1月2日不得不启动修订程序，推出了《修正中华民国临时政府组织大纲》（以下简称《修正大纲》）。

《大纲》与《修正大纲》，在内容与结构上基本相同，皆为临时大总统、参议院、行政各部、附则4章21条。所不同的是，《修正大纲》增设了副总统一职，并把《大纲》规定的外交、内务、财政、军务、交通5部，改为陆军、海军、外交、内政、财政、司法、教育、实业、交通9部。在制定《大纲》期间，曾出现过总统制与内阁制之争，因孙中山和大多数同盟会高层认为当时正处于动荡时期，应建立权力相对集中的政体，故宋教仁的内阁制主张没有被采纳。当时有传言说，宋教仁的提议是因为他自己想当总理，是否因此影响了他与孙中山的关系，我们不得而知，但的确引起了同盟会和许多与会代表的不满，以

---

[1] 黄兴、王宠惠、蔡元培分别担任陆军、外交、教育总长，他们都是同盟会会员，其他6部总长分别是：海军总长黄钟英、司法总长伍廷芳、财政总长陈锦涛、内务总长程德全、实业总长张謇、交通总长汤寿潜。

[2] 参见居正："辛亥札记"，载武汉大学历史系中国近代史教研室编：《辛亥革命在湖北史料选辑》，湖北人民出版社1981年版，第173页。

至于任命宋担任内务部长的提名遭到了强烈的反对，孙中山不得不增设法制局，让宋担任局长以安抚之。

《大纲》是南京临时政府的行政法，具有临时宪法性质。其基本立法精神，与美国独立之初的联邦宪法相类似，有以下特点：

1. 实行总统制。《大纲》不设国务总理，各部部长直接对元首负责。大总统是实位元首，是最高行政首长，负有实际政治责任，对于若干职权的行使，虽须取得参议院同意，但在原则上，并不对参议院负责，再加上中国缺乏独立的司法系统，也没有法治传统，导致这个仿照美国体制而建立的总统制，在实践中，总统的权力必定要大于美国总统。

2. 立法机关为一院制。《大纲》规定，参议员的名额在各省平均分配，每省3人，由都督府选派或咨议局选举产生。参议院议员议决事件，大总统如不以为然，得于收到议案10日内，交参议院复议，如有到会议员2/3以上仍执原议，大总统即应公布施行。这项规定，类似美国宪法，行政首长有审议机会，而立法机关仍保持最后决定大权。

3. 没有规定人民的基本权利和义务。《大纲》虽然设立法议会为参议院，但参议员或由各省都督指派，或由旧咨议局推举，皆非来自民选。因而《大纲》与宪法还是有区别的。

《大纲》是选举临时大总统，成立南京临时政府的法律依据。它的制定，宣告了中国传统君主制及其相关制度体系的衰亡。但它毕竟仅仅是一部带有行政法性质的法典，从宪法的标准看来，其疏漏之处颇多。这不仅表现在对国家政治制度体系的设置方面，也表现在其对国家与人民关系的规范方面。它没有规定人民的权利和义务方面的内容，没有对司法机关的设置作出具体规范，也没有涉及《大纲》的修订程序等问题。

三、临时政府的体制及特点

南京临时政府，按照三权分立原则，仿照美国模式，本着总统"当政治之冲"的精神建立的一种突出总统权力的中央政制，由立法机关（临时参议院）、行政机关（总统和行政各部）、司法机关（中央审判所）三大部分组成。但是《大纲》只规定"临时大总统得参议院之同意，有设立中央审判所之权"，并未具体规定司法机关的组织活动细则，因而南京临时政府的建制主要是行政机关和立法机关两部分。

1. 行政机关。行政机关由总统和各部组成。临时大总统、副总统，由各省都督选举，每省以1票为限，得票满总投票数2/3以上者当选。临时大总统代表国家，既是国家元首，又是政府首脑，负有实际的政治责任。其权限与美制相同，"有统治全国之权"，"有统率海陆军之权"，经参议院同意，有任免国务员、外交使节、宣战媾和、缔结条约、制定官制官规和设立中央审判所等权力。临时大总统直辖总统秘书处、内设总务、文牍、军事、财政、民政、英文、电报 7 科和法制、印铸、铨叙、公报 4 局及参谋部，协助大总统办理政务。

各部是临时政府的行政机构，负责执行、管理国家军政事务。各部设总长 1 人、次长 1 人。总长又称国务员，总理各部所辖事务，协助大总统处理各项行政工作，直接对大总统负责，受大总统任免。

2. 立法机关。临时参议院是行使国家立法权的机构。由各省都督府各选派 3 人组成。开会时，每省 3 人合计有 1 票表决权。参议院设议长、副议长，全院委员长。上述人员皆以记名投票方式互选，当选者得票须过半数。参议院主要有立法权、财政权、任免权、外交权、顾问权，但没有一般总统制国家议会对总统的监督权。参议院的议事原则主要有两项：议决一般决议案时，每位议员行 1 票表决权，须到会议员半数以上同意，方可成立；议决特殊议案，如宣战、媾和、缔约，以及大总统交令的复议事件，须到会议员 2/3 以上同意方可成立。参议院不是"以国民公举之议员构成"，因革命派占议员的 77%，是一个以革命党人为主的立法机构。从制度上讲，它具有临时国会的性质，是国会的前身，虽然它没有监督总统之权，对大总统处于事实上的软弱地位，但是，它的成立仍是中国中央政府最高权力第一次由传统的集权设置走向分权制衡的开始，在中国政治发展史上具有划时代的重要意义。

临时政府有以下特点：

1. 是革命党、立宪党与具有改良倾向的地方官僚参加的三派联合政权，其主要领导权控制在革命党手中。临时政府 9 部总长中有 3 人为革命党，其余则为立宪党或旧官僚，但 9 名次长中有 8 名为革命党。因立宪党和旧官僚所任总长大多没有实际到任，革命党的次长们便实际控制着各部，确保临时政府的重要权力掌握在革命党手中。

2. 是突出总统权力的不完全的三权分立的民主共和政体。虽然临时政府的体制设置，很明显地仿效了美国，但在美国体制中，总统行使重大权力，即使不必对国会负责，然而国会掌握对总统的监督权，甚至有弹劾总统的权力，这些权力是南京临时参议院所没有的。临时参议院议员由各省选派，显然参照了美国的参议院的组成方式，但没有设置由选民直选产生的众议院，作为民主制下民意机构，其民主的含量和合法性都自有先天的缺陷。

3. 轻视司法权，对司法独立的原则重视不够。美国体制下，总统行使行政权，司法权则交付司法机关独立行使。但是临时政府大总统的权力实际上兼有司法权，总统的权限超出了行政系统，而且在其存在期间，法院系统也一直没有建立起来，也就是说，南京临时政府并没有独立的司法机构。

第三节 《中华民国临时约法》的颁布与袁世凯政府的组成

一、清帝退位

早在临时政府组建之前，革命一方与袁世凯北洋集团之间的和谈就已经开始了。参与革命的各派力量逐渐达成共识，只要袁世凯能够顺利让清帝退位、接受共和体制，就可以推举袁世凯为中华民国临时大总统。经过双方多次接触和讨价还价，1912 年 1 月 22 日，孙中山提出让位于袁世凯的最后解决办法：①清帝退位，由袁世凯知照驻京各国；②袁世凯宣布政见，绝对赞成共和；③在接到外交团或领事团通知清帝退位布告后，即行辞职；④由参议院选举袁世凯为临时总统；⑤袁世凯誓守参议院所定宪法。

在得到南京临时政府的承诺后，袁世凯开始逼宫。1912 年 1 月 26 日，由曾宣布"誓死反对共和"的北洋将领段祺瑞等40 人发出长电，要求立即采用共和政体。清朝亲贵接到通电，知道大势已去，无可挽回，不得不与袁世凯磋商退位条件[1] 民国元年二月十二日，隆裕太后公布了由袁世凯内阁全体阁员附署的诏书，宣布退位。据《胡汉民自传》披露，退位诏书是由张謇起草，交唐绍仪电告北京袁世凯内阁的，在发表时，袁世凯加上了"由袁世凯以全权组织临时共和政府"一笔。

袁世凯成功地促成清帝退位，将退位诏书送交各国公使，并于翌日正式电告南京政府，发表政见，赞成共和，并特意说明不能南行的"苦衷"。袁世凯不想离开自己势力强大的北方，虽然公开赞成共和，但却以北方军队不稳为由拒绝南下任职，由此引发了一轮临时政府首都应该设置在北京还是南京的争论。

二、定都之争与临时政府的北迁

孙中山同意荐袁自代，但根据《中华民国临时约法》对袁氏设了三道防线：①临时政府地点设于南京，不能更改；②新任大总统亲到南京受任时，大总统及国务各员始行解职务；③新任大总统必须遵守《中华民国临时约法》，

---

[1] 在袁世凯逼宫的过程中，清朝的宗室权贵曾联合起来坚决反对，时人称之为"宗社党"。他们以恭亲王溥伟、肃亲王善耆、贝勒载洵、镇国公载泽，以及皇族中少壮派代表良弼、铁良等为首脑，联合部分蒙古王公和蒙古族重臣，以"君主立宪维持会"的名义，多次公开发布宣言，攻击袁世凯。当时，京城传言，宗社党联络禁卫军第一镇等军队，准备暴动推翻袁世凯内阁，并刺杀袁世凯。袁世凯和北洋系也针锋相对，在京城散布说帖，扬言"先刺良弼，后炸铁良，二良不死，满房不亡"。1 月 26 日，革命党人彭家珍以自杀炸弹袭击良弼，彭当场牺牲，良弼身受重伤，2 天后不治身亡。宗社党纷纷逃往天津、大连、青岛等地，隆裕太后闻讯深感绝望，不得不接受退位的要求。

颁布一切法律、章程，非经参议院改订，仍继续有效。

1月13日，孙中山向参议院提出辞呈，但同时提出临时政府设在南京和新任大总统必须到南京任职的附加条件。孙中山和革命党这样做的目的，是"以袁氏难制，故令迁都江宁以困之"，[1] 但这个想法显然没有得到革命党人的一致支持。1月14日，临时参议院开会讨论临时政府地点问题，立宪党人、旧官僚以及部分革命党人议员，认为首都仍应设置在北京，投票的结果是20:8孙中山、黄兴闻讯大怒，随即召集参议员中革命党人，黄兴甚至以派宪兵到参议院抓捕同盟会议员相要挟，[2] 胡汉民、吴玉章等一面以临时大总统孙中山的名义发出咨文要求参议院复议，一面又做大量动员工作，要求同盟会议员"必须按照孙中山先生的意见投票"。[3] 2月15日，参议院复议临时政府地点案，结果以19:7议决将临时政府地点确定为南京。当天，参议院选举袁世凯为临时大总统。孙中山发贺电给袁世凯，表示将派出专使迎接袁世凯"来宁接事"。在电报中，孙中山解释将临时政府设置在南京而不是北京的理由，主要是"勿任天下怀庙宫未改之嫌，而使官僚有诚社尚存之感"。为安慰袁世凯，他解释说南京只是临时的首都，将来大局稳定了，可以再从长计议。[4]

对孙中山和革命党坚持将临时政府地点确定在南京的原因，老练的袁世凯当然心知肚明，自然也不会乖乖就范。早在其表明政见的宣言里，他就有意地表示了他不能南下的"苦衷"。2月15日，当得知参议院议决南迁之后，他随即致电孙中山表示不能接受，并以"解甲归田"相要挟。在电报中，他提出不能南迁的理由：一是北方各省秩序混乱；二是列强有可能武装干涉。袁世凯反对南迁的理由，不仅得到了立宪派、旧官僚和一些外国势力的认可，甚至也得到了相当数量的革命党人的支持。早在2月13日，章太炎就在《时报》上发表《致南京参议会论建都书》，提出迁都南京的"五害"。同一天，同盟会的机关报《民立报》发表社论，提出了应建都北京的八大理由，甚至说"国都宜在北京，此稍有识者所同意也"。[5] 2月21日，中华民国联合会、民社、国民协会3家社团，《民立报》《神州日报》《时事新报》《大共和报》4家报馆，在《民立报》上联合发表公电，提出南迁之议明显是行政权侵害立法权的结果，民国成

〔1〕《章太炎先生自定年谱》，上海书店1986年版，第19页
〔2〕"胡汉民自传"，载中国社会科学院近代史研究所近代史资料编辑组编：《近代史资料》（总45号），中国社会科学出版社1981年版，第58页
〔3〕吴玉章：《辛亥革命》人民出版社1961年版，第159页
〔4〕"孙文为促袁南下致袁世凯函"，参见中国第二历史档案馆编：《中华民国史档案资料汇编》（第二辑），江苏人民出版社1981年版，第84~85页
〔5〕空海："建都私议"，载《民立报》1912年2月13日

立之初，就开此恶例，必定让国民"寒心"。[1] 苏州都督庄蕴宽、安徽都督孙毓筠、浙江都督蒋尊簋、湖南都督谭延闿、江西都督马毓宝、福建都督孙道仁、云南都督蔡锷、广西都督陆廷荣、江北都督蒋雁行、浙江将军朱瑞、粤军司令姚雨平、第一军团长柏文蔚、光复军司令李燮和等，也都纷纷发表通电，赞成定都北京。苏州都督庄蕴宽在通电中甚至暗示孙中山主张迁都之举挟带"私图"，认为国家首都应该定在哪里，"当就事实论之，不可参以主客尔我之见"。[2]

革命势力控制的南方各省尚且如此，北方各省及舆论的态度可想而知。当时各省高层和舆论普遍反对南迁，其列举的理由主要有如下几个：一是拥护清朝的势力都集中在北方，特别东北原本就是满族的发祥地和根据地，而蒙古王公更是清皇室最亲密的盟友，一旦首都南迁，政治中心南移，这些地区很可能失控，最终从中国分离出去。二是各国使馆都已经设在北京，南迁之后，会带来诸多外交麻烦。对第一点，蒙古王公的说法最直截了当，他们表示："缘中国以二十二行省而论，则设立南京为宜；若合满、蒙、回、藏而言，则北京实为适中之地。"[3] 显然，正如同盟会机关报《民立报》指出的那样，在定都问题上，"各都督、各督抚、各军团、各报馆、各政党、各绅商、大多数主张北京"。[4]

面对上述舆论，孙中山不为所动。他与黄兴一面组织临时政府官员及南方革命党将领吁请定都南京，一面派出以蔡元培为首的代表团，协同袁世凯的和谈代表唐绍仪北上，迎接袁世凯南下就职。袁世凯对专使团的到来表示热烈的欢迎，也应诺即将南下。蔡元培等信以为真，遂开始讨论南下后的就职事宜。

2月29日晚，北洋军第3镇在北京发动兵变，在京城内外大肆劫掠，专使团被迫逃入使馆区的六国饭店避难。3月1日晚，乱兵再度劫掠西城，丰台乱兵甚至开炮射击，随即天津、保定等地也发生了类似的兵变。据说，这些兵变都是袁世凯暗中指使的。专使团目睹兵变情形，动员袁世凯南下的决心开始动摇。同时，南北军政各界、各社团、商会、报馆纷纷发表通电、上书，反对袁世凯南下，就连临时政府的副总统黎元洪也通电各省各机关，说"舍南京不至乱，舍北京必至亡"。[5] 要求临时政府取消定都南京之议。事已至此，南京临

---

〔1〕"公电"，载《民立报》1912年2月21日。

〔2〕"苏州庄都督电"，载《申报》1912年2月21日。

〔3〕"国都问题之争议"，载《民立报》1912年2月29日。

〔4〕空海："国民统一之机熟"，载《民立报》1912年3月8日。

〔5〕黎元洪："致各省各机关"附北京段姜冯三军统通电"，载《黎副总统政书》（卷8），上海古今图书馆1915年版，第3、4页。

时政府只得允诺，并电令蔡元培代表民国，接受袁氏的就职誓词。1912 年 3 月 10 日，袁世凯在北京就任临时大总统。同年 4 月 1 日，孙中山宣布解职；5 日，参议院决议临时政府北迁。

三、定都之争背后的民初政情

定都问题上争执演变的结果，在客观上反映了当时国内各方力量对比的情况。抛开袁世凯实际控制的北洋军和北方各省不谈，熟悉国内政情的立宪派和旧官僚，多从现实出发，更倾向于认可袁世凯担任大总统一职，也支持民国首都设置在北京。革命一方阵营内部则矛盾重重。湖北是首义之地，在革命各省中地位特殊，在临时政府的权力分配上，一直与孙中山、黄兴为首的同盟会明争暗斗。因见南京临时政府基本为同盟会所控制，孙武、刘成禺等在上海发起成立民社，以黎元洪为理事长，许多湖北籍军政官员多参与其中，并从湖北军政府得到了 5 万元活动经费的资助。民社的基本政治态度就是"反孙倒黄，捧黎拥袁"。辛亥革命中两个最主要的革命组织同盟会和光复会，在南方各省也都围绕政权展开激烈争夺，以至发生了同盟会暗杀光复会首领陶成章的事件。

同盟会内部也出现了明显的政见分歧。章太炎等联合立宪派、旧官僚组织了中华民国联合会，后发展为统一党，公开提出"革命军起，革命党消"，希望实现革命党向宪政体制下的参政党的转型。他们创办了《大共和日报》作为舆论阵地，在大总统人选、迁都问题、参议院的合法性以及《中华民国临时约法》等问题上，都发表独立评论，表达统一党的立场。同盟会的核心成员内部也形成左右之分。宋教仁等与章太炎等相应和，认为革命成功之后，同盟会应该告别秘密组织形式，转变为公开政党，代表国民监督政府，参与宪法和国会运动，但这个意见遭到胡汉民等左派的反对。3 月 3 日，同盟会召开的全国代表大会，虽然大抵接受了宋教仁的建议，但内部意见的分歧和派系纷争并没有消除。

上述革命派阵营的分歧和纷争，抛开权力争夺的因素，也很清楚地反映出当时形势的复杂性。从理论上说，革命派既然以争取共和民主为革命之目标，则共和民主体制建立后，其断无再继续革命之理，故推动组织转型，放弃革命诉求，作为合法组织在宪政框架下，遵照法治原则，参与选举，竞逐政权，影响公共政策的走向，实为当然之举。但问题是理论无法代替现实，逻辑上的合理性未必就等于实践中的合理性。国体和政体形式固然可以通过理性建构出来，但制度能否有效运转，发挥出理论上的功能，实现其设计之初衷，则取决于活跃在制度框架内外的各种利益集团对制度的理解，以及它们之间持续博弈的结果。在现实中，意见分歧、利益冲突是客观存在的，各集团或党派在实现诉求与利益过程中采取一些策略手法原本也在情理之中，问题是这些角逐能否在既定的宪政框架下展开，采取的策略能否恪守现行法律所能容纳的底线。

在民国成立过程中，围绕定都何处，南北双方发生的种种争执，表面上虽然都是义正词严，但总归都是权力和利益博弈在具体问题上的显现，就双方而言，都试图利用一切资源——包括政体制度设计本身来争取本方利益的最大化，于是，双方大多数政治主张都包含了实现本方利益的策略考量。孙中山同意让位给袁世凯，但在辞职前夜，却主导参议院通过了《中华民国临时约法》，将总统制变更为内阁制。这不仅表明孙中山和大多数同盟会成员对"让位"一事心有不甘，也表明他们对袁世凯这位即将上任的大总统的深度怀疑，当然，更表明他们与大多数时人一样，对宪政制度本身的严肃性还缺乏必要的重视。政体选择因政治斗争的需要可以随意变更，在民国成立之初，就开如此先例，已经预示了宪政民主政治以后的命运必定是极其艰难的。

四、《中华民国临时约法》的制定和颁布

就其性质而言，《大纲》更接近于行政法，还不是真正意义上的宪法，它没有规定公民权利和义务的内容。1912 年 1 月 5 日，湖南、江西、浙江、云南、陕西 5 省代表提出在《大纲》中应该加入公民权利一章，代表会议遂决定成立一个 5 人小组进行研究。1 月 25 日，5 人小组提出《中华民国临时约法草案》，共 6 章 49 条。经过几次讨论审查之后，2 月 17 日，审查小组提交了修订稿，共 7 章 55 条；又经过另一个临时组成的 9 人小组逐条审查后，变更为 56 条；于 3 月 8 日在参议院全案通过；3 月 11 日，由即将解职的孙中山以临时大总统的名义颁布。

《中华民国临时约法》是一部具有宪法效力的法典。它规定中央政制采取三权分立的形式，以参议院、临时大总统、国务员、法院行使其统治权。参议院为立法机关，行使中华民国立法权；临时大总统和国务员行使中华民国行政权，临时大总统代表临时政府总揽政务；法院行使中华民国司法权。其具体规制如下：

1. 立法机关。立法机关仍为一院制参议院。参议院由各省选派参议员组成，每省、内蒙、外蒙、西藏各 5 人，青海 1 人，共 126 人，选派方法由各省自定。在参议院举行会议时，每人有 1 票表决权。参议院设正、副议长各 1 人，由参议员用记名投票法互选。参议院有如下职权：

（1）立法权。"议决一切法律案"。

（2）财政权。议决临时政府之预算决算，议决全国税法、币制及度量衡的准则，议决公债的募集等。

（3）任免权。承诺（或同意）临时大总统任免国务员及外交大使公使。

（4）外交权。承诺（或同意）临时大总统宣战、媾和、缔结条约，以及宣

战、大赦等事件。

（5）顾问权。答复临时政府咨询事件。

（6）受理请愿权。受理人民的请愿，但请愿书非有参议员 3 人以上介绍，不得受理。

（7）建议权。得以就法律及其他事件的意见向政府建议。

（8）质问权。对国务员提出质问书，并要求其出席答复。但质问书必须有 10 名以上参议员连署。

（9）查办权。请求政府查办官吏纳贿违法事件。

（10）弹劾权。对临时大总统，认为有谋反行为时，得以 20 名参议员连署，提出弹劾。同时得以总员数的 4/5 以上出席和出席者 3/4 以上的同意，方能成立。

（11）大赦同意权。临时大总统宣告大赦须得参议院同意。

（12）选举大总统权。根据《临时约法》第 29 条的规定，选举临时大总统及副总统。

参议院在国会成立之日起解散，其职权由国会行使。

2. 行政机关。大总统代表临时政府总揽政务、公布法律，发布命令。临时大总统由参议院选举，以总员数的 3/4 以上出席，得票满投票数的 2/3 以上当选，其职权与以前基本相同。因实行责任内阁制，所以规定国务员与国务总理辅佐临时大总统，负实际政治责任，并向参议院负责。因此，国务员于临时大总统提出法律案、公布法律及发布命令时，须副署之。国务员的任命，须先经参议院同意。

国务院由国务员组成，国务员由国务总理和各部总长组成。国务总理为国务员首领，国务员的任命，须经参议院同意。国务院分设外交、内务、财政、陆军、海军、司法、教育、农林、工商、交通 10 个部，每部设总长、次长各 1 人。

国务院设国务会议，由国务总理及各总长组成。国务总理为国务会议当然主席。国务会议讨论国家的大政方针，主要事项有：法律案及命令案；预算案及决算案；预算外支出；条约案及宣战、媾和事项；军队编制；简任官进退；各部权限的划分；请愿案；依法令应经国务会议讨论的事项，或国务总理、各部总长认为应经国务会议讨论的事项。

3. 司法机关。司法由法院掌理。法院依法律审判民事、刑事、行政诉讼及其他特别诉讼。法官独立审判，不受上级官厅干涉。法官在任期间，不得减俸或转职，非依法受到刑罚宣告，或应受免职处分，不得解职。

五、《中华民国临时约法》的特点与地位

与《大纲》相比,《中华民国临时约法》(以下简称《临时约法》)作为宪法性文件,内容更为完备,体现了现代政治文明大多数的核心价值要求,借鉴了欧美现代政治实践的成功经验。这主要表现在如下方面:

1.《临时约法》确定了民主共和国制度。其中,"总纲"章关于"中华民国由中华人民组织之","中华民国的主权,属于国民全体"的规定,体现了主权在民的原则。"总则"章还规定"中华民国领土为二十二行省,内外蒙古、西藏、青海",向世界宣告,中国是一个领土完整、主权独立和统一的多民族国家,带有独立、自主、共和的含义。"人民"章规定:"中华民国人民一律平等。"人民得享有人身、居住、财产、言论、出版、集会、结社、通信、信仰等自由,有请愿、诉讼、考试、选举、被选举等权利,有纳税、服兵役等义务。

2.《临时约法》在政府的组织形式上体现了三权分立原则。"总纲"章规定,"中华民国以参议院、临时大总统、国务员、法院行使其统治权",参议院为立法机关,行使中华民国立法权,临时大总统和国务员行使中华民国行政权,法院行使中华民国司法权。其主要有以下特点:①使司法独立。《临时约法》增加了"法院"一章,规定,"法院以临时大总统及司法总长分别任命之法官组织之","法官独立审判,不受上级官厅之干涉",予以独立审判权,修改了原《大纲》中大总统可设临时中央审判所的权力。②完善了参议院的权力。《临时约法》规定临时大总统行使重要权力时,须经参议院同意,参议院对大总统和国务员有弹劾权,从而削弱和牵制了大总统的权力,使参议院的权力进一步独立。③变更了政体。《临时约法》改总统制为内阁制,设立了国务总理,并专设"国务员"一章,规定"国务员辅佐临时大总统,负其责任","国务员于临时大总统提出法律案、公布法律及发布命令时,须副署之",这不仅完善了行政组织,而且把国家的实际行政权力,从大总统移到由总理及各部部长组成的内阁,大总统虽然有代表政府总揽政务之权,但须受制于内阁,使其变成了不具有实权的行政首长。

3.《临时约法》确认了保护私有财产的原则。在新增加的"人民"一章中,提出了一些人民应享有的民主、自由等权利,同时,宣布了私有财产的不可侵犯性和经营企业的合法性。

尽管如此,《临时约法》还是存在着一些根本性的缺陷。它所规定的内阁制属于不完全内阁制。近代民主政体分为内阁制、总统制、委员制三种,三者的区别有两种标准:一是行政权的归属及其组织;二是行政权与立法权的关系。内阁制有两个特征:一是国家设置虚位元首,但行政权属于内阁,内阁独立于元首之外,由国务总理及国务员组成;二是国家不单设元首,行政权既与立法

权相结合，又与立法权互相对抗。大凡设置国家元首的国家，其内阁制若运转顺利，都必须限制元首的权力，故基本都是实行虚位元首制度，即规定元首不负具体行政上的责任。若元首再有实际的行政权，在实际政治运行中，其与内阁之间难免会发生管辖权上的纠纷。《临时约法》规定的内阁制，不仅设置了总统为国家元首，还将行政权交给总统和内阁共同行使，从制度上已经属于不完全内阁制，在运行中必然为"府院之争"埋下隐患。按照《临时约法》的设计，参议院不仅是最高的立法机关，而且还有选举总统之权，国务院的产生也有赖其同意。但对其具体运行中的职权设计，则有很多缺失。如参议院有弹劾权，但没有内阁制中常见的不信任投票权。

作为中国历史上第一部共和国宪法性文件，《临时约法》在立法和制度设计中存在某些缺陷也是可以理解的，但问题是有些缺陷如果排除"因人立法"的策略考量，原本是可以避免的。革命初期，在同盟会、各省代表联合会议上，都曾出现过总统制与内阁制之争，因孙中山力主总统制，且一些代表猜测宋教仁主张内阁制是因为他自己想当总理，故《大纲》选择了总统制作为中华民国的政体形式。《临时约法》之所以又重新捡起内阁制，当然是为了针对即将就任临时大总统的袁世凯。虽然此举作为策略考量不是不可以，但民国刚刚建立，在政体形式这样的关键制度的设计中，革命阵营尚且如此随心所欲、出尔反尔，又如何能让袁世凯及其北洋集团和国内其他政治力量尊重宪法和制度的权威性？

《临时约法》的匆忙制定，虽然有明显的制约袁世凯的意图，但刚刚当选为临时大总统的袁世凯在定都问题上取得南方让步之后，还是对其维持了至少表面上的尊重。因此，直到1914年5月《新约法》公布，袁世凯执政初期的政府组织，仍按照《临时约法》的相关规定组成和运行。

思考题：

1. 《鄂州约法》的主要内容有哪些？
2. 《中华民国临时政府组织大纲》的主要内容有哪些？
3. 南京临时政府的制度架构的主要特点是什么？
4. 《中华民国临时约法》的主要内容有哪些？

第十二章 民国初年的政治制度变迁

学习目的和要求：

通过本章的学习，学生应重点厘清以下三个问题：其一，在了解民国初年复杂的政治环境的基础上，掌握民国初年政党政治和议会政治运行的一般情形；其二，通过对民国初年不同利益集团之间博弈的分析，掌握当时政治制度设计的利弊及运行中出现的问题；其三，通过对民国初年政治制度变迁过程的分析，掌握民国初年代议制民主走向终结的原因。

第一节 《新约法》与洪宪帝制

一、国会选举与民国初年的政党政治

1912 年 2 月 15 日，南京临时政府参议院选举袁世凯为临时大总统，2 月 20 日，又选举黎元洪为临时副总统。3 月 9 日，袁世凯提名唐绍仪为内阁总理，经参议院通过后，11 日正式任命。随即袁世凯又提出内阁成员名单，经过几次争执和妥协，3 月 30 日，首届内阁正式组成，除唐绍仪之外，其组成是：内务总长赵秉钧、陆军总长段祺瑞、海军总长刘冠雄、外交总长陆徵祥、财政总长熊希龄、司法总长王宠惠、教育总长蔡元培、农林总长宋教仁、工商总长陈其美，因交通总长提名人选得票未过半数，暂时空缺。因唐绍仪已经加入同盟会，再加上蔡元培、宋教仁、王宠惠、陈其美，同盟会成员已达半数，故首届内阁被称为"同盟会内阁"。

1912 年 4 月下旬，参议院正式迁到北京开展工作。当时，因各省陆续增补了缺额的议员，参议院议员已有 118 人，同盟会仍为第一大党。尽管参议院仍经常处于党派纷争之中，但到 1912 年 8 月，还是通过了《中华民国国会组织法》《参议院议员选举法》《众议院议员选举法》等重要法律文件。按照《中华民国国会组织法》的规定，民国国会实行两院制，参议院由各省议会选举产生，22 个省各有 10 个名额，蒙古 27 人，西藏 10 人，青海 3 人，中央学会 8 人，华侨 6 人，共计 274 人。参议院任期为 6 年，每 2 年改选 1/3。众议院由地方普选

产生，名额分配按人口比例，每 80 万人产生 1 名议员，每省最多限 46 人，蒙古、西藏、青海名额与参议院相同，共计 596 人，任期为 3 年。

选举人资格，除了年龄满 21 岁、居住满 2 年外，还有财产、受教育程度、性别等限制，女性没有获得选举权，选民必须是小学以上文化程度或相应资格，必须年纳直接税 2 元以上，拥有 500 元以上不动产。[1] 按照选举法，全国登记的选民一共 4000 万，国内主要政党国民党、统一党、共和党、民主党等都全力投入了选举。选举的最终结果是：众议院，国民党获得 269 席，共和、统一、民主 3 党共获得 147 席，无党派人士获得 25 席；参议院，国民党获得 123 席，共和、统一、民主 3 党共获得 69 席，跨党人士获得 38 席，无党派人士获得 44 席。[2] 1913 年 4 月 8 日，第一届国会在北京开幕，国民党人张继、王正廷分别担任参议院正副议长，民主党人汤化龙、共和党人陈国祥分别担任众议院正、副议长。

首届国会的组成，是民国成立之后政治建设所取得的最大成就。之前，各派力量虽有纷争，但在关键时刻包括袁世凯在内尚能顾全大局，以妥协的方式维持民国体制的顺利运转，但至此之后，各种纷争逐渐变得激烈而难以调和，议会政治从此也难有更大作为。当时，国会内部形成了两个明显的阵营：一方是国民党议员，另一方是共和党、统一党、民主党议员。双方围绕"宋案"及"善后大借款"等事项展开激烈斗争。宋教仁被刺后，国民党直指袁世凯为幕后元凶，其他 3 党则认为在事情尚未查清之前，国会不能随意指认凶手，主张"宋案"应在法律框架下解决。对于"善后大借款"，国民党议员认为是程序违法且丧权辱国，主张国会不能通过，其他 3 党则认为"善后大借款"是国家财政极度困难下，政府的不得已举措，况且临时参议院早已通过，不存在程序违

---

[1] 上述选举人资格限制、性别、文化程度、财产限制等，在当时也是欧美大多数国家的做法，我们当然不能以今天的标准来要求之，而且唯有财产规定的内容显然是不利于工商阶层。当时营业税、所得税均未开征，直接税仅限于地丁和漕粮，工商人士即便有动产（资本）数百万，只要没有土地就很难获得选举人资格，故此规定引起了工商界的强烈抗议。虽然袁世凯多次行文要求尊重工商界的意愿，但参议会仍不为所动，还是坚持通过了这样的条款。这反映了参议会在很大程度上仍受中国重农抑商传统的影响，对工商业在现代社会中的重要作用认识不足。张亦工认为通过这样的法令，与当时参议会的组成结构也有直接关系：当时议员绝大多数都是清朝旧官吏、士绅，以及文人知识分子，而真正出身有产阶级的还不足 3%。参见张亦工："第一届国会的建立及阶级结构"，载《历史研究》1984 年第 6 期。

[2] 民国初年，各派政治势力组建了很多政党组织，规模较大的主要有宋教仁推动同盟会改组而成的国民党，有章太炎、张謇、程德全、熊希龄等成立的统一党，以黎元洪为理事长的共和党，以梁启超为幕后领袖的民主党等。当时各党派政治主张相近，人事上也多有重叠，它们之间的纷争，除了政见分歧外，更多的还是人际关系和宗派关系所引起的。因国民党势力强大，其他三党往往联合以对抗之。

法问题。身为临时大总统的袁世凯虽然掌握着国内最具实力的武装力量，但因为没有属于自己的政党系统，在选举中只能作壁上观，在国会的政党争执中，也只能通过支持其他 3 党来对抗国民党。

二、冲突激化与二次革命

袁世凯与国民党的冲突最初是在内阁展开的。在短短的 1 年之内，总理三易其人，内阁运转举步维艰。随着冲突的加剧，双方都开始出现了超越法律框架之外的举动，其最典型的表现形式，就是利用军人给对方施加压力，借以实现本方意图。先是袁世凯利用北洋军人通电反对革命党举荐的王芝祥出任直隶都督，后又有革命党人李烈钧利用南昌军警联合抵制汪瑞闿出任江西民政长。[1] 对抗步步升级。因江西都督李烈钧出尔反尔，大大损害了袁世凯及中央政府的权威，袁世凯遂命令九江镇守使戈克安以未经陆军部批准为由，扣留了李烈钧在日本订购的一批军火。李烈钧立即做出激烈反应，甚至调动军队逼近九江。此事虽经黎元洪斡旋得以和平解决，但开启了地方政权凭借武力威胁逼迫中央政府让步的先例。

1913 年 3 月 20 日，宋教仁在上海火车站被刺，于 22 日晨去世。虽然这一案件的真相如何，到今天史学界仍争论不休，[2] 但当时的国民党却是众口一词，或明或暗地指责袁世凯为幕后黑手。因凶手与袁世凯的亲信内阁总理赵秉钧有密电往来，一时之间，袁世凯很难逃脱嫌疑，唯有不断通电自辩，要求上海警方和司法当局彻查清楚。受"宋案"刺激，国会中原本有合作意愿的国民党议员也开始与袁世凯针锋相对，在"善后大借款"等问题上毫不退让。[3] 3 月 25 日，孙中山从日本回到上海，连夜召集国民党领导层会议，提出武力"讨袁"，因黄兴等人反对没有达成决议，但该提议表明孙中山等国民党内激进派对

---

〔1〕　江西都督李烈钧主张"军民分治"，举荐前清江西武备学堂总办、与自己有师生之谊的汪瑞闿出任江西民政长，因汪瑞闿与袁世凯暗中早有往来，袁世凯顺水推舟，做出任命。李烈钧追悔莫及，动员江西民间舆论反对，后又指使南昌军警给汪瑞闿下最后通牒，限 2 日内离境。

〔2〕　宋案对中国宪政的成败影响甚大，但其真相一直扑朔迷离。多数学者沿袭当年国民党方面的说法，认为袁世凯是幕后黑手，但也有相当一些学者认为真正的主使可能是同盟会上海大佬陈其美。这两种说法虽各有所据，但都缺乏直接证据。

〔3〕　所谓"善后大借款"，顾名思义，是为处理辛亥革命善后事宜而进行的借款。这些善后的事宜，包括革命中损害的外国人财产的赔偿、军队裁撤遣散费用、前政府借款到期应该偿还的部分、整顿盐务以及现政府运行的必要费用等。当时民国草创，财政窘迫，不得不通过举借外债来筹集款项。向外国举债，需要担保和其他一些附加条件，这给国民党等反对借款提供了借口。本来，借款之举曾经过临时参议院讨论并通过，但新国会组成之时，宋案已经爆发，国民党即将与袁世凯全面摊牌，为防止借款到位之后，袁世凯可能利用其来加强自己的力量，遂号召国民党议员全力抵制借款案的通过。

在法律框架内解决纷争失去了耐心。

进入4月以后，随着"宋案"的升温，国民党议员在国会中坚决抵制"善后大借款"，国民党与袁世凯的冲突渐趋白热化，因为双方皆掌握相当的武装力量，爆发内战的迹象已经越来越明显，国内的主要政党、团体忧心忡忡，大多发布政见，呼吁"宋案"等争端应该在法律框架下解决。这些政党和团体，大多对国民党出于本党利益，不顾国家统一，抛开国家法律制度，在南方各省拥兵自重表示不满。在这种情况下，袁世凯一面谴责国民党不尊重国会和法定程序，准备发动武力"倒袁"，一面运用临时大总统和中央政府的法定权力，从6月3日起，连续免去李烈钧江西都督、胡汉民广东都督、柏文蔚安徽都督的职务[1]。

袁世凯此举，在孙中山和国民党看来，实际上已经将他们逼上了绝路。孙中山认为一旦"善后大借款"成立，袁政府有了财政支持，国民党又丧失了主要省份的都督职务，那就只能任人宰割了。经过复杂的沟通协调，国民党高层终于就起兵"讨袁"达成了一致[2]。

三、《新约法》及其带来的民国体制变化

以国民党人发动的二次革命为界，袁世凯对宪政和法律的态度发生了重大变化。之前，他至少在表面上处处强调《临时约法》的相关规定，以此作为打击国民党、争取舆论支持的重要手段，但在平息二次革命、消除国民党的掣肘之后，他逐渐暴露出为达目的不择手段的枭雄面目：一改先立宪、后选举的民主政治惯例，要求国会先进行正式的大总统选举。迫于袁世凯的压力，国会集会正式投票选举大总统。在袁世凯的武力胁迫下，国会经过三轮投票，身心早已疲惫的议员才选出袁世凯为大总统。

袁世凯就任正式大总统后，想按照自己的意志修订《中华民国宪法》，其核心是要取消内阁制、扩大总统的权力。国会早已启动了立宪程序，拟定的草案仍维持责任内阁制和三权分立的制度设计。袁世凯遂借口起草议员中国民党人居多，废弃了该草案。为能够制定最有利于自己大权独揽的宪法，袁世凯决

---

[1] 民国初年，南方各省都督多由参与革命的各派所分任，国民党直接掌握的主要有江西、安徽、湖南、广东等省。宋案发生后，孙中山、黄兴等呼吁反对"善后大借款"，上述四省都督曾通电响应。这四省都督中，广东胡汉民是孙中山的忠诚追随者，李烈钧"倒袁"最为激进，故都是袁世凯要打击的首要目标。

[2] 这次由孙中山执意发起的"二次革命"，一共争取到7个省宣布了"独立"，从7月8日李烈钧湖口起兵开始到9月11日熊克武离开重庆为止，历时不到2个月，国民党便宣告全面失败。之所以如此，根本的原因是国民党此次起兵，虽名之为"革命"，却根本没有明确的革命目标，国内各政治力量对国民党轻易举兵貌视法治和统一的做法更是很少有同情和支持者。

定利用"法律技术"使国会停摆。1913年11月4日，他宣布解散国民党，取消国民党议员的议员资格，因国民党议员在本届国会参、众两院一共占据了438席，这意味着国会从此因不足法定人数而无法集会。

国会停摆，但修法还需进行。1914年5月1日，袁世凯发布了约法会议制定的《中华民国约法》，同时宣布废除《临时约法》。

《中华民国约法》又称《新约法》，共16章68条，其特点大致如下：

1. 废除了责任内阁制，变国家政体为总统制。《新约法》明确规定"大总统为国家之元首。总揽统治权"，"行政以大总统为首长，置国务卿一人赞襄之"。不仅如此，《新约法》还扩大了总统权限，规定总统不必向立法机构负责，且有解散立法院的权力，基本失去了三权分立的精神。

2. 废除两院制国会，建立一院制的立法院。立法院由人民选举议员组成，但其权力狭小微弱，不能制衡行政机关，看上去更像是总统的附属机关。即便如此，立法院也始终没有召集会议，其职权一直由大总统的咨询机关——参政院代行。

3. 总统控制宪法的制定权。《新约法》规定，宪法由起草委员会起草，宪法草案由参政院审定，由大总统交国民会议决定。起草委员会由参政院所推参政组成，参政又皆由大总统任命。所以，宪法的起草权与审定权实际上都掌握在袁世凯手中。

4. 对人民的自由权利采取了间接保障主义。《新约法》虽然沿袭了《临时约法》对人民享有各种自由权利的保护条款，但都加上了"依照法律所定"或者"于法律范围内"等限定语。

《新约法》公布后，在袁世凯的授意下，约法会议又于1914年12月28日通过了《大总统选举法》。该法规定，总统任期10年，可无限期连选连任，大总统由选举会选举产生，选举会由参政院参政、立法院议员各50人组成。遇到大总统连任问题时，如果参议院参政认为在政治上有必要，且得到2/3参政认可，大总统不必经过选举程序就可以连任。至于新大总统人选，该法规定由现任总统推荐3人，书于嘉禾金简，盖国玺大印，藏在大总统府特设的金匮石室。金匮的钥匙由大总统掌管，石室钥匙则由大总统、参政院长、国务卿分别掌管，非奉大总统之命不得开启。至此，总统制已经蜕变成为终身总统制，甚至是世袭总统制。

在《新约法》时期，袁世凯除了用参政院代替《新约法》规定设立的立法院外，对国家机构也进行了大幅改组，中央政制的基本概貌如下：

1. 行政机构的设置。

(1) 大总统。大总统既是国家元首，又是行政首长，总揽国家统治权。大总统被选举的资格，由原定在国内住满 10 年改为 20 年，从而限制了流亡海外的革命党人的被选举资格；大总统任期由原定 5 年改为 10 年，并可连任终身；总统继任人由现任总统推荐 3 人，亲书于嘉禾金简，加盖国玺大印，藏于金匮石室，选举前开启。总统选举的方式也大异于《临时约法》，而且副总统不能"继任"，只能"代行" 3 天。这样一来，总统实际上成为终身独裁元首，或世袭独裁元首。

（2）政事堂。根据袁世凯 1914 年 5 月 3 日颁发的《大总统府政事堂组织令》，废止国务院，组织政事堂，设国务卿 1 人赞襄大总统政务。

政事堂是国家最高行政枢要机构，主管总统政务。国务卿为政事堂首脑，其地位和职权并非完全以法律为准，常以与总统关系疏密为断。其主要职权是副署大总统命令，及承总统命令，监督政事堂事务等，略同于前清的军机大臣。事实上，国务卿的地位不仅超然于各部总长之上，也远超于前国务总理之上。国务卿之下，设左右丞及参议 8 人，辅助政务。

政事堂下设法制局、机要局、铨叙局、印铸局、主计局和司务所。各局设局长 1 人，下属所设所长 1 人，承国务卿监督，管理局（所）内事务。

政事堂不过是总统的办公厅，但袁世凯通过它集中了一切行政实权，使中央行政体系以独裁的面貌出现，从而使责任内阁制改为变相总统制。

（3）行政各部。根据 1914 年 7 月 10 日袁世凯下达的修正各部官制令，中央政府仍设 9 部：外交部、内务部、财政部、陆军部、海军部、司法部、教育部、农商部、交通部。各部直接隶属于大总统府。

除总务厅外，各部取消局的建制，一律设司。

各部总长由总统自由任命，其独立职权均被取消，只是依照法律执行主管事务。

2. 立法机关。根据《新约法》的规定，立法机关为立法院，相当于一院制的国会。但该院一直未曾成立，其职权一直是由参政院代为履行。

参政院是袁世凯别出心裁设立的一个畸形机关，按照《新约法》的规定，参政院由 50～70 名参政组成，参政由大总统简任。参政院设院长 1 人，由大总统特任，总理全院事务，会议时为议长；设副院长 1 人，由大总统于参政中特任，其职责是辅佐院长。参政院的性质属于咨询机构，袁世凯令其代行立法院职权，使得立法权完全变成了行政权的附庸。

3. 司法机关。此时的司法制度中的行政诉讼制度较为完备，其司法机关除了大理院、总检察厅外，还设立了平政院，直接隶属于大总统府，掌理行政诉讼和纠弹。

四、洪宪帝制

民国初年，国体草定，各种政治势力之利益表达，或诉诸舆论，或通过组成政党竞逐权力，极端者则行暗杀之法，有武力者如国民党则拥兵自重，武力对抗中央。国内政局的纷乱，令一些人不免怀念帝制时期的平静与稳定，遂逐渐浮现出要求恢复爱新觉罗氏皇帝之位的舆论。这种舆论，初见于1913年3月，到1914年中期以后则渐成气候，前清学部大臣刘廷琛甚至断言"民主国与中国国情不适，已为众人所信"，他认为废除民国，恢复君主立宪是大势所趋，但因为袁世凯是民国的创建者之一，如果自行称帝，"亦必为中国举国所不服"，所以他建议袁世凯"返大政于大清皇帝，复还内阁总理之任"。[1] 1914年10月，前清直隶提学使劳乃宣刊行《正续共和解》，甚至推测袁世凯不忘故君，只是限于《新约法》，不能马上行复辟之事。如此种种言论及猜测，直接将袁世凯拉入舆论漩涡，为平息社会猜疑，袁世凯先是令各地军政要人发表通电，痛斥复辟言论，其后又以大总统名义发布《申禁复辟邪说》，声称若再有著书立说、开会集议主张复辟帝制者，将按照"内乱罪"加以严惩。

在袁世凯的高压之下，前清皇室复辟之论固然平息数月，但刘廷琛所谓"民主国与中国国情不适"的认识仍然存在，且不时以学理讨论的面目进入公众舆论的视野。1915年8月，袁世凯的法律顾问、美国人古德诺发表《共和与君主论》，认为中国实行帝制数千年，骤然转变为共和制，肯定存在各种问题，对当时的中国而言，实行君主制比实行共和制更为合适，是无可置疑的[2]。时任国史馆副馆长的杨度主动请缨，提出成立一个学术机构，探讨国家体制问题，并以"学术自由"为名打消了袁世凯对舆论的顾忌。在征得袁世凯的默许后，杨度召集了一些原革命党和立宪派人士组建了筹安会，推出《君宪救国论》，公开主张废除共和制，实行君主立宪制。

主张恢复帝制的人员由前清遗老变成了民国高层，其背后袁世凯的真实想法已经昭然若揭，学理探讨也很快变成了舆论鼓噪。各地官僚开始纷纷表态赞同君主立宪，"公民请愿团"也随之成立，参政院也就顺理成章地开会讨论各路"请愿团"的要求。因袁世凯代表向参政院暗示国体变更和袁世凯称帝都需要"多数国民之公意"，到京的各路请愿团遂组成"全国请愿联合会"，并向参政院请愿，要求召开国民会议，讨论和解决国体问题。在制造了上述民意基础之后，袁世凯在9月25日答复参政院，决定于11月20日召开国民会议。10月

---

〔1〕 陈旭麓："五四前夜政治思想的逆流（三）——民国初年的反动复辟思想"，载《学术月刊》1959年第4期。

〔2〕 参见张学继："古德诺与民初宪政问题研究"，载《中国近代史研究》2005年第2期。

8 日，袁世凯公布了《国民代表大会组织法》。在帝制派的一手包办下，同年 11 月 20 日，全国投票告竣。各省又按袁世凯授意拟"劝进书"，书中均须使用"国民代表等，谨以国民公意，共戴今大总统袁世凯为中华帝国皇帝，并以国家最最完全主权奉之于皇帝承天建极，传之万世"等 50 个字。仅 1 个月，各省区国民代表推戴书皆到京，并一致推戴袁世凯为皇帝。

1915 年 12 月 7 日，北京及各省投票推戴一律告竣，上报参政院；12 月 11 日，由全国选出的国民代表 1993 人就国体变更进行投票，结果 1993 人一律赞成君主立宪，一致推戴袁世凯为大皇帝，并请参政院推举。参政院受此委托，即时草定推戴书云："全国一心，建立帝国，并戴为皇帝，伏愿俯顺民情，早登大宝……"袁世凯即日咨复，故辞谦让。参议院再上推戴书，表示极意尊崇。袁世凯乃于 1915 年 12 月 12 日，下令接受推戴。

袁世凯下令承认帝制后，任命杨度、严复等 14 人为帝制宪法起草委员，开始制宪；从 1915 年 12 月 15 日起，大封功臣，册封黎元洪为武义亲王，以公、侯、伯、子、男五等爵位封各省将军，又封孔子 76 代孙孔令贻仍袭衍圣公，并加郡王称号；12 月 16 日，修正《大总统府政事堂组织令》；12 月 25 日，下令修改官等，所有政事堂各局、部、院、署参事、司长、厅长各职，均改为简任职；宣布废除太监宫女制，改用女官伺候内廷；12 月 31 日，下令以民国五年一月一日（1916 年）为"洪宪元年"元旦，1916 年 1 月 1 日，总统府改称"新华宫"，袁世凯将于元旦日登基，改国号为中华帝国。

袁世凯称帝之举，表面上支持者众多，但权力核心层仍存在众多的反对力量。以梁启超为精神领袖的进步党一直密谋依托云南和两广等地方实力派反对帝制复辟，与袁世凯合作、时任副总统的黎元洪多次公开反对变更国体，国务卿徐世昌、商务总长张謇、教育总长汤化龙更是以辞职离任表明态度，更为严重的是北洋集团内部时任陆军总长的段祺瑞、江苏将军冯国璋也对袁世凯称帝不以为然，段祺瑞甚至以辞职来表示其反对立场，陆军次长、段祺瑞的心腹徐树铮也因反对袁世凯称帝被免职。凡此种种，都表明袁世凯骤然变更国体，自立为帝，将不可避免地打破二次革命后形成的微妙的政治平衡，导致各方拥袁政治势力联盟的解体，进而危及袁世凯的政治生涯。经验丰富、老谋深算的袁世凯竟然没有意识到上述危机，只能用利令智昏来加以解释了。

果然，袁世凯颁布承认帝制令后，云南便首先宣布独立。1915 年 12 月 25 日，蔡锷、唐继尧等檄告全国，拥护共和政体，提出划定中央地方权限，建设名实相符的立宪政治，要求诛杀主张复辟帝制的罪首孙毓筠、严复、刘师培等。贵州、广西两省相继响应，随后云南、贵州、广西组成护国军，进入四川、湖南等地，与袁世凯的北洋军作战。因西南各省和护国军力量有限，袁世凯并未感受到太大的压力，给他致命一击的是"五将军密电"。1916 年 3 月 21 日，江苏将军冯国璋联合江西将军李纯、山东将军靳云鹏、浙江将军朱瑞、长江巡阅使张勋发出密电，要求袁世凯取消帝制，以此平息西南各省的动乱。在众叛亲离的情况下，3 月 23 日，袁世凯不得不下令取消帝制，告令废止"洪宪"年号，恢复民国年号。然而，护国军认为袁世凯出尔反尔，廉耻丧尽，不复有总统资格，要求其退位。袁世凯羞愤成疾，于 1916 年 6 月 6 日气断于"新华宫"内。

第二节　"府院之争"与后袁世凯时期的政局

一、《临时约法》与旧国会的恢复

经历了护国战争，国内的政治生态已经发生了重大变化：西南地方势力如唐继尧、陆廷荣等因护国有功，地位得到进一步巩固。进步党在护国战争中发挥了组织联络的作用，除了在中央内阁中谋取了部分职位外，还一度得到了四川、湖南等地盘。北洋集团因袁世凯的去世而分裂成不同的派系，若干小派系又结合成以段祺瑞、冯国璋为首的皖、直两大派系，原北洋系外围如张作霖、阎锡山等也都主政一方，形成了自己的派系。

护国战争结束后，护国军一方与中央政府达成妥协，推黎元洪就任大总统，段祺瑞出任国务总理，但在内阁组成和地方督军、省长的人选上，双方还是发生了不少的争执。在新内阁人选上，段祺瑞做出了一些让步，除了陆军总长仍由段祺瑞兼任之外，前国民党系有 4 人入阁，唐绍仪出任外交总长、陈锦涛出任财政总长、张耀曾出任司法总长、程璧光出任海军总长；进步党则有 3 人入阁，孙洪伊出任内务总长、范源濂出任教育总长、古钟秀出任农商总长；接近北洋系的阁员只有 1 人，即担任交通总长的许世英。在地方善后方面，段祺瑞也是以稳定为主，他对北洋系担任军政长官的各省几乎未做变更，只是将原来的将军、巡阅使改为督军、省长而已。对在护国战争中崛起的进步党和地方派系势力，他也采取承认既成事实的做法，他任命地方实力派唐继尧、刘显世、陆廷荣、陈炳坤分别担任云南、贵州、广东、广西督军，任命进步党人士蔡锷为四川督军。

护国战争后，黎元洪、段祺瑞上位的合法性，均以保卫共和为基础，故黎元洪就任不久即废除了《新约法》，宣布恢复《临时约法》和旧国会（称为国会第二期常会），也恢复了内阁制。国会恢复后，决定以《天坛宪草》为基础继续完成制宪工作。随之，国会又补选冯国璋为副总统。于是，民国复活，法统重光。

二、"府院之争"与督军团的干政

《临时约法》规定的国家体制受革命党的策略影响很大，其确定的政体既不是总统制，也不是内阁制，而是介于这两者之间，在总统和内阁权限划分上并不明确，这势必会给政府的实际运行造成不必要的麻烦。这一体制设计上的缺陷，曾因为袁世凯个人的强势地位而被掩盖，但在后袁世凯时期随着公认的政治强人的谢幕，则自然会逐渐显露出来。

护国战争之后组建的中央政府，是弱总统、强总理的格局：相比于袁世凯，黎元洪不掌握军权，威望和能力也有欠缺，是典型的弱总统；段祺瑞一直是北洋系的第二号领袖，门生故吏散布于北洋军，袁世凯之后，成为北洋系利益的主要代言人，有国内最强悍的军事力量作为后盾，再加上其性格、才干和声望等，也就形成了他的强势地位。但强势总理，也很容易成为政府及国会中地方势力代表必欲抵制的对象，而弱势总统所特有的法定地位，又恰可成为阁员和议员联合抵制强势总理的有效依托。于是，这一时期，在中央政府内部，逐渐形成了内阁中部分阁员联合总统，利用总统掣肘乃至抵制总理的局面。随着"府院之争"的愈演愈烈，国会中的不同派别和督军团也纷纷被卷入进来，斗争呈现出错综复杂的态势。

作为主政总理，段祺瑞主张强化中央政府权威，实现政令、法令和军令的统一，建立中央集权的体制。这得到了梁启超和大约150名左右议员的支持，但遭到了具有地方势力背景的内阁成员、国会议员的反对，甚至在北洋系内部也存在或明或暗的抵制力量。这些力量原本各有诉求，难以整合，大多是透过"府院之争"表达出来的。黎元洪未必不赞同段祺瑞的政治主张，但其身为大总统，地位毕竟尊崇，若段祺瑞能够表现出足够的尊重，各种反段势力也未必能够如愿。问题是性格倨傲刻板的段祺瑞，恰好不善于处理这种关系，最终令一些琐碎公务之争，逐渐积累转变为情感对立，甚至发展到相互厌憎、难以相容的局面。[1]

"府院之争"在内阁内部、国会和府院之间频频发生，不仅使段祺瑞的大部分政治设想都成为泡影，也进一步加剧了民国初年的政治乱象。因黎元洪占据法定优势地位，国会中革命党和地方势力代表占据多数，对于内阁的组成段

---

[1] "府院之争"最初由徐树铮引起。段祺瑞组阁，提名徐树铮为国务院秘书长，黎元洪以徐树铮性格跋扈为由反对，在人劝说下方勉强同意。徐树铮就任后，对黎元洪缺乏尊重，引起黎元洪不满，另委任进步党人丁世峄为秘书长。丁上任后，与同为进步党人的内务总长孙洪伊一道，召集同党密谋倒阁，凡事则与段祺瑞唱反调。段祺瑞对此大为不满，坚决要求罢免丁、孙二人。黎元洪暗中支持丁、孙倒段，自然不会同意，府院矛盾由此激化。后虽在徐世昌的调停之下，黎元洪同意罢免了孙洪伊，但也同时罢免了徐树铮。

祺瑞也无法完全做主,段祺瑞即便是三头六臂,也很难依法合规地撬动斗争的天平向自己一方倾斜。1916 年 6 月,安徽督军张勋召集各省督军代表在徐州集会,提出 10 条"政纲",要旨是要求南方各省"取消独立,倘若固执成见,仍以武力解决"。12 天后,张勋又与安徽省长倪嗣冲召集各省督军代表召开第二次徐州会议,将政纲扩展到 12 条,其核心仍然是"巩固势力,拥护中央"。[1] 段祺瑞原本"生平最看不起两张",[2] 但因张勋"政纲"的主张与自己政见略同,联合北洋系的举动既可以压制国会和黎元洪,又能够制约北洋系中冯国璋等离心力量,遂对张勋等组织督军团的行为采取了放纵的态度。

"府院之争"在 1917 年发展到白热化程度,双方就是否加入协约国参加第一次世界大战展开激烈的博弈。1917 年 2 月 9 日,中国政府向德国提交照会,对德国实行无限制潜艇战提出抗议。抗议被拒绝后,3 月 3 日,内阁决定向列强提出延期 10 年偿还庚子赔款,永久撤销对德、奥赔款,提高关税到 12.5%,解除《辛丑条约》对中国不得在天津周围 20 公里内驻兵的限制,解除各国驻兵使馆和京津铁路等先决条件,若这些条件得到满足,中国将加入协约国一方参加对德作战。次日,黎元洪以该内阁决议未经国会讨论通过为由,拒绝在文书上签字盖章,并与段祺瑞当面发生激烈争执,段祺瑞愤然辞职。后虽经副总统冯国璋调停达成妥协,国会也以 158∶35 的票数通过了对德绝交案,但在是否参战的问题上,段祺瑞与黎元洪仍难以达成一致,黎元洪借助国会多数议员的支持,屡屡阻挠参战案的通过。[3]

三、张勋复辟与南北对峙局面的形成

面对黎元洪和国会的抵制,段祺瑞开始寻求督军团的支持。1917 年 4 月 25 日,段祺瑞召集各省督军、省长及其代表在北京集会,形成支持参战的多数意见。5 月 1 日,内阁议决参战案,提交国会表决。因国会集会过程中,有数千人以"公民请愿团"的名义包围国会,施加压力,时人认为是出自段祺瑞的指使,国民党及亲国民党阁员司法总长张耀曾、农商总长谷钟秀、海军总长程璧

---

〔1〕 参见胡平生:《民国初期的复辟派》,台湾学生书局 1985 年版,第 153~154 页。

〔2〕 "两张"指张勋和张作霖,关于段祺瑞对督军团的态度,请参见陶菊隐:《督军团传》,中华书局 1948 年版,第 560~564 页。

〔3〕 因中德断交,中国收回了天津、汉口的德国租界,停付了庚子赔款,接受了德国在华轮船、军用资产,封存了德国在华的国有财产,获得了一些实际利益。这也是国会能够以压倒多数通过对德绝交案的原因。但断交不等于宣战。当时孙中山、章太炎、唐绍仪、康有为等有影响的名流多反对参战,在他们的影响下,国会除了"研究系"("研究系"是从民国初年的进步党脱胎的一个政治派系,得名于 1916 年在北京成立的"宪法研究会",其领袖人物是梁启超、汤化龙,其骨干分子是在 1906 年的君主立宪运动中曾经跟梁启超合作过的一批官僚士绅)之外,大部分议员都反对参战。

光、外交总长伍廷芳等秘密离开北京，国会遂以内阁已经不足法定人数为由搁置了参战案的讨论。5月19日，吉林将军孟恩远领衔，联合8位督军、省长，上呈黎元洪，要求解散国会，黎元洪则以总统无此法定职权为由加以拒绝。5月23日，黎元洪采取断然措施，免去段祺瑞国务总理的职务，任命外交总长伍廷芳代理总理一职。但是，该任免令没有段祺瑞的副署，其法律效力也受到段祺瑞的通电质疑，也给张勋复辟提供了借口和机会。

段祺瑞被免职后，各督军宣布独立，政局处于失控状态。黎元洪召安徽督军张勋入京调停，张勋借机逼迫黎元洪解散国会，请出清帝复辟。但复辟之举遭到举国反对，段祺瑞乘机在天津起兵"讨逆"，张勋出逃，黎元洪引咎辞职。按照《临时约法》的规定，副总统冯国璋继任大总统，段祺瑞以讨逆有功，仍担任国务总理。

段祺瑞复出之后，中国参战一案自然得以通过，为参战筹集军费和缓解北洋政府财政困难的"西原借款"也顺利完成。[1] 北京政局一度呈现稳定的态势。然而，晚清以来，武人干政、割据一方的局面并没有改变。早在张勋策动复辟期间，南方数省已经宣布独立，国会解散后，大批议员纷纷南迁，孙中山决定在广东组织政府，依托南方6省对抗北洋系政府。孙中山打出的旗号是"维护约法"，反对组建新国会。这得到了旧国会中部分议员的支持。这些议员聚集广州，组成"非常国会"（因不足集会的法定人数，故称非常国会），选举成立以孙中山为首的军政府。南北公开对峙的局面由此形成。此后，民国的一切政治运行和制度变更，都是在南北对峙的背景下展开的。

第三节 政治乱局与《临时约法》框架下的政治制度概貌

后袁世凯时期的"府院之争"，不仅损害了中央政府的权威，引出了张勋复辟的闹剧，更加剧了各地的军阀割据混战。在以后一段时间里，民国初年的政治陷入了更加混乱的状态，南北对峙、北洋系的分裂和混战，其中的利益冲突、观念对立、人事纠葛，各种线索和脉络错综复杂，难以一一叙说，但从总体上说，直到曹锟政府垮台，当时的政治制度仍大体维持在《临时约法》的框架之内。

---

[1] 段祺瑞复出，适逢寺内正毅出任日本内阁首相，寺内内阁调整了以往对华的强硬政策，提出"尊重和拥护中国领土和主权完整"等对华新政策，1917年1月到1918年9月，在不到2年的时间里先后向中国提供了38 645万日元的贷款，这些贷款大多没有附加政治条件，且多没有要求严格的资产抵押担保，因这些贷款中有14 500万元是经由西原龟三之手完成的，史称"西原借款"。

一、直皖战争与强人政治的谢幕

黎元洪引咎辞职后，副总统冯国璋继任大总统职务，段祺瑞因有"再造共和"之功，再次担任国务总理。在段祺瑞的主导下，推动参议院启动了《中华民国国会组织法》《中华民国参议员选举法》和《中华民众议员选举法》的修订程序，并依据成立了新国会（第二届国会）。按照新的国会组织法，新国会于1918年8月12日成立，新国会由168名参议员和406名众议员组成。皖系政客集团——"安福俱乐部"操纵了新国会的议员选举，造成选举后安福系在574个议席中获330席。这个由新选议员组成的国会，世称"新国会"。

黎元洪、冯国璋代任大总统，皆为袁世凯的任期，到1918年10月满法定期，由新国会组织大总统选举。安福系拟举段祺瑞，段祺瑞因自知不能当选，又不愿冯国璋当权，故宣布与冯国璋一同下野，而北洋系老资格政客徐世昌被选为总统。在副总统的人选上，皖系为安抚直系，提名曹锟，但遭到了国会中旧交通系议员的集体反对，他们以南北和谈尚未成功，应预留副总统一职以促成南北和谈为借口反对提名曹锟参选。双方僵持不下，故虽然三次召开副总统选举会，皆因未足法定人数，终未选出。

徐世昌就任初期，段祺瑞虽已去职，但皖系仍控制着中央政府，其核心干将徐树铮尤其跋扈。段祺瑞、徐树铮主张武力统一，故曾先后发动了两次南北战争，在第二次南北战争中，依靠直系大将吴佩孚军队的苦战，暂时取得了胜利，控制了湖南的大部分地区。但是皖系用人一味讲究派系，任命皖系大将张敬尧为湖南督军的决定，引起吴佩孚等直系军阀的强烈不满。吴佩孚遂按兵不动，与广州军政府暗中议和，最后竟擅自撤离湖南。与此同时，皖系计划安排吴光新出任河南督军，也引起直系军阀的强烈反对，时任内阁总理的靳云鹏和总统徐世昌不愿听任皖系摆布，皖系遂决意倒阁。

靳云鹏原为段祺瑞的亲信，但与直系首领曹锟为把兄弟，与奉系首领张作霖更是儿女亲家，因其与直、奉关系较为亲密，故徐树铮和安福系并不支持靳云鹏出任内阁总理，此时见靳云鹏对更换河南督军并不支持，遂开始积极策划倒阁。在拥护靳云鹏内阁的问题上，直系、奉系结成联盟，直、皖两派剑拔弩张。段祺瑞不得不出面试图缓和双方的矛盾，但是对于段祺瑞提出的条件，直系在张作霖的支持下表示不能接受，并公开发表《直军全体将士宣布徐树铮六大罪状檄》和《直军全体将士为驱除徐树铮解散安福系致边防军西北军书》。因徐树铮恃才傲物，性格嚣张，完全无视徐世昌的总统身份，故徐世昌同意了直系罢免徐树铮的要求，下令免除徐树铮西北筹边使的职务，边防军改为陆军部直辖。1920年7月8日，段祺瑞召集皖系军政会议，要求徐世昌将曹锟、吴佩孚、曹锳（曹锟弟）撤职查办。至此，直、皖两派再无妥协的余地，直皖战争全面展开。

直皖战争很快就以皖系全面战败而告终。段祺瑞和皖系退出历史舞台，这也意味着自袁世凯以来的强人政治的彻底结束，国内政治更是陷入群龙无首的状态。

二、直奉战争与旧国会的复会

直皖战争结束后，直奉共同支持靳云鹏再次出面组阁，但对如何善后，双方发生了诸多分歧。其间因湖北发生"驱王"运动，引湖南、四川军队进入湖北，吴佩孚乘机率领北洋军进入湖北，先后打败了湖南和四川援军，占领岳阳，直逼长沙，并就任两湖巡阅使。于是国内三巡阅使，直系独占其二[1]，再加上冯玉祥督军陕西，直系势力极大增强。

直系虽然取得了军事胜利，但其主要领袖曹锟、吴佩孚却都缺乏把握大局的政治才能，中央政府的许多事务反而落入张作霖的掌控之下。在与奉系的纷争中，曹锟大多主张调和，吴佩孚则咄咄逼人，直系内部也就或明或暗地分裂为以曹锟为首的"保派"和以吴佩孚为首的"洛派"[2]。最初，在政治善后中，直、奉两派共推靳云鹏再度出面组织内阁，要求徐世昌下令废除了皖系主持修订的《修正国会组织法》《修正参议员选举法》及《修正众议员选举法》，并依照1912年参、众两院议员选举法重新选举议员，组织新的国会。但吴佩孚联络部分直系军人呼吁召开国民大会，反对重新选举国会，对选举新国会采取消极态度。同时，由于西南和南方各省均在直系、奉系控制之外，故全国只有11个省进行了两院议员的选举。

吴佩孚先对国会改选不予支持，对之后组成的梁士诒内阁更是公开挞伐。靳云鹏本是在直、奉两派的支持下就任总理的，但其执政很难同时讨得两派的欢心，最终落得个里外不是人，加之无力解决政府财政危机，不得不选择辞职。为解决财政危机，徐世昌在奉系的支持下启用交通系首领梁士诒为内阁总理。交通系原本就与皖系关系密切，吴佩孚深恐由其出面组阁会造成奉、皖、粤合流的不利于直系的局面，于是开始积极策划倒阁。

梁士诒上任后，为解决政府财政危机，决定向日本贷款。当时适逢华盛顿会议，中日因山东铁路权益问题争执不下。先是日本方面提出愿意提供贷款，中国在还清贷款之前，仍由日本控制胶济铁路。这个建议为中国谈判代表所拒绝，中方代表表示中国愿意接受日本贷款，但要通过其他途径筹集偿还，不能

---

[1]　另一巡阅使是奉、吉、黑三省巡阅使，由张作霖出任。

[2]　曹锟任河北、山东、河南三省巡阅使，常驻保定，吴佩孚开始任三省巡阅副使，常驻洛阳，虽然吴佩孚后来升任两湖巡阅使，但仍常驻洛阳，所谓"保派""洛派"之称，就由此而来。

以由日本经营铁路为条件。此番梁士诒与日本大使接触之后，坊间突然有流言传出，说梁士诒准备出卖胶济铁路路权换取日本贷款。吴佩孚遂抓住这个传言大做文章，于1922年1月5日公开发表通电指责内阁。梁士诒虽一再辩白，但吴佩孚根本不予理睬，开始联合直系各省督军一起声讨内阁。尽管梁士诒一再通电声称并无向日本借款一事，甚至表示对政府的财政困难，他自己会"毁家纾难"，尽力筹措300万元，但无奈其"卖国"形象已经定格，无可挽回了。

1922年1月23日，梁士诒称病请假，令其后台张作霖大为愤怒。1月30日，张作霖发布通电，要求严查梁士诒擅自借款卖国一事，皖系残存势力、浙江督军卢永祥通电应和。此时，曹锟碍于情面，尚不愿与张作霖彻底翻脸，多次压制吴佩孚。吴佩孚虽然表面上有所收敛，但实际上仍在加紧行动。4月10日，张作霖致电曹锟，提出"军人不得干涉中央政治"、吴佩孚返回两湖巡阅使本职、梁士诒内阁复任三项条件，同时命令奉军做出进攻态势。而曹锟在吴佩孚的推动下，也决定迎战，直奉战争就此爆发。

在战争中获胜的直系完全控制了北京政府，因徐世昌有亲皖、亲奉的"前科"，被直系厌憎。吴佩孚在旧国会两院议长吴景濂的建议下，通过宣布1918年组成的新国会为非法，自然地将由新国会选举产生的大总统徐世昌置于"非法"地位。在直系的压迫下，徐世昌只能辞职下野。由于旧国会恢复了合法地位，由其产生的大总统自然也要恢复合法地位，1922年6月11日，黎元洪出任总统；8月，旧国会正式集会，自称第一届国会的第三期常会。

对于黎元洪复任的合法性，虽曾有浙江督军卢永祥等提出质疑，但在北方各省，包括奉系控制的东三省，基本都得到了承认，反对最激烈的反倒是孙中山领导的广州军政府。黎元洪上任，曾提出"废督""裁兵"等为先决条件，故其复任之后，曾一度在全国推行之。为此，国内各省督军纷纷改称"督办"或"省长"，但关于"裁兵"的设想根本无法贯彻。这一时期，奉系退回关外，埋头整军，扩充武力，很少干预北京政治，南方军政府内部几度发生政变和分裂，真正能够对中央政府产生直接影响的只有直系。

三、曹锟贿选与《中华民国宪法》的颁布

直系拥黎复职，本意是为曹锟当选大总统做铺垫。但在很多问题上，"保派"和"洛派"还是很难达成一致，明争暗斗自是无可避免。民国政治斗争的焦点，在黎段和冯段时期表现为"府院之争"，在徐世昌时期则主要表现在内阁组成上，到这一时期，则更多地表现为内阁和国会之争。最初组阁的王宠惠受"洛派"支持，世称"好人政府"，但为依附于"保派"的议长吴景濂等控制的议会所不容，而议会也因为议员身份的合法性问题陷入内斗，甚至大打出手。"保派"和"洛派"争执的焦点问题，是先统一，还是先将曹锟推上总统

的宝座，后来又演变为是先"制宪"，还是先进行总统选举。因为吴佩孚格于"愚忠"观念，对"保派"的出格举动常常隐忍，大体上还是"保派"的主张能占据上风。

为尽快将曹锟推上总统之位，"保派"议员开始计算黎元洪复任的任期。1923 年 5 月，他们计算出黎元洪复任的任期应该是 160 天，而他从 1922 年 6 月 11 日复任，到此时已经超出了任期 175 天，遂提出议案要求黎元洪退位。为确保黎元洪顺利退位，"保派"控制的议会还策划了倒阁等一系列行动，逼迫黎元洪信任的张绍曾辞去总理职位，继而策划大规模的北京军警索要工薪和市民声援运动。一时之间，北京秩序大乱。6 月 12 日，京畿卫戍总司令王怀庆、陆军检阅使冯玉祥递交辞呈，表示无力维持北京治安。13 日，黎元洪离开北京，自此他复任一共 1 年零 2 天。

黎元洪离京，"保派"发现总统大印"丢失"，以为被黎元洪随身带走，遂令直隶省长王承斌设法拦截。王承斌动员数千军警包围天津火车站，要求黎元洪交出大印，否则将"永不放行"。黎元洪羞愤至极，一度掏枪自杀，被美籍顾问阻止。次日凌晨，"保派"从法国医院取回大印，王承斌又强迫黎元洪在其早已草拟好的离京通电上签字后才肯放行。

黎元洪离京后，"保派"阁员组成"摄政内阁"。为平息国内的反对舆论，"保派"从速补充阁员，提出马上制宪等，但他们最关心的还是总统选举。为此，"保派"通过直系地方将领筹措了不少经费，[1] 以每月 600 元的出席费引诱离京议员回京参会。当时，两院议员一共有 870 人，总统选举需要 2/3 多数出席方才合法，这意味着至少需要有 580 名议员参会。尽管已经开出了可观的出席费，但议员人数仍有不足之忧，"保派"遂决定选举日以 5000 元作为议员参会的报酬。10 月 1 日，"保派"开始向参会议员发放支票，面额 5000 ~ 10 000 元不等，但需要到选举后 3 天才能兑现。10 月 5 日，国会正式进行总统选举，到会议员一共 590 人，结果曹锟以 480 票当选为总统（总统选举需要到会议员 3/4 同意才能当选）。10 月 8 日，又三读通过了《中华民国宪法》。

尽管这届国会因接受贿选而声名狼藉，但其制定的《中华民国宪法》是民国以来第一部正式的宪法文本。这部《中华民国宪法》共 13 章 114 条，在议会组成、大总统、责任内阁制、公民权利等方面，大都因袭了《临时约法》及以后的相关法案规定，并无太多创新之处。但它增加了"国权"和"地方制度"两章，大体以自治原则规定了民国的国家结构，将地方政权分为省、县两级。

---

[1] 当时，国家财政捉襟见肘，"保派"要求各省长官"报效"，湖北萧耀南、江苏齐燮元各 50 万，陕西刘镇华、河南张福来、甘肃马联甲各 30 万，而直隶王承斌向地方绅士筹措，得数百万。

作为自治的法人主体，这部宪法规定它们都有依照宪法自行组织议会和政府的权力。它还对中央和地方权限作出了较详细的划分，规定国家立法并执行者 15 项，国家立法并执行或令地方执行者 15 项，省立法并执行或令县执行者 11 项。这些制度创新反映了民国初年"联省自治"运动的某些诉求，是一次突破传统中央集权国家结构的有益尝试。也正因如此，某些学者曾指称该宪法"是一种联邦宪法"。

四、贿选丑闻与代议制的终结

曹锟本无政治才干，他能够继冯国璋之后成为直系领袖，一方面是因为性情宽厚，很受部下拥戴，另一方面则是靠老部下吴佩孚治军打仗的军事才干。吴佩孚或许是这一时期最杰出的军事统帅，在国内名声一直较好，舆论普遍"觉得吴秀才总比张胡子好"[1] 吴佩孚律己较严，有爱国心，在南北战争、直皖战争和直奉战争中，都显现出优秀的军事指挥才能，但是他性格孤傲、刚愎自用，除了对老长官曹锟尚能保持相当的"愚忠"外，对其他人一概不假辞色，对直系其他高层人物，也大多倨傲无礼，在直系系统中，是人人敬畏，又人人厌憎的人物。直奉战争之后，直系独霸了中央政权，势力急剧扩张，在地盘和利益分配上，内部矛盾不可避免地浮现出来，并逐渐激化。除了原本存在的"洛派"和"保派"之外，又有"津派"（以直隶省长王承斌为首）崛起。"保派"和"津派"在抑制吴佩孚的问题上尚能达成一致，但在内阁人选和组成上则又争斗不休。直系中另一旁支是冯玉祥，冯因争取河南督军被吴佩孚否决，也产生了强烈的反吴意愿。

这一时期，国内政局比之从前更加混乱复杂。经过新文化运动的启蒙和五四运动的政治动员，中国精英社会的民族主义情绪在不断高涨，国民党经过了"一大"的改造，逐渐稳固了两广的地盘，刚刚成立不久的中国共产党在共产国际的支持和指导下，与国民党合作在全国各地掀起了号召"反帝反封建"的大规模的群众运动。与之相对应的是，国家仍处于事实上的分裂状态，除两广成立的军政府外，西南各省仍为大小军阀所控制，仅存的皖系军阀代表卢永祥盘踞浙江、上海。这些南方的小军阀和地方实力派倡导"联省自治"，借以对抗直系控制的中央政府。奉系退回东北之后，也宣布"自治"，埋头整饬军备，随时准备卷土重来。奉、粤、浙三角"反直"联盟正在形成之中。

袁世凯之后，中央政府的组成和政策，一直受北洋各派系政治力量博弈的影响，任何一派，不论是皖、奉、直都不可能完全掌握大权，"府院之争"、内

---

〔1〕 李剑农：《戊戌以后三十年中国政治史》，中华书局 1965 年版，第 333 页。

阁和国会的种种纷争，大体上都是各派力量明争暗斗的反映。曹锟时期，直系驱逐了皖系和奉系势力，得以全面把持中央政权，但因为曹锟自己没有明显和连贯的政治主张，再加上性格宽和，在政治上缺乏定见，用人也摇摆不定，根本无法压制直系内部派系的缠斗，使得北京政局更加混乱而不可收拾。

和段祺瑞一样，吴佩孚也是武力统一的积极倡导者。为实现武力统一，他决定先上收直系控制的各省军权。1924年初，吴佩孚提出了统一军权于中央的计划，强行解除了萧耀南、王承斌等一大批巡阅使、督理、省长兼任的师长职务。5月，王承斌、齐燮元、冯玉祥等相继以辞职来表示抗议，曹锟虽居中调节，却很难扭转直系走向分裂的局面。9月3日，齐燮元和卢永祥因争夺上海爆发了"江浙战争"，早已与卢永祥结成三角同盟的广东军政府和奉系军阀先后出兵，虽然广州军政府的"北伐"没有取得多少成果，卢永祥也很快在直系军阀的围攻中溃败，但是奉军因冯玉祥发动北京政变而大获全胜。曹锟沦为阶下囚，吴佩孚远走河南，北京政府先后被冯玉祥的国民军和奉系军阀控制。

"保派"操纵议会，公然以贿选方式选任总统，极大地败坏了议会的声誉，使国人对代议制民主残存的信心丧失殆尽。张勋复辟之后，孙中山在南方组建政权，以"护法"为口号，当时出现的南北对峙，总统和国会的更迭，各方也都以"法统"作为斗争的武器，将议会作为主要斗争舞台。这表明虽然斗争各方都以武力为后盾，以战争为解决纷争的最后手段，但至少仍认同代议制民主政治下宪法的权威地位，仍将议会的决定看作政治行为是否具有合法性的重要标准。曹锟贿选之后，国内舆论不再将议会视为庄严的立法机关和民意代表，提起议员多以"猪仔议员"称呼，对议会活动的报道也集中于负面新闻的捕捉，冷嘲热讽成为报道文字的主流风格。与此相对应，"护法"诉求也从孙中山和国民党的政治主张中淡出，国内其他政治派别也很少再提及"法统"，这意味着《临时约法》及其确定的民国政治的"法统"至此已经走到了尽头。[1]

五、临时执政府与重建法统的最后努力

第二次直奉战争终结了直系控制北京政府的局面，率先控制北京的冯玉祥联合奉系张作霖推举段祺瑞出山收拾残局。段祺瑞1924年11月24日入京就任临时总执政。因曹锟贿选，国会已经声名狼藉，各方反直势力都以国会为声讨对象，中央政府体制已经很难再按照《临时约法》规定的框架组建。段祺瑞在征得张作霖、冯玉祥等各方同意后，公布了《中华民国临时政府制》，对政府

---

[1] 诚如有学者指出的那样，贿选是国会的最后自杀行为，"国会既实行最后的自杀，从此法统也断绝了，护法的旗帜也就没有人再要了"。参见李剑农：《戊戌以后三十年中国政治史》，中华书局1965年版，第356~357页。

体制作出了重大改组。

段祺瑞提出的临时执政府，由临时执政、国务员和国务会议组成。临时执政总揽军民政务，统率陆海军，对外代表中华民国。临时执政府不设国务总理，总理职务由临时执政兼任，下设国务员，分掌外交、内务、财政、陆军、海军、司法、教育、农商、交通各部，赞襄执政，处理国务。由临时执政召集国务员举行国务会议，议决重要政务。临时执政府的命令及有关国务文书均由国务员副署，但因国务员由临时执政任命并对其负责，副署仅为照例手续。据此规制，临时政府不设监督机关，其国务会议实际上具有以前的总统、内阁、国会三机关的权力，操持一切国务，临时执政集总统、内阁、国会三者权力于一身，不受内阁和民意机关的限制。

段祺瑞此次执政，面临的国内政治生态已经全然不同。袁世凯时期主导中国政治的北洋系核心力量已经土崩瓦解，主导北京政局的实力派军阀奉系和国民军，都只能说是北洋系的边缘和旁支，他们之间不仅矛盾重重，与段祺瑞更是毫无渊源，无法形成原来那种北洋系军人团结对外的局面。这时的国民党虽然尚不能有效整合南方各省势力，但其政治话语权因为中央政府权威的再度滑落而大为增强。奉系和国民军都没有系统的政治纲领，也没有清晰的政治建设目标，他们所关心的更多是人事任命、地盘划分等与自己派系利益密切相关的问题。段祺瑞固然不能不顾忌奉系和国民军的态度，但在重大政治和政策问题上，往往将孙中山和广州军政府作为重要的谈判对手。

当时，中国面临的关键问题是如何认识辛亥革命之后建立的民主代议制的衰败，以及中国未来将选择怎样的政体形式来整合国内各种政治力量并走出当时的政治困局。在废弃《临时约法》，废止参、众两院，终止"法统"等问题上，段祺瑞和孙中山并无实质分歧，他们都主张应该制定新宪法，重建共和国的法统。但因为他们依靠的政治力量有所不同，故对解决国内纷争、重新制宪的路径和程序，不可避免地产生了分歧。孙中山主张召开国民会议解决国家的政治问题，段祺瑞则主张先召开善后会议，然后再召开国民会议。经过长时间的磋商，段祺瑞做出了一定的让步，决定吸纳国内部分民众团体代表参加善后会议。1924 年 12 月 24 日通过的《善后会议条例》设置了三个取代国会职能的权力机构，即国民代表会议、军事善后委员会、财政善后委员会。国民代表会议的任务是制宪，但因时局动荡及国民党的抵制，始终没有召开。军事善后委员会和财政善后委员会在《善后会议条例》颁布后相继成立。军事善后委员会主要由中央和地方的高级军官组成，设委员长 1 人、副委员长 2 人，均由临时执政指定，其主要职责是处理打败直系后的军事问题。财政善后委员会由中央有关财税审计诸长官及地方省区军民长官组成，设委员长 1 人、副委员长 2 人，也都由临时执政指定。

1925 年 4 月 7 日，段祺瑞召集国务会议，制定了《临时参政院条例》，5 月 3 日又颁布了《各省区法定团体会长互选参政程序令》，规定临时参政院主要是由中央和地方官或以军阀所派出的代表及段祺瑞指定的人员组成。其主要职权有议决权和建议权。议决权有：①省自治的促成及国宪未实施前规定的省自治暂行条例；②善后会议及军事、财政两善后委员会议决的执行事项；③消弭及调停各省之间或各省内部的纠纷；④对外宣战、媾和及缔结条约；⑤募集内外公贷及增加租税；⑥临时执政咨询事项。建议权只限于议决权内容的前三项，其建议实行与否，由临时执政决定。

段祺瑞还将原国务院法制局改组成临时法制院，作为临时执政府下设的一个立法机关和制度设计机关，设院长 1 人，由临时执政特任。院长管理本院事务，监督所属职员。临时法制院职掌为：除了宪法之外的其他一切有关法律、制度的立法案件或具有法规性质的案件，都有权起草、通过或审定。它通过的一切法律议案，无须再经其他任何机关的审议和审查。它是把立法权从临时执政府分离出来的一个特殊的立法机关，实际上是临时执政府的最高立法机关。

此外，临时执政府还设有国政商榷会、国宪起草委员会、国民代表会议等备处等机构。

1925 年，奉系和国民军的矛盾日益尖锐，摄于奉系的军事实力，冯玉祥采取了不断退让的自保策略，奉系的势力迅速扩展到江苏、上海，引起了盘踞东南各省的原直系军阀的恐慌。10 月 15 日，孙传芳组成 5 省联军，自任总司令，发动"反奉"战争。奉军因顾忌国民军自侧面攻击，断其后路，故沿津浦线一路撤退。10 月 21 日，吴佩孚在汉口发表通电就任 14 省"讨贼军总司令"。11 月 12 日，奉系新派大将郭松龄发表通电，要求张作霖下野。[1] 冯玉祥和奉系李景林也先后发表通电，"敦促"张作霖下野。一时间，奉系四面楚歌，形势岌岌可危。但是冯玉祥觊觎河北地盘，没有按照事先约定支援郭松龄，反而乘机进攻郭松龄的盟友李景林。12 月 4 日，李景林通电讨伐冯玉祥，表示愿意与

---

[1] 奉系内部原有"老派""新派"之争。"老派"以张作相、张景惠等为骨干，多是早年追随张作霖的"老兄弟"。第一次直奉战争前，老派掌握着多数部队，但因战争失败，在整军过程中，逐渐为"新派"所超越。"新派"由少壮派军官组成，以张学良为领袖，内部又有"洋派"（士官派）和"土派"（大学派）之分，前者以出身日本士官学校的杨宇霆、姜登选为中坚，后者以毕业于北京陆军大学和保定军官学校的郭松龄、李景林为领袖。第二次直奉战争后，洋派与土派矛盾逐渐激化，张宗昌、杨宇霆、李景林、姜登选等都获得了实际地盘，郭松龄更是不满。当时，奉系军队精锐名义上以张学良为司令，但实际权力掌握在郭松龄手里，他反叛奉系，所依靠的就是这只大约 7 万人的奉系精兵。

张作霖前后夹击郭松龄，随即扣留了郭松龄在天津购置的军用物资。12 月 23 日，此前节节胜利的郭松龄遭到了毁灭性失败，其夫妇双双被俘，很快在沈阳被处决。

在张作霖最危急的时候，吴佩孚发电报说平生最痛恨反复无常的叛逆小人，愿意出兵与奉系一起消灭郭松龄和冯玉祥。[1] 郭松龄败亡之后，张作霖当即发电报给吴佩孚表示谅解，奉、直联合讨伐国民军的局面迅速形成。1926 年 3 月，吴佩孚不顾冯玉祥已经通电下野，进军占领郑州，前锋进抵石家庄，奉军则沿津浦线、京哈线两路并进，进逼北京。冯玉祥指定的国民军负责人鹿钟麟，因见段祺瑞与奉系暗中来往，遂于 4 月 9 日包围段宅和执政府，段祺瑞逃往使馆区避难。鹿钟麟向奉、直求和不成，于 15 日撤出北京。[2]

奉、直控制北京后，段祺瑞宣布复职，但吴佩孚对他宿怨未消，张作霖对他的态度也极为冷淡，段祺瑞意识到万事不可为，遂于 4 月 20 日通电下野，临时执政府体制也就此终结。

段祺瑞辞职结束了临时执政府体制。吴佩孚主张恢复"法统"，即恢复曹锟当政时期制定的宪法和颜惠庆内阁，张作霖则主张恢复《临时约法》，召集新国会，让靳云鹏再度组阁。经过一番争执，5 月 9 日，颜惠庆内阁正式复职，但 2 个月后即辞职，由海军总长杜锡珪组成摄政内阁。然而面对财政危机，杜锡珪内阁一筹莫展。到 10 月 1 日，又组成了以顾维钧为总理的新内阁。11 月 30 日，孙传芳、张宗昌等领衔通电，拥戴张作霖为安国军总司令。1927 年 6 月 18 日，在孙传芳等人的拥戴下，张作霖出任陆海空军大元帅，组成了"中华民国军政府"。1928 年 6 月 2 日，随着北伐军逼近北京，张作霖宣布退出北京，政务交予国务院处理，民国成立以来的北京政府就此宣告终结。

思考题：

　　1.《新约法》的主要内容是什么？

---

〔1〕　在对国民军战争中，李景林曾指责冯玉祥"前日拥段（祺瑞），今日驱段；前日捉曹（锟），今日放曹"，"好恶无常，恩仇不定"，参见《晨报》1926 年 4 月 19 日。

〔2〕　在兵临城下前夕，冯玉祥曾试图以释放曹锟、恢复法统、国民军撤出京汉线为条件与直系媾和，但遭到吴佩孚的拒绝，国民军又转而与奉系单独讲和，奉系则坚持国民军必须缴械。无奈之下，国民军只能撤出北京，但仍驻扎在南口。1926 年 5 月 10 日，奉、直又进一步联合山西、陕西、甘肃等地方军阀，成立"讨赤联军"；6 月，张作霖与吴佩孚会晤，决定吴佩孚亲自指挥联军进攻南口。因张作霖、吴佩孚一再拒绝国民军的请和要求，冯玉祥不得不转向与苏联和北伐军合作。而张、吴之所以一再拒绝国民军的议和请求，一方面是因为他们认为冯玉祥一贯言而无信、唯利是图，另一方面也是因为他们对南方国民党的崛起和已经展开的"北伐"没有给予足够的重视。

2. 简述民国初年选举制度与第一届国会的组成情况。

3. 你认为民国初年为什么会发生"府院之争"?

4. 临时执政府成立的原因是什么?

5. 你认为民国初年代议制实践失败的原因有哪些?

第十三章 国民政府的政治制度

> **学习目的和要求：**
>
> 通过本章的学习，学生应厘清以下四个问题：其一，了解国民政府创立的时间及其中央政制的主要发展历程；其二，了解国民党在国民政府成立与发展中的作用与影响，并重点掌握国民党党治的主要特点；其三，了解训政的理论基础，掌握与训政理论相对应的政治制度设计；其四，了解国民政府的五院机构设置，并掌握五院的各自职能及相互之间的关系。

第一节 国民政府的创立与党治基础

一、国民政府的创立

1924 年 1 月，中国国民党召开第一次全国代表大会。在这次大会上，即提出了成立国民政府议案，孙中山就此议案作了说明，指出此次大会的目的有两个：①改组国民党；②建设国家。尚待研究的问题有两个：①将大元帅府变为国民政府；②将建国大纲表决后广泛宣传，使人民了解内容，结合团体要求政府实现。孙中山在说明中虽说"立将大元帅府改为国民政府"，但他又提出一个成立国民政府的前提，即先四处宣传，使人民了解。据此，大会所作的决议只通过了组织国民政府，改大元帅制为国民政府案和由孙中山先生拟定的作为国民政府正式成立后的建国大纲，而没有作出立即成立国民政府的决议。

同年 4 月，孙中山先生发表的建国大纲，提出"国民政府本革命之三民主义、五权宪法，以建设中华民国"为宗旨。同年 10 月，冯玉祥等发动"北京政变"，囚禁贿选大总统曹锟，联合奉系打败吴佩孚。孙中山于同年 11 月应北方邀请离粤北上，共谋国事，后因肝癌疾发，不幸于 1925 年 3 月 12 日在京逝世。同年 6 月，中国国民党中央执行委员会议决《中华民国国民政府组织法》，采取委员制，其内容要点如下：

1. 国民政府受中国国民党之指导及监督，掌理全国政务。

2. 国民政府以委员若干人组织之，于委员中推定 1 人为主席，并设置常务委员 5 人（亦于委员中推定），处理日常政务。

3. 国务由委员会议执行之，出席委员会议的委员不足半数时，由常务委员行之。

4. 公布法令及其他关于国务之文书，由主席及主管部部长署名，其不属于各部者，由常务委员多数署名，以国民政府名义行之。

5. 国民政府设军事、外交、财政各部，每部设部长 1 人，以委员兼任，有添部之必要时，经委员会议议决行之。各部部长依其职权，得发布命令。

1926 年 6 月 14 日，中央政治委员会第十四次会议决定将大元帅府改组为国民政府。次日，国民党中央执行委员会全体会议通过，由代大元帅胡汉民于同年 6 月 27 日发布改组政府令。同年 7 月 1 日，大元帅府正式改组为国民政府，国民政府委员 16 人，汪精卫、胡汉民、谭延闿、许崇智、林森被推选为常务委员，汪精卫任主席。

二、国民政府的党治基础

（一）改组后的国民党

近代政治制度皆以政党政治为基本特征，因此，要了解国民政府的政治制度，有必要了解国民党在政权中的地位和作用。

中国国民党是孙中山经过多年失败之后，"以俄为师"，于 1919 年由中华革命党改名建立起来的。1912 年在北京成立的国民党只是它的前身。它以孙中山为总理，以巩固共和、实行三民主义为宗旨。其成立以来，努力护法，却屡遭失败，终无成就。于是，孙中山毅然以苏俄为榜样，于 1924 年第一次全国代表大会将其彻底改组。改组后的国民党与国民党第一次全国代表大会，对于国民政府的成立及其政治建设起着至关重要的作用。

1924 年 1 月 20 日，国民党于广州召开第一次全国代表大会，确定了"以党领政""以党建国"以及"以党治国"的原则，大会制定的《中国国民党总章》，规定党的最高权力机关为全国代表大会。其主要职权有四项：①接纳及采行中央执行委员会和中央各部的报告；②修改本党政纲及章程；③决定政策及策略；④选举中央执行委员会和中央监察委员会委员及候补委员。大会闭会期间，两委员会为最高权力机关。

中央执行委员会设执行委员 24 人，任期 1 年，由全国代表大会选举。其职权除了代行全国代表大会闭会期间的职权外，还有选任政府最高级长官的权力，国民政府主席、委员、五院院长、副院长皆由中央执行委员会选任。中央执行委员会的常设机构是中央常务委员会，由执行委员会的在选常务委员 9 ~ 15 人组成秘书处，执行日常党务。孙中山在世时，任党的总理，为每届会议的当然领袖；孙中山逝世后，遂采取委员制，由常委轮流担任主席。1935 年国民党第五次全国代表大会决定，在中央常务委员会内设正、副主席各 1 人。至 1938 年 4 月，国民党临时全国代表大会又决定恢复领袖制度，设立总裁、副总裁各 1 人。此后，中央常务委员会开会时，由总裁主持，中央监察委员会常委、国防最高委员会、中央设计局三机关的秘书长、国民党政府五院院长、中央党部秘书长及各部部长均得参加。中央执行委员会有六项职权：①对外代表国民党；②执行全国代表大会的决议；③决定党务方案与法规；④组织并指挥各地党部；⑤组织党的中央机关各部；⑥支配该党经费及财政。

中央监察委员会与中央执行委员会为平行机关，设监委若干人，由全国代表大会选举产生，任期 2 年。监委中互选 5 人作为常委组成常委会，常委互选 1 人为主席。中央监察委员会的主要职权是：①依照党纪决定各级党部或党员的违纪处分；②稽核中央执行委员会财政的出入；③审查党务的进行，训令下级党部，审核财政与党务；④稽核中央政府的方针和政绩。

中国国民党的基层组织在地方分为省、县、区党部及区分部四级，此外还有特别党部。

1925 年 6 月，国民党中央决议在中央执行委员会内设立政治委员会，置政治委员若干人，以指导国民革命。举凡政治方针，皆由政治委员会决定，以政府名义执行。1926 年 4 月，第二届中央执行委员会临时全体会议又决定，政治委员应与常务委员同开一政治会议，以代替政治委员会议。次年，为统一党的领导机关，规定政治委员为中央执行委员会下的最高政治指导机关，并得在国内各重要政治地域设立分会。随即又取消，其职务分别由党部、政府执行。1928 年 2 月，又恢复政治会议，并以中央政治会议为中央执行委员会特设的政治指导机关，对中央执行委员会负责。法律问题，经中央政治会议决议，由中央执行委员会交国民政府执行。凡重要政务，于议决后径交国民政府执行。中央政治会议以中央执行委员会委员、中央监察委员会委员及国民政府委员为当然委员，其他委员则须为党服务 10 年以上，富有政治经验或负党国重任，地位在特任官以上。

政治会议的职权为讨论及议决下列事项：①建国纲领；②立法原则；③施政方针；④军事大计；⑤国民政府委员，各院院长、副院长及委员，各部部长，各委员会委员，各省省政府委员、主席及厅长，各特别市市长，驻外大使、特使、公使及特任特派官吏之人选。总之，政治委员会在议决政治根本方案上对国民党负责，国民政府在执行政治方案上对政治委员会负责，因此，政治委员会成为训政时期党政间不可缺少的连锁机关。1937 年国防最高委员会成立，取代了政治会议的职权。

（二）国民政府与国民党的关系

从国民党的组织设置及职权规范的规定可以看得出，国民党与国民政府之间的关系极为密切。为了进一步窥透其关系的实质，现将其关系概括为以下几点：

1. 国民政府的根本法由国民党制定。国民政府不仅把国民党总理的遗教、遗嘱奉为根本法，而且其执行的《中华民国国民政府组织法》《中华民国训政时期约法》及《训政纲领》等，皆由国民党中央执行委员会首先通过，其解释权亦在中央执行委员会。

2. 国民政府的权力也渊源于国民党。就立法的程序而言，因《中华民国国民政府组织法》由国民党中央执行委员会制定，所以，党给予政府多大权力，政府才有多大权力。就各项立法的实质而言，是由国民党决定国民政府的权力。例如，被国民党视为国民党以及国民政府最高原则的《训政纲领》规定：训政时期由国民党代表国民行使所谓政权（选举权、罢免权、创制权、复决权），而由国民政府行使所谓治权（立法权、行政权、考试权、监察权），并规定由国民党代表大会行使中央统治权。就国民政府的官员任免权而言，除了一般公务员可由考试途径选任外，一切政务官员的任命，皆须经国民党同意。如国民政府主席、副主席、委员及五院院长，须由国民党中央执行委员会产生；特任官及高级政务官的人选，皆须由中央政治会议讨论议决。

3. 国民政府的施政纲领及政策，皆由国民党制定。1924年7月由孙中山倡议并组织的中央政治会议，就是一个介于国民党与国民政府之间的特殊机关。它的职权，在孙中山任总统时期有两个：关于党务，向中央执行委员会负责，酷似中央执行委员会的代理机构；关于政事，由总理或大元帅决定办理，但须经中央政治会议讨论。可见，中央政治会议又似政治的最高决策机构而集权于总理。孙中山逝世后，中央政治会议的地位被确定为：①在国民党中央执行委员会内设中央政治委员会，指导国民革命；②有关政治方针，由中央政治委员会决定，以政府名义行之。1927年3月，《统一党的领导机关案》规定，中央政治会议于政治问题议决后，交由中央执行委员会指导国民政府执行。其权威近于超越中央执行委员会。就实际情况而言，一切立法原则，施政大计，皆首先发源于国民党党内，成熟于中央政治会议，经其议决后，交国民政府执行。国民政府仅是一个执行机关。

4. 国民政府的施政方针及其治国政绩须受党的监督。《中华民国训政时期约法》中规定：党代表国民行使所谓政权，国民政府行使所谓治权，其中已寓有政党监察政府的含义。又设中央政治会议议决大政方针，交国民政府执行，不仅成为党政的媒介、纽带，而且赋予其监察的权力。再者，关于国民政府受中央政治会议指导的规定，也是一种监督。此外，国民党的最高检察机关，对国民政府亦有稽核政府施政方针、政绩的监察权。

综上所述，国民党统治时期实际上实行的是"党治主义"，并以此形成了一套"以党建国""以党治国"的理论与制度。按照这一制度，国民政府的政权由国民党的代表行使，国民政府由国民党产生，国民政府要向国民党负责。国民党在国民政府中，从法律上讲，处于独裁统治地位，起着决策的作用。国民党是国民政府实行党治的基础，国民政府乃是国民党施行"党治"的总枢纽。

第二节　行宪前的国民政府政治制度概貌

国民政府于 1925 年 7 月 1 日由大元帅府改组，正式成立于广州，于 1927 年 2 月 21 日迁至武汉，1927 年蒋介石发动"四·一二"政变后，再迁至南京，进行改组，剪除军阀，完成统一。自 1928 年 10 月起，试行五院制，树立训政之规，实行事实上的国民党一党专政制度。直至 1948 年"行宪"国民大会召开，国民政府时代结束。

一、初期国民政府的演进

（一）广州国民政府

所谓初期国民政府，是指 1925 年 7 月至 1928 年 10 月国民党建立的中央政府，即是孙中山所说的"军政时期"中央政府。

1924 年 1 月，中国国民党第一次全国代表大会曾经通过《组织国民政府案》，但未见实行。1925 年 3 月 12 日，孙中山在北京病逝。1926 年 6 月 14 日，中央政治委员会第十四次会议决定将大元帅府改组为国民政府，同年 7 月 1 日，中央执行委员会通过《中华民国国民政府组织法》，并选任胡汉民等 16 人为国民政府委员，选任汪精卫、胡汉民、谭延闿、许崇智、林森为常务委员，汪精卫为主席，广州国民政府宣告成立。

广州国民政府在国民党的指导与监督下行使全国政权。国务采取委员会议制，其最高行政机关是国民政府委员会。委员会实行集体领导，讨论和处理重要政务。国民政府主席除了主持会议，对外代表国民政府和领导贯彻委员会通过的决议外，没有任何特殊的职权。国民政府公布的法令及其他国务文件，须由主席与主管部长联名签署。不属于各部的文件，须由常务委员会多数委员署名。国民政府常务委员会也实行集体领导，除了代表政府委员处理日常政务，没有任何特殊职权。

国民政府下设军事部、外交部、财政部、司法部、交通部、大理院，法制、教育行政两个委员会，实行行政、司法、立法合一制度。外交、财政、司法各部负责行政工作，大理院负责审判工作，为最高审判机关，法制委员会负责制定法律、法令，各部、院、会受国民政府委员会的统一领导。

（二）武汉国民政府

1926 年 10 月 10 日，国民革命军攻克武汉。同年 11 月 26 日，国民党中央政治委员会作出迁都武汉的决定。1927 年 2 月 21 日，国民政府和国民党中央党部宣布正式在武汉办公。1927 年 3 月，国民党召开二届三中全会，决定以武汉为首都，通过《修正中华民国政府组织法》及《统一党的领导机关案》，并废除了主席制。设中央执行委员会常务委员会，执行党的最高领导权，并选出汪精卫等 9 人为常务委员，共同对中央执行委员会负责。会议还明确规定，政治委员会是中央执行委员会领导下的最高的指导机关，实行主席团制度，选汪精卫、谭延闿、孙科、顾孟余、徐谦、谭平山、宋子文为政治委员会主席团。

全会通过了《军事委员会组织大纲》和《修正国民革命军总司令部条例》，重申军事委员会是国民政府的最高领导机关，将原属于国民革命总司令的指挥权、人事权，集中于军事委员会，限制了国民革命总司令的职权。《军事委员会组织大纲》还规定：军事委员会不设主席，以汪精卫等 7 人组成的主席团实行集体领导，凡是军事委员会的决议和命令，必须由 4 名以上的主席团成员签署。《修正国民革命军总司令部条例》中规定：总司令应由国民党中央执行委员会在军委委员中选任。总司令只有指挥作战的权力。军队作战出征动员令，须经军事委员会决议、国民党中央执行委员会核准。

上述决定在实际上已撤销了蒋介石的国民党中常委主席、国民政府政治委员会主席以及军事委员会主席的职务，限制了他的总司令权力。

全会还议决中国国民党与中国共产党召开的联席会议，讨论合作办法，"由共产党派负责同志，加入国民政府以及省政府，与国民党共同担任负责"。这些决议改变了广州国民政府时期共产党员不参加政府的状况。

总之，二届三中全会加强了武汉国民政府和国民党的中央机构，加强了民主集中制、扩大了共产党对国民政府的影响。会议通过的一系列改组和建立国民政府机构的决定，标志着国民政府的政权建设具有以下明显的特征：①体现了"以党治国"的原则，一切大政方针，皆由国民党决定，国民政府只不过是执行机关；②采取了委员合议制，重要国务皆由委员会议执行，政务由委员会议处理，主席只是名义上的元首。

（三）南京军政府

1927 年 3 月，国民革命军攻克南京，随之，蒋介石发动了"四·一二"政变，同年 4 月 18 日，宣布另行组织国民政府，定都南京，一时出现了两个"国民政府"，形成了所谓的"宁汉分立"。1927 年 9 月，宁汉两个政府妥协，由在南京设立的国民党中央特别委员会，代行中央执行委员会及中央监督委员会的职权，中央特别委员会依据 1927 年 3 月公布的《修正中华民国国民政府组织法》，撤销武汉政府，改组南京政府，扩充委员名额，并于同年 9 月 16 日选出国民政府委员 43 人。1928 年 2 月 3 日，国民党在南京召开二届四中全会，重新议定了《中华民国国民政府组织法》，组成新的国民政府，增加了内政部、交通部、司法部、农矿部、工商部等，并设立了最高法院、监察院、考试院、大学院、审计院、法制院，以及建设、军事、蒙藏、侨务各委员会。同时议决谭延闿为国民政府主席，蒋介石任中央委员会主席兼军委主席及中央政治会议主席。同年 7 月，张学良宣布东北易帜，服从国民政府，国民党在形式上取得了对全国的统治权。同年 10 月 3 日，国民党中央政治会议议定了五院制的《中华民国国民政府组织法》。从此，国民政府进入了实行新体制的训政时期。

　　1924 年 7 月、1927 年 3 月以及 1928 年 2 月 3 次修订的《中华民国国民政府组织法》，在基本原则及其规定的体制上并无多大的变动，其主要特点有两个：①体现了"以党治政"的原则。历次的《中华民国国民政府组织法》不仅都由国民党中央执行委员会修订，而且都规定了国民政府受国民党的指导与监督，掌理全国政务，尤其是在 1928 年重订的《中华民国国民政府组织法》中，更为明确地规定国民政府直接受国民党中央执行委员会的指导与监督，按照革命方略，以党御政，为军政、训政的两个时期的原则。可见，一切大政方针，皆由国民党决定，国民政府只不过是执行机关。②具有明显的委员合议制特点。历次的《中华民国国民政府组织法》皆规定国民政府由委员组成，推定 1 人为主席，5 人为常务委员，处理日常政务，但重要国务皆由委员会议执行。常务由常务委员执行，政务则由委员会议处理，主席只是名义上的国家元首。之所以采取委员合议制，一方面是因为"联俄、联共"之后，党政制度多效仿苏联，另一方面因为一党专政，权已集中，不便再采元首制，且孙中山总理逝世后，当时党内群龙无首，互相倾轧，采取委员制，摒弃主席集权制，各派容易接受。

　　总之，初期国民政府的组织模式及原则，体现了孙中山先生当年"联俄、联共"，"以俄为师"的革命思想。因为孙中山为国民党的唯一总理，深孚众望，他逝世后，国民党诸位领袖还不敢公开违背他的遗教、遗训，所以，初期建立起来的国民政府，才有这样的组织与规模。

二、训政时期国民政府的概貌

　　所谓训政时期的国民政府，是指自 1928 年 10 月 8 日试行五院制开始，至 1948 年实施宪政时结束的五院制中央政府。

1928 年 10 月，全国即将统一，国民党中央常务会议通过《训政纲领》6 条，政府开始施行训政，以立宪政基础，创行五权政制，并对《中华民国国民政府组织法》作了重大修正，其要点如下：①规定了国民政府职权。国民政府总揽中华民国之治权，统率陆海空军，行使宣战、媾和及缔结条约之权，行使大赦、特赦及减刑、复权。②创行了五权制度，建立了五院。国民政府设行政院、立法院、司法院、考试院、监察院及各部、会，各院、部、会得依据法律发布命令。③废除了常务委员制。国民政府设主席委员 1 人，委员 12 ~ 16 人，五院院长、副院长由国民政府委员委任。④提高了主席委员地位。国民政府主席委员代表国民政府接见外使，举行国际典礼，同时兼中华民国陆海空军总司令。⑤以"国务会议"处理国务。由国民政府委员组成国务会议，处理国务，国民政府主席委员为国务会议的主席，院与院之间不能解决的事项，由国务会议议决；公布法律、发布命令，须经国务会议议决，而由国民政府主席及五院院长署名行之。⑥确定了五院在政府中的地位。明确规定行政、立法、司法、考试、监察五院，分别为国民政府最高行政、立法、司法、考试及监察机关。

经此修正之后，国民政府规模具备。1930 年 11 月，改国务会议为"国民政府会议"，以行政院会议为国务会议；公布法律、发布命令均只需主席署名，前者由立法院院长副署，后者由主管院长副署。

1931 年 5 月，在国民党内部蒋、胡两派争论多年以后，召集国民会议，制定《中华民国训政时期约法》，作为训政时期的政治纲领。《中华民国训政时期约法》共 8 章，所规定的政治体制具有以下三个特点：

1. 训政时期，由国民党全国代表大会代行中央统治权，闭会期间，由中央执行委员会行使。由国民政府行使五种治权，训导四种治权。训政时期的政治纲领及其设施依《建国大纲》，地方自治依《建国大纲》和《地方自治开始实行法》

2. 国民政府总揽中华民国治权。国民政府设主席 1 人，委员若干人，设立法、司法、行政、考试、监察五院及各部，主席的权力比过去扩大。

3. 《中华民国训政时期约法》高于一切，凡法律与之抵触者均无效。其解释权由国民党中央执行委员会行使。

同年 6 月，因国民会议制定《中华民国训政时期约法》公布施行，又依据其修正了《中华民国国民政府组织法》以使之与其相适，增列国民政府授予荣典、国家之岁入岁出由国民政府编定预算决算并公布、必要时得设置各直属机关（如主计处）、五院院长、副院长、陆海空军副司令及直接隶属于国民政府的各院、部、会长由主席提请国民政府依法任免等规定。机构扩增，职权加重。

同年 12 月，国民政府改组，其组织法再度修正，要点有：①国民政府主席为中华民国元首，对内对外代表国民政府，但不负实际政治责任，并不得兼其他官职，任期 2 年，得连任一次；②国民政府主席、委员及各院院长、副院长，均由中国国民党中央执行委员会选任；③国民政府所有命令处分，以及关于军事动员之命令，由国民政府主席署名，但须经关系院院长、部长副署，方能生效力；④行政、立法、司法、考试、监察五院，独立行使其行政、立法、司法、考试、监察五种职权，各自对中国国民党中央执行委员会负责；⑤国民政府会议改称为"国民政府委员会"，其国务会议仍恢复为"行政院会议"；⑥更司法院为国民政府最高审判机关。

1936 年 5 月 5 日，国民政府遵照孙中山先生之遗教制定的宪法草案，即"五五宪草"公布，准备实施宪政，还政于民，依据宪法组织政府，依照政权治权区分原则，国民大会行使政权，中央政府行使治权。后因日本侵华，宪政的实施不得不延缓。

1943 年 8 月，国民政府林森主席逝世。同年 9 月，五届一中全会推选蒋介石继任主席，再次修正国民政府组织，其与前区别为：

1. 主席地位愈加崇高。国民政府主席仍为国家元首，对外代表中华民国，并删除"不负实际政治责任"及"不得兼任其他官职"的规定。

2. 主席为陆海空军大元帅。

3. 主席任期改为 3 年，连选得连任。

4. 国民政府公布法律、发布命令，恢复 1931 年 6 月的规定，由主席依法署名，而由关系院院长副署。

5. 五院院长、副院长由主席于国民政府委员中提请中央执行委员会选任；主席对国民党中央执行委员会负责，五院院长对主席负责。

6. 五院分别行使其职权。国民政府以行政、立法、司法、考试、监察五院分别行使行政、立法、司法、考试、监察五种治权。

1947 年 4 月，政府又修正了《中华民国国民政府组织法》，此为训政结束前的最后修正案，其修正要点有：①国民政府增设副主席 1 人；②国民政府委员以 40 人为限，由国民政府主席就中国国民党内外人士选任之，五院院长为当然委员；③五院院长、副院长，由国民政府主席选任；④国民政府委员会为国民政府的最高国务机关。当时的国民政府即依照修正后的组织法改组完成，中国国民党、青年党、民社党，以及社会贤达人士均可参加政府组织。是年年底实施宪政。翌年，依宪法组织政府，国民政府时代结束。

需要说明的是，国民政府存在的时期，也还存在过一些其他政权组织：由汪精卫领导的国民党改组派于 1931 年 5 月在广州成立的国民政府，李济深等人于 1933 年 11 月在福建建立的中华共和国人民革命政府等。由于其政权存在时间短促，对当时的制度影响不大，故而从略。至于 1931 年日本帝国主义在东北建立的"满洲国"，1938 年汪精卫投降日本后建立的南京"国民政府"，都是日本侵略者的傀儡政权，更不必一提。

第三节　五院制的国民政府

1928 年 10 月，国民党中央常务会议通过《训政纲领》，同时通过试行五院之制的《中华民国国民政府组织法》，正式确立了五院制的政府组织形式，按照孙中山先生设计的方案，推行"以党治国"的体制。1946 年，国民党召开"制宪国大"，国民政府时代结束。前后共 18 年，中华民国政府都是按照《中华民国国民政府组织法》活动，《中华民国国民政府组织法》虽然曾多次变更，但政府的基本结构未变。

一、国民政府主席和国民政府委员会

（一）国民政府主席

国民政府为国家行政的最高机关。国民政府设主席 1 人，由国民党中央执行委员会选任，任期 3 年，连选得连任。

国民政府主席的职权，视蒋介石的任职变化而相应变更，主要职权如下：

1. 代表国家权力，为中华民国元首。

2. 为国民政府委员会会议主席。

3. 签署国民政府公布的法律、法令，但须有关院院长副署。

4. 兼任陆海空三军总司令或其他官职。

1928 年 10 月，蒋介石担任国民政府主席，兼陆海空三军总司令，其权力大大加强。1930 年又复兼行政院长，不仅签署各种法律、法令，而且可以提请国民政府任免各院院长、各部部长及陆海空三军副司令，其权力远远超过任何总统制之总统。1931 年京沪和会以后，蒋介石没有担任国民政府主席，便规定国民政府主席不得兼任其他官职，并将《中华民国国民政府组织法》中兼总司令一条删去。国民党四届一中全会选举国民党元老林森为主席后，从 1931 年 12 月起，国民政府主席实际上不负政治责任。直到 1943 年 11 月，蒋介石重任国民政府主席，《中华民国国民政府组织法》又规定"国民政府主席为陆海空大元帅，有权在国民政府委员中选任五院院长、副院长"，并将"国民政府主席不得兼任其他官职"的条文删去。

5. 任免各院、部、会长官。任免程序依国民政府主席的提请由国民政府依法任免。任免权限以蒋介石是否在朝为断。

（二）国民政府委员会

国民政府委员会设委员，委员由中央执行委员会选任。国民政府委员选任的标准，是随蒋介石不断缩小国民政府委员会的权力而发生变化的。1927 年 4 月，南京政府初建时，国民政府委员事实上由政府各部部长兼任，负有实际的行政责任，并设有常务委员。1928 年 10 月，蒋介石担任国民政府主席后，即将常务委员会制废弃。1931 年 12 月制定的《中华民国国民政府组织法》，将"五院院长、副院长为国民政府当然委员"的规定删去。随之，又规定各院、部、会长及现役军人均不得兼任国民政府委员。

对于国民政府委员的人数，历次选举法的规定不一。人数变化的趋势随着国民政府委员职权的缩小而不断增加，少则数人，多则达到 40 人。

国民政府委员会会议，亦曾称"国务会议"或"国民政府会议"，由主席及委员组成，以国民政府主席为主席。其主要任务为议决院与院之间不能解决的事项。开会时，以在京出席人数过半为法定人数，文官长、参军长及文官处两局长皆得出席。

国民政府委员会的职权，从理论上讲，即为国民政府的职权。国民政府为国家行政的最高机关，其职权应当最大。但实际上，其地位和职权是随着国民政府主席职权的变更而变化的。其大致情况是：1931 年 12 月以前及 1943 年 9 月以后，国民政府主席权力很大，国民政府委员会的作用则相应微小。

国民政府的直属机构为文官处、参军处、主计处三处。文官处的职责是负责国民政府法令文告的宣达，掌管有关文书、机要文件及印信、关防、勋章、奖章的铸发等。参军处的职责是掌理关于国民政府典礼及总务事项。主计处的职责是负责全国财政预算、统计等事项。

二、五院

1928 年 10 月制定的《中华民国国民政府组织法》规定："国民政府以行政院、立法院、司法院、考试院、监察院组织之。"五院成立后，名义上统属于国民政府主席和国民政府委员会，实际上直属于国民党中央委员会。

（一）行政院

1. 行政院的性质。行政院为中央政府行使行政权的最高行政机关。权能区分以后的行政权与权能混合的行政权，或者说五权分立的行政院与三权分立的行政机关具有不同的性质。

五院制的行政院与三权分立的行政权，因权力的设置与运用不同而性质有别。在三权分立下，由于权能混合不分，立法权由议会行使，所以，行政权须受立法权的支配，而且范围狭小，相当被动。五权分立的行政院为国家最高的行政机关，行使治权中的行政权，对国家行政有最高的统帅权，包括行政决策、行政指挥及行政监督，位列五院之首。

2. 行政院的组织与职权。行政院于 1928 年 10 月 25 日正式成立，由行政各部、委组成，院部设行政院会议、秘书处、政务处等。

（1）院长、副院长：行政院设院长、副院长各 1 名，由国民党中央执行委员会选任。行政院院长的职权是指挥全院院务及所属机关，其主要职权有三项：①监督所属机关；②任免行政官吏；③主持行政院会议。行政院副院长负责协助院长处理院内事务。

（2）行政院会议：行政院会议是处理院务的领导机构，会议议决行政院的一切重大问题。行政院会议由行政院长、副院长、各部部长、各委员会委员长以及行政院秘书处秘书长、政务处处长组成。其职权主要有以下四项内容：①提交立法院讨论有关法案，如法律案、预算案、大赦案、宣战案、媾和案、条约案、以及重要的国际事项；②任免行政司法官吏和陆海空三军的官佐、少尉以上的军官，议决少校以上军官的任免；③议决行政院各部、各委员会之间不能解决的事项；④其他依法或行政院长认为应交付会议议决的事项。

（3）行政院直属办事机构：行政院直属办事机构有秘书处与政务处，它们负责行政院各项具体的事务性工作，是院长的幕僚机构。

3. 行政院所属各部。行政院各部、署、委的设置屡经变化，抗战后共设 12 部、3 委、2 署，分别管辖内务、外交、军政、财政、教育、交通、卫生等方面的行政工作。

（1）内政部：管理全面内务行政事务。

（2）外交部：主管国际交涉以及关于在外侨民和居留中国的外国人的中外商业等事务。

（3）军政部：主管全国军队的行政事务。

（4）海军部：主管海军军政事务。

（5）财政部：主管全国财政事务。

（6）实业部：主管全国经济行政事务。

（7）教育部：主管全国学术及教育行政事务。

（8）交通部：规划、建设、管理全国国有铁路、公路以及电政、邮政、航政、并监督公有及民营交通事业。

（9）农林部：主管全国农林行政事务。

（10）社会部：主管全国社会行政事务。

（11）粮食部：主管全国粮食行政事务。

（12）司法行政部：主管全国司法行政事务。

此外还有蒙藏委员会、侨务委员会、赈济委员会及卫生署、地政署。

各部、委、署设正长官 1 人，设政务次长、常务次长各 1 人。

（二）立法院

1. 立法院的性质。立法院为中央行使立法权的最高机关。五权分立的立法院与三权分立下的立法机关，在性质上存在明显的不同。

现今采取三权分立制的国家，为了行使立法权，都有民选的立法机关，此立法机关即议会，一般称之为国会。也就是说，三权分立的立法权属于民选的国会，国会为立法机关。另外，自英国 1688 年光荣革命，行政大权由英王移至内阁，内阁又受到议会的控制，议会从此成为政治中心和真正的立法机关以来，所有实行三权分立制的国家，其立法机关皆既有治权性质，又具有政权性质，而且以代表人民监督政府为其宗旨。

五权宪法中的立法权是治权，立法院行使五种治权之一的立法权，属于中央的治权机关之一，为中央政府行使立法权的最高机关。其目的在于立法，不在牵制政府，须对政府机关——国民大会负责。胡汉民在关于《立法院的性质与地位》的演讲中的一段话，很好地阐明了立法院的性质："我们的立法院，和各国的国会不同。因为五权宪法为总理所创。五权制度中，立法院也是为各国所没有的。现在我们可以用简短的话说，立法院不是代议制度，因为立法委员不是由人民选举出来的代议士。立法院又不是与行政院对抗的，因为监察权本身是在国会，而总理的五权制度，却把它提出来，另外归到监察院去。所以，我们立法院，在政治组织上看来，乃是一种立法的机能。"所谓的"立法的机能"，正表明了立法院的治权性质。

2. 立法院的组织。立法院于 1928 年 12 月 5 日成立，采取一院制的组织，在理论上为合议制，由院长、副院长、立法委员，以及各种委员会组成。

（1）院长、副院长：依 1928 年的规定，立法院的院长、副院长由国民党中央执行委员会选任，任期无规定。依据《五五宪草》第 32 章及第 66 条规定，立法院的院长、副院长由国民大会选举，任期 3 年，连选得连任。依据 1943 年的《修正国民政府组织法》规定，院长、副院长的任期与国民政府委员的任期要一致。院长的职权主要有三项内容：①指挥全院院务及所属机构；②立法委员的提名；③主持立法会议，安排会议的日程，维持院内秩序等。副院长无确定职务，一般只是在院长缺席的情况下代理执行院务。

（2）立法委员：依 1928 年 10 月《中华民国国民政府组织法》的规定，立法委员设 49～99 人，由立法院院长提名，提交国民政府主席任命（不是由人民选举产生），任期 2 年，可以连任。实际上连任时间甚长，接近于终身立委。立法委员的职权是参加法院工作，议决法律。按照《中华民国国民政府组织法》的规定，立法委员不能兼任政府官职，不得担任律师。

（3）立法院所属机构：立法院在通常情况下，设法制、外交、财政、经济、军事等委员会，负责审议院长和立法院会议交送的议案。对于重大法律，还可以设立各种临时委员会。1933 年 1 月，立法院增设宪法起草委员会。各委员会委员由立法院委员分别担任，必要时可聘请专门人员参加。委员会设委员长 1 人，由院长指定，负责领导委员会具体工作。

另外，立法院还设秘书、编译工作处，为办事机关。

3. 立法院的职权。历次《中华民国国民政府组织法》都规定立法院为国民政府最高的立法机关。其职权主要有：

（1）根据国民党中央政治会议议定的立法原则，议定法律和政府法令，如预算案、法律案、大赦案、宣战案、媾和案以及其他重要国际事项。1931 年的《中华民国国民政府组织法》中规定立法院独立行使立法权，对中央执行委员会负责。事实上又不尽然。

（2）遇到其他政府机构违背国民政府立法规定，侵占立法权的行为时，有质询权和对监察委员的"质问"权。

（3）1931 年以后，立法院还有审议预算权的规定。

（4）立法院还具有部分司法权，如决议大赦等。

（三）司法院

1. 司法院的性质。司法院为中央政府行使司法权的最高机关。五权分立的司法院与三权分立的司法机关在性质上也存在着不同之处。

三权分立的司法权由法院行使。所谓司法机关，即指普通法院。三权分立下的司法脱离了行政，实行的是司法独立制度。而所谓司法独立，指的是审判独立，即法官审判案件，唯依据法律独立进行审判，不受任何干涉。这是三权分立的司法机关的共同特征。而五权分立中的司法院，则为中央政府的五院之一，行使治权中的司法权，为中央政府行使司法权的最高机关，对于各种司法机关负有统一监督的责任，其地位也非常重要。同时，五权分立的司法院也实行独立行使司法权的制度。但是，这里的司法独立，既指审判的独立，又不限于审判的独立。这是因为五权分立中的司法院的独立，属于广义上的司法独立，与仅限于审判的狭义上的司法独立不同。所谓广义上的司法，指的是包括宪法上的司法、行政上的司法及民、刑法上的司法。其中民、刑法上的司法，即是民事、刑事诉讼的审判，为狭义上所说的司法。由于司法院的司法属于广义上的司法，所以，不仅各种司法机关各自独立行使职权，不受任何干涉，而且以最高司法机关的司法院为国家的最高司法机关。

2. 司法院的组织。司法院的组织与三权分立下的司法机关，就普通法院的组织而言也有不同之处。五院制的司法院，除了掌理民事、刑事诉讼的法院之外，还包括行政法的司法机关——行政法院，公务员服务法的司法机关——公务员惩戒委员会。司法院就是在这些机关之上特别设置的行使司法权的最高机关。各类司法机关在名称上虽有上、下之分，在实际上则只有管辖权的区分，各自都是独立行使职权。

司法院于1928年成立，由院长、副院长、司法院会议组成。

（1）院长、副院长：司法院设院长、副院长各1人。司法院成立之初，规定由中央执行委员会选任院长、副院长。1943年的《修正国民政府组织法》中规定，院长、副院长由国民政府主席就国民政府委员中提请中央执行委员会选任。院长总理院务，提请任免所属官吏，主持司法院会议，经最高法院院长及所属各庭庭长会议议决后，行使统一解释法令及变更判例职权。此外，院长认为必要时，得出席行政法院和公务员惩戒委员会的审理。副院长协助院长工作，在院长因故不能执行职务时，代行院长的职权。

（2）司法院会议：司法院设司法院会议，由司法院及其直辖各机关的长官及高级人员组成。会议讨论的事项为：关于司法的法律案、概算案；司法机关简任以上官员的任免；司法院各部、会之间不能解决的事项；其他院长或所属各部、院、委员会长官认为应交会议议决的事项。

司法院除其直属机关外，在院内设有秘书、参事二处为办事机关。

3. 司法院的职权。司法院号称最高司法机关，但它并不管辖司法行政事务。同时，司法院还须向国民党中央执行委员会负责，因此，司法院的职权受到种种限制，其实际的职权主要有以下四项：①司法立法的建议权；②解释法令及变更判例权；③行使特赦、减刑及复权事项；④对行政院等机构在制定各种行政法规时的磋商权。

4. 司法院直辖机关。司法院的直辖机关为最高法院、公务员惩戒委员会和行政法院。

最高法院为全国终审审判机关，依法对民事、刑事诉讼案件行使最高审判权。

公务员惩戒委员会分中央与地方两类，除法律另行规定外，掌理一切公务员惩戒事宜。中央掌理全国荐任以上及中央各官署委任以上公务员的惩戒事宜。地方掌理本省、市委任职公务员的惩戒事宜。

行政法院为司法院所属的中央行政诉讼机构和全国行政诉讼的审判机关，其职权是接受人民因政府官署的违法或不当处分致受损害而提出的"诉愿"。但实际上是解决国民党政权与资本家、地主之间纠纷的一个机构。

（四）考试院

1. 考试院的性质。考试制度是我国优良的政治制度，五权宪法承袭了这一制度。行使考试权的考试院为中央政府行使考试权的最高机关，独立行使考试权，独立对中央执行委员会负责。与行使其他四项治权的各院相比，考试院具有以下两个特征：

（1）独立性。孙中山在他的《三民主义与中国民族之前途》一文中提出："将来中华民国宪法，必要设立独立机关，专掌考试权。大小官吏必须考试，定了他的资格，无论那官吏是由选举的，抑或由委任的，必须合格之后，方得有效，这法可除去盲从、滥选及任用私人的流弊。"这充分阐明了行使考试权的考试院，专掌考试权的独立性。

（2）一元性。孙中山说："……以五院制为中央政府，……国民大会及五院职员，与夫全国大小官吏，其资格皆由考试院定之。"又说："凡候选人及任命官员，无论中央与地方，皆须经中央考试铨定资格者乃可。"这两则遗教，明确提出考试院是统一负责全国公务员考试的机关，这就确定了考试院的一元性。

2. 考试院的组织与职权。考试院于1930年1月正式成立，由考试院院长、副院长、考试委员会、铨叙部组成。

（1）院长、副院长：考试院设正、副院长各1人。按照《建国大纲》中的规定，应由国民大会选举。按照"五五宪草"中的规定，应由总统任命，对国民大会负责，任期3年。但实际上在1943年以前，院长、副院长是由国民党中央执行委员会选任的，任期无限制。院长的主要职责是总理全院事务和提请任免院属机构的主要官员。副院长无特定职务，主要职责是在院长因故不能任职时，代理院长职务。

（2）考选委员会：考选委员会设委员长1名，委员7～11名，专门委员20～40名，负责主持各种官员的考试。下设典试委员会、监试委员及试务处。

典试委员会负责编排考试日程，决定命题和评卷标准，分配拟题和阅卷工作，审查考试人员成绩及发榜等事宜。

监试委员负责监督考试各项工作，其人员由监察院从监察委员或监察使中选派。

试务处负责试卷的印刷、收发、保管及掌理文书等工作。

（3）铨叙部：铨叙部设部长1人，掌管部务和监督所属职员与机关。部长以下设政务次长和常务次长各1名，协助部长处理部务工作。铨叙部的职责是负责官吏的任用、考核工作，其主要职权有以下几项：①进行公务员甄别和登记；②任用官吏和公务员；③派遣官吏和公务员；④审查、登记公务员俸给、奖金；⑤对官吏和公务员的考核登记；⑥公务员的补习教育登记；⑦授勋和发放抚恤金。

（五）监察院

1. 监察院的性质。监察权的独立行使，是我国传统政治制度的优点之一，孙中山先生取法这一制度，提出监察权独立的主张，使其成为五种治权之一。因而，正如《建国大纲》第 19 条规定的那样，"在宪政开始时期，中央政府当完成设立五院，以试行五权之治"。将监察院列为五院之一，即是将三权分立下为立法权所兼有的监察权，与立法机关分开，并将其独立，列入政府执掌之中。于是，监察权被确定为治权，监察院则成为独立行使五个治权之一的机关。"五五宪草"中关于"监察院为中央政府行使监察权之最高机关"的规定，进一步表明监察院为行使五种治权之一的治权机关，具有治权的性质。而三权分立下的监察权是不独立的，是附属在立法权之内的。正如孙中山先生指出的那样："现在立宪各国，没有不是立法机关兼有监督的权限，那权限虽然有强有弱，总是不能独立。"如英国的下议院对英王的属官有提出弹劾权，上议院有审判弹劾案权，但此项弹劾权的行使，仅限于对大臣的提出。美国的"众议院有提出弹劾之权，参议院有审判弹劾之权"，弹劾权的行使对象，从总统、副总统到所有文官；弹劾的事例，包括职务上的违法行为或私人的违法行为。但是，他们的监察权是在议会之内附属的立法权，总是不能独立的。

2. 监察院的组织。监察院于 1931 年 2 月正式成立，是国民政府中成立最晚的一个机构。名义上是国民政府的最高监察机关，但在实际上是附属于国民党中央，为蒋介石、国民党监督各级官吏的工具。其组织为院长、副院长、监察委员及审计长等。

（1）院长、副院长：监察院设院长、副院长各 1 人。按照"五五宪草"中的规定，"监察院院长、副院长各 1 人，任期 3 年，连选得连任"，"由国民大会选举"。但在实际上均由国民党中央执行委员会选任。院长负责总理院务，提请任命所属官吏，主持监察院会议。副院长在院长因故而不能执行职务时，代理院长的职务。

（2）监察委员：监察院设监察委员 19～29 名。监察委员为监察院最主要的构成部分，其产生方式，如《建国大纲》所规定："宪法颁布之后，中央统治权则归于国民大会行使之，即国民大会中对中央政府官员有选举权。"依此规定，监察委员为政府官员，应由国民大会选举。依照"五五宪草"中关于"监察委员由各省、蒙古、西藏及侨居国外国民选出之国民代表……提请国民大会选举之，其人选不以国民代表为限"的规定，其产生方式，也甚合权能区分和政权管理治权的原则。但其实际产生的方式是：由监察院长提交国民政府任命，任期无限。在监察院开始成立时，被国民政府任命的 23 名监察委员，由于有职无权，不少委员不愿上任。此外，监察委员还不得兼任中央及地方政府职务，享有特殊的保障权利。如除现行犯以外，非经监察院许可，不得逮捕监禁；非经多数委员通过，不得随意惩戒。但是这种特殊的保障，并不是无限的，一旦被国民党开除党籍，则上列权利即同时取消。

监察院院长于必要时，得提请国民政府特派监察使，按区划分赴各地设署，执行监察职务。

（3）监察院会议：监察院院长与监察委员组成监察院会议，由院长担任主席，缺席时，由副院长代理。

另外，监察院于院下设秘书处及参事处作为办事机构。

3. 监察院的职权。"五五宪草"规定："监察院为中央政府行使监察权之最高机关。掌理弹劾、惩戒、审计，对国民大会负责。"按照这一规定，监察院的职权，应为弹劾、惩戒、审计等权。在孙中山先生看来，这些职权的有效施行，便可发挥纠弹不法、澄清吏治的功能，使贤者在位，建立廉能政治，达成万能政府。但实际上，监察院自从 1931 年成立至 1936 年 5 月，共处理弹劾案 727件、涉及人数 1337 人。但中央"选任""特任"的大官僚极少，仅占 2%，而一般委任、荐任的，则占 74%。所弹劾的显要官员，多数为蒋介石的反对派，有的则是蒋介石的替罪羊。例如，1931 年 9 月，三次弹劾外交部部长王正廷对日外交失职一案。

监察院虽有弹劾权，但无惩戒权，弹劾案一旦被转入惩戒机构，被弹劾人员就会受到各种庇护，以致发展到国民党中央政治会议颁布补充的弹劾法规定："监察院有关弹劾案内容消息，非经受理本案之机关决定公布之前，概不得披露。"关于政治、外交的重要文件，"非经中央政治会议之核定，不得披露"。

思考题：

1. 《中华民国国民政府组织法》主要内容有哪些？
2. 改组后的国民党内部设置了哪些机构？其主要职责是什么？
3. 国民政府与国民党的关系实质是什么？
4. 训政时期国民政府的基本制度架构是怎样的？
5. 国民政府的组织机构主要有哪些？其主要职责是什么？
6. 国民政府的"五院"内部都设置了哪些机构？其主要职责有哪些？